高等学校规划教材
GAODENG XUEXIAO GUIHUA JIAOCAI

体育统计学
——Excel与Spss数据处理案例

TIYU TONGJIXUE
EXCEL YU SPSS SHUJU CHULI ANLI

覃朝玲 唐东辉 主编

西南大学出版社
国家一级出版社 全国百佳图书出版单位

图书在版编目(CIP)数据

体育统计学——Excel与Spss数据处理案例/覃朝玲,唐东辉主编.—重庆:西南师范大学出版社,2010.10
ISBN 978-7-5621-5051-0

Ⅰ.体… Ⅱ.①覃…②唐… Ⅲ.体育统计－高等学校－教材 Ⅳ.①G80-32

中国版本图书馆CIP数据核字(2010)第183224号

体育统计学——Excel与Spss数据处理案例

覃朝玲 唐东辉 主 编

责任编辑:杨光明
封面设计:CASTALY 周娟 钟琛
出版、发行:西南大学出版社(原西南师范大学出版社)
　　　　　(重庆·北碚 邮编:400715)
　　　　　网址:www.xscbs.com
印　　刷:重庆新生代彩印技术有限公司
幅面尺寸:185mm×260mm
印　　张:20.5
字　　数:520千字
版　　次:2010年10月 第1版
印　　次:2025年1月 第4次印刷
书　　号:ISBN 978-7-5621-5051-0
定　　价:56.00元

前 言

随着统计学在各个领域的广泛深入应用,掌握必要的计算机统计技能对所在领域的数据进行处理分析,已经成为各行各业工作的基本要求。如何应用计算机的简单操作得出较为详实可靠的统计结果?通过怎样的思维训练才会有助于激发读者的统计兴趣?通过怎样的行为训练才会促进提高读者的统计能力?这是我们最为关心的问题。"工欲善其事,必先利其器"。本书是将体育领域中的数据利用现代办公化软件 Excel 与国内外常使用的 Spss(Statistical Package for the Social Science)统计软件进行处理,以案例的形式呈现,即查即学,即查即用。每个案例按"案例资料、资料分析、操作步骤、结果解释"模块编写,希望读者的统计思维和统计行为得到训练,为体育统计学提供教学实践材料,同时可以使原本十分复杂的计算和分析过程变成点击鼠标就能解决的简单任务,把使用者从繁琐的计算过程中解放出来。

本书特色是以实例为主,主要具有以下优点:(1)使缺乏统计知识但具一定计算机知识者,根据自己资料的性质,进行模拟操作,进而得出可靠的统计结果。(2)可使具有一定统计知识及计算机知识者,进一步熟练掌握软件的应用。(3)便于使用时直接查找,教师也可根据教学情况有选择性地将实验作为课堂演示操作和选择性地作为学生上机实验。(4)每个实验操作步骤与图示一一对应,使读者能够迅速地看懂并学会操作过程,在 Spss 输出结果中给出了"总结果的表与图"的大致概貌(节约篇幅),表没有采用三线表,是为了保持与 Spss 运算结果的原貌,便于读者识别。(5)注重理论与实际相结合,并采用针对性强的实用案例,力求做到深入浅出,通俗易懂。本书特别适用于开设有《体育统计学》的本、专科学生的实验教材,同时也适用于开设有《应用统计学》和《实用体育科研方法》等的教学辅助用书,也适合相关专业的研究生、研究人员、数据统计分析人员和办公人员的参考用书。

本书由覃朝玲统筹与提供各实验的操作视频文件,各章编写由以下人员完成:第一篇 Excel 数据处理(覃朝玲、唐东辉);第二篇 Spss 数据处理[第 1 章(李海璇、张波)、第 2 章(鲁冠、曾凡波)、第 3 章(陈丽、徐小利)、第 4 章(徐小利)、第 5 章(张波)、第 6 章(韦华丽)、第 7 章(曾凡波)、第 8 章(黄承佳)、第 9

章(陈丽、张波)]。全书由覃朝玲统稿,徐小利、陈丽和曾凡波校对。

  在本书的编写过程中,笔者对全部内容进行了反复推敲,力求达到正确、易于理解与操作,但是由于编者学识水平有限,失当和错误之处在所难免,祈望各位专家学者和广大读者批评指正。在本书的编写过程中,还得到北京体育大学体育统计教研室主任祁国鹰教授的指导,在此表示深深的感谢!在本书的编写过程中,还参考了大量的有关文献资料,并且借鉴了同行专家的研究成果,吸收和引用了各书的经验,使编者受益匪浅,在此对各位相关专家表示衷心的感谢。

编 者
2010 年 9 月

目 录

第一篇 体育统计数据 Excel 处理案例 ······················· 1
第一章 Excel 的统计功能简介与操作入门 ······················· 2
实验 1　Excel 的基本操作 ······················· 5
实验 2　如何用填充柄完成学号输入与体育成绩统计并排名 ······················· 10
实验 3　如何用相对、绝对与混合引用完成各组成绩汇总并理解其概念 ······················· 12
实验 4　加、减、乘、除、乘方、开方、绝对值、四舍五入的 Excel 方法 ······················· 14
实验 5　如何安装 Excel 扩展功能——加载宏 ······················· 15

第二章 数据的收集与整理 ······················· 16
实验 6　如何用 Excel 制做科学的抽样工具——"随机数表" ······················· 16
实验 7　如何用 Execl 实现简单随机抽样 ······················· 18
实验 8　如何用 Execl 实现系统抽样 ······················· 21
实验 9　如何确定样本的大小(估计总体比例时) ······················· 23
实验 10　如何确定样本的大小(估计可容忍误差范围时—可重复抽样) ······················· 24
实验 11　如何确定样本的大小(估计可容忍误差范围时—不重复抽样) ······················· 25
实验 12　如何不允许错误数据输入工作表 ······················· 26
实验 13　如何查找工作表中的错误数据 ······················· 27
实验 14　如何用 Excel 做学生成绩统计(连续数据的直方图和频数分析表) ······················· 29
实验 15　如何用 Excel 统计问卷调查情况(离散数据的频数分布表) ······················· 31

第三章 资料的描述 ······················· 38
实验 16　如何用 Excel 计算期末考试平均成绩 ······················· 38
实验 17　如何用数据透视表求各地区体考总平均成绩与男女分别的平均成绩 ······················· 39
实验 18　如何求加权算术平均成绩 ······················· 41
实验 19　如何求运动员成绩的中位数 ······················· 42
实验 20　如何求调查问卷(离散数据)的众数及考试成绩(连续数据)的众数 ······················· 43
实验 21　如何求田径成绩的百分点值 ······················· 44
实验 22　如何求某组成绩的总体方差 ······················· 45
实验 23　如何求样本的方差 ······················· 46
实验 24　如何求样本的总体标准差 ······················· 46
实验 25　如何求样本的标准差 ······················· 47
实验 26　如何求男女学生成绩分别的标准差 ······················· 48
实验 27　如何求某班成绩分布的偏斜度 ······················· 50
实验 28　如何利用 KURT 函数求某班成绩分布的峰值 ······················· 52
实验 29　如何做达标成绩的描述统计 ······················· 52

第四章 概率分布 ······················· 54
实验 30　如何估计某分数以上的人数及百分比 ······················· 54
实验 31　如何估计某概率的分数 ······················· 55
实验 32　如何制作正态分布图 ······················· 56

1

- 实验 33　如何制作标准正态分布表图和表 ················· 58
- 实验 34　如何求标准正态分布的概率值 ················· 60
- 实验 35　如何制作标准正态分布表 ················· 61
- 实验 36　如何计算标准正态分布变量值 ················· 62
- 实验 37　如何计算 t 分布的概率值 ················· 63
- 实验 38　如何求 t 分布变量值 ················· 64
- 实验 39　如何制作 T 检验临界值表 ················· 65
- 实验 40　如何求 χ^2 分布的概率值 ················· 66
- 实验 41　如何求 χ^2 分布的变量值 ················· 66
- 实验 42　如何制作 χ^2 分布右侧临界值表值 ················· 67
- 实验 43　如何求 F 分布的概率值 ················· 68
- 实验 44　如何求 F 分布变量值 ················· 68
- 实验 45　如何制作 F 检验临界值表 ················· 69

第五章　体育评分方法 ················· 70
- 实验 46　如何计算标准 Z 分并制作 Z 分评分标准 ················· 70
- 实验 47　如何计算考试成绩的标准百分并制作标准百分评分标准 ················· 72
- 实验 48　如何计算位置百分分数并制作位置百分评分标准 ················· 75
- 实验 49　如何计算名次百分分数并制作名次百分评分标准 ················· 77
- 实验 50　如何计算累进分分数并制作累进分评分标准 ················· 78
- 实验 51　如何对体育成绩综合统计 ················· 80

第六章　统计估计与统计检验 ················· 84
- 实验 52　如何由样本平均数估计总体平均数的置信区间 ················· 84
- 实验 53　如何估计两个班（总体）成绩均值之差的置信区间 ················· 87
- 实验 54　如何估计问卷调查百分比 p 的置信区间 ················· 88
- 实验 55　如何估计两个班（总体）达标率之差 P_1-P_2 的置信区间 ················· 88
- 实验 56　如何对全班田径平均成绩估计 ················· 89
- 实验 57　如何对实验班与同年级平均成绩进行比较 ················· 91
- 实验 58　如何估计样本的平均成绩 ················· 92
- 实验 59　如何进行方差齐性检验 ················· 92
- 实验 60　如何对数据进行正态性检验 ················· 93
- 实验 61　如何对训练前后的平均成绩进行比较 ················· 95
- 实验 62　如何对两种不同训练方法效果进行检验 ················· 96
- 实验 63　如何检验不同性别运动员的运动时间是否具有差异性 ················· 97
- 实验 64　如何对不同训练方法效果进行检验 ················· 99
- 实验 65　如何判断不同距离间歇时间跑对血乳酸的影响 ················· 100
- 实验 66　如何判断不同场地和训练方法对立定跳远成绩的影响 ················· 102

第七章　相关分析 ················· 104
- 实验 67　如何在 Excel 中求 100 m 成绩与跳远成绩的关联度 ················· 104
- 实验 68　如何求跳远名次成绩和 100 m 跑名次成绩的关联度 ················· 107
- 实验 69　如何求足长、小腿长与身高的关联度 ················· 108

实验70　如何对相关系数进行检验(小样本) ·················· 109
　　实验71　如何对相关系数进行检验(大样本) ·················· 110
第八章　回归分析 ·· 112
　　实验72　如何求体重与身高的一元线性回归方程并用身高预测体重 ········ 112
　　实验73　如何用预测函数FORECAST直接预测成绩值 ················ 116
　　实验74　如何用LINEST函数进行多元直线回归分析和预测 ············ 116
　　实验75　如何用加载宏的数据分析求回归 ·························· 117
参考文献 ·· 120

第二篇　体育统计数据Spss处理案例 ······························ 121
第一章　体育统计学与Spss软件基础 ···························· 122
　　实验1　如何将数据直接录入到Spss中去 ·························· 122
　　实验2　如何用Spss读取"体育成绩册"Excel文件数据 ·············· 126
　　实验3　如何将文本文件数据录入到Spss中去 ······················ 128
　　实验4　Spss常见的基本操作 ···································· 130
　　实验5　如何拆分出同一个数据表中的男、女生考试成绩 ·············· 137
　　实验6　如何将两样本成绩合成一个Spss文件并自动排序 ·············· 140
　　实验7　如何随机抽取调查问卷中的70%为样本 ···················· 145
　　实验8　如何将期末体育考试成绩用等级表示出来 ···················· 146
　　实验9　如何将身高体重数据按身高从高至低自动重新编码 ············ 148
第二章　描述性统计分析 ······································· 150
　　实验10　如何计算成绩的常见统计量 ······························ 150
　　实验11　如何对体操成绩作出频数分析表 ·························· 152
　　实验12　如何找出各系别男女人数 ································ 157
　　实验13　如何对800 m成绩做描述性统计 ·························· 159
　　实验14　如何对血液中各含量做交叉分析 ·························· 162
　　实验15　如何计算两组统计数据的比率 ···························· 165
　　实验16　如何用P-P图检验成绩是否呈正态分布 ···················· 167
　　实验17　如何用Q-Q图检验成绩是否呈正态分布 ···················· 169
　　实验18　如何用峰度、偏度来描述数据的分布 ······················ 171
　　实验19　如何用图直观地显示数据(制作饼图、条形图、线形图) ······ 173
第三章　统计检验 ··· 178
　　实验20　如何检验抽取学生的成绩与平均成绩是否有差异 ············ 178
　　实验21　如何检验实验组与对照组的成绩是否存在差异 ·············· 180
　　实验22　如何检验样本的成绩是否符合学校规定的达标率 ············ 182
　　实验23　如何检验抽取的样本是否具有随机性 ······················ 185
　　实验24　如何检验抽取学生的成绩是否服从一定的分布 ·············· 188
　　实验25　如何检验抽取的多个样本间是否有差异 ···················· 191
　　实验26　如何检验两位教师对学生成绩评定是否有差异 ·············· 195
第四章　方差分析 ··· 199

目 录

    实验 27   如何比较不同训练方法的优劣 ……………………………………… 199
    实验 28   如何判断距离和间歇时间对血乳酸的影响 ……………………… 202
    实验 29   如何分析不同的场地和训练方法对成绩的影响 ………………… 204
    实验 30   如何分析不同训练方法对跳高成绩的影响 ……………………… 207
    实验 31   如何分析剂量、成分和种类对消除运动疲劳的差异 …………… 211

第五章   聚类分析 ………………………………………………………………… 218
    实验 32   如何对学生按身体指标进行等级分类 …………………………… 218
    实验 33   如何对学生身体素质测验项目进行聚类分析 …………………… 224
    实验 34   如何对不同体育协会的运作特点进行快速聚类分析 …………… 228
    实验 35   如何根据毕业生的工资来对其进行分类 ………………………… 233

第六章   判别分析 ………………………………………………………………… 239
    实验 36   如何判别体操运动员的运动水平 ………………………………… 239
    实验 37   如何通过三项指标判别（个体）是否患有糖尿病 ……………… 244
    实验 38   如何判别运动员成绩等级是否有误判 …………………………… 250

第七章   问卷分析 ………………………………………………………………… 255
    实验 39   如何检验调查问卷的效度 ………………………………………… 255
    实验 40   如何检验调查问卷是否适合做因子分析 ………………………… 260
    实验 41   如何对不需要进行因子旋转的调查问卷做因子分析 …………… 261
    实验 42   如何对需要进行因子旋转的调查问卷做因子分析 ……………… 264
    实验 43   如何用 α 系数信度分析法对调查问卷进行信度分析 ………… 268
    实验 44   如何用分半法对调查问卷进行信度分析 ………………………… 270
    实验 45   如何检验设计的调查问卷的题项是否具有区分度 ……………… 272

第八章   相关分析 ………………………………………………………………… 278
    试验 46   如何计算短跑 100 m 成绩与跳远成绩的相关度 ………………… 278
    实验 47   如何检验身高、体重、肺活量之间的关联度 …………………… 280
    实验 48   如何描述一变量与多个变量之间的相似程度 …………………… 283

第九章   回归分析 ………………………………………………………………… 285
    实验 49   如何描述一个变量和一个或多个变量的线性关系 ……………… 285
    实验 50   如何用身高、肌肉质量、脂肪质量和专业推断体重 …………… 289
    实验 51   如何计算 100 m 跑成绩和身高、年龄之间的关系 ……………… 293
    实验 52   如何进行二元 logistic 分析 ……………………………………… 297
    实验 53   如何进行非线性回归分析 ………………………………………… 302
    实验 54   如何进行概率分析回归 …………………………………………… 306
    实验 55   如何进行多元逻辑回归分析 ……………………………………… 310

参考文献 ……………………………………………………………………………… 316

第一篇
体育统计数据 Excel 处理案例

　　Excel 是 office 的嵌套件，它普及于任何个人和单位的电脑，是世界公认的计算机辅助教学优秀软件之一，它不仅制表和绘图能力很强，而且备有数学、财务、统计、工程等 10 类 300 多种函数，以及统计数据分析等多种分析方法和分析工具，能进行各种复杂的计算和分析，这些功能对体育统计数据处理有很大作用。但是，目前介绍 Excel 的教材多只讲述一般操作，与体育专业相结合的系统运用教材还没有发现。笔者根据多年从事体育统计教学工作的经验和收集到的资料和数据，并结合个人学习和使用 Excel 的体会，编写了本篇内容，以供体育统计教学和体育科研人员研究之用。

　　本篇按照体育统计学的知识结构和 Excel 操作进程来划分章节和安排案例的，首先介绍 Excel 的基本操作，然后讲述数据的收集与整理、资料的描述、概率分布图表的制作、体育评分方法的应用、统计估计与假设检验、相关分析和回归分析等内容的 Excel 的操作步骤与方法。每个案例在结构上分为案例资料、资料分析、操作步骤和结果解释四大模块，并且都尽量运用读者较容易接受的口语方式进行阐释，而不是用难懂的统计术语讲解，读者可以边学习边操作，通过对本篇的学习不仅能对 Excel 进行熟练的操作，而且还可以对体育统计数据进行迅速处理，并能举一反三，提高处理实际问题的能力，掌握体育领域中对各种数据的处理分析方法与操作技巧。

第一章　Excel 的统计功能简介与操作入门

Microsoft Excel 是最优秀的电子表格软件之一，是个人及办公事务处理的理想工具。它具有强大的数据处理和数据分析能力，提供了丰富的统计分析函数、数据库管理函数及数据分析工具。可以用它解决体育统计课程学习中的抽样、资料的审核与整理、描述统计、推断统计等；可以用它统计与分析体育考试成绩、运动比赛成绩以及对运动器材的管理等；还可以用它进行体育教育、运动训练中的科学研究；工作以后还可以用它管理单位的各种人员档案，如计算工资、职工业绩考评、财务计算和分析；证券管理人员可以用它进行投资及证券交易的各类图表分析。本章主要介绍 Excel 的统计功能与一些基本操作，为后面的实例实验学习打下基础。

1　统计图表的功能

在 Office Excel 中可以处理大量数据，Excel 是一个以"表格"方式处理数据的软件，一张统计表的建立主要是构建一张统计表格，并将搜集到的统计数据输入到其中，这与手工处理方式非常类似，所以很容易理解和接受。统计制图使用 Office Excel 制图引擎，只需用鼠标点击操作，即可创建出具有动人视觉效果的专业水准图表，并且它提供的图形种类繁多，如图 1-1 所示。

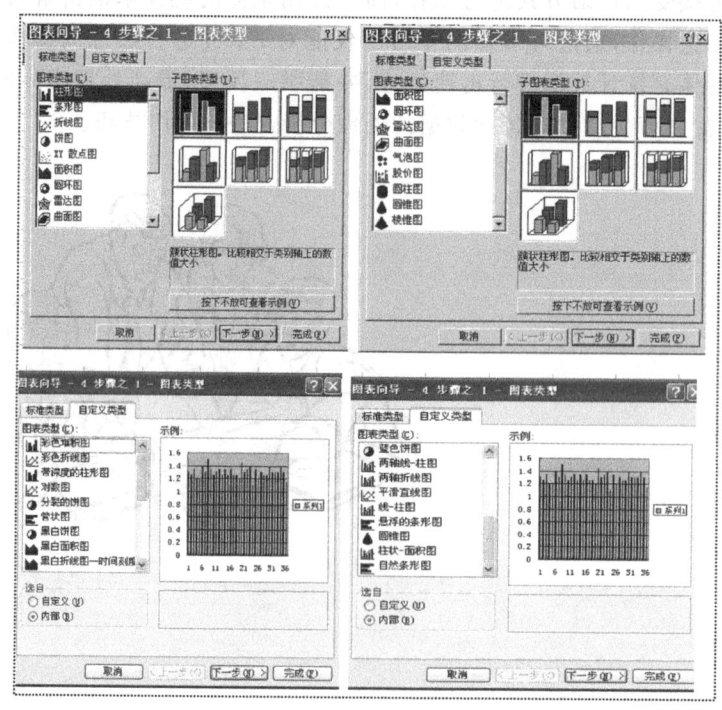

图 1-1　图形种类

拥有柱形图、条形图、饼图、直方图、面积图、折线图以及三维图表在内共100多种基本图表类型,柔和阴影和消除锯齿效果,来帮助确定关键数据趋势并创建更引人注目的图形摘要。创建数据透视表或数据透视图更加轻松。通过数据透视表与图,可以迅速重新定位数据以便帮助您回答多个案例资料,因此您可以更快地汇总和找到所需的答案。

2　数据处理与统计分析功能

Excel可以轻而易举地对数据进行排序或筛选,同时它还可以进行分类汇总和合并计算等。Excel除了具有在数据管理方面的功能外,还具有特别强大的数据分析能力,它主要是通过函数运算和数据分析来实现的。

(1)函数运算

Excel函数是事先定义好的公式,其形式为"函数名(参数,参数)"。种类非常丰富,不仅包括常用的数学及三角函数、日期及时间计算、数据库管理,还涉及统计分析、工程计算等其他方面,如图1-2所示。由于函数很多,参数各异,不易记忆,可以单击标准工具栏中的fx(函数向导)按钮,或者单击菜单栏的插入项,从中选择fx函数(F),此时会弹出"插入函数"对话框,如图1-2所示。

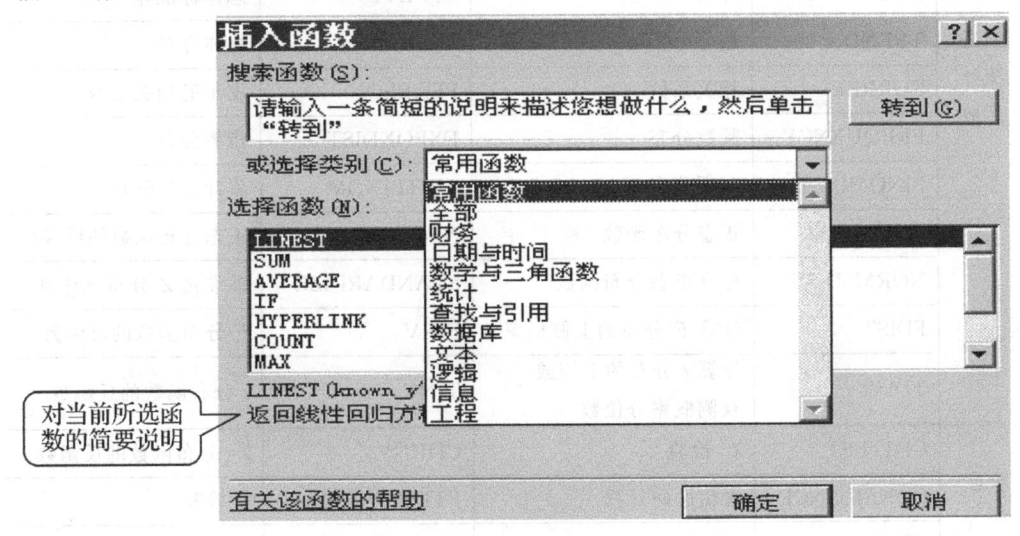

图1-2　函数种类

首先从函数分类中选择所需类型,然后再从函数名中选择所需函数,该对话框的底部会显示当前所选函数的简要说明,用以帮助判断选择的正确性,常用的Excel统计函数见表1-1所示。

表1-1 常用 Excel 统计函数一览表

	函数名称	函数意义	函数名称	函数意义
一般统计函数	COUNT	单元格个数	GEOMEAN	几何平均数
	MAX	求最大值函数	MIN	求最小值函数
	SUMPRODUCT	矩阵乘积和	SUMSQ	计算变量的平方和
	SUMX2MY2	计算两数组平方和的差	SUMX2PY2	计算两数组的平方和
	SUMXY2	计算两数组差的平方和	SUM	求和函数
	MINVERSE	求逆矩阵	MMULT	矩阵相乘
描述统计函数	AVEDEV	平均差	PERCENTILE	百分位数
	AVERAGE	算术平均数	FORECAST	线性趋势预测
	HARMEAN	调和平均数	STDEV	样本标准差
	MODE	众数	VAR	样本方差
	MEDIAN	中位数	SKEW	偏斜度
	KURT	峰度	STDEVP	总体标准差
	TREND	趋势分析	VARP	总体方差
	CORREL	相关系数	PEARSON	皮尔逊相关系数
	FREQUENCY	频数分布	EXPONDIST	指数分布
	BINOMDIST	二项分布	CRITBINOM	累计二项分布
	NORMDIST	正态分布函数	NORMINV	正态分布函数的反函数
	NORMSDIST	标准正态分布函数	STANDARDIZE	标准化 Z 分布统计量
	FDIST	计算 F 分布的上侧概率	FINV	F 分布函数的反函数
	TDIST	计算 t 分布的上侧或双侧概率分位数	TINV	t 分布函数的反函数
推断统计函数	CHITEST	χ^2 检验	CHIINV	χ^2 分布函数的反函数
	CONFIDENCE	置信区间计算	FTEST	F 检验
	TTEST	t 检验	STEYX	预测 Y 值标准误差
	ZTEST	双侧 Z 检验	TRANSPOSE	矩阵转置

(2) 数据分析

除了以上介绍的统计函数外, Excel 还提供了数据分析功能, 在安装加载宏之后(安装方法见实验9), 才可以通过 Microsoft Office Excel 工具菜单中的数据分析命令实现。其数据分析工具的种类见图1-3所示。

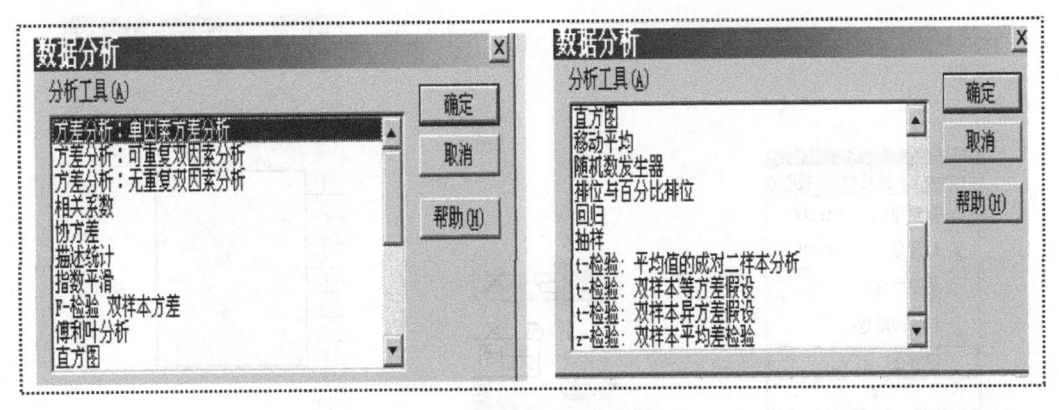

图 1-3　数据分析对话框

实验 1　Excel 的基本操作

案例资料 1：如何启动 Excel？

☝ **资料分析**：用"开始"菜单实现（方法一）。双击任何一个 Excel 文件，将自动启动 Excel，同时打开此工作簿（方法二）。还可以双击桌面上的 Excel 程序图标启动（方法三）。

☝ **操作步骤**：用鼠标单击"开始"按钮，出现"开始"菜单，然后选择"程序"，再单击"Microsoft Office Excel"选项，如图 1-4 所示，就启动了一个新的 Excel 工作簿。

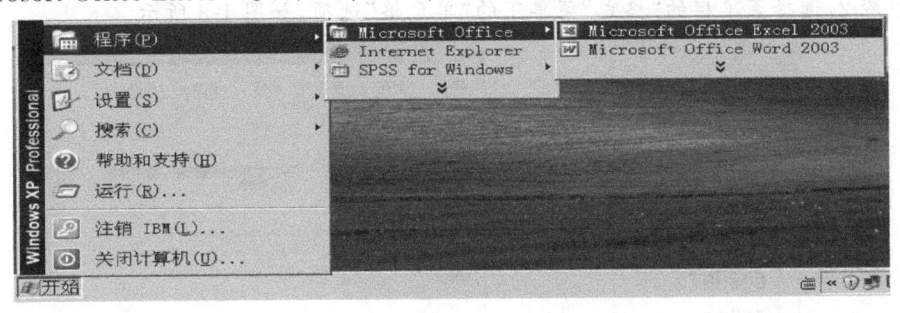

图 1-4　启动 Excel 的方法

案例资料 2：如何退出 Excel？

☝ **资料分析**：利用 Excel 中的"文件"菜单中的"退出"实现（方法一）。单击右上方关闭按钮"×"（方法二）。

☝ **操作步骤**：

方法一：在 Excel "文件"菜单中，选择"退出"选项，如图 1-5 所示，就可以退出 Excel 了。

方法二：在 Excel 工作表右上方单击关闭按钮"×"，也可以关闭 Excel，如图 1-6 所示。

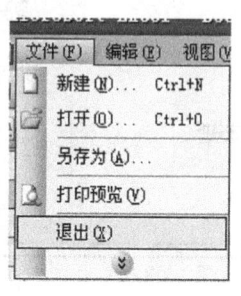

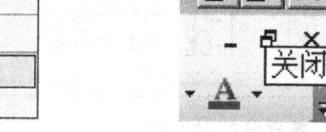

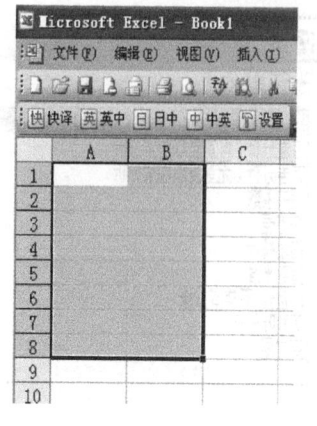

图 1-5　退出方法一　　　　图 1-6　退出方法二　　　　图 1-7　定义的区域(步骤1)

👉 **结果解释**：方法一的退出是退出 Excel 文件与模板。退出 Excel 文件还可以单击 Excel 窗口右上角的关闭窗口按钮,如图 1-6 所示,"×"表示"关闭"。关闭图中的下面的"×",只是退出文件,没有退出 Excel 模板;关闭图中的上面的"×",是退出 Excel 文件与模板。

案例资料 3:如何定义单元格数据类型？

👉 **资料分析**:用 Excel 中的"格式"菜单与"单元格格式"对话框实现。

👉 **操作步骤**：

步骤 1:使用鼠标左键选取要被指定的数据的范围,如图 1-7 所示。

步骤 2:选择菜单栏的"格式"菜单下的"单元格"选项,如图 1-8 所示。

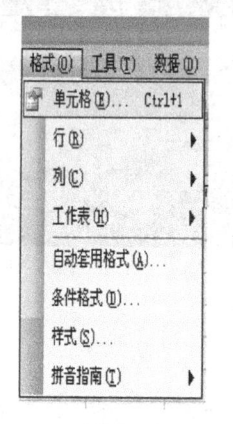

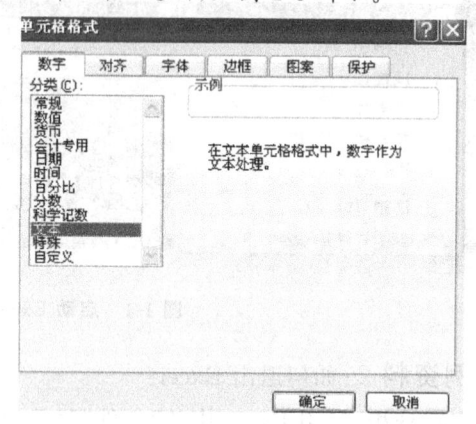

图 1-8　格式菜单(步骤2)　　　　图 1-9　单元格格式对话框(步骤3)

步骤 3:选择"单元格"后会弹出"单元格格式"对话框。在该对话框中,选择"数字"标签的"分类(C)"选择你所需要的类型(Excel 单元格的数据类型有：文本、日期、时间和数据等类型)后单击"确定",即可将选定的区域全部定义为你所需要的数据类型,如图 1-9 所示。

👉 **结果解释**：在单元格输入和编辑数据之前首先要正确定义单元格数据类型,因为它将会影响以后进行单元格的引用公式或其他计算。

案例资料 4:如何编辑单元格数据？

👉 **资料分析**:单元格数据可以在 Excel 工作表中直接编辑(方法一)来实现。编辑单元格数据还可以在编辑栏内编辑(方法二)。

☞ **操作步骤**:

方法一步骤:在单元格内编辑,即用鼠标双击要编辑的单元格,使其处于可编辑状态,然后直接进行输入和修改。

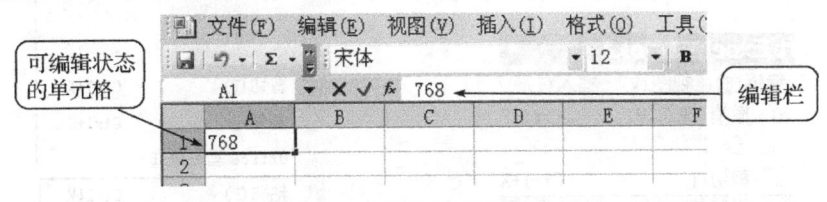

图 1-10　在编辑栏内输入数据

方法二步骤:选定单元格后,单元格内数据自动出现在编辑栏内,用鼠标单击编辑栏,就可以在编辑栏内编辑单元格数据,如图 1-10 所示。

案例资料 5:如何输入数值型、日期与时间型、文本型数据?

☞ **操作步骤**:

步骤 1:单击将要输入数据的单元格变为当前单元格。

步骤 2:输入数值型数据就定义好单元格为"数据"类型(方法如图 1-7～图 1-9)后,直接输入数据,如图 1-11 所示;输入"日期"型数据就定义好单元格为"日期"类型(方法如图 1-7～图 1-9)后,直接输入日期按回车键结束即可,如图 1-12 所示;输入"文本"型数据,定义好单元格为"文本"类型(方法如图 1-7～图 1-9)后,在工作表中直接输入文本,按回车键结束即可,如图 1-13 所示。

图 1-11　输入数值型数据

图 1-12　输入日期与时间型数据

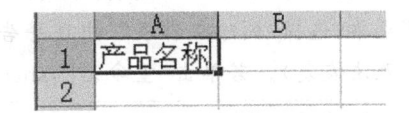

图 1-13　输入文本型数据数字

☞ **结果解释**:Excel 中的数值型数据由 0～9、正负号、小数点或百分号(%)等组成,数据精度为 15 位。例如,要输入数值－3.14,直接通过键盘向当前单元格内输入即可,Excel 将太大或太小的数据用科学计数法表示,如将－91230000000000 表示为－9.123E13。

Excel 中的日期型数据一般用斜线(/)和连字符(—)用作日期分隔符,如 2006/06/20,冒号(:)用作时间分隔符,如 12:00。输入的日期及时间必须是 Excel 可识别的,其默认显示格式由"控制面板"→"区域设置"中的日期与时间格式决定。若在同一单元格内同时输入日期和时间,在其间必须输入空格加以分隔。Excel 中文本型数据可是汉字、字母及其他符号,例如"产品名称"。

案例资料 6:如何"复制"→"粘贴"?

☞ **资料分析**:用"编辑"菜单实现。

7

👆 **操作步骤**：

步骤1：选择被复制的数据区域，单击菜单栏的"编辑"→"复制"，如图1-14所示。

步骤2：选择要粘贴的数据区域，单击菜单栏的"编辑"→"粘贴"，如图1-15所示。

图1-14 "编辑"→"复制"（步骤1）　　　　图1-15 "编辑"→"粘贴"（步骤2）

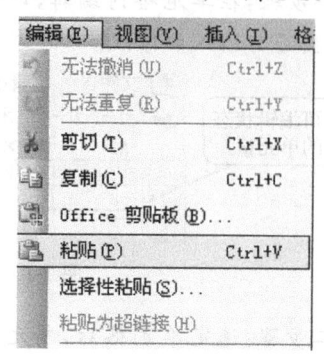

复制粘贴的方法还有以下两种：方法一：①选择被复制的区域，用"Ctrl＋C"组合键；②选择被复制的区域，单击工具栏中的"复制"按钮。

方法二：①选择要粘贴的区域，用"Ctrl＋V"组合键；②选择要粘贴的区域，单击工具栏中的"粘贴"按钮。

案例资料7：如何管理工作表（插入、删除、移动或复制、重命名工作表）？

👆 **资料分析**：在Excel中用"插入"菜单加鼠标左右键功能实现。

👆 **操作步骤**：单击某工作表标签，使该工作表成为当前工作表，用右键单击该工作表标签，出现"移动或复制"工作表对话框，如图1-16所示。单击"插入"，出现"插入"对话框工作表，选择"工作表"，即前面插入一新工作表；若单击"删除"，则工作表是永久性删除，无法恢复。（删除方法还有：单击某工作表标签，使该工作表成为当前工作表，单击"编辑"菜单，选择"删除工作表"，出现警告对话框后，若单击"确定"按钮，工作表是永久性删除，无法恢复）。若单击"重命名"，sheet 1处变成黑色时，输入新表的名称即可。

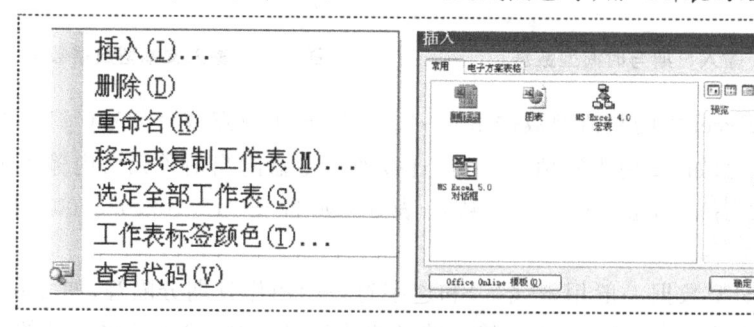

图1-16 功能对话框（步骤）

👆 **结果解释**：若单击"移动或复制"，弹出"复制或移动工作表"对话框，如图1-17所示。在"工作簿栏"中选取"Book 1"，在"下列选定工作表之前"里选中"Sheet 1"；如果是移动则不需要选择"建立副本"；如果是复制，则必须选定"建立副本"，按"确定"后完成移动或复制"Sheet 1"工作表到"Book 1"工作簿。

案例资料8：如何保护工作表？

👆 **资料分析**：在Excel中用工具菜单与对话框实现。

8

操作步骤:

步骤1:在"工具"菜单中选择"保护"子菜单下的"保护工作表",如图1-18所示,则出现一个"保护工作表"对话框。

步骤2:在"保护工作表"对话框中,选择"保护工作表"中的"内容",即禁止更改工作表中的单元格与图表项;"对象",即在工作图表中禁止删除、移动、编辑或缩放图形对象;"方案",即在工作表中,禁止更改方案的定

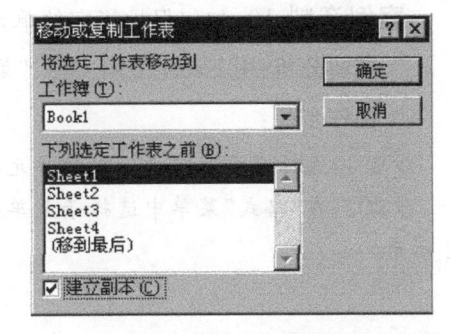

图1-17 在不同工作簿中移动和复制工作表

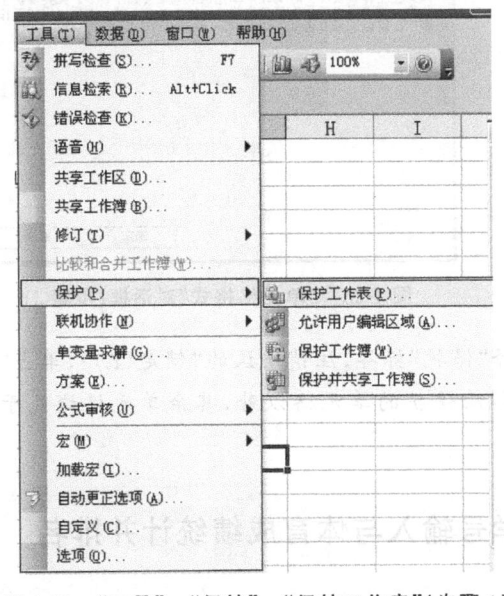

义。"密码",即输入密码可防止别人取消对工作表的保护,如图1-19所示,完成选择后,单击"确定"按钮。

图1-18 "工具"→"保护"→"保护工作表"(步骤1) 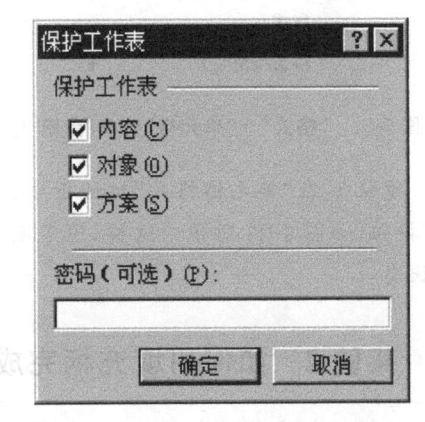　　图1-19 "保护工作表"对话框(步骤2)

案例资料9:如何保护工作簿?

资料分析:用在Excel中"工具"菜单与"保护工作簿"对话框实现。

操作步骤:

步骤1:在"工具"菜单中选择"保护"子菜单下的"保护工作簿",如图1-20所示。

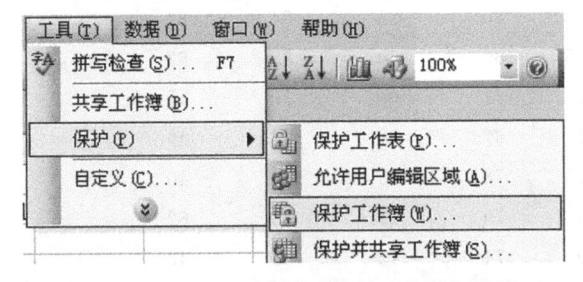

图1-20 "工具"→"保护"→"保护工作簿"(步骤1) 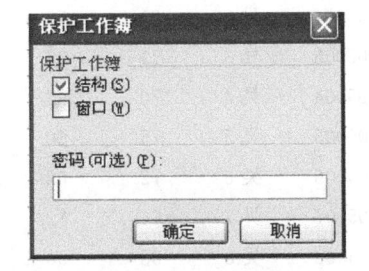　　图1-21 "保护工作簿"对话框(步骤2)

步骤2:在出现的"保护工作簿"对话框中,可以选择"保护工作簿"中的"结构"和"窗口",在这里选择"结构",输入密码可防止别人对工作簿的修改,如图1-21所示,完成后按"确定"。

案例资料10：如何保护指定的单元格？

资料分析：用 Excel 中用"格式"菜单与"单元格格式"对话框来实现。

操作步骤：

步骤1：选择那些不需要保护的单元格。

步骤2：在"格式"菜单中选择子菜单项"单元格"，出现"单元格格式对话框"，如图1-22所示。

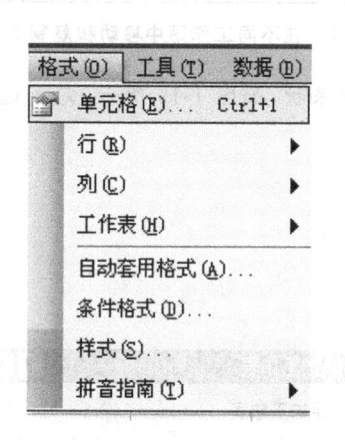

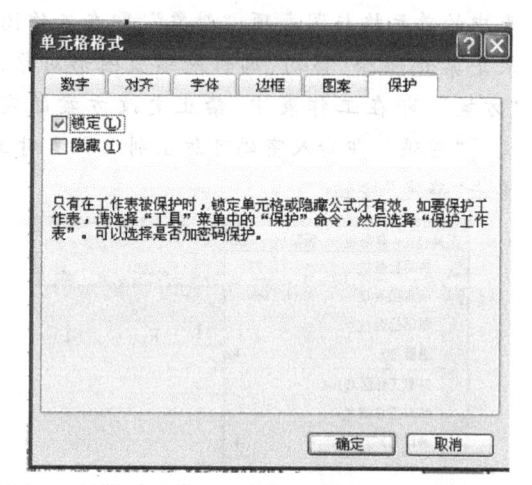

图1-22 "格式"→"单元格"菜单(步骤2)　　图1-23 "单元格格式"对话框(步骤3)

步骤3：在"单元格格式"对话框中，选择"保护"标签，注销默认的"锁定(L)"，单击"确定"按钮，如图1-23所示。这样，除了刚才解除保护的单元格以外，其余单元格均处于保护状态。

实验2　如何用填充柄完成学号输入与体育成绩统计并排名

案例资料3：如何用填充柄完成初二(3)班学生在一次体育期末考试(见表1-2)中的各项目总成绩？

表1-2　初二(3)班期末成绩统计

学号	姓名	田径	铅球	50 m	800 m	立定跳远	跳高	仰卧起坐	总分
2005001	吴1	67	99	97	68	69	70	72	
2005002	吴2	71	75	97.5	80	85	84	84	
2005003	吴3	71	92	97.5	80	60	82	62	
2005004	吴4	70	95	97	81	69	77	47	
2005005	吴5	75	60	97	67	60	71	49	
2005006	吴6	72	62	87.5	78	63	69	40	
2005007	吴7	64	82	96	79	72	78	62	
2005008	吴8	68	60	89	74	42	68	43	
2005009	吴9	79	100	99	91	80	87	74	
2005010	吴10	77	66	100	81	78	81	60	
2005011	吴11	75	90	97	80	86	78	66	

续表

学号	姓名	田径	铅球	50 m	800 m	立定跳远	跳高	仰卧起坐	总分
2005012	吴 12	69	97	98	72	68	88	87	
2005013	吴 13	74	100	97	72	76	91	77	
2005014	吴 14	88	100	99.5	88	88	90	93	
2005015	吴 15	68	97	98.5	77	58	90	79	
2005016	吴 16	81	92	96	78	86	84	70	
2005017	吴 17	80	94	96.5	86	75	74	66	
2005018	吴 18	75	100	100	70	83	78	62	
2005019	吴 19	71	85	95	77	72	83	71	
2005020	吴 20	66	75	93.5	75	61	72	66	
2005021	吴 21	79	100	98	88	68	66	47	

☞ **资料分析**：在此题中可先完成学号输入之后输入各科原始成绩，然后用求和函数 SUM 求出第一个同学的总分，再用填充柄实现全班同学的总成绩。用排名函数 RANK 求第一个同学的排名，再用填充柄实现全班各同学的排名情况。求和函数格式为：SUM (number1,number2,…)。number1，number2,… 为 1～30 个需要求和的参数。RANK 函数的格式为：RANK(number,ref,order)。number 为需要找到排位的数字；ref 为数字列表数组或对数字列表的引用，ref 中的非数值型参数将被忽略；order 为一数字，指明排位的方式。

• 如果 order 为 0 或省略，Excel 对数字的排位是基于 ref 按照降序排列的列表。

• 如果 order 不为零，Microsoft Excel 对数字的排位是基于 ref 按照升序排列的列表。

☞ **操作步骤**：

步骤 1：完成学号输入。

方法一：用菜单实现学号输入。向某单元格输入数据，从而确定数列中第一个数据 2005001 及所在位置。选择"编辑"菜单下"填充"子菜单的"序列"选项，如图 1-24 所示。出现"序列"对话框，如图 1-25 所示。在"序列"对话框中，确定如下内容：数列在工作表上是以行还是列方式生成，选择"列"；在类型中，选择"等差序列"（若为日期型数列：按哪种时间单位增加或减少）；确定等差或等比数列步长值及其数列的终止值 2005021。单击"确定"按钮，生成如图 1-26 所示的 A 列数列。

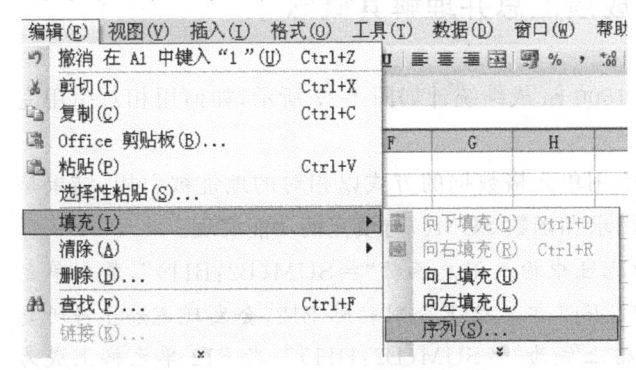

图 1-24 "编辑"→"填充"→"序列"   图 1-25 "序列"对话框

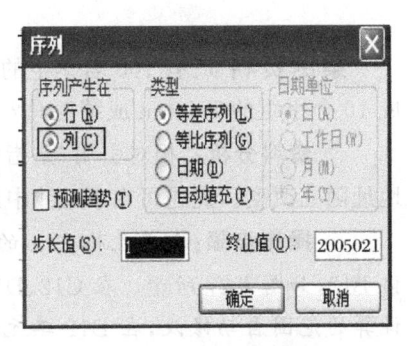

方法二：用填充柄完成学号输入。输入学号：在 A3、A4 单元格处分别输入学号"2005001、2005002"。按住鼠标左键同时选择 A3、A4，将光标移向右下角待光标变为实心"＋"号，向下拖牵到需要的学号放开鼠标，即完成需要的学号输入，如图 1-26 所示的 A 列数列。

	A	B	C	D	E	F	G	H	I	J	K	L	M	N
1			初二(3)班期末成绩统计											
2	学号	姓名	田径	铅球	50米	800米	立定跳远	跳高	仰卧起坐	总分	=SUM(c3:i3)			
3	2005001	吴1	67	99	97	68	69	70	72	542		15	←=RANK(J3,$J$3:$J$23)	
4	2005002	吴2	71	75	97.5	80	85	84	84	576.5		6		
5	2005003	吴3	71	92	97.5	80	60	82	62	544.5		13		
6	2005004	吴4	70	95	97	81	69	77	47	536		16		
7	2005005	吴5	75	60	97	67	60	71	49	479		19		
8	2005006	吴6	72	62	87.5	78	63	69	40	471.5		20		
9	2005007	吴7	64	82	96	79	72	78	62	533		17		
10	2005008	吴8	68	60	89	74	42	68	43	444		21		
11	2005009	吴9	79	100	99	91	80	87	74	610		2		
12	2005010	吴10	77	66	100	81	78	81	60	543		14		
13	2005011	吴11	75	90	97	80	86	78	66	572		7		
14	2005012	吴12	69	97	98	72	68	88	87	579		5		
15	2005013	吴13	74	100	97	72	76	91	77	587		3		
16	2005014	吴14	88	100	99.5	88	88	90	93	646.5		1		
17	2005015	吴15	68	97	98.5	77	58	90	79	567.5		10		
18	2005016	吴16	81	92	96	78	78	84	70	587		3		
19	2005017	吴17	80	94	96.5	86	75	74	66	571.5		8		
20	2005018	吴18	75	100	100	70	83	78	62	568		9		
21	2005019	吴19	74	85	95	77	72	83	71	554		11		
22	2005020	吴20	66	75	93.5	75	61	72	66	508.5		18		
23	2005021	吴21	79	100	98	88	68	66	47	546		12		
24	合计													

图 1-26 学号输入、成绩统计与排名

步骤 2：成绩汇总：在 J3 处输入"=SUM(c3:i3)"，单击"回车"键，完成吴 1 同学的成绩汇总。选择 J3，将光标移向右下角待光标变为实心"＋"号，向下拖牵到需要的位置放开鼠标，即完成所有同学的成绩汇总，如图 1-26 中 J 列所示的数据。

步骤 3：计算出各同学成绩的排名。在单元 K3 处输入"=RANK(J3,$J$3:$J$23)"，如图 1-26 所示，单击"回车"键，光标放在单元格 K3 右下角，待变成实心"＋"后，按住鼠标左键拖牵到单元格 K23 后放开，就可以得到 21 名同学的总成绩排名情况，如图 1-26 中 K 列所示的数据。

结果解释：图 1-26 所示的 J 列的数据就是 B 列对应同学的成绩总分。K 列的数据就是 B 列对应同学的成绩总分排名。

实验 3　如何用相对、绝对与混合引用完成各组成绩汇总并理解其概念

案例资料 1：有 100 名学生的 1500 m 成绩统计如图 1-27 所示，如何用相对引用完成 10 个小组的 1500 m 成绩汇总？

资料分析："相对引用"是指引用单元格数据的方式以相对的地址被引用，结果是地址随之改变。此题可在 Excel 中用求和函数 SUM() 与填充柄功能实现。

操作步骤：在单元格 B12 的地址中输入汇总函数"=SUM(B2:B11)"，复制单元格 B12，如图 1-27 所示。在 C12、D12、F12 单元格上分别粘贴 B12，会发现 Excel 将所要计算的范围自动修改，在 D12 单元格上成为"=SUM(D2:D11)"，在 F12 单元格上成为"=SUM(F2:F11)"为相对引用（或选择 B12，将光标移向右下角变成实心"＋"号时，按住

鼠标左键向右拖动到 K12,完成各小组的成绩汇总),如图 1-27 所示。

	A	B	C	D	E	F	G	H	I	J	K
1		第1组	第2组	第3组	第4组	第5组	第6组	第7组	第8组	第9组	第10组
2		315	357	309	350	344	324	386	343	357	348
3		344	330	348	360	312	305	321	330	350	420
4		332	365	398	376	353	360	314	329	340	328
5		330	340	351	337	335	339	360	342	360	360
6		325	341	352	343	282	385	397	345	360	358
7		349	350	420	335	359	366	345	360	340	337
8		363	310	331	343	343	349	308	355	290	370
9		330	380	328	369	314	311	370	380	310	316
10		314	376	420	380	274	402	305	364	315	380
11		323	402	315	323	326	301	368	301	321	296
12		3325	3551	3572	3516	3242	3442	3459	3449	3343	3513
13											
14											

=SUM(B2:B11)　　　　　　　　=SUM(F2:F11)

图 1-27　相对引用完成各小组的成绩汇总

☞ **结果解释**:在图 1-27 所示的 12 行所在的数据为第 1 行各列小组的成绩总分。

案例资料 2:绝对引用与混合引用的概念。有一组 10 名同学 1500 m 成绩统计如图1-28所示,计算绝对差。

☞ **资料分析**:"绝对差=平均成绩一个人成绩"。"绝对引用"就是将单元格中的行和列地址均加注"$"符号,引用时不像相对引用时是随地址的改变而改变,绝对引用时地址不变,永远指定引用的地址单元格数据。此题可在 Excel 中用求和函数 SUM()与"绝对引用"符号"$"实现。

☞ **操作步骤**:在单元格 C2 的地址中输入"=ABS(B2-$B$13)"(ABS 为绝对值符号),完成第一个同学的绝对差计算,如图 1-28 所示。选择 C2,将光标移向右下角变成实心"+"号时,按住鼠标左键向下拖牵到 C11,完成每个人的绝对差计算,如图 1-28 所示。在拖动复制时我们发现 Excel 将所要计算的 B2 随鼠标移动而变化,而 B13 随鼠标移动而不变,如图 1-28 所示。

	A	B	C	D	E
1		第1组	绝对差		
2		315	17.5	←=ABS(B2-$B$13)	
3		344	11.5		
4		332	0.5		
5		330	2.5		
6		325	7.5		
7		349	16.5		
8		363	30.5		
9		330	2.5	←=ABS(B9-$B$13)	
10		314	18.5		
11		323	9.5		
12	总成绩	3325			
13	小组平均成绩	332.5			

图 1-28　绝对引用的概念

混合引用:就是将单元格中的行或列中的一项地址加注"$"符号,如:B$2 或 $B2,引用时有"$"的部分地址不变,没有"$"的部分是随地址的改变而改变。

☞ **结果解释**:图 1-28 所示 C 列数据为各位同学成绩与该小组的平均成绩之差的绝对值,即各位同学的绝对差。

13

实验 4　加、减、乘、除、乘方、开方、绝对值、四舍五入的 Excel 方法

案例资料 1：如何操作几个最常用的算术运算？

资料分析：有 3 种方法可以实现。用默认键直接计算（方法一）；用输入函数计算（方法二）；调用"插入函数"计算（方法三，见实验 2 的 SUN 函数）。

操作步骤：

方法一：用默认键直接计算。在 C1～C5 单元格中分别输入 D 列单元格中箭头所示的式子，单击"回车"键，即可得到结果，如图 1-29 所示。几个最常用的算术运算的默认键如表 1-3 所示。

表 1-3　几个最常用的算术运算的默认键

算术运算	加	减	乘	除	乘方	开方	绝对值	四舍五入
函数	SUM	IMSUB	PRODUCT	QUOTIENT	POWER	SQRT	ABS	ROUND
默认键	+	-	*	/	^			

图 1-29 用默认键直接计算（方法一）

加：5+4=9
减：5-4=1
乘：5×4=20
除：5÷4=1.25
乘方：5^4=625

方法二：还可以用函数计算得到。在 C1～C7 单元格中分别输入 D 列单元格中箭头所示的式子，单击"回车"键，即可得到结果，如图 1-30 所示。

图 1-30　输入函数计算（方法二）

加：5+4=9
减：5-4=1
乘：5×4=20
除：5÷4=1.25
乘方：5^4=625
开方：$\sqrt{5}$=2.24
绝对值：|-3|=3

方法三：用调用"插入函数"计算。

案例资料 2：对某跳远成绩 2.56734 m 取整数与一位、两位小数的保留。

资料分析：在 Excel 中用四舍五入函数 ROUND，ROUND 格式为：ROUND（需四舍五入单元格位置，指定保留位数）。

操作步骤：例如，将 2.56734 取两位小数，在 B2 单元格输入公式"=ROUND(A1,2)"，如图 1-31 所示，即可得到保留两位小数的数据 2.57。

图 1-31　四舍五入函数

结果解释：如果指定位数大于 0，则四

14

舍五入到指定的小数位。例如:"＝ROUND(2.56734,1)",将2.56734四舍五入到一个小数位(2.6);"＝ROUND(2.56734,2)",将2.56734四舍五入到两个小数位(2.57)。如果指定位数等于 0,则四舍五入到最接近的整数。例如:"＝ROUND(2.56734,0)"将2.56734四舍五入到小数点左侧一位(3),方法如图 1-31 所示。

实验 5　如何安装 Excel 扩展功能——加载宏

Excel 的某些功能只有安装了 Analysis Tool Pak(分析工具库)插件才能生效。安装方法如下所示。

操作步骤:

步骤 1:选择"工具"菜单下的"加载宏"选项,如图 1-32 所示,出现"加载宏"对话框。

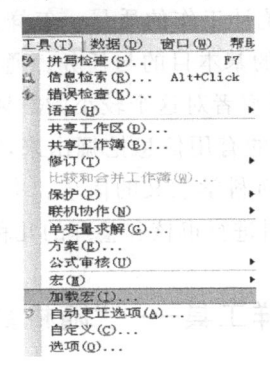

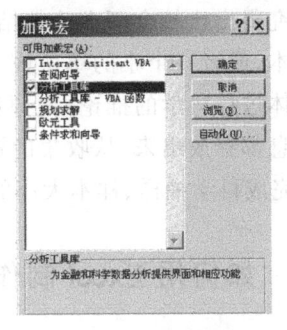

图 1-32　"工具"菜单(步骤 1)　　图 1-33　"加载宏"对话框(步骤 2)

步骤 2:在"加载宏"对话框中,选择"分析工具库",单击"确定"按钮,"加载宏"安装完成,如图 1-33 所示。

步骤 3:在安装"加载宏"后的菜单"工具"中,就多了一个"数据分析"子菜单,图 1-34 所示,说明安装成功。

结果解释: 如果你选择"分析工具库"复选框,并按"确定",安装没有成功,Excel 会提示你提供 CD 安装盘,此时,将安装盘放入,即刻就可以完成"加载宏"工具库的安装。

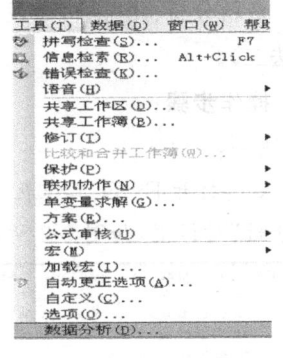

图 1-34　安装后的"工具"菜单(步骤 3)

第二章　数据的收集与整理

《大英百科全书》指出:"统计学是一门收集数据、分析数据并根据数据进行推断的艺术和科学"。其定义的基本点是,要想进行统计,就必须先收集数据,只有收集到了数据,并对原始数据资料进行严格的审查、核实,才能分析数据和加工数据,才能根据分析结果进行推断。因此,收集数据是开展所有统计工作的前提,统计资料审核是资料整理的前提,资料整理是资料分析推断的前提,这样才能保证统计工作的质量。怎样通过少数的实验或调查研究得出比较全面准确的结论,是统计学的基本目的与任务。通过获取一个有代表性的样本,或者一个小的单位或个案的集合,研究者对这个较小的群体进行研究,并对较大的群体进行科学的推论;把原始素材中潜在的有用信息挖掘出来,使所收集的资料的全部信息都释放出来,从收集的资料中抽取到有科学意义的信息。本章主要介绍如何用 Excel 完成科学抽样、样本大小的确定和对资料进行审核和整理的几种方法。

实验6　如何用 Excel 制作科学的抽样工具——"随机数表"

案例资料: 如何用 Excel 制作一个 6 行 10 列的 5 位整数组成的随机数表?

资料分析: 用"随机数发生器"实现(方法一);还可以用随机函数 RAND 制作随机数(方法二)。

操作步骤:

方法一:

步骤1:打开 Excel 工作表,单击"工具"菜单下的"数据分析",如图 2-1 所示。出现的"数据分析"对话框,如图 2-2 所示。

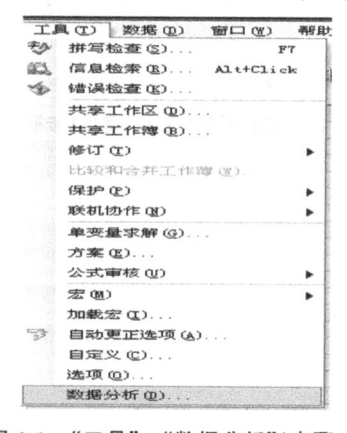

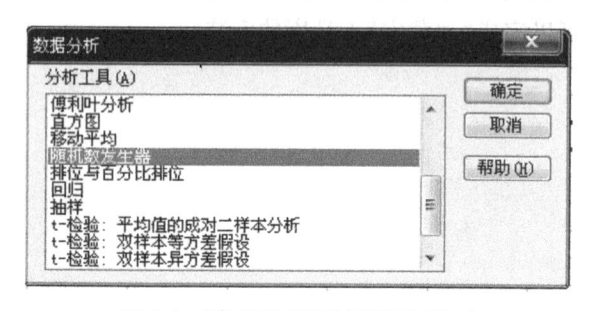

图 2-1　"工具"→"数据分析"(步骤1)　　　图 2-2　"数据分析"对话框(步骤2)

步骤2:在"数据分析"对话框中,选择"随机数发生器"后点击"确定"按钮,如图 2-2

所示。出现"随机数产生器"对话框,如图2-3所示。

步骤3:在"随机数产生器"对话框中,在"变量个数(V)"文本框中输入需要的随机数表的列数,如6列;在"随机数个数(B)"文本框中输入需要的随机数表的行数,如10行;"分布"选择"均匀";在"参数"中输入0~99999(为5位数),在输出区域选择A1,如图2-3所示,单击"确定"按钮,即可产生10行×6列介于0~99999的随机数表。

图2-3 "随机数产生器"对话框(步骤3)　　　图2-4 "格式"菜单的"单元格"(步骤4)

步骤4:此时的随机数表,并无格式设定。定义随机数格式:选择A1:A10,选择单击"格式"菜单中的"单元格",如图2-4所示,出现"单元格格式"对话框,如图2-5所示。

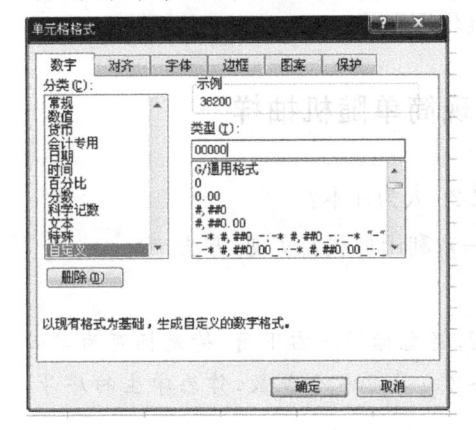

图2-5 "单元格格式"对话框(步骤5)　　　图2-6 随机数表

步骤5:在"单元格格式"对话框中,选择"数字"标签,在"分类"位置选择"自定义",在"类型"位置输入"00000",意思是自动进行四舍五入,数字未满5位的自动补0,如图2-5所示。单击"确定"按钮,即可产生10行×6列介于0~99999的有格式的随机数表,如图2-6所示。

方法二:

步骤1:在一个空白工作表的A1处输入"=RAND()*10000",然后点击"回车",产生一个没有格式的随机数。

步骤2:定义随机数的格式(见本实验方法1用"随机数产生器"制作随机数表的步骤3):光标在A1处,选择"格式"菜单下的"单元格",会出现一个"数字"对话框,在该对话框中选择"自定义",再在类型中输入"0000"后点击"确定"按钮,如图2-7所示。

17

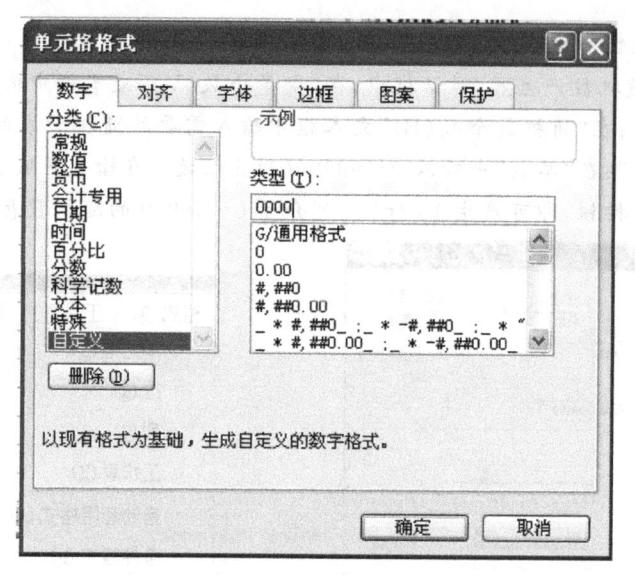

图 2-7 "单元格格式"对话框(步骤 2)

步骤 3:光标移向 A1 右下角,待光标变为实心"+"号时,按住鼠标左键向右拖 6 列,向下拖 10 行填充,就制作出一个 10 行×6 列的 4 位随机数表。

结果解释:随机数字表是随机变化的,每次做出的数据均不同,是不可控制的,从而可以避免舞弊,用它来抽样是最公正且满足随机化原则的。

实验 7 如何用 Execl 实现简单随机抽样

案例资料 1:如何从 200 名学生中随机抽取 20 人为样本?

资料分析:用 Excel 的 RAND 函数(方法一);利用加载宏实现(方法二)。

操作步骤:

步骤 1:在 A1、A2 分别输入 1、2,选择 A1、A2,将光标移向右下角,待光标变为实心"+"号时,用填充柄的方法往下拖拽便可产生 1～200 共 200 个整数,作为学生的序号,如图 2-8 所示。

图 2-8 产生 200 个学生序号(步骤 1)   图 2-9 产生 200 个随机数(步骤 2)

步骤 2：在 B1 处输入函数"＝RAND()"后，点击"回车"产生第一个学生的一个随机数，利用填充柄功能为 200 个学生对应产生 200 个随机数，如图 2-9 所示。

步骤 3：对随机数进行排序。选择"B1:B200"，在"数据"菜单下选择"排序"选项，如图 2-10 所示，出现"排序警告"对话框。

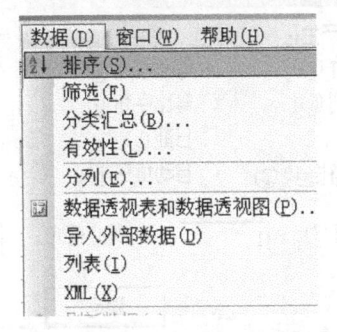

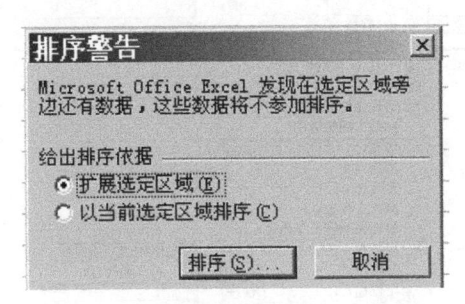

图 2-10 "数据"→"排序"(步骤 3) 　　图 2-11 "排序警告"对话框(步骤 4)

步骤 4：在"排序警告"对话框中选择"扩展选定区域"，如图 2-11 所示，单击"排序"按钮，出现"排序"对话框，如图 2-12 所示。

步骤 5：在"排序"对话框中，主要关键词选择"列 B"，选择按"升序"排列随机数值大小，如图 2-12 所示。

步骤 6：从随机数值的任意地方开始依次取 20 个序号所对应的学生即为随机抽取的对象，如图 2-13 所示。

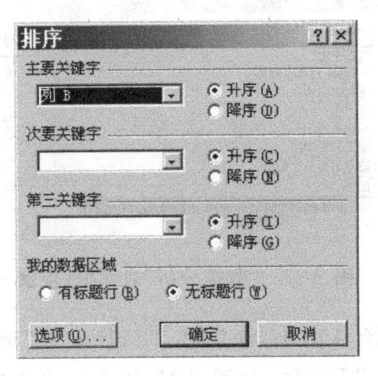

图 2-12 "排序"对话框(步骤 5) 　　图 2-13 排序结果(步骤 6)

结果解释：可以从图 2-13 所示的 A 列数据中任意位置开始依次选取 20 个数据对应的号码为样本。A 列数是随 B 列数而随机变化的，每次做出的数据不同，是不可控制的，所以用它来抽样是最公正且满足随机化原则的。

案例资料 2：在 1100 人的学校中，其中教师 100 人，学生 1000 人，在教师中随机抽取 15 人，学生中随机抽取 50 人为样本，以便进行问卷调查，应如何操作？

资料分析：利用加载宏实现(方法二)。

操作步骤：

步骤 1：完成教师和学生编号：在 A1 处输入 1 后，用填充的方法完成 1～1100 的编号输入。方法是：选择 A1，在"编辑"菜单中选择"填充"子菜单下的"序列"，如图 2-14 所示，出现"序列"对话框，如图 2-15 所示。

19

步骤 2：在"序列"对话框中，"序列产生在"选择"列"，类型选择"等差序列"，在步长填"1"，终止值填入"1100"后点击"确定"按钮，如图 2-15 所示，就可在 A 列产生 1～1100 的编号。

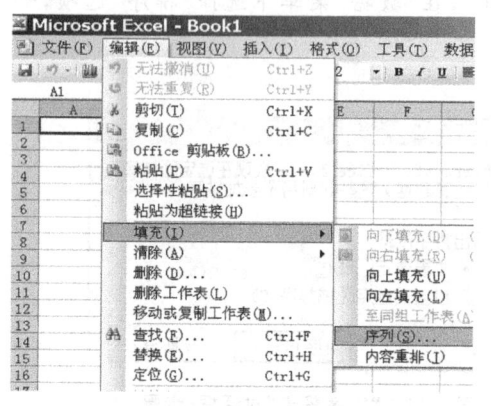

图 2-14 "编辑""填充""序列"(步骤 1) 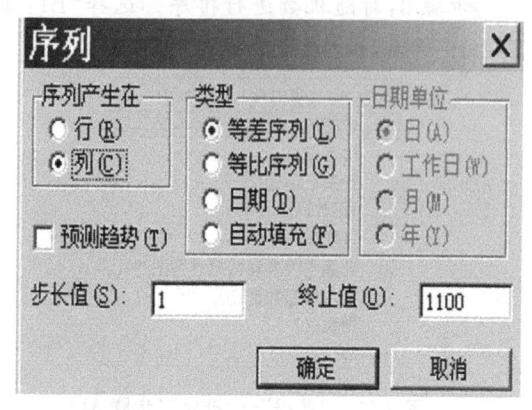　　图 2-15 "序列"对话框(步骤 2)

步骤 3：在 B1 处输入"教师样本"，C1 处输入"学生样本"，以便抽样后放入数据，选择"工具"菜单中的"数据分析"，如图 2-16 所示。出现"数据分析"对话框，如图 2-17 所示。

步骤 4：在"数据分析"对话框中，选择"抽样"，点击"确定"按钮，出现"抽样"对话框。

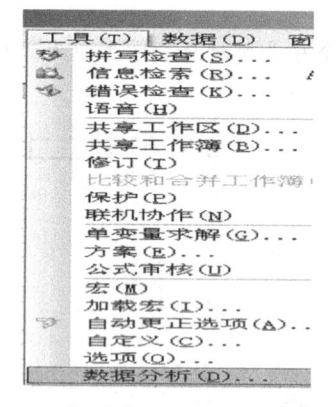

图 2-16 "工具"→"数据分析"(步骤 3) 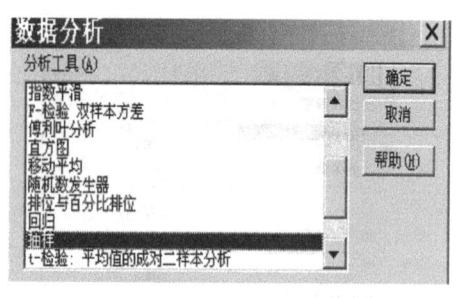　　图 2-17 "数据分析"对话框(步骤 4)

步骤 5：在"抽样"对话框中，在"输入区域"选择 A1:A100 区域，"抽样方法"选择"随机"，样本数输入 15，"输出区域"选择 B2，单击"确定"按钮，如图 2-18 所示。单击"确定"后，就可以产生 15 个教师随机编号的样本，如图 2-19 所示。

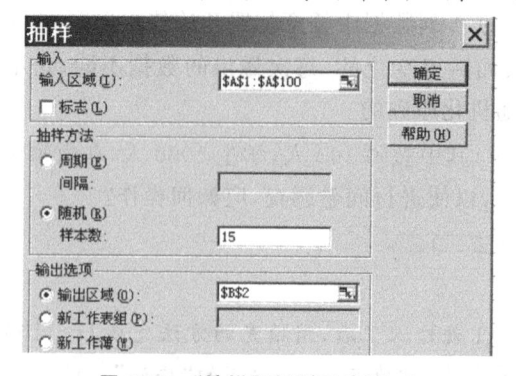

图 2-18 "抽样"对话框(步骤 5)　　图 2-19 抽样结果

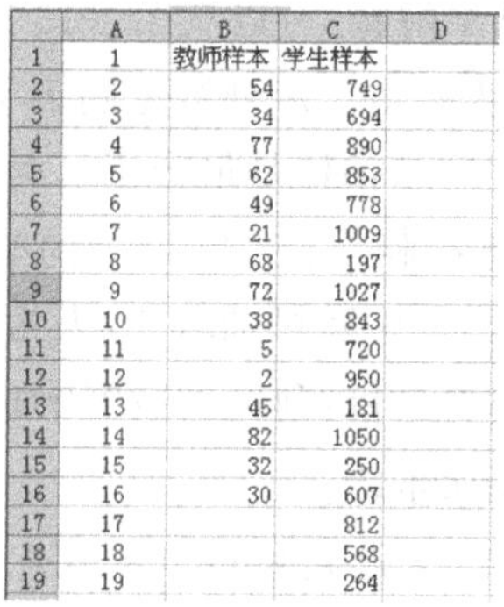

步骤 7:用同样的方法对学生进行抽样,在“抽样”对话框中的“输入区域”选择 A101:A1100 区域,“抽样方法”选择“随机”,样本数输入 50,“输出区域”选择 C2,单击“确定”按钮,就可以产生 50 个学生随机编号的样本,如图 2-19 所示。

结果解释:图 2-19 所示的 B、C 列分别为 15 个教师样本和 50 个学生样本所对应的编号。B、C 列随机数字表是随机变化的,每次随机选出的数据均不同。

实验 8 如何用 Execl 实现系统抽样

案例资料:如何在 1500 人中系统抽 37 人为样本?

资料分析:此题属于 Excel 的系统抽样,可用随机函数 RANDBETWEEN 实现(方法一),还可以用加载宏实现(方法二)。

操作步骤:

方法一:

步骤 1:在 Excel 表中在 A1 处输入“第 1 个编号”,B1 处输入“1”;在 A2 处输入“最后一个编号”,B2 处输入“1500”,在 A3 处输入“样本数”,B3 处输入“37”;在 A4 处输入“间距”,B4 处输入“=B2/B3”,如图 2-20 所示,点击“回车”,得到间距 40.54054。

步骤 2:在 B4 下方放整数间距,间距四舍五入,可以直接改为 41,也可以用“ROUND()”函数进行四舍五入,方法是在 B5 处输入“=ROUND(B4,0)”(说明:需要 B4 为整数则输入“0”,需要 B4 保留 1 位小数则输入 1,以此类推),如图 2-21 所示,点击“回车”,间距改为“41”。

	A	B
1	第1个编号	1
2	最后1个编号	1500
3	样本数	37
4	间距	=B2/B3

图 2-20 间距的计算(步骤 1)

	A	B
1	第1个编号	1
2	最后1个编号	1500
3	样本数	37
4	间距	40.54054
5		=ROUND(B4,0)

图 2-21 对间距进行四舍五入(步骤 2)

步骤 3:在 B6 处输入“=RANDBETWEEN(B1,B5)”,如图 2-22 所示,按“回车”,就可得到随机抽选的第 1 个编号为 17,如图 2-22 所示。

步骤 4:将随机抽选的第 1 个编号由公式变为常数,方法是:选择 B6,单击 F2,为编辑状态,单击 F9,为重新计算状态,如图 2-23 所示。

	A	B	C
1	第1个编号	1	
2	最后1个编号	1500	
3	样本数	37	
4	间距	40.54054	
5	间距	41	
6	随机抽选的第1个编号	17	

图 2-22 随机抽选的第 1 个编号(步骤 3)

	A	B	C
1	第1个编号	1	
2	最后1个编号	1500	
3	样本数	37	
4	间距	40.54054	
5	间距	41	
6	随机抽选的第1个编号	=RANDBETWEEN (B1, B5)	

图 2-23 第 1 个编号由公式变为常数(步骤 4)

步骤 5:在 B10 处安排第 2 个编号“=B6+B5”,单击“回车”键,就可得到随机抽选的第 2 个编号 58。

步骤 6:选取第 1、2 两个抽样编号,单击“复制”按钮,记下内容,单击“粘贴”按钮右侧的向下箭头,选择“值(V)”,如图 2-24 所示,使公式变为常数。

步骤 7:拖牵右下角的复制光标,到 37 个样本为止,如图 2-25 所示。

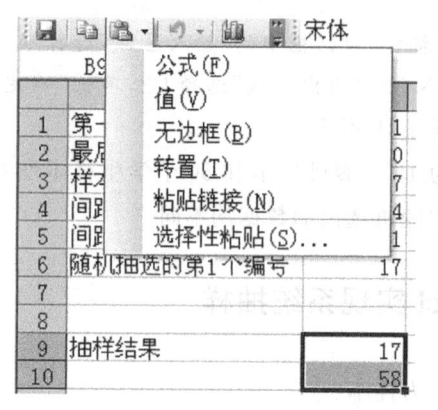

图 2-24　得到随机抽选的第 2 个编号(步骤 6) 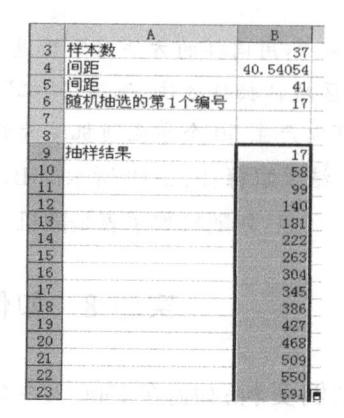　　　图 2-25　得到 37 个随机编号(步骤 7)

结果解释：图 2-25 所示的 B 列第 9 行开始为 37 个样本编号，样本编号由样本的第 1 个数字决定。因此，为了控制舞弊行为，一般第 1 个数字临时确定。

方法二：

步骤 1：完成 1 500 人的编号：在 A1 处输入 1 后，用填充的方法完成 1～1500 的编号输入。方法是：选择 A1，选择"编辑"菜单中的"填充"子菜单下的"序列"选项，在"序列"对话框中，"序列产生在"选择"列"，类型选择"等差序列"，在步长值填"1"、终止值填入"1500"后点击"确定"按钮，就可在 A 列产生 1～1500 的编号，如图 2-26 所示。

步骤 2：选择"工具"菜单中的"数据分析"，在"数据分析"对话框中选择"抽样"后点击"确定"按钮，如图 2-27 所示，出现"抽样"对话框，如图 2-28 所示。

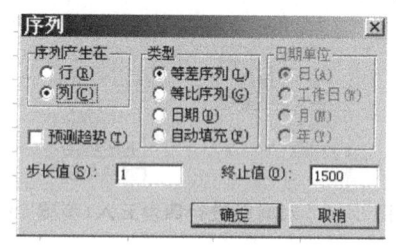

图 2-26　"序列"对话框(步骤 1) 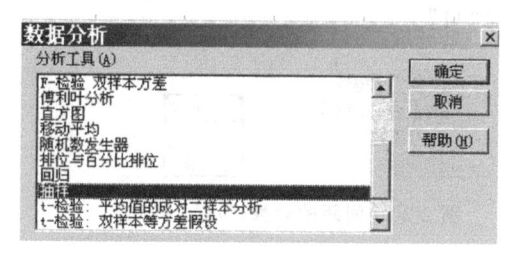　　　图 2-27　"数据分析"对话框(步骤 2)

步骤 3：在"抽样"对话框中，在"输入区域"选择教师的 A1:A1500 区域，"抽样方法"选择"周期"，"间隔"输入 41，"输出区域"选择"$B$2"，然后单击"确定"按钮，如图 2-28 所示。

步骤 4：单击"确定"后，就可以产生 37 个随机编号的样本，如图 2-29 所示。

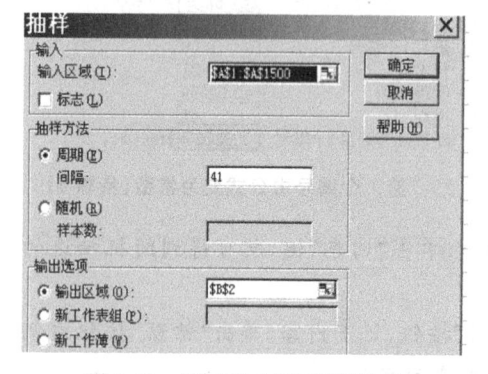

图 2-28　"抽样"对话框(步骤 3) 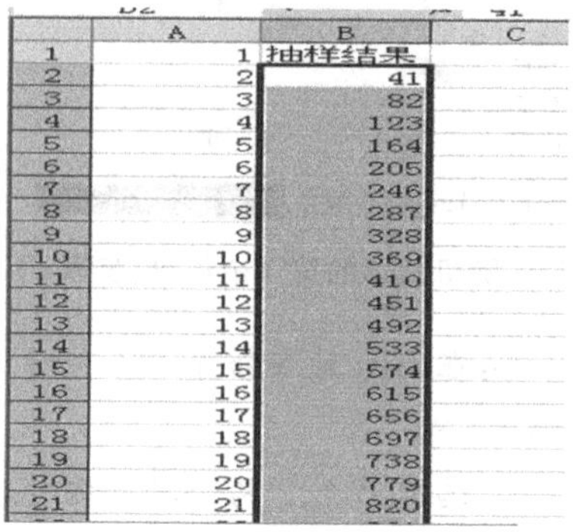　　　图 2-29　产生 37 个随机编号的样本(步骤 4)

● **结果解释**：图 2-29 所示的 B 列第 2 行开始为 37 个样本编号。

实验 9　如何确定样本的大小(估计总体比例时)

案例资料 1：在做一个要求可容忍误差值为 0.03，概率为 0.5，风险显著水平 α 为 0.05 的调查时，样本取多大可满足该调查的要求？

● **资料分析**：用函数正态分布 NORMSINV 与自定义公式 $\bar{p} \pm Z_{\alpha/2}\sqrt{\dfrac{p(1-p)}{n}}$ 计算实现。NORMSINV 函数格式为：NORMSINV(probability)，Probability 为正态分布的概率值。

● **操作步骤**：

步骤 1：将题目要求的三个数值输入到 Excel 表中，在单元格 B3 处输入公式"＝NORMSINV(1－B2/2)"，计算出正态分布的双尾临界值，如图 2-30 所示。

步骤 2：在单元格 B5 处输入公式"＝B3^2 * B1 * (1－B2)/B4^2"，计算出样本大小值 1067，如图 2-30 所示。

	A	B	C	D	E
1	总体比例p	50%			
2	风险显著水平α	0.05			
3	$Z_{\alpha/2}$	1.96	←=NORMSINV(1-B2/2)		
4	容忍误差e	3%			
5	样本数n	1067	←=(B3^2*B1*(1-B1))/B4^2		

图 2-30　计算样本大小值(步骤 1、2)

● **结果解释**：在重复抽样或抽样比 $\dfrac{n}{N}<5\%$ 时，根据公式 $\bar{p} \pm Z_{\alpha/2}\sqrt{\dfrac{p(1-p)}{n}}$，总体比例 p 的置信度为 $1-\alpha$ 的置信区间为 $\bar{p} \pm Z_{\alpha/2}\sqrt{\dfrac{p(1-p)}{n}}$。记 $e=Z_{\alpha/2}\sqrt{\dfrac{p(1-p)}{n}}$，称为允许误差，它表示总体比例 p 与样本比例 $\bar{p}$ 的绝对误差不超过 e。于是，样本容量为：$n = \dfrac{Z_{\alpha/2}^2 \cdot p(1-p)}{e^2}$。在实际应用时，如果总体比例 p 未知，可用它的无偏估计量样本比例 $\bar{p}$ 来代替。

案例资料 2：根据历史资料，某学校的体育专业英文四级达标率大约为 38%，如果要求允许误差(e)为 3%，置信度为 95%，应抽取多少学生作样本？

● **资料分析**：由图 2-31 所示的自定义公式计算。根据题意，达标率大约为 38%，容忍误差 3%。

● **操作步骤**：计算方法如图 2-31 所示，在 C3～C15 单元格输入旁边箭头所示的公式进行计算，结果为应抽取 1006 名学生作为样本。

	A	B	C	D	E	F
1	总体比例p	38%				
2	风险显著水平	0.05		$n=\dfrac{Z^2_{\alpha/2}\cdot p(1-p)}{e^2}$		
3	$Z_{\alpha/2}$	1.96	←=NORMSINV(1-B2/2)			
4	容忍误差e	3%				
5	样本数n	1006	←=(B3^2*B1*(1-B1))/B4^2			
6						
7	总体比例	样本数				
8	30%	896	←=($B$3^2*A8*(1-A8))/$B$4^2			
9	38%	1006	←=($B$3^2*A9*(1-A9))/$B$4^2			
10	40%	1024	←=($B$3^2*A10*(1-A10))/$B$4^2			
11	45%	1056	←=($B$3^2*A11*(1-A11))/$B$4^2			
12	50%	1067	←=($B$3^2*A12*(1-A12))/$B$4^2			
13	55%	1056	←=($B$3^2*A13*(1-A13))/$B$4^2			
14	60%	1024	←=($B$3^2*A14*(1-A14))/$B$4^2			
15	70%	896	←=($B$3^2*A15*(1-A15))/$B$4^2			

图 2-31　输入公式计算结果

结果解释:如图 2-31 所示,应抽取 1006 名学生作为样本。至少应取 1006 个样本,才有 95%的信心保证其调查结果过级率的误差不超过±3%。保守估计总体比例,在前面的抽样中,如果将不同的 p 值分别代入,其样本数形势肯定不同。现将各种结果汇集成表来比较,如图 2-31 所示。可以发现,样本数的极大值 1067 是发生在总体比例为 0.5 的时候,总体比率<0.5 时,随总体比例逐渐增加,样本数也逐渐增加。总体比率>0.5 时,随总体比例逐渐增加,样本数则逐渐减少。所以,如果无法得知总体真正比例 p,要计算样本数时,可以采取最保守的估计,将总体比例设定为 0.5。这样,由于样本数最大,所获得的结果也将是各种情况下最准确的。

实验 10　如何确定样本的大小
(估计可容忍误差范围时——可重复抽样)

案例资料:某市体育高考学生 100 m 成绩根据过去的经验估计平均成绩为 14 s,标准差为 2 s。如果要求置信度为 99%,估计的误差不超过 0.2 s,应抽取多少学生作样本?

资料分析:根据题意,容忍误差 $e=0.02$ s,标准差=2 s,利用如图 2-32 所示的样本公式计算。

操作步骤:计算方法如图 2-32 所示,在 C5 和 C7 单元格输入旁边箭头所示的公式进行计算,结果为应抽取 664 名学生作为样本。

	A	B	C	D	E	F
1						
2		总体平均值	14		$n=\left(\dfrac{Z_{\alpha/2}\cdot S}{e}\right)^2$	
3		总体标准差S	2			
4		显著水平	0.01			
5		z值	2.575829	←=NORMSINV(1-C4/2)		
6		可容忍误差e	0.2			
7		样本数	663.4897	←=((C5*C3)/C6)^2		

图 2-32　输入公式计算结果

结果解释:图 2-32 所示的 C7 单元格为样本数 664 名。对于正态总体,在重复抽样或抽样比$\frac{n}{N}<5\%$时,根据公式,总体均值 μ 的置信度为 $1-\alpha$ 的置信区间为 $\overline{X}\pm Z_{\alpha p}$ $\frac{\sigma}{\sqrt{n}}$,而 $Z_{\alpha/2}\frac{\sigma}{\sqrt{n}}$ 就是可容忍的误差(e)。所以,简化成 $n=\left(\frac{Z_{\alpha/2}\cdot\sigma}{e}\right)^2$ 或 $n=\left(\frac{Z_{\alpha/2}\cdot S}{e}\right)^2$(在实际应用时,如果总体方差 σ 未知,可用它的无偏估计量样本方差 S^2 来代替)。事实上,很多情况是无法得知总体方差(σ^2)的。如果是总体方差未知,则可用过去调查的样本方差(S^2)来替代。若过去也无类似的调查,可先进行一个小规模测验,以便计算样本方差再来计算样本数:

$$n=\left(\frac{Z_{\alpha/2}\cdot\sigma}{e}\right)^2 \rightarrow n=\left(\frac{Z_{\alpha/2}\cdot S}{e}\right)^2$$

实验 11　如何确定样本的大小
(估计可容忍误差范围时——不重复抽样)

案例资料:在上例中,如果某区共有 800 名高中毕业生,这时应抽取多少学生作样本?

资料分析:由图 2-33 所示的自定义公式计算。

操作步骤:根据题意,容忍误差 $e=0.02\ s$,标准差$=2\ s$,计算方法如图 2-33 所示,在 C5 和 C7 单元格输入旁边箭头所示的公式进行计算,结果为应抽取 363 名学生作为样本。

	A	B	C	D	E	F	G
1		样本数	800				
2		总体平均值	14		$n=\dfrac{NZ_{\alpha/2}^2\sigma^2}{(N-1)\Delta^2+Z_{\alpha/2}^2\sigma^2}$		
3		总体标准差	2				
4		显著水平	0.01				
5		z值	2.575829	←=NORMSINV(1-C4/2)			
6		可容忍误差	0.2				
7		样本数	362.9371	←=(C1*(C5*C3)^2)/((C1-1)*C6+(C5*C3)^2)			

图 2-33　输入公式计算结果

结果解释:图 2-33 所示的 C7 单元格为不重复抽样方式下的样本容数为 363。计算结果表明,不重复抽样条件下的样本量要小于重复抽样条件下的样本量,也就是说不重复抽样的成本低、效率高。

如果用 n 表示重复抽样方式下的样本量,则有限总体不重复抽样方式下的样本量可近似为 $n=\dfrac{n_0}{1+\dfrac{n_0}{N}}$,利用公式计算上两例,在重复抽样方式下的样本量 $n_0=664$,将 $n_0=664$ 代入上式,得不重复抽样方式下的样本量为 $n=\dfrac{n_0}{1+\dfrac{n_0}{N}}=664/(1+664/800)=363$。

计算结果表明,利用上式与计算机计算式得到的样本量是相同的。如果是有限总体不重复抽样,这时可容忍误差为 $\Delta=Z_{\alpha p}\dfrac{\sigma}{\sqrt{n}}\sqrt{\dfrac{N-n}{N-1}}$,于是样本量的计算公式为 $n=\dfrac{NZ_{\alpha p}^2\sigma^2}{(N-1)\Delta^2+Z_{\alpha p}^2\sigma^2}$。

实验 12　如何不允许错误数据输入工作表

案例资料：对即将毕业的大四学生进行的问卷调查：请问你目前工作有没有签约？
1. 有　　2. 没有。

资料分析：本案例的工作表中只需要输入 1、2、0（未填答此题），其他值输入无效，所以要对每列（或行）设定验证规则，以控制所输入的数据的正确性。可以用"数据"菜单中的"有效性"来实现。

操作步骤：

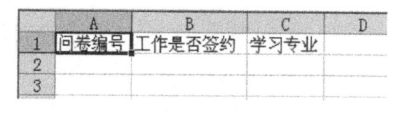

步骤 1：在 A1 处输入"问卷编号"，B1 处输入"工作是否签约"，C1 处输入"学习专业"，如图 2-34 所示。

图 2-34　输入的信息（步骤 1）

步骤 2：在工作表中单击 B 列标题，选择菜单中的"数据"→"有效性"，如图 2-35 所示。出现"数据有效性"对话框，如图 2-36 所示。

步骤 3：在"数据有效性"对话框的"设置"标签中"允许"选择"整数"，"最小值"处输入"0"，"最大值"处输入"2"，如图 2-36 所示。

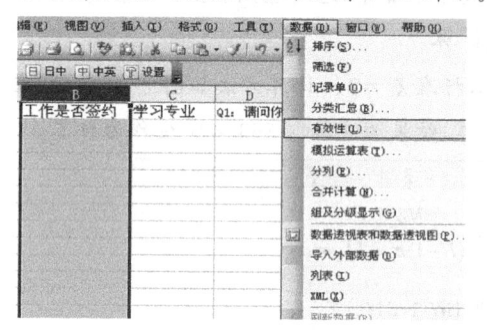

图 2-35　"数据"→"有效性"（步骤 2） 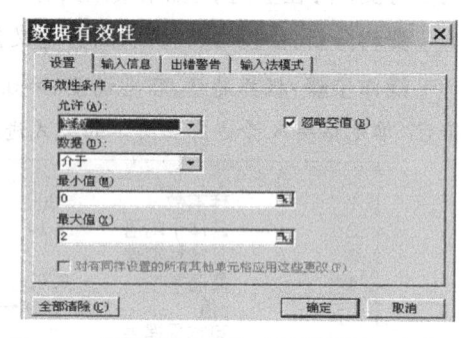　　图 2-36　"数据有效性"→"设置"标签（步骤 3）

步骤 4：在"数据有效性"对话框的"输入信息"标签中的标题中输入"是否签约"，在"输入信息"中输入"请输入是否签约的数据 1、2 或 0"，如图 2-37 所示。

步骤 5：在"数据有效性"对话框的"出错警告"标签中，"样式"选择"停止"，"标题"输入"数据错误"，"错误信息"输入"数据应为 0、1、2"，如图 2-38 所示。

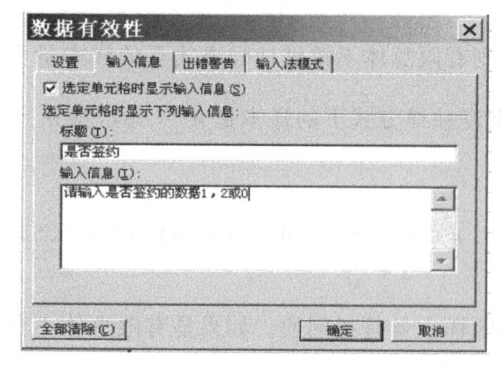

图 2-37　"数据有效性"→"输入信息"标签（步骤 4） 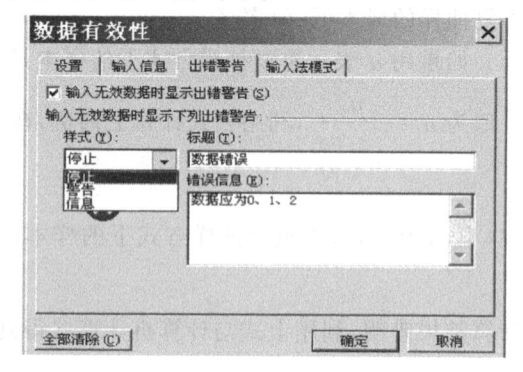　　图 2-38　"数据有效性"→"出错警告"标签（步骤 5）

步骤 6：在"输入法模式"标签中，选择"关闭英文模式"，如图 2-39 所示。

步骤 7：在"数据有效性"对话框中点击"确定"按钮。B 列出现警告标签，如图 2-40 所示。

图 2-39 "数据有效性"→"输入法模式"标签(步骤6)　　　图 2-40 警告标签(步骤7)

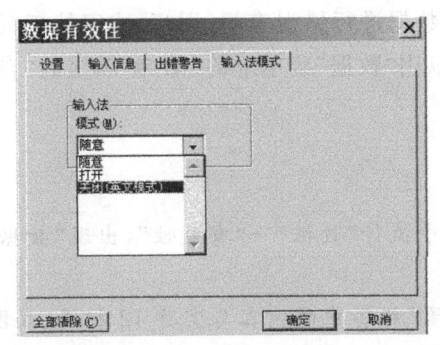

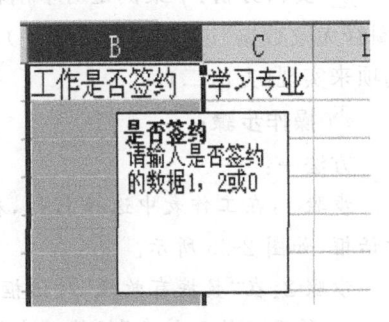

结果解释：当在 B 列输入不合乎要求的数据时，将显示错误信息，如图 2-41 所示，并拒绝该错误数据，必须重新输入正确数据或放弃该数据才能离开。如果在图 2-42 所示的样式中选择"警告"，则出现如图 2-42 所示的信息，但仍不接受该错误数据。

图 2-41 显示错误信息　　　图 2-42 显示警告信息

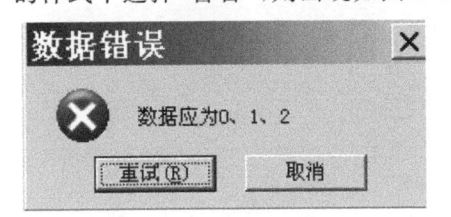

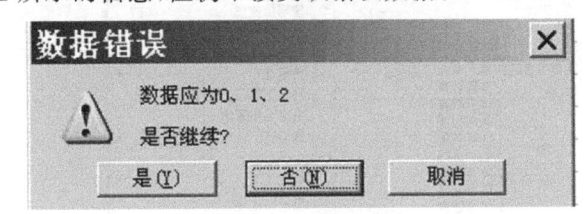

实验 13　如何查找工作表中的错误数据

案例资料：若来不及进行事前的数据验证，怎样在数据输入后利用 Excel 查找错误数据？如在上例中，假设 B 列"是否签约"内输入有几个错误数据，怎样找出错误数据，B 列数据如表 2-1 所示。

表 2-1　大四学生签约情况

问卷编号	工作是否签约	学习专业	问卷编号	工作是否签约	学习专业
2030001	2	体育教育	2030015	3	体育教育
2030002	1	体育教育	2030016	1	体育教育
2030003	1	人体科学	2030017	1	运动训练
2030004	1	体育教育	2030018	1	体育教育
2030005	3	运动训练	2030019	2	体育教育
2030006	2	体育教育	2030020	2	运动训练
2030007	1	体育教育	2030021	1	人体科学
2030008	1	体育教育	2030022	1	体育教育
2030009	2	人体科学	2030023	1	体育教育
2030010	1	体育教育	2030024	1	人体科学
2030011	1	运动训练	2030025	1	体育教育
2030012	4	人体科学	2030026	1	体育教育
2030013	2	体育教育	2030027	1	人体科学
2030014	2	运动训练			

👉 **资料分析**:本案例是对事前输入的数据进行错误查找,用"公式审核工具栏"中的"圈释无效数据"进行查找(方法一),还可以用"数据"菜单下的"筛选"项里的"自动筛选"选项来实现(方法二)。

👉 **操作步骤**:

方法一:

步骤1:在工作表中选择B列,在菜单中执行"数据"→"有效性",出现"数据有效性"对话框,如图2-35所示。

步骤2:在"数据有效性"对话框的"设置"标签中的内容与实验12相同,如图2-36~图2-39所示;"输入信息"标签、"出错警告"标签、"输入法模式"标签可以不用设定(因数据已经输入了),点击"确定"。

步骤3:在"工具"菜单中选择"公式审核"中的"显示公式审核工具栏"选项,如图2-43所示,出现"公式审核"工具栏。

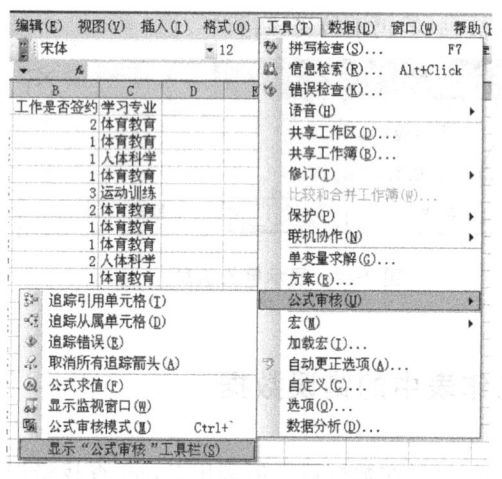

图2-43 "工具"→"公式审核"(步骤3)

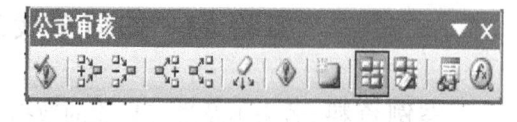

图2-44 "公式审核"工具栏(步骤4)

步骤4:在"公式审核"工具栏中选择"圈释无效数据",如图2-44所示。

步骤5:在"公式审核"工具栏中点击"圈释无效数据"后可圈出所有的错误数据,如图2-45所示,针对红色圆圈所圈出的错误内容,逐一修正,每修正一个,其红色圆圈将自动消失。

图2-45 红色圆圈所圈出的错误内容(步骤5)

图2-46 "数据(D)→筛选(F)"(步骤1)

☝ **结果解释**:图 2-45 所示的红色圆圈为输入的错误内容,将其逐一进行修正。每修正一个,其红色圆圈将自动消失一个。

方法二:

步骤 1:在菜单中执行"数据(D)→筛选(F)→自动筛选(F)",如图 2-46 所示。

步骤 2:单击"工作是否签约"列右侧的拉式箭头符号,可显示该位置内的各种内容,如图 2-47 所示。

步骤 3:在"工作是否签约"的下拉菜单中,选择"(自定义…)"选项,出现"自定义自动筛选方式"对话框,如图 3-15 所示,在"自定义自动筛选方式"对话框中,单击右侧的箭头符号,可显示各种比较方式,选取比较方式后,在其后面输入数字,将条件设为"工作是否签约小于 0 或大于 2",单击"确定"按钮,可以找出"工作是否签约<0 或>2"的错误记录。

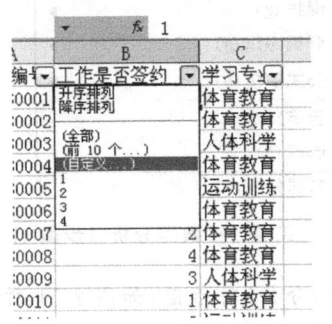

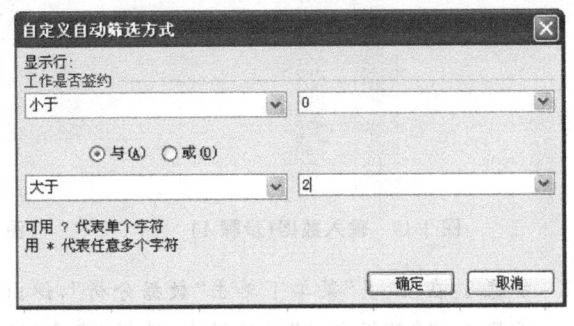

图 2-47 下拉式箭头符号(步骤 2)　　图 2-48 "自定义自动筛选方式"对话框(步骤 3)

☝ **结果解释**:找到错误后,当然也是通过编号找出原问卷,查看案例资料出错在哪里并加以更正。这就是为什么要记得给每份问卷加上编号的原因。

实验 14　如何用 Excel 做学生成绩统计 (连续数据的直方图和频数分析表)

案例资料:100 名学生的 1500 m 成绩(单位:s)数据如表 2-2 所示,用 Excel 做出 100 名学生的 1500 m 跑(连续型变量)的直方图和频数分析表。

表 2-2　1500 m 成绩(s)

315	309	344	386	357	357	350	324	343	348
344	348	312	321	350	330	360	305	330	420
332	398	353	314	340	365	376	360	329	328
330	351	335	345	360	340	337	339	342	360
325	352	282	397	360	341	343	385	345	358
349	420	359	345	340	350	335	366	360	337
363	331	343	308	290	310	343	349	355	370
330	328	314	370	310	380	369	311	380	316
314	420	274	305	315	376	380	402	364	380
323	315	326	368	321	402	323	301	301	296

👆 **资料分析**:本案例是对已知数据画出直方图,可以用菜单"工具"→加载宏"数据分析"的直方图实现。

👆 **操作步骤**:

步骤 1:在工作表中将 1500 m 成绩数据输入一列,如图 2-49 所示。

步骤 2:选择"工具"菜单下的"数据分析"选项,如图 2-50 所示。

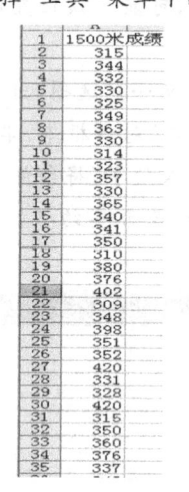

图 2-49 输入数据(步骤 1) 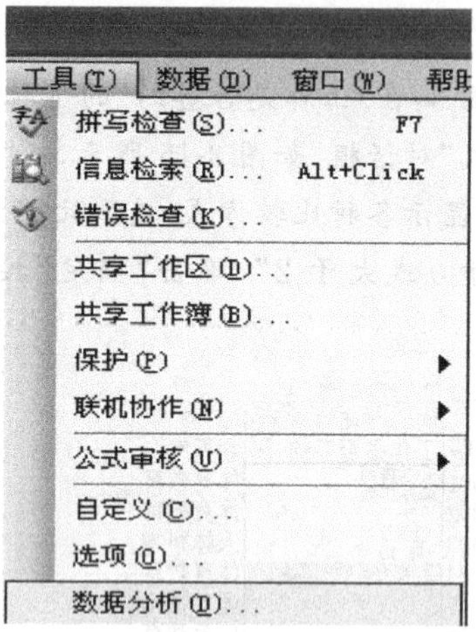　　图 2-50 "工具"→"数据分析"(步骤 2)

步骤 3:在"工具"菜单下单击"数据分析",弹出"数据分析"对话框,如图 2-51 所示。

步骤 4:在"数据分析"对话框中,选择"直方图",得到直方图参数设置对话框。在"输入区域"中选取原始数据区域 A2:A101,"输出区域"中选取 $C$4,选中"图表输出"选项,如图 2-52 所示。

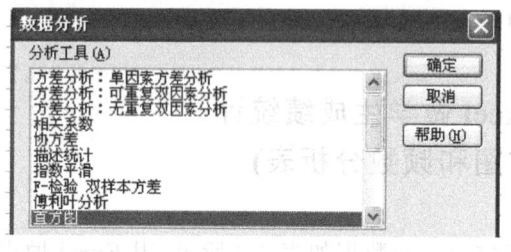

图 2-51 "数据分析"对话框(步骤 3) 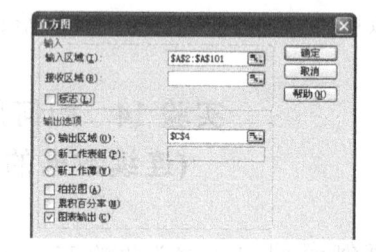　　图 2-52 "直方图参数设置"对话框(步骤 4)

步骤 5:在"直方图"对话框中单击"确定"按钮,就可以得到如图 2-53 所示的频数分布表与频数分布图。

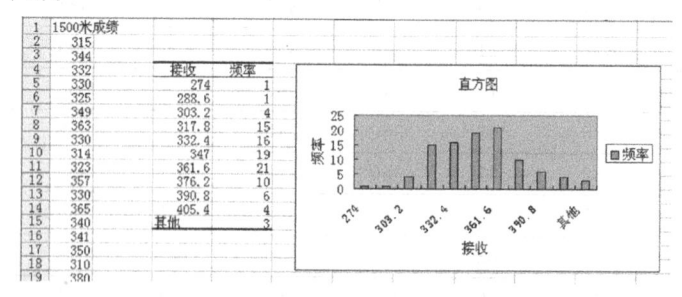

图 2-54 频数分布表与频数分布图(步骤 5)

步骤 6:在工作表中双击直方图区域,出现"数据系列格式"对话框,在对话框中选择

"选项"标签,如图 2-55 所示。

步骤 7:在"数据系列格式"对话框中设置"分类间距"宽度为"0"。调整图形位置和大小即可,如图 2-56 所示。

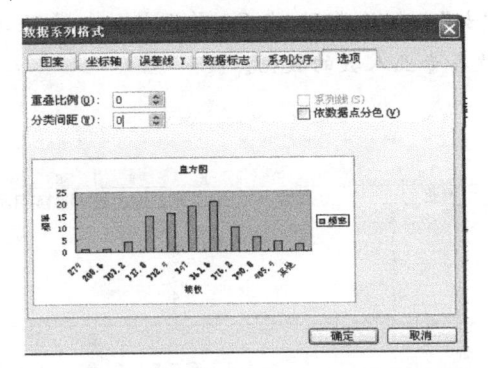

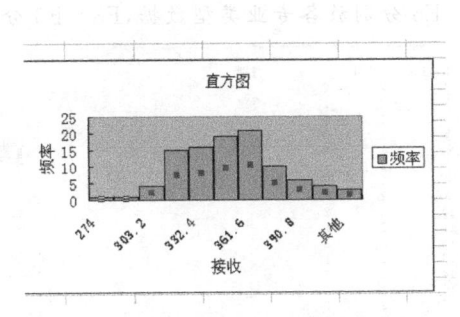

图 2-55 "数据系列格式"对话框"选项"标签(步骤 6)　　图 2-56 调整后的图形位置和大小(步骤 7)

结果解释:图 2-55 所示为频数分布表与频数分布图,图 2-56 为修饰后的频数分布图。

实验 15　如何用 Excel 统计问卷调查情况
(离散数据的频数分布表)

案例资料 1:为了将数据显示完,我们选择对《体育统计学》课程的调查问卷中的 30 份问卷中的 6 个问题做统计。请做出:性别"男"、"女"人数,各专业人数的统计表,如图 2-57 所示。

1. 你的性别　　　　　　　　　　　　　　　　　　　　　　　　　　　( )
   ①男　　　　　　②女
2. 你的专业　　　　　　　　　　　　　　　　　　　　　　　　　　　( )
   ①体育教育　　　②运动训练　　　③运动人体科学　　　④其他
3. 你的学历　　　　　　　　　　　　　　　　　　　　　　　　　　　( )
   ①全日制本科　　②全日专科　　　③函授本科　　　　　④函授专科
   ⑤研究生
4. 本人高考时所学的科目类型　　　　　　　　　　　　　　　　　　　( )
   ①文科　　　　　②理科　　　　　③其他
5. 你认为开设这门课的必要性　　　　　　　　　　　　　　　　　　　( )
   ①很必要　　　　②必要　　　　　③无所谓　　　　④没必要　　　⑤很没必要
6. 你觉得学习这门课的难度　　　　　　　　　　　　　　　　　　　　( )
   ①很难　　　　　②难　　　　　　③不难

资料分析:本例是对问卷中的调查情况做出统计表,可以用计数函数频数统计(方法一);还可以用频数统计函数统计人数(方法二);也可以用加载宏做问卷调查的直方图和频数分析表(方法三)实现。

31

👆 **操作步骤：**

方法一：

步骤1：在工作表中录入问卷数据，如图 2-57 所示，在 D1 单元格输入性别，E1、E2 分别放"男""女"类型数据，F1、F2 分别放"男""女"人数的类型；在 D3 单元格输入专业，E3～E6 分别放各专业类型数据，F3～F6 分别放各专业人数的数据。

图 2-57　输入信息(步骤 1)

图 2-58　输入 COUNTIF 函数(步骤 2)

步骤2：在 F1 单元格中输入"＝COUNTIF(A2:A31,E1)"，COUNTIF(A2:A31,E1)中 A2:A31 为被统计的区域，E1 为满足统计的条件。单击"回车"键，就可以得到"男"性的人数。将光标移向 F1 右下角，变为实心"＋"号时，用填充的方法得到"女"性的人数，如图 2-58 所示。

步骤3：在 F3 单元格中输入"＝COUNTIF(B2:B31,E3)"，单击"回车"键，就可以得到"体育教育专业"的人数。将光标移向 F3 右下角，变为实心"＋"号时，用填充的方法得到"运动训练"、"运动人体科学"、"其他"专业的人数，如图 2-59 所示。

👆 **结果解释：** 图 2-59 中 F1、F2 单元格为"男"、"女"性别的人数，F3～F6 单元格为"体育教育"、"运动训练"、"运动人体科学"、"其他"专业的人数。

图 2-59　输入 COUNTIF 函数(步骤 3)

方法二：

步骤1：同上例的步骤1。

步骤2：在工作表中将 FREQUENCY() 函数公式以数组公式的形式输入。先选中需要存放数据的单元格区域 F1:F2，按 F2 键，再输入或在菜单中选择"插入"("函数"中调出也可)"＝FREQUENCY(A2:A31,E1:E2)"，在输入完公式后，按组合键"CTRL＋Shift＋Enter"(同时按下"CTRL"和"Shift"键不放，再按"Enter")，就可以得到"男"、"女"性别的人数。再选中需要存放数据的单元格区域 F3:F6，按 F2 键，再输入或在菜单中选择"插入"("函数"中调出也可)"＝FREQUENCY(B2:B31,E3:E6)",在输入完公式后,按组合键"CTRL＋Shift＋Enter",就可以得到"体育教育专业"、"运动训练"、"运动人体科学"、"其他"专业的人数,如图2-60所示。

图2-60 输入FREQUENCY函数(步骤2)

图2-61 输出结果

结果解释:图2-61中的F1、F2单元格为"男"、"女"性别的人数,F3～F6单元格为"体育教育"、"运动训练"、"运动人体科学"、"其他"专业的人数。

方法三:

步骤1:在工作表中录入问卷数据,数据如图2-62所示。

图2-62 问卷统计数据情况(步骤1)　　图2-63 "数据"菜单(步骤2)

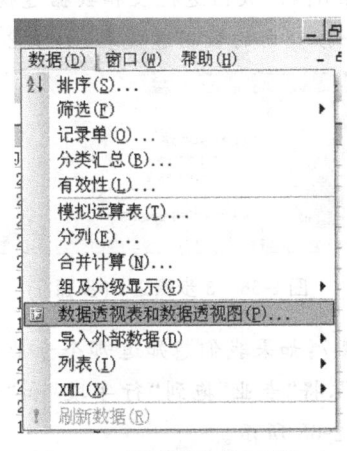

步骤2:在工作表中选择数据区域A1:F31,在菜单中选择"数据"→"数据透视表和数据透视图",如图2-63所示。

33

步骤3：在"数据"菜单下单击"数据透视表和数据透视图"，得到"数据透视表和数据透视图向导—3步骤之1"对话框，在"数据透视表和数据透视图向导—3步骤之1"对话框中，选取所要进行数据分析工作的数据源类型"Microsoft Excel 数据列表或数据库"，选择"数据透视表"，然后单击"下一步"按钮，如图2-64所示。

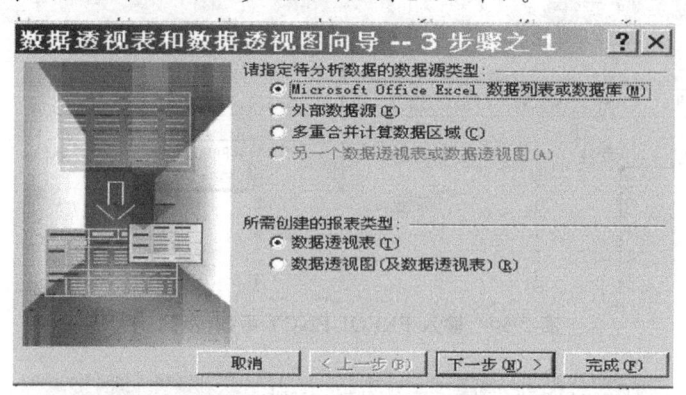

图2-64 "数据透视表和数据透视图向导—3步骤之1"对话框(步骤3)

步骤4：在"数据透视表和数据透视图向导—3步骤之2"中，选取所要建立数据表的来源范围。选取数据来源之后，在我们所建立的问卷数据中，数据范围为A1:G31，因此将范围指定为这个区域，完成后，单击"下一步"按钮，如图2-65所示。

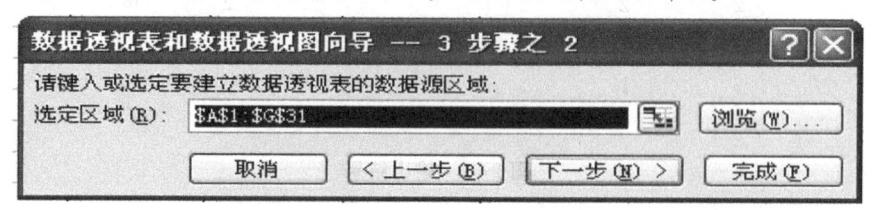

图2-65 "数据透视表和数据透视图向导—3步骤之2"对话框(步骤4)

步骤5：在"数据透视表和数据透视图向导—3步骤之3"对话框中，选择"新建工作表"，表示希望将产生的数据透视表放置在新的工作表当中，如图2-66所示。

步骤6：在"数据透视表和数据透视图向导—3步骤之3"对话框中，单击"完成"按钮，即可增一张空白的数据透视表，如图2-67所示。

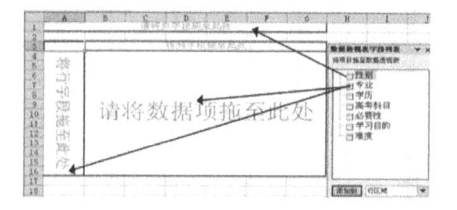

图2-66 3步骤之3(步骤5)　　　　图2-67 拖曳项目到具体位置(步骤6)

步骤7：如果我们想知道哪个专业的性别人数，先将"性别"拖到"数据透视表"中的"列字段"，将"专业"拖到"行字段"和"数据项"中，即可得到调查的各专业男、女的求和项，如图2-68所示。

步骤8：在"求和项"单元格中单击鼠标右键，在菜单中选择"字段设置"，如图2-69所示。

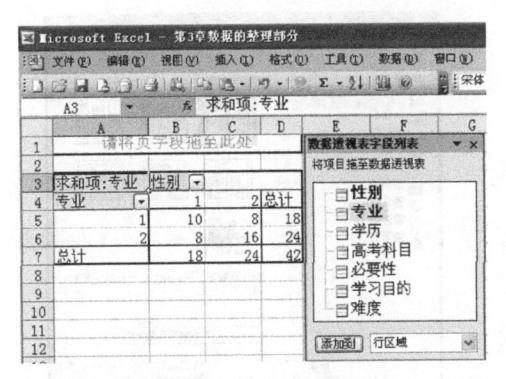

图 2-68　专业中的性别调查求和项表(步骤 7) 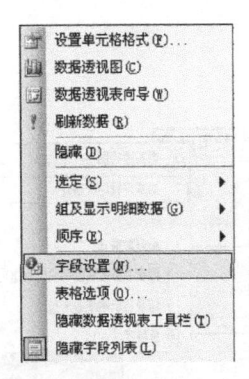　　　图 2-69　"求和项"菜单(步骤 8)

步骤 9：在求和项菜单中选择"字段设置"，出现"数据透视表字段"对话框。在"数据透视表字段"对话框中，选择"计数"，如图 2-70 所示。

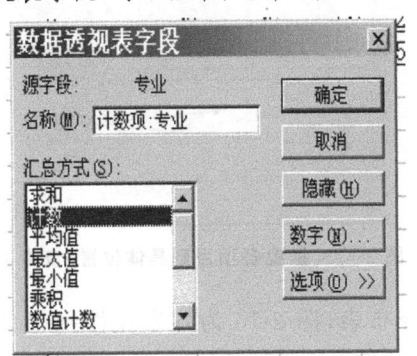

图 2-70　"数据透视表字段"对话框(步骤 9) 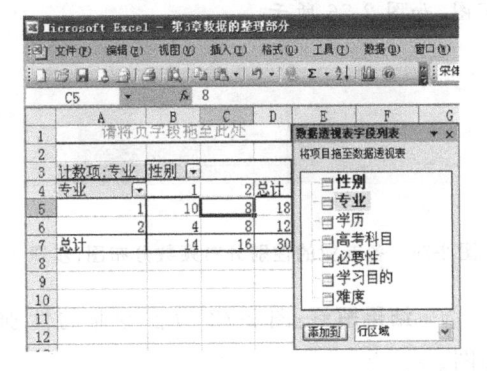　　　图 2-71　各专业的男女生频数分布表(步骤 10)

步骤 10：在"数据透视表字段"对话框中单击"确定"按钮，就可以得到如图 2-71 所示的各专业的男女生人数统计情况。

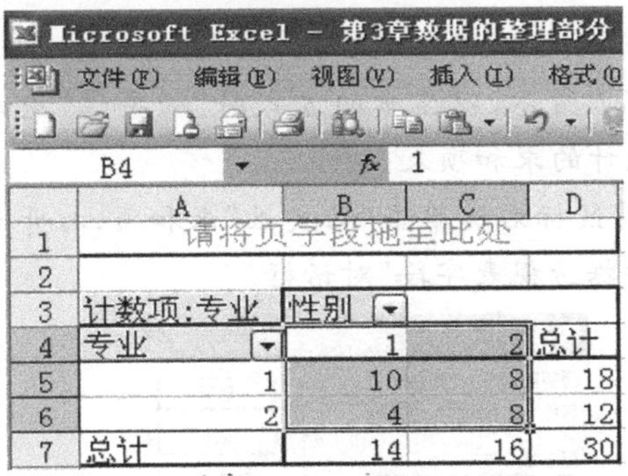

图 2-72　选择数据(步骤 11) 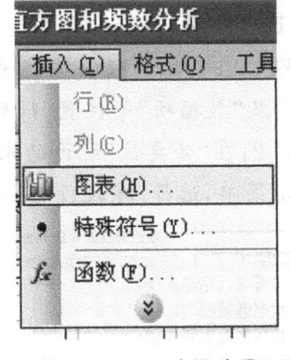　　　图 2-73　插入"图表"(步骤 12)

步骤 11：在工作表中选择数据区域，如图 2-72 所示。

步骤 12：在"插入"菜单中选择"图表"选项，如图 2-73 所示。

步骤 13：在出现的图形中，右键单击图形中任意空白位置，出现选择菜单，选择"数据透视图选项"，如图 2-74 所示。

步骤 14：在图表类型对话框选择"柱形图"，在"子图表类型(T)"中选择"簇状柱形图"，如图 2-75 所示。

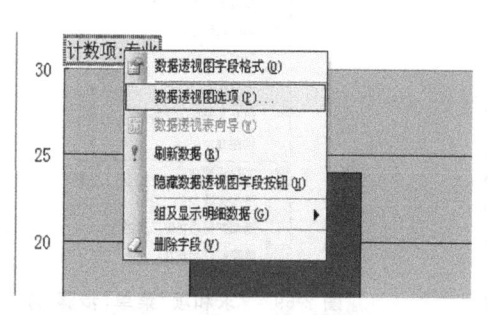

图 2-74　选择菜单(步骤 13) 　　　　图 2-75　图表类型对话框(步骤 14)

步骤 15：在图表向导对话框中单击"确定"按钮，将会出现各专业的性别分布频数分布图，如图 2-76 所示。

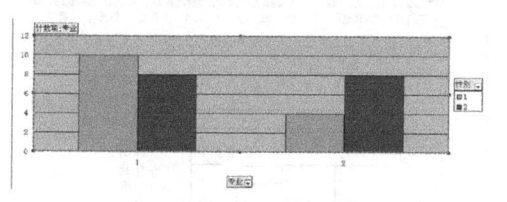

图 2-76　各专业的性别分布频数分布图(步骤 15) 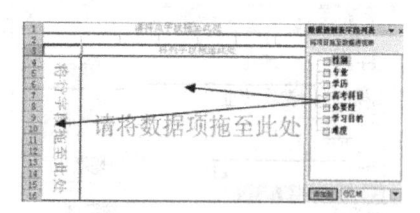　　　图 2-77　拖曳各项目到具体位置(步骤 1)

 结果解释：图 2-72 为各专业的性别频数分布表，图 2-76 为各专业性别频数分布图。

案例资料 2：如何统计"①很必要、②必要、③无所谓、④没必要、⑤很没必要"的频数？以及百分比？

 资料分析：本例可以用加载宏做问卷调查的直方图和频数分析表实现。

 操作步骤：

步骤 1：在新增的数据透视表中，如图 2-77 所示，以拖牵的方式将"必要性"拖牵到"行字段"及"数据项"等位置，得到"必要性"统计的求和项表。

步骤 2：在"必要性"统计的求和项表中，用鼠标右键单击"必要性"求和项，打开如图 2-78 所示菜单，选择"字段设置"命令，打开"数据透视表字段"对话框。

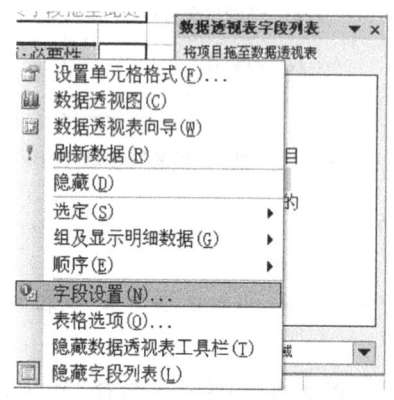

图 2-78　"字段设置"(步骤 2) 　　　图 2-79　"数据透视表字段"对话框(步骤 3)

步骤3：在"数据透视表字段"对话框中，选择"计数"，单击"选项"按钮，在"数据显示方式"下拉列表中，选择"占总和的百分比"选项，如图2-79所示。

步骤4：在"数据透视表字段"对话框中，单击"确定"按钮，数据透视表会自动地将"必要性"的四个选项的每个选项以百分比的形式表现出来，如图2-80所示。

步骤5：在"插入"菜单中，可以选择"图表"，可将其所占的百分比用图像的形式表示出来，如图2-81所示。

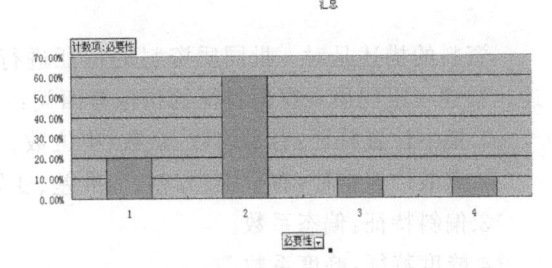

图2-80 以百分比形式表现的4个选项(步骤4)　　图2-81 所占的百分比用图像形式的表示(步骤5)

结果解释：图2-80是问卷的4个选项所占人数的百分比统计表，图2-81是对应的百分比图。

第三章 资料的描述

资料的描述是对一批同质资料的特征进行描述,也叫数据的描述,还被称为统计描述。描述一组同质观察值特征的指标有四类:
1. 集中位置特征:有平均数、众数、中位数、几何平均数。
2. 离散位置特征:有全距、方差、标准差、变异系数等。
3. 偏斜特征:偏态系数。
4. 峰度特征:峰度系数。

本章主要介绍利用 Excel 做描述性分析的几种方法。

实验 16 如何用 Excel 计算期末考试平均成绩

案例资料:已知某次期末测验中运动训练专业体操班的田径成绩,试求体操班的田径成绩的平均值,如图 3-1 所示。

资料分析:如图 3-1 所示,已知某次期末测验中运动训练专业体操班的田径成绩,试求其平均值。本案例是针对学生的田径成绩,进行计算平均分数,要用函数计算,计算平均值的函数有两个:

(1) AVERAGE( ):计算所有含数值数据的单元格的平均值;
(2) AVERAGEA( ):计算所有非空白的单元格的平均值。

操作步骤:在 C11 单元格处输入公式"=AVERAGEA(C2:C8)",在 C12 单元格处输入公式"=AVERAGE(C2:C8)",就可以计算出平均值,如图 3-1 所示。

	A	B	C	D	E	F
1	学号	姓名	成绩			
2	93001	李四	88			
3	93002	王五	90			
4	93003	张三	缺考			
5	93004	刘六	88			
6	93005	林七	75			
7	93006	秦一	85			
8	93007	陈二	68			
9						
10	求成绩列平均值					
11	用AVERAGEA求		70.6	←	=AVERAGEA(C2:C8)	
12	用AVERAGE求		82.3	←	=AVERAGE(C2:C8)	
13						
14	AVERAGEA()是计算所选范围内所有非空白的单元格的平均值					
15	AVERAGE()是计算所选范围内所有含数值数据的单元格的平均值					

图 3-1 AVERAGE 和 AVERAGEA 函数的区别(步骤)

👆 **结果解释**：C11、C12 单元格为计算结果。为什么以同样 C2:C8 为处理区域所求的平均值会不同？这是因为 C4 是"缺考"字符串并非数值，故 AVERAGE() 函数会将其排除，分母为 6，而不是 AVERAGEA() 函数的分母为 7。用 AVERAGE() 函数所求的平均值较合理些，将缺考者也纳入求均值。若 C4 未曾输入任何数据，则两函数所求的结果是一样，如图 3-2 所示。

	A	B	C	D	E	F
1	学号	姓名	成绩			
2	93001	李四	88			
3	93002	王五	90			
4	93003	张三				
5	93004	刘六	88			
6	93005	林七	75			
7	93006	秦一	85			
8	93007	陈二	68			
9						
10	求成绩列平均值					
11	用AVERAGEA求		82.3	←	=AVERAGEA(C2:C8)	
12	用AVERAGE求		82.3	←	=AVERAGE(C2:C8)	
13						
14	AVERAGEA()是计算所选范围内所有非空白的单元格的平均值					
15	AVERAGE()是计算所选范围内所有含数值数据的单元格的平均值					

图 3-2　AVERAGE 和 AVERAGEA 函数的区别

实验 17　如何用数据透视表求各地区体考总平均成绩与男女分别的平均成绩

案例资料：如图 3-3 所示，数据是某市几个地区考生立定跳远成绩（因为显示有限，我们只选择了部分数据），请做出该地区男、女的分别平均值和总平均值。

👆 **资料分析**：用交叉表计算可求得考生的立定跳远算术平均成绩，对于必须同时使用两个条件来求平均值，而且还得一起求人数的情况，最便捷的处理方式是利用"数据(D)"→"数据透视表和数据透视图(P)"来建立交叉表。

👆 **操作步骤**：

步骤 1：输入如图 3-3 所示的数据，用鼠标单击统计数据的任意一个空白单元格。

图 3-3　立定跳远成绩数据（步骤 1）　　图 3-4　"数据"→数据透视表和数据透视图（步骤 2）

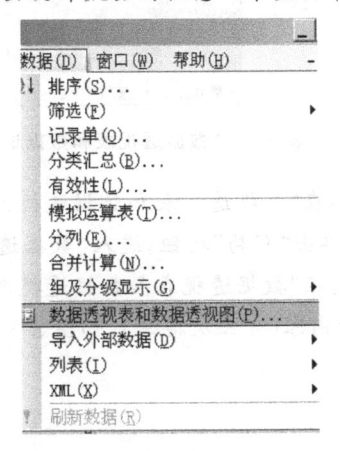

39

步骤2：选择"数据"菜单下的"数据透视表和数据透视图(P)…"，如图3-4所示，转入"数据透视表和数据透视图向导—步骤3之1"对话框。

步骤3：在"数据透视表和数据透视图向导—3步骤之1"中，选取所要进行数据分析工作的数据源类型"Microsoft Excel 数据列表或数据库(M)"，选择"数据透视表(I)"，然后单击"下一步"按钮，如图3-5所示，转入"数据透视表和数据透视图向导—3步骤之2"。

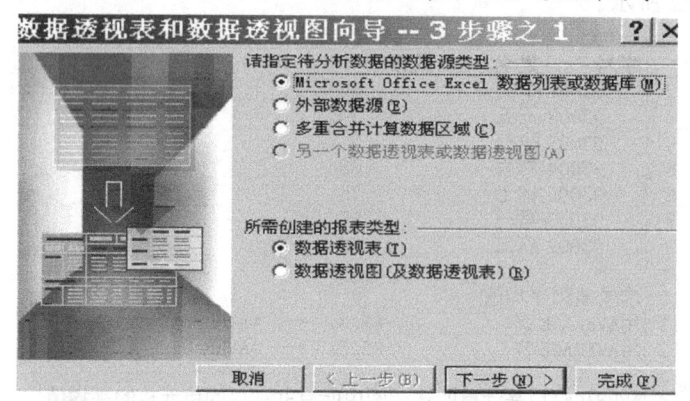

图3-5 "数据透视表和数据透视图向导—3步骤之1"对话框(步骤3)

步骤4：在"数据透视表和数据透视图向导—3步骤之2"中，选取所要建立数据表的来源范围。在我们所建立的数据中，数据范围为"Sheet 1！＄A＄1:＄D＄30"，如图3-6所示。单击"下一步"按钮，得到"数据透视表和数据透视图向导—3步骤之3"。

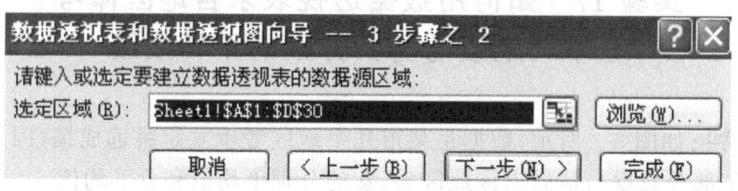

图3-6 "数据透视表和数据透视图向导—3步骤之2"对话框(步骤4)

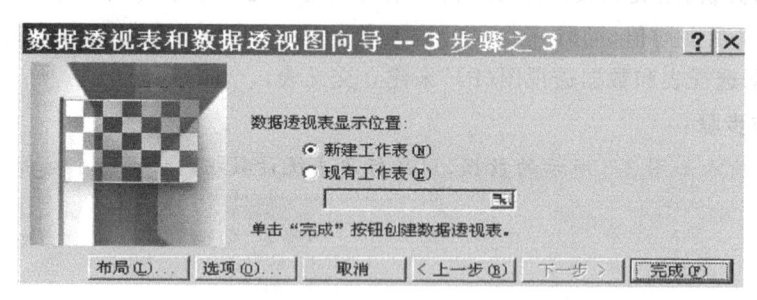

图3-7 "数据透视表和数据透视图向导—3步骤之3"对话框(步骤5)

步骤5：在"数据透视表和数据透视图向导—3步骤之3"中，选择"新建工作表"，如图3-7所示。单击"布局"按钮，进入"数据透视表和数据透视图向导—布局"对话框。

步骤6：在"数据透视表和数据透视图向导—布局"对话框中，以拖牵方式安排透视表内各部位的内容(分三次拖牵)，如图3-8所示。单击"完成"按钮，即可增加一张空白的数据透视表。

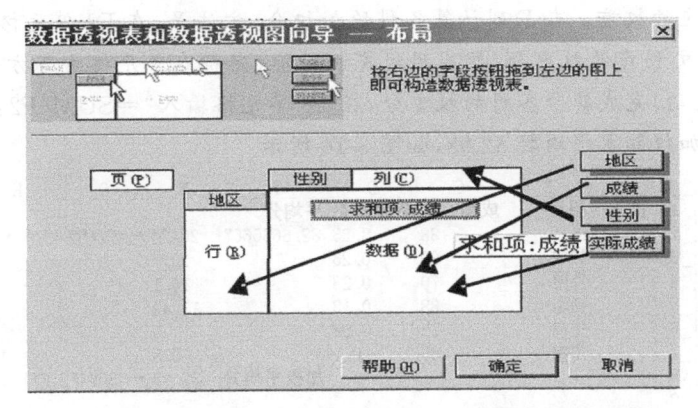

图 3-8 "数据透视表和枢纽分析图向导—布局"对话框(步骤 6)

步骤 7:双击"求和项",选择"字段设置",如图 3-9 所示。将"平均值"选中进入"数据透视表字段"对话框,并在"汇总方式(S):"处将其改为"平均值"计算平均数,并将其"名称(M)"改为"成绩平均值",按"确定",即可获得按地区和性别组成的平均值交叉分析表。

图 3-9 求和项窗口(步骤 7)

结果解释:根据我们取的部分数据的统计结果:地区 1,男生 2 名,平均成绩 72.165,女生 3 名,平均成绩 82.6,共共 5 名,平均成绩 78.426;地区 2~5 同理。5 个地区男生共 18 名,平均成绩 74.055,女生共 11 名,平均成绩 82.679,总共 29 名学生,平均成绩约为 77.326。

实验 18　如何求加权算术平均成绩

案例资料:如图 3-10 所示,某年级学生张三在期末考试中的各科成绩和各科的加权系数。

资料分析:已知某学生的各科期末考试成绩,用加权算术平均数的定义式 $W = \sum_{i=1}^{n} k_i x_i$ 计算考生的各科成绩及加权系数,其具体操作步骤如下所示。

操作步骤:在 B 列输入张三同学的考试科目,在 C 列输入各科对应的成绩,在 D

41

列输入各科对应的权重。在 F 列计算各科的加权分,方法是:在 F2 单元格输入"＝C2＊D2",计算出语文科目的权重分,然后用填充柄功能(光标在单元格右下方变成实心的十字架后,向下拖动)完成其余各科的权重分,在 F8 单元格输入"＝SUM(F2:F7)",就可以得到该同学的加权算术平均数 82.98,如图 3-10 所示。

	A	B	C	D	E	F	G	H
1	张三	科目	成绩	权重系数	平均分			
2		语文	88	0.23	82.6666667	20.24	←=C2*D2	
3		数学	90	0.23		20.7		
4		外语	70	0.23		16.1		
5		物理	88	0.13		11.44		
6		生物	75	0.08		6		
7		化学	85	0.1		8.5		
8					加权平均分	82.98	←=SUM(F2:F7)	

图 3-10　计算加权算术平均数(步骤)

结果解释:结果显示为 82.98,即为该同学各科成绩的加权算术平均数。

实验 19　如何求运动员成绩的中位数

案例资料:如图 3-11 所示,有 7 名运动员的纵跳成绩(单位:cm)和 8 名运动员的铅球成绩,分别求其中位数。

资料分析:用中位数函数,格式为:MEDIAN(数值1:数值2)。

操作步骤:在 B2 单元格输入公式"＝MEDIAN(A1:G1)",即可计算出纵跳成绩的中位数;在 B5 单元格输入公式"＝MEDIAN(A4:H4)",即可计算出铅球成绩的中位数,如图 3-11 所示。

	A	B	C	D	E	F	G	H
1	60.2	63.5	63.8	66.2	68.1	68.8	69.9	
2	中位数	66.2	←－ =MEDIAN(A1:G1)					
3								
4	10.2	10.35	10.68	10.84	10.92	11.05	11.21	11.38
5	中位数	10.88	←－ =MEDIAN(A4:H4)					

图 3-11　直接公式输入计算中位数(步骤)

结果解释:中位数(Median)是指将所有数依大小顺序排列后,排列在最中间的数字。中位数上、下的数字个数各占总数的 1/2,也就是说将所有次数看作 100%,累积的次数达 50% 的位置,其观测值就是中位数(用 Me 来表示)。总个数 n 个,当 n 为奇数时,按大小排列后,第 $(n+1)/2$ 个数就是中位数。例如,n 为 7 时,是奇数,$(7+1)/2=4$,第 4 个数 66.2 就是中位数。当 n 为偶数时,则取第 $n/2$ 与 $(n+2)/2$ 个数的平均数为中位数。例如,n 为 8 是偶数,$8/2=4$,$(8+2)/2=5$,则第 4、5 个数的平均值 $(10.84+10.92)/2=10.88$ 为中位数。

中位数与平均值,都是用来衡量总体集中趋势的,但中位数不会受极值的影响,无论极值如何变化,中位数均不变。例如:数列 3,4,5,7,8,10,90 的平均值为 18.43,比 6 个数字中的 5 个数字都大,以它来代表这组数字,反不如使用中位数 7 恰当。例如:数列 3,4,5,7,8,10,500 和 －200,4,5,7,8,10,90,中位数均是 7,如图 3-12 所示。

图 3-12　中位数不会受极值的影响

实验 20　如何求调查问卷(离散数据)的众数及考试成绩(连续数据)的众数

案例资料 1：对统计课学习难度的调查,例如:你觉得学习统计这门课程的难度是(　)
①很难　②难　③一般　④容易　⑤很容易

👆 **资料分析**：用 MODE 函数计算统计课学习难度的众数,格式为:MODE(数值 1:数值 2)。

👆 **操作步骤**：在 G2 单元格输入公式"＝MODE（E2:E31）",按"回车"键就可以得到统计的结果,众数为 2,如图 3-13 所示。

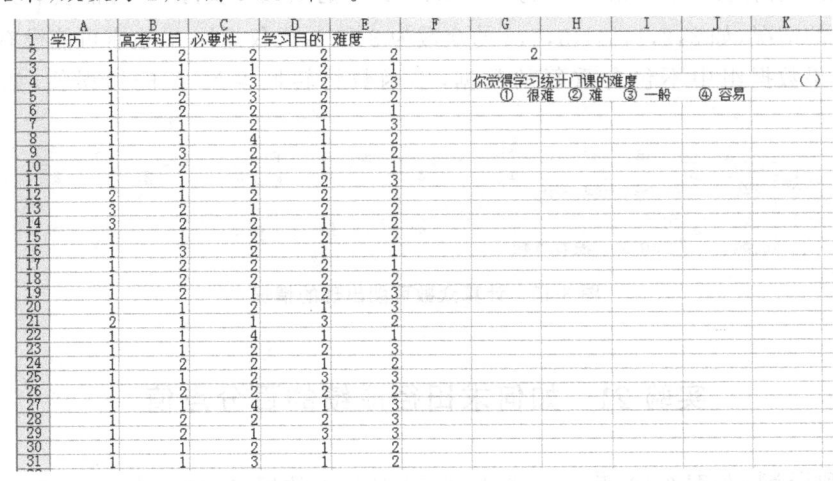

图 3-13　离散类数据的平均值不代表其集中趋势(步骤)

👆 **结果解释**：众数(Mode,以 Mo 表示)是指在一组数中出现次数最多的那个数。G2 单元格显示的结果众数为 2,说明全班认为"难"的居多。通常对于类别性数据(非连续性的变量),问卷上填写 1,2,3…的答案中,并无大小或比例的关系(2 并不大于 1,2 并不是 1 的 2 倍),只是一个代表类别的数字而已。对于这种性质的数据,就以众数来代表总体的集中趋势。这类数据是不会以平均值代表其集中趋势的。例如,假定求得"学习体育统计这门课的难度"列的平均值为 3.2,又将如何解释其意义呢？平均值虽然是一组样本重要的统计量,但各样本间的离散程度也是观察一个分布的重要特征。如果一个分布的离散程度较小,其平均值对全体的代表性就较高,反之则较低。因此想了解一个分布的基本性质,除需计算平均值等集中趋势数量外,还得衡量其全距、绝对差、平均差、方差和

43

标准差等离散程度。

案例资料 2:如图 3-14 所示,某考区的部分立定跳远成绩,计算考试成绩的众数。

资料分析:用 MODE 函数计算立定跳远成绩众数,格式为:MODE(数值1:数值2)。

操作步骤:在 B 列输入图 3-14 所示的考生成绩,在 E2 单元格输入公式"=MODE(B2:B31)",按"回车"就可以得到考试成绩的众数,如图 3-14 所示。

图 3-14　直接公式输入计算众数(步骤)

结果解释:E2 单元格 76.8 为区域 B2～B31 的众数。实际上,可能会有几个众数同时出现的情况,如 3,2,1,3,1,3,2,2 的众数为 3 和 2,但仅返回 3;也有可能没有众数的情况。如果数据组中不包含重复的数据,本函数将转回 ♯N/A 的错误值,如图 3-15 所示。

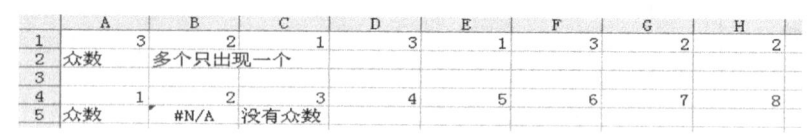

图 3-15　计算众数可能出现的情况

实验 21　如何求田径成绩的百分点值

案例资料:如图 3-16 所示,已知某班 72 名学生的田径成绩,求 25%、50%、75%、30%、90% 的百分点值。

资料分析:用 PERCENTILE 函数计算 72 名学生的田径成绩,函数格式为:PERCENTILE(数组,百分比)。

操作步骤:具体布局与输入方法计算结果在 E12～E16 单元格所示的数据,如图 3-16 所示。

	A	B	C	D	E	F	G	H	I	J
1	60	80	78		70	80	80	54	78	
2	85	88	85		85	80	85	56	82	
3	25	85	78		75	78	82	47	83	
4	60	80	78		70	82	78	60	75	
5	80	88	78		83		90	49	82	
6	87	38	82		88	90	78	56	93	
7	90	88	90		82	90	70	72	75	
8	80	85	75		80	78	88	41	70	
9	88	85	82		85	70	85	58	83	
10										
11		用QUARTILE()求四分位点值				用PERCENTILE()求百分点值				
12		1	Q_1	74.25	←=QUARTILE(A1:H9,A12)	25%	74.25	←=PERCENTILE($A$1:$H$9,E12)
13		2	Q_2	82.00	←=QUARTILE(A2:H10,A13)	50%	80.00	←=PERCENTILE($A$1:$H$9,E13)
14		3	Q_3	85.00	←=QUARTILE(A3:H11,A14)	75%	85.00	←=PERCENTILE($A$1:$H$9,E14)
15				D_3		30%	75.90	←=PERCENTILE($A$1:$H$9,E15)
16				D_9		90%	88.00	←=PERCENTILE($A$1:$H$9,E16)

图 3-16　输入公式计算各百分点值(步骤)

结果解释：百分比是介于 0~100% 的百分比数字，如：0.25 将求得第 1 个四分位数(Q_1，25%处，也可以用 P_{25} 表示)，0.5 将求得第 2 个四分位数(Q_2，50%处，也可以 P_{50} 表示)，即中位数。当其百分比为 10% 的倍数时，则求得者即为十分位数。如：0.3 将求得第 3 个十分位数 D_3(也可以 P_{30} 表示)，0.9 将求得第 9 个十分位数 D_9(也可以用 P_{90} 表示)。前面 QUARTILE() 四分位数函数只能求四分位数，本函数则可求任何百分位数。

实验 22　如何求某组成绩的总体方差

案例资料：如图 3-17 所示，某小组 7 名同学的成绩数据，计算该组的总体方差。

资料分析：用总体方差 VARP() 与 VARPA() 函数。VARP(数值1:数值2)，是求所选范围内所有含数值数据单元格的总体方差；VARPA(数值1:数值2)，是求所选范围内所有非空白单元格的总体方差。

操作步骤：具体布局与计算输入方法如图 3-17 所示，结果为 C11 单元格数据 64.89 与 C12 单元格数据 885.7。

	A	B	C	D	E
1	学号	姓名		成绩	
2	93001	张三	88		
3	93002	李四	90		
4	93003	王五	缺考		
5	93004	刘六	88		
6	93005	林七	75		
7	93006	邱八	85		
8	93007	秦一	68		
9					
10	总体方差				
11	用VARP()求所选范围内所有含数值数据单元格的总体方差	64.89	←=VARP(C2:C8)
12	用VARPA()求所选范围内所有非空白单元格的总体方差	885.7	←=VARPA(C2:C8)

图 3-17　总体方差 VARP() 与 VARPA() 的区别(步骤)

结果解释：总体方差为 C11 单元格数据 64.89 与 C12 单元格数据 885.7。VARP( )和 VARPA( )函数同样以 C2:C8 为处理区域，但求得的总体方差值不同。这是因 C4 为"缺考"字符串并非数值，所以 VARP( )函数会将其排除掉，也就是说其分母为 6，而非 VARPA( )函数的 7。总体方差即取每一个观测值与其平均值间差异的平方和的算术平均。取其平方就是因为无论正差或负差，经平方后均为正值，就不会产生正负相抵消的情况，用来代替取绝对值的麻烦。方差用来衡量观测值与平均值之间的离散程度，其值越小，表示总体的离散程度越小，齐性越高。

实验 23　如何求样本的方差

案例资料：已知 7 位同学的成绩数据，计算该样本的方差，如图 3-18 所示。

资料分析：求样本方差有两个函数，分别是 VAR 函数 VARA 函数，其中 VAR 函数的格式为：VAR(数值 1:数值 2)，是求所选范围内所有含数值型数据单元格的样本方差。VARA 的格式为：VARA(数值 1:数值 2)，是求所选范围内所有非空白单元格的样本方差。

操作步骤：具体布局与计算输入方法如图 3-18 所示。结果在 D11 单元格与 D12 单元格位置，样本方差为 77.86667 与 1033.286。

	A	B	C	D
1	学号	姓名	成绩	
2	93001	张三	88	
3	93002	李四	90	
4	93003	王五	缺考	
5	93004	刘六	88	
6	93005	林七	75	
7	93006	邱八	85	
8	93007	秦一	68	
9				
10	总体方差			
11	用VAR()求所选	←=VAR(C2:C8) →		77.86667
12	用VARA()求所选	←=VARA(C2:C8) →		1033.286

图 3-18　样本方差 VAR( )与 VARA( )函数的区别(步骤)

结果解释：在 D11 单元格与 D12 单元格的位置为计算的样本方差结果，为 77.86667 与 1033.286。为什么同样用 C2:C8 为处理区域，所求得的样本方差值不同？这是因 C4 为"缺考"字符串，并非数值，VARA( )函数将"缺考"当成 0 纳入计算，所以其样本方差明显增大。

实验 24　如何求样本的总体标准差

案例资料：如图 3-19 所示，已知 7 位同学的成绩数据，求该总体的标准差。

资料分析：求总体标准差有两个函数可以求得，分别为 STDEVP 函数和 STDEVPA 函数。其中 STDEVP 函数的格式为：STDEVP(数值 1:数值 2)，求所选范围内所有含数值型数据单元格的总体标准差；STDEVPA 的函数格式为：STDEVPA(数值 1:数值 2)，求所选范围内所有非空白单元格的总体标准差。

👉 **操作步骤**：具体布局与计算输入方法如图 3-19 所示，结果在 C11 单元格与 C12 单元格位置，标准差分别为 8.055 与 29.76。

	A	B	C	D	E
1	学号	姓名	成绩		
2	93001	张三	88		
3	93002	李四	90		
4	93003	王五	缺考		
5	93004	刘六	88		
6	93005	林七	75		
7	93006	邱八	85		
8	93007	秦一	68		
9					
10	总体标准差				
11	用STDEVP()求所选范		8.055	←=STDEVP(C2:C8)	
12	用STDEVPA()求所选		29.76	←=STDEVPA(C2:C8)	

图 3-19　STDEVP() 与 STDEVPA() 的区别(步骤)

👉 **结果解释**：用 STDEVP() 和 STDEVPA() 函数同样以 C2:C8 为处理区域，所求得的总体标准差值不同，这是因为 STDEVP() 函数是求所有数值的总体标准差，C4 "缺考"为字符串并非数值，所以会被排除在计算之外，而 STDEVPA() 函数则求所有非空白单元格的总体标准差。方差取其平方是因为要避免正差或负差相抵消的情况。而标准差将其开根号，是将计算结果与测量值的单位保持一致。标准差主要是用来衡量观测值与平均值间的离散程度，其值越小表示总体的齐质性越高。如两班平均成绩同为 75，但甲班的标准差为 7.3，而乙班为 13.4。这表示甲班的程度较为一致(齐质)，而乙班的程度则变化较大，好的很好，差的很差。

将总体方差开根号，即可求得总体标准差，其公式为 $S = \sqrt{\dfrac{\sum_{i=1}^{n}(x_i - \overline{x}^2)}{n}}$。事实上，因为通常无法全数取得整个总体，所以很少使用这个公式，而是以样本标准差 STDEV() 与 STDEVA() 来替代。

实验 25　如何求样本的标准差

案例资料：如图 3-20 所示，已知 7 位同学的成绩数据，计算该样本的标准差。

👉 **资料分析**：求样本标准差的函数有 STDEV 函数和 STDEVS 函数。STDEV 的函数格式为：STDEV(数值1:数值2)，求所选范围内所有含数值型数据单元格的样本标准差。STDEVA 的函数格式为：STDEVA(数值1:数值2)，求所选范围内所有非空白单元格的样本标准差。

👉 **操作步骤**：具体布局与计算输入方法如图 3-20 所示，结果在 C11 单元格与 C12 单元格位置，样本标准差为 8.824 与 32.14。

47

图 3-20 STDEV 与 STDEVA 的区别(步骤)

☞ **结果解释**:同样,因为 STDEVA 将"缺考"当成"0"纳入计算,所以结果比 STDEV 明显增大。

实验 26 如何求男女学生成绩分别的标准差

案例资料:如图 3-21 所示,已知各地区考生成绩,分别求男女学生成绩的标准差。

☞ **资料分析**:已知各地区考生成绩,求男女学生成绩的标准差,用数据透视表和数据透视图即可求得标准差。

☞ **操作步骤**:

步骤 1:在 Excel 中输入考生成绩数据,如图 3-21 所示。

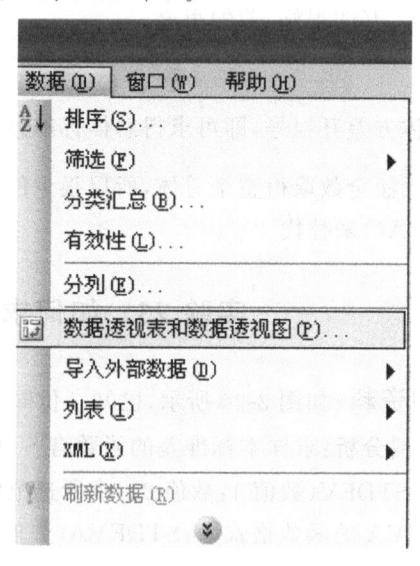

图 3-21 数据输入(步骤 1)　　图 3-22 "数据"→数据透视表和数据透视图选项(步骤 2)

步骤 2:执行"数据(D)"→"数据透视表和数据透视图(P)…",转入"数据透视表和数据透视图向导——步骤 3 之 1"对话框,如图 3-22 所示。

步骤 3:在"数据透视表和数据透视图向导—3 步骤之 1"对话框中,选取所要进行数据分析工作的数据源类型"Microsoft Excel 数据列表或数据库",选择"数据透视表",然后单击"下一步"按钮,如图 3-23 所示,转入数据透视表和数据透视图向导—3 步骤之 2"对话框 。

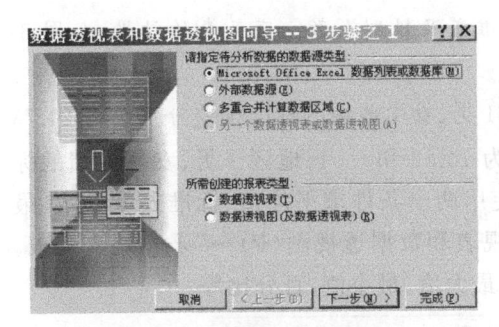

图 3-23 "数据透视表和图向导
—3步骤之1"对话框(步骤3)

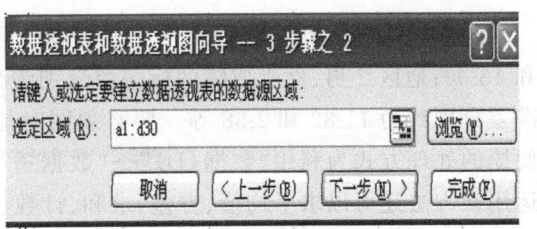

图 3-24 "数据透视表和图向导
—3步骤之2"对话框(步骤4)

步骤4:选取数据来源之后,在"数据透视表和数据透视图向导—3步骤之2"对话框中,选取所要建立数据表的来源范围。在建立的问卷数据中,数据范围为a1:d30,如图3-24所示,因此将范围指定为这个区域,完成后,单击"下一步"按钮,转入"数据透视表和数据透视图向导—3步骤之3"对话框。

步骤5:在"数据透视表和数据透视图向导—3步骤之3"对话框中,选择"新建工作表",单击"布局"按钮,进入"数据透视表和数据透视图向导—布局"对话框,如图3-25所示。

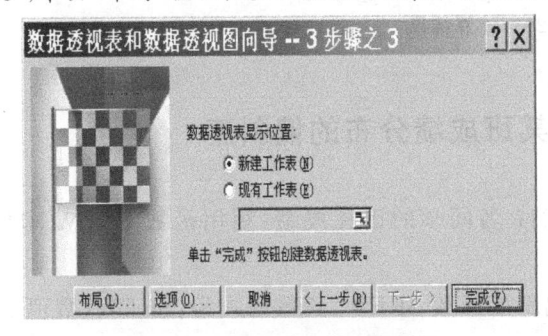

图 3-25 "数据透视表和图向导
—3步骤之3"对话框(步骤5)

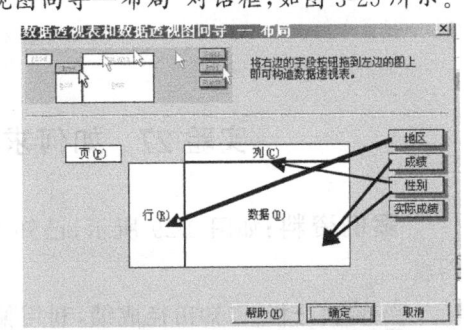

图 3-26 "布局"对话框(步骤6)

步骤6:在"数据透视表和枢纽分析图向导—布局"对话框中,将"地区"拖牵到行,将"性别"拖牵到列,并以拖牵方式将"成绩"导入到空白框中,双击"计数项:成绩",出现"数据透视表字段"对话框;在"汇总方式"里面选择"标准偏差项",出现"数据透视表字段"对话框,并将"实际成绩"导入到空白框中,双击"求和项:实际成绩",在"汇总方式"里面选择"计数项",单击"确定"按钮即回到"透视表数据透视表和数据透视图向导—3步骤之3"对话框,选择"完成"按钮,如图3-26所示。

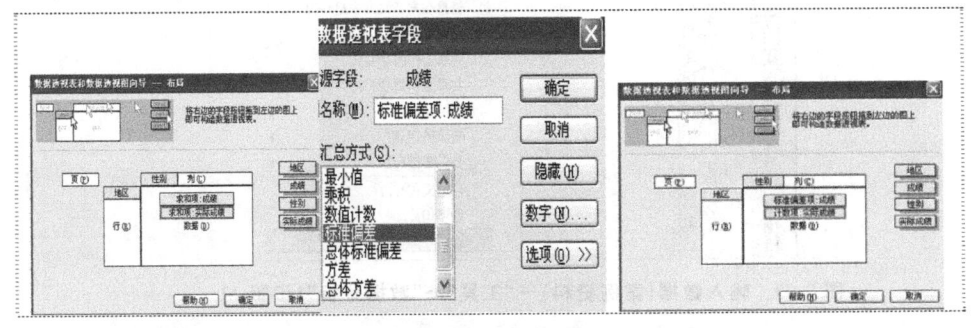

图 3-27 计算项拖牵到数据栏中(步骤6)

49

步骤7:计算得到各地区的成绩平均值、标准差及性别人数。交叉表的结果,如图3-27所示。

👆**结果解释**:图3-28的结果显示为:地区1男、女生成绩的标准偏差分别约为21.73和13.00;地区2男、女生成绩的标偏差分别约为10.82和6.04;地区3男、女生成绩的标准差分别约为11.32和2.38等。要必须同时使用两个条件求平均值、标准差与人数,最便捷的处理方式为利用"数据(D)"→"数据透视表和数据透视图(P)…"来建立交叉表。运用该方法还可以求平均值、方差、求和、计数、最大值、最小值、百分比等。

地区	数据	性别 1	2	总计
地区1	标准偏差项:成绩	21.72939139	12.99749591	15.33544359
	计数项:实际成绩	2	3	5
地区2	标准偏差项:成绩	10.81728401	6.039867548	8.82775264
	计数项:实际成绩	3	3	6
地区3	标准偏差项:成绩	11.3137085	2.380805186	6.883273204
	计数项:实际成绩	2	3	5
地区4	标准偏差项:成绩	12.08963937	8.011519831	11.16131563
	计数项:实际成绩	5	2	7
地区5	标准偏差项:成绩	19.32625158		19.32625158
	计数项:实际成绩	6		6
标准偏差项:成绩汇总		14.04682977	7.298463475	12.52826131
计数项:实际成绩汇总		18	11	29

图3-28 计算结果

实验27 如何求某班成绩分布的偏斜度

案例资料:如图3-29所示,已知217名同学的田径成绩,利用函数SKEW求偏斜度。

👆**资料分析**:已知田径成绩,利用偏斜度函数SKEW,函数格式为:SKEW(数值1:数值2)。

👆**操作步骤**:

步骤1:输入数据如图3-29所示,首先用加载宏求出该数据分布规律的图和表,看它们是否需要求偏斜度?(单峰对称分配时,不需要求偏斜度)。方法是:选择菜单中的"工具"→"数据分析",转入"数据分析"对话框。

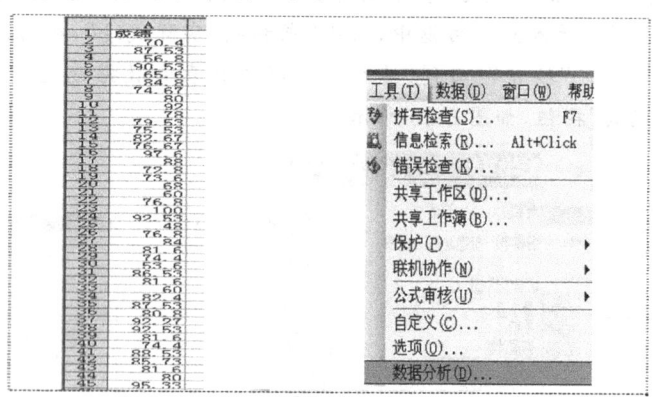

图3-29 输入数据(案例资料)→"工具"→"数据分析"(步骤1)

步骤2:如图3-30所示,在"数据分析"对话框中,选择直方图,转入直方图参数设置对话框。

步骤3：在直方图参数设置对话框中，在"输入区域"中选取原始数据区域A2:A218，"输出区域"中选取C3，选中"图表输出"选项，单击"确定"按钮，得到如图3-31所示的频数分布图和表。

步骤4：从图3-32所示的频数分布图和表，看到此分布为单峰不对称分配，需要求偏斜度。在H14单元格输入公式"=SKEW(a2:a218)"，并求得偏斜度约为-0.57。

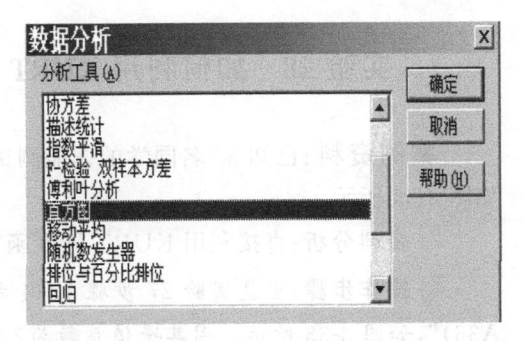

图3-30 "数据分析"对话框(步骤2)

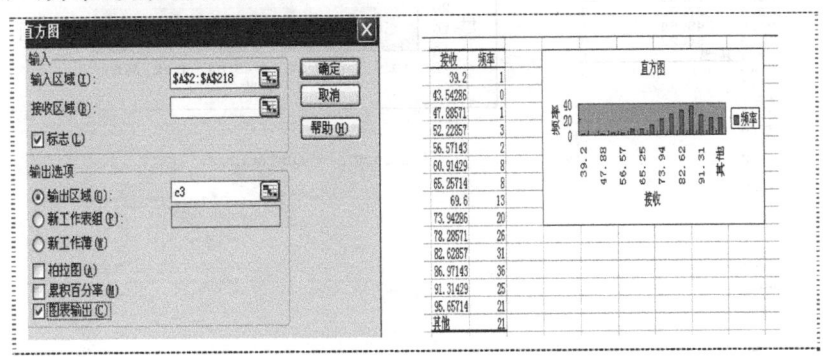

图3-31 直方图参数设置对话框→频数分布表与图(步骤3)

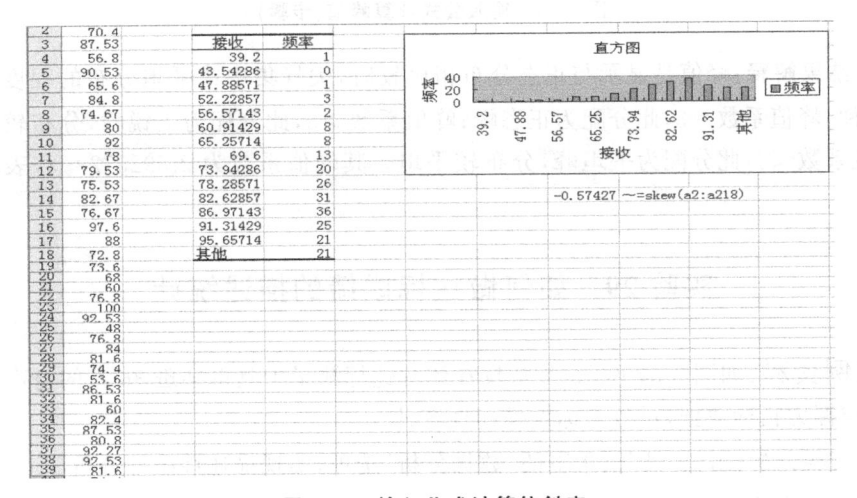

图3-32 输入公式计算偏斜度

结果解释：求得偏斜度为-0.57427。偏斜度值有下列3种情况：单峰对称分配时，算术平均值＝中位数＝众数；单峰左偏分配时，算术平均值≥中位数≥众数；单峰右偏分配时，算术平均值≤中位数≤众数。因其偏斜度系数为-0.57427＜0，表示为右偏分配，正好符合：单峰右偏分配时，算术平均值≤中位数≤众数，分配集中在高数值方面，不对称的尾端向较小值方向延伸。

51

实验 28　如何利用 KURT 函数求某班成绩分布的峰值

案例资料：已知 35 名同学的体能测试中握力测试数据，利用函数 KURT 求峰度，如图 3-33 所示。

资料分析：直接利用 KURT 峰度函数计算 35 名同学握力测试数据的峰值。

操作步骤：重复实验 27 步骤 1～4 之后，在 F18 单元格输入公式"＝KURT(A2：A36)"，如图 3-33 所示。因其峰值系数为 2.592572＜3，表示其为平坦峰。

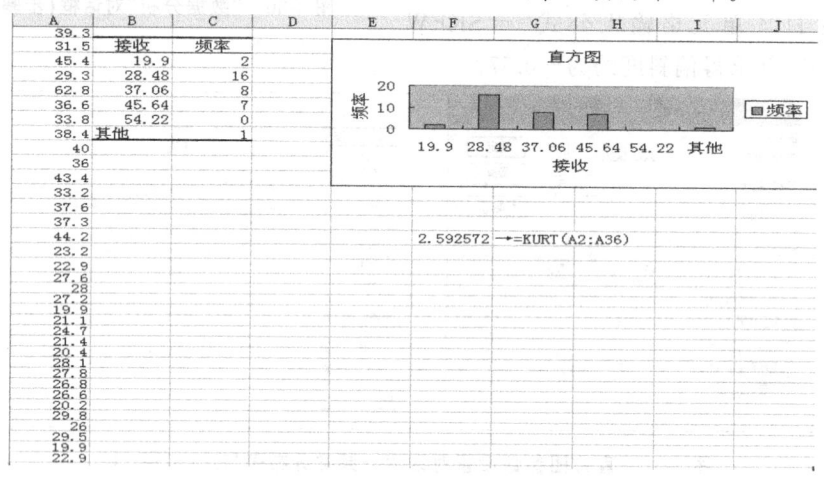

图 3-33　输入公式计算峰值(步骤)

结果解释：峰值是显示与正态分布相比较时，尖峰集中或平坦分布的程度。其情况有 3 种：峰值系数＝3，此分配为正态峰；峰值系数＞3，此分配为尖锐峰，分布较尖峰集中；峰值系数＜3，此分配为平坦峰，分布较平坦。其峰值系数为 2.592572＜3，表示其为平坦峰。

实验 29　如何做达标成绩的描述统计

案例资料：如图 3-34 所示，某学校在体育达标测量中测得某班 36 人的身高、体重、肺活量与握力指标数据，对各指标做描述性统计。

资料分析：用"工具"菜单下的"数据分析"选项，实现描述性统计分析。

操作步骤：

步骤 1：如图 3-34 所示，录入各指标数据。

步骤 2：选择菜单中的"工具"→"数据分析"，如图 3-35 所示。

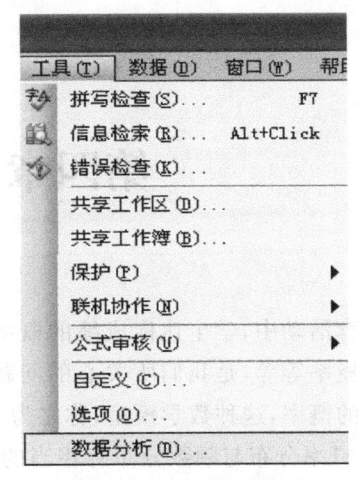

图 3-34 数据表(步骤 1)　　　　　图 3-35 选择菜单(步骤 2)

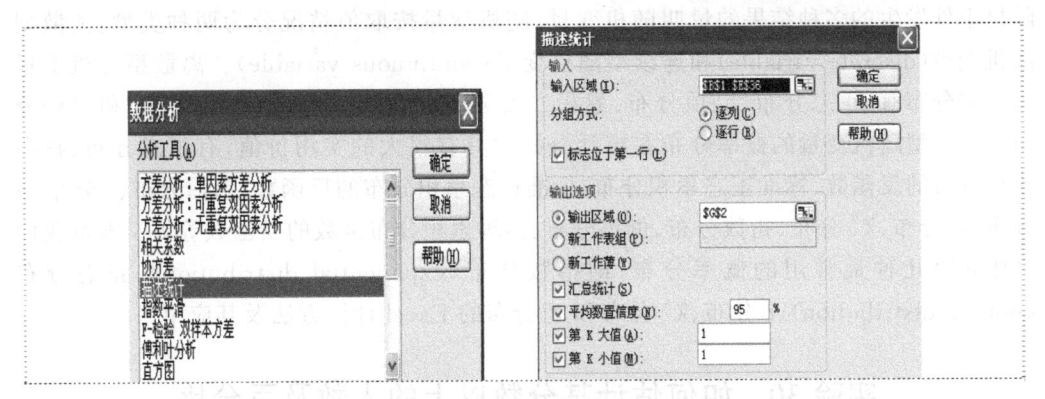

图 3-36 "数据分析"与"描述分析"对话框(步骤 3)

步骤 3：在"数据分析"对话框中，选择描述分析，单击"确定"按钮，弹出"描述分析"对话框，并在弹出的"描述分析"对话框中，设置各参数，在"输入区域"中选取原始数据区域 $B$1:$E$36，"输出区域"中选取 $G$2，单击"确定"按钮，如图 3-36 所示。

结果解释：身高、体重、肺活量和握力的平均值、标准差、峰度偏度等描述性统计量计算结果在图 3-37 中可以体现。

图 3-37 描述统计分析结果

第四章 概率分布

在体育活动中,学生达标成绩的概率、投篮命中的概率、射击命中靶的概率、足球射门成功的概率等等,是我们所关心的问题。通过建立一个数学模型,可以正确地计算出各种情况的概率,这种数学模型,称之为"概率分布",也被称为抽样分布(sampling distribution)。概率分布与频数分布有相当的关联,它们都是描述随机事件发生的大小,但概率分布是以事件发生的概率为基础,而频数分布是以事情发生的次数为基础。用来描述随机事件发生的多种结果的量叫随机变量,随机变量按取值情况分为两种类型:离散型随机变量(discrete variable)和连续型随机变量(continuous variable)。离散型随机变量的概率分布有:正态分布、二项分布、累积二项分布、超几何分布、负二项分布和泊松分布。连续型随机变量的概率分布在统计分析中具有很大的实用价值,有正态分布、正态累积分布的反函数、标准正态累积分布、标准正态累积分布的反函数、韦伯分布、t 分布、u 分布、F 分布、χ^2 分布、指数分布、伽玛分布、伽玛累积分布函数的反函数等等。本章我们主要介绍几种最常用的概率分布,即指数分布(exponential distribution)、正态分布(normal distribution)、t 分布、χ^2 分布和 F 分布的 Excel 计算方法及其应用。

实验 30 如何估计某分数以上的人数及百分比

案例资料:设参加某次考试的考生共有 3000 人,已知总体分数的分布接近正态分布,且已知算术平均数为 360,标准差为 40 分,请估计总分在 400 分以上的人数及百分比。

资料分析:该案例中考试总体分数的分布接近正态分布,且已知考生总分的平均数和标准差,该案例可以利用正态分布函数 NORMDIST 估计人数,函数格式:NORMDIST(变量 x,平均数 mean,标准差 standard-dev,逻辑值 cumulative)。设 X 表示学生成绩的总分,根据题意,$\mu=360$,$\sigma=40$。成绩高于 400 分者占总人数的概率为:$P(X>400)=1-P(X\leqslant 400)$。

操作步骤:

步骤 1:打开 Excel 表格,选择"插入"菜单下的"函数"选项,出现"插入函数"对话框,如图 4-1 所示。

步骤 2:在"选择类别"列表中选择"统计",在"选择函数"列表中选择二项分布函数"NORMDIST",然后单击"确定"按钮,出现"函数参数"对话框,如图 4-2 所示。

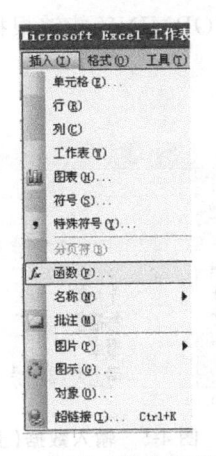

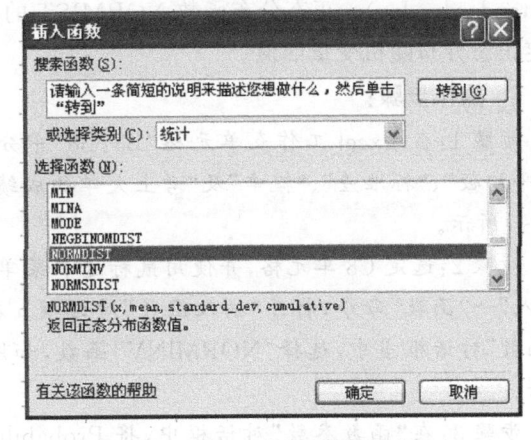

图 4-1 "插入"菜单(步骤 1)　　　　图 4-2 "插入函数"对话框(步骤 2)

步骤 3：在"函数参数"对话框中输入对应数据，如图 4-3 所示。单击"确定"按钮，得到结果为 0.8413447，如图 4-4 所示。

步骤 4：得到的结果 $P(X>400)=1-P(X\leqslant 400)=0.1587$，表示成绩高于 400 分者占总人数的 15.87%，总分在 400 分以上的学生人数为 $3000\times 15.87\%=476$(人)。

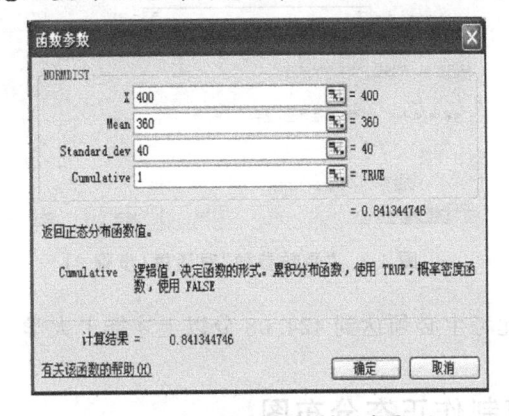

图 4-3 "函数参数"对话框(步骤 3)　　　　图 4-4 结果显示图

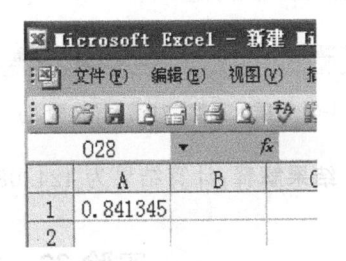

结果解释：结果为 0.1587，表示总分高于 400 分者占总人数的 15.87%。计算结果为 476 人，表示成绩高于 400 分者有 476 人。正态分布函数 NORMDIST 格式中，变量(x)为要计算的 x 值，平均数(M)为算术平均数，标准差(standard-dev)为总体的标准差。逻辑值如果为 TRUE(或 1)，则是累积分布函数；如果为 FALSE(或 0)，则是概率密度函数。

实验 31　如何估计某概率的分数

案例资料：近几年来的高考，考生的成绩呈现正态分布，平均成绩为 360 分，标准差为 50 分。就录取率而言，某考生要考上大学的成绩，则必须为前 10% 才有希望，那么某考生在此次高考中必须考多少分才能上大学呢？

资料分析：该题目需利用正态分布函数的反函数 NORMINV 估计分数，函数格式为：NORMINV(正态分布的概率值 probability，正态分布的均值 mean，正态分布的标准差 standard—dev）。正态分布函数 NORMIST 的反函数 NORMINV 能够根据已知参数确定正态分布随机变量的值。

👆 **操作步骤：**

步骤 1：在 Excel 工作表单元格"B5：B8"中分别输入"平均数"、"标准差"、"概率"及"考上大学的成绩"，如图 4-5 所示。

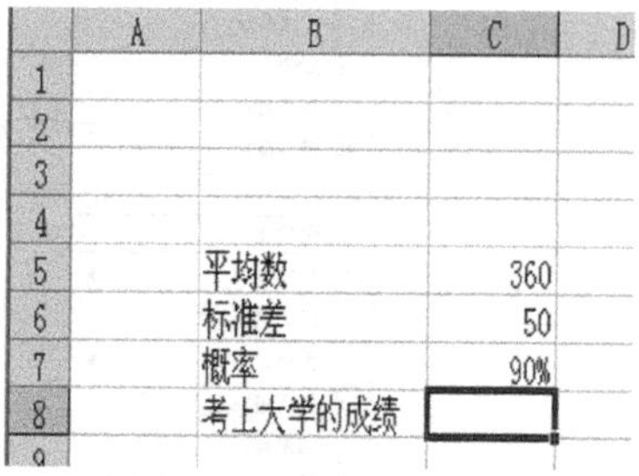

步骤 2：选定 C8 单元格，并使用鼠标选取菜单中的"插入"→"函数"命令，打开"插入函数"对话框。在"插入函数"对话框当中，选择"NORMINV"函数，如图 4-6 所示。

图 4-5 输入数据（步骤 1）

步骤 3：在"函数参数"对话框中，将 Probability 值设置为 C7、Mean 设置为 C5，Standard_dev 则设置为 C6，然后单击"确定"按钮，在"函数参数"对话框下面可以看到"计算结果＝424.0775783"，如图 4-7 所示。

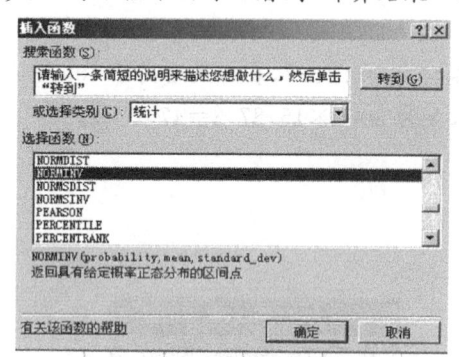

图 4-6 "插入函数"对话框（步骤 2） 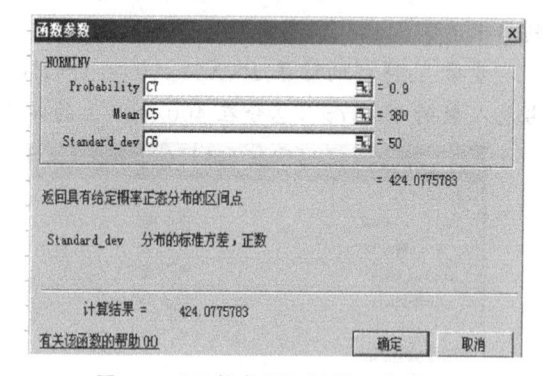　　图 4-7 "函数参数"对话框（步骤 3）

👆 **结果解释：** 计算结果为 424.08，因此考生必须达到 424.08 分以上才能上大学。

实验 32　如何制作正态分布图

案例资料： 如何制作正态分布图？

👆 **资料分析：** 用 Excel 制作正态分布图需利用正态分布函数 NORMDIST 与图表向导实现。

👆 **操作步骤：**

步骤 1：打开一个空白的 Excel 工作表，并在工作表的 A1 单元格输入"X"，代表随机变量并表示 X 轴对应的值，在 B1 单元格中输入"正态分布"，并表示 Y 轴的值。在 A 列安排 X 轴对应值 0～20。方法是：在 A2 单元格中键入"0"，接着选取"编辑"→"填充"→"序列"命令，如图 4-8 所示。

步骤 2：打开"序列"对话框。在序列对话框中选择序列产生在"列"，类型选择"等差序列"，并将步长值设置为"1"，终止值设置为"20"，最后单击"确定"按钮即可填满 1～20 的数字，如图 4-9 所示。

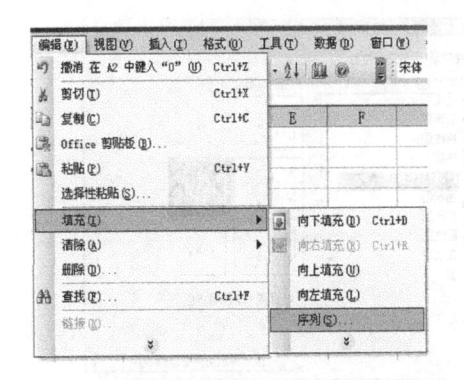

图 4-8 "编辑"→"填充"→"序列"(步骤1)　　图 4-9 "序列"对话框(步骤2)

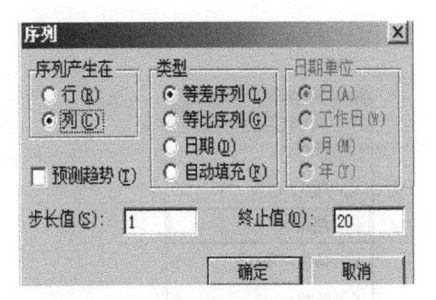

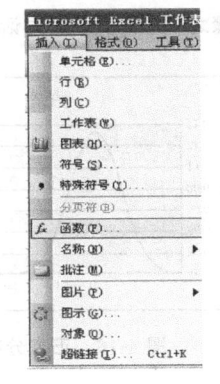

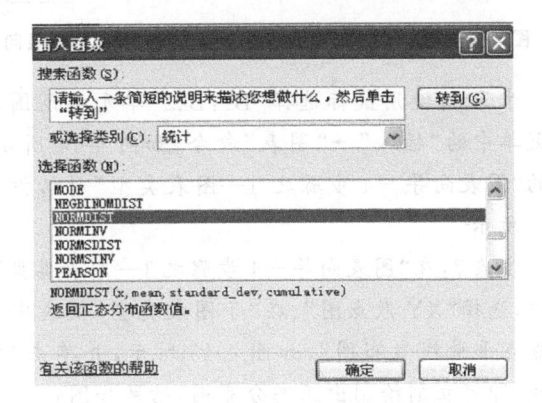

图 4-10 "插入"菜单(步骤3)　　图 4-11 "插入函数"对话框(步骤4)

步骤3:选定 B2 单元格,并使用鼠标选取菜单中的"插入"→"函数"命令,打开"插入函数"对话框。

步骤4:在"插入函数"对话框当中,选择"NORMDIST"函数,然后单击"确定"按钮,如图 4-11 所示。

步骤5:在"函数参数"对话框中,将"X"设置为"单元格 A2",Mean(此正态分布的平均数)设置为"10",Standard_dev(标准差)设置为"3",Cumulative 设置为 False,最后单击"确定"按钮即可,如图 4-12 所示。再利用拖率的方式,在"B3:B22"单元格范围得到 NORMDIST 函数的计算结果,如图 4-13 所示。

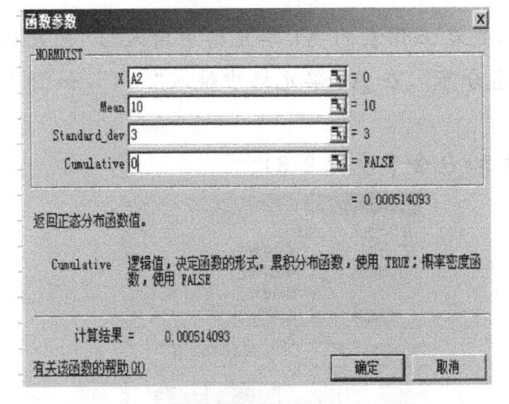

图 4-12 "函数参数"对话框(步骤5)　　图 4-13 计算结果

	正态分布
0	0.000514
1	0.001477
2	0.003799
3	0.008741
4	0.017997
5	0.033159
6	0.05467
7	0.080657
8	0.106483
9	0.125794
10	0.132981
11	0.125794
12	0.106483
13	0.080657
14	0.05467
15	0.033159
16	0.017997
17	0.008741
18	0.003799
19	0.001477
20	0.000514

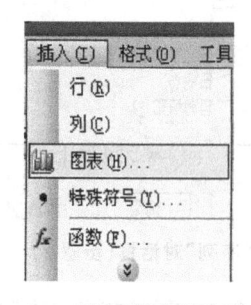

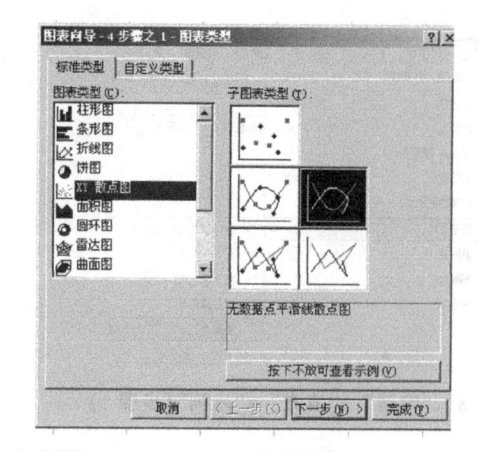

图 4-14 插入"图表"(步骤 6)   图 4-15 "图表向导—4 步骤之 1—图表类型"对话框(步骤 7)

步骤 6：使用鼠标选择"B2:B22"单元格范围，再选择菜单中的"插入"→"图表"命令，如图 4-14 所示。打开的"图表向导—4 步骤之 1—图表类型"对话框，如图 4-15 所示。

步骤 7：在"图表向导—4 步骤之 1—图表类型"对话框中，选择"XY 散点图"、在"子图表类型"模块中选"无数据点平滑线散布图"，如图 4-15 所示，并单击"完成"按钮，即可立刻绘制出正态分布图，结果如图4-16所示。

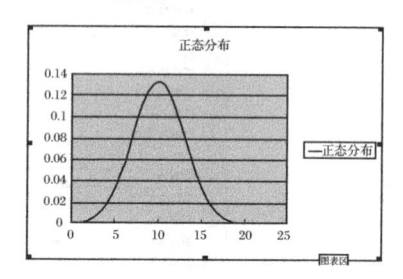

图 4-16 正态分布图

结果解释：图 4-16 为正态分布图，正态分布图是一种两头小，中间大，左右对称的图形。

实验 33 如何制作标准正态分布图和表

案例资料：如何制作标准正态分布图和表？

资料分析：制作标准正态分布图有利于使读者更加清晰地看到数据的分布规律，便于进行解题和分析，用 Excel 进行标准正态分布表图的制作需利用函数 NORMDIST 与图表向导实现。

步骤 1：打开一个空白的 Excel 工作表，并在工作表的 A1 单元格中输入"Z"代表标准正态随机变量。B1 单元格中输入"标准正态分布"，在 A2 单元格中键入"－4"，如图 4-17 所示。

步骤 2：同实验 32 步骤 1，如图 4-18 所示(包含了步骤 2,3)。

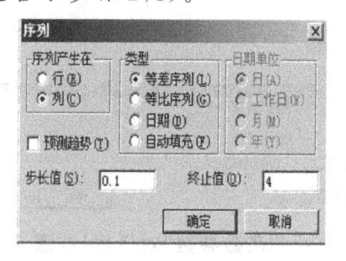

图 4-17 布局安排(步骤 1)   图 4-18 "序列"对话框(步骤 3)

步骤 3：在"序列"对话框中选择"序列产生"在"列"，"类型"选择"等差序列"，并将"步长值"设置为"0.1"，终止值设置为"4"，表示标准正态分布的概率值介于—4～4之间，最后单击"确定"按钮，即可填满—4～4的数字，如图 4-18 所示。

步骤 4：选定 B2 单元格，并使用鼠标选取菜单中的"插入"→"函数"命令，打开"插入函数"对话框。在"插入函数"对话框当中，选择"NORMDIST"函数，单击"确定"按钮，同实验 32 步骤 2 的图 4-11 所示。

步骤 5：在"函数参数"对话框中，将"X"设置为"A2 单元格"，Mean（此正态分布的平均数）设置为"0"，Standard_dev（标准差）设置为"1"，Cumulative 设置为 FALSE，单击"确定"按钮，如图 4-19 所示。

步骤 6：利用填充柄的方式，完成 NORMDIST 函数的计算结果在"B3:B82"单元格范围的显示，结果如图 4-20 所示。

图 4-19　"函数参数"对话框（步骤 5）　　　图 4-20　标准正态分布表（步骤 6）

步骤 7：先使用鼠标选择"B2:B82"单元格范围，再选择菜单中的"插入"→"图表"命令，在所打开的"图表向导—4 步骤之 1—图表类型"对话框中，选择"XY 散点图"、子图表类型选"无数据点平滑线散点图"，并单击"完成"按钮，同实验 32 步骤 7 的图 4-15 所示，即可立刻绘制出标准正态分布图，如图 4-21 所示（在本操作步骤中，绘制图表的过程为省略图表向导—步骤 4-2-4，若想要指定图表标题或者是其他的图表内容时，在此图表向导中，必须单击"下一步"按钮进入图表向导的其他步骤，即为执行完整的图表向导所绘制出来的标准正态分布曲线图）。

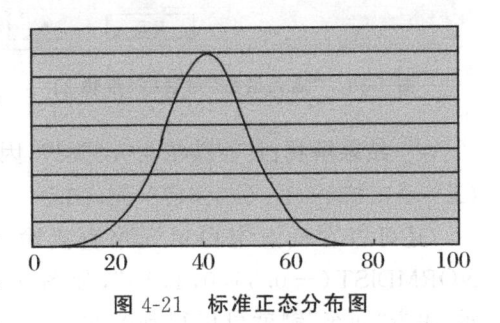

图 4-21　标准正态分布图

结果解释：图 4-21 所示为标准正态分布曲线图，它与正态分布曲线图的区别在于 X 轴上间距为 1（标准差为 1），关于 Y 轴对称（平均值为 0）。

实验 34 如何求标准正态分布的概率值

案例资料：使用 NORMDIST 函数计算标准正态分布 $P(X>-0.35)$ 的概率值。

资料分析：已知标准正态分布为 $P(X>-0.35)$，求其概率值，需选用 Excel 中标准正态分布函数 NORMDIST 来计算概率值。

操作步骤：

步骤 1：使用鼠标选取菜单中的"插入"→"函数"命令，打开"插入函数"对话框，如图 4-22 所示。

步骤 2：在"插入函数"对话框中，选择"NORMDIST"函数，如图 4-23 所示，单击"确定"按钮，如图 4-24 所示。

步骤 3：在"函数参数"对话框中 z 值输入"-0.35"，并单击"确定"按钮，即可得到概率值 0.36316，如图 4-24 所示。则 $P(X>-0.35)=1-P(X\leqslant-0.35)=1-0.36316=0.63684$。

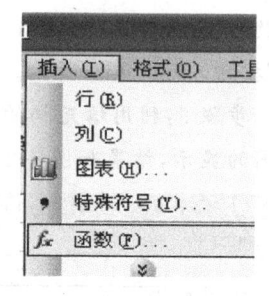

图 4-22 "插入"菜单（步骤 1）

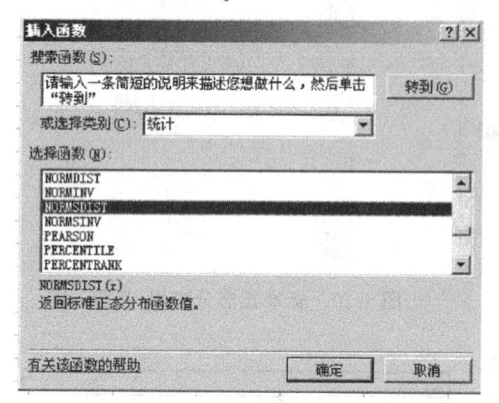

图 4-23 "插入函数"对话框（步骤 2）

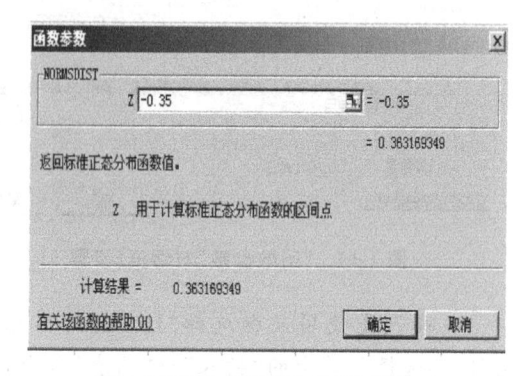

图 4-24 "函数参数"对话框（步骤 3）

结果解释：计算结果为 0.36317，因此 $P(X>-0.35)=1-0.36317=63.683\%$。

还可以在任意空白单元格直接输入"=NORMDIST($-0.35,0,1,1$)"，如图 4-25 所示，单击"回车"键就可以得到 0.36317。再利用：$=1-P(X\leqslant-0.35)=1-0.36317=0.63683$。在标准正态分布中，平均数及标准差是正态分布中最重要的两个参数。当标准差不同，平均数相同时，则会有不同的正态分布曲线。如果想要计算某一正态分布在某一区间的概率时，则必须采用积分方法，才能计算出曲线下的面积。这种方法相当耗时。因此，为了方便起见，将正态分布标准化为平均数为 0，标准差设置为 1，并以 Z 代表标准正态变量的标准正态分布形状，在计算时，只要查阅标准正态概率分布表（Z 值表），即可求出概率。一般而言，可以利用下列公式求出标准正态分布的函数值，当然，也可以利用 Excel 中的 NORMDIST 函数代替查表，求得标准函数值。

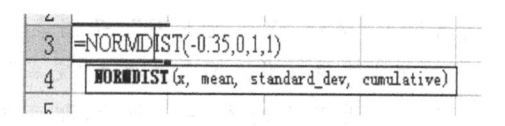

图 4-25 直接输入公式计算

$$f(z)=\frac{1}{\sqrt{2\pi}}e^{-\frac{z^2}{2}}$$

实验 35　如何制作标准正态分布表

案例资料:在日常工作中,怎样利用身边的电脑制作一个标准正态分布表。

☞ **资料分析**:利用函数 NORMDIST 与填充柄实现。

☞ **操作步骤**:

步骤 1:打开一个空白的工作簿,在工作表 A 列从"A2"单元格输入 U 值的小数前第 1 位,第 1 行输入 U 的小数第 2 位。如图 4-26 所示,进行标准正态分布表的布局。

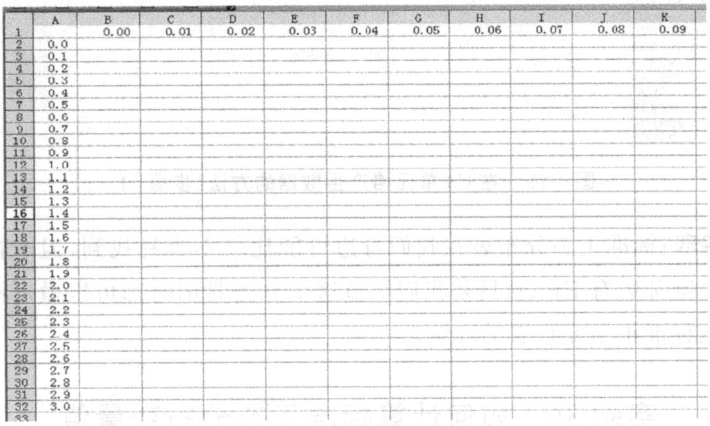

图 4-26　标准正态分布表布局(步骤 1)

步骤 2:在 B 列产生数据表,就将 B 列利用绝对引用固定,即在 B2 单元格输入"=NORMDIST((A2+$B$1),0,1,1)",然后将鼠标放在 B2 单元格的右下角,待光标变成实心的"十"字后,往下拖即产生 B 列数据,如图 4-27 所示。

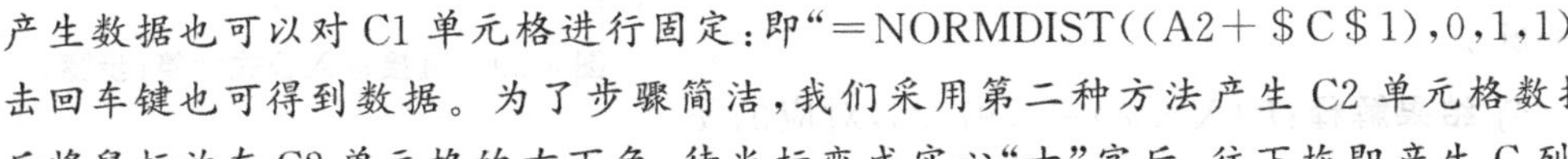

图 4-27　在 B 列产生数据的方法(步骤 2)

步骤 3:在 C2 单元格产生数据,可以对 A2 单元格进行固定,即"=NORMDIST(C$A$2+C1),0,1,1)",单击回车键可得到 C2 单元格数据,如图 4-28 所示。在 C2 单元格产生数据也可以对 C1 单元格进行固定:即"=NORMDIST((A2+$C$1),0,1,1)",单击回车键也可得到数据。为了步骤简洁,我们采用第二种方法产生 C2 单元格数据。然后将鼠标放在 C2 单元格的右下角,待光标变成实心"十"字后,往下拖即产生 C 列数据。在 D2、E2、F2、G2、H2、I2、J2、K2 分别输入公式"=NORMDIST((A2+$D$1),0,1,1)、=NORMDIST((A2+$E$1),0,1,1)……=NORMDIST((A2+$K$1),0,1,1)",用拖曳的方法在各列产生数据,就可得到标准正态分布数据表。

	A	B	C	D	E	F	G	H	I	J	K
1		0	0.01	0.02	0.03	0.04	0.05	0.06	0.07	0.08	0.09
2	0.0	0.5	0.503989	←=NORMDIST(($A$2+C1),0,1,1)							
3	0.1	0.539828									
4	0.2	0.57926									
5	0.3	0.617911									
6	0.4	0.655422									
7	0.5	0.691462									
8	0.6	0.725747									
9	0.7	0.758036									
10	0.8	0.788145									
11	0.9	0.81594									
12	1.0	0.841345									
13	1.1	0.864334									
14	1.2	0.88493									
15	1.3	0.9032									
16	1.4	0.919243									
17	1.5	0.933193									
18	1.6	0.945201									
19	1.7	0.955435									
20	1.8	0.96407									
21	1.9	0.971283									
22	2.0	0.97725									
23	2.1	0.982136									
24	2.2	0.986097									
25	2.3	0.989276									
26	2.4	0.991802									
27	2.5	0.99379									
28	2.6	0.995339									
29	2.7	0.996533									
30	2.8	0.997445									
31	2.9	0.998134									
32	3.0	0.99865									

图 4-28　在 C3 单元格产生数据的方法(步骤 3)

结果解释：标准正态分布表在我们身边可能比较不容易找到，但电脑是我们工作的工具，一般电脑都装有 Excel，只要我们知道这个方法要用时都可以做出标准正态分布表，即可省去查标准正态分布表的麻烦。

实验 36　如何计算标准正态分布变量值

案例资料：设随机变量 X 服从标准正态分布，$P(X \leqslant x) = 0.97725$，求 x 的值。

资料分析：该题目已知 $P(X \leqslant x) = 0.97725$ 以及随机变量 X 服从标准正态分布，需要求 x 的值，这就需要利用标准正态分布函数的反函数 NORMDIST 计算，函数格式为：NORMSINV(probability)。其中，probability 为正态分布的概率值。标准正态分布函数 NORMSDIST 的反函数 NORMSINV 能够根据概率确定标准正态分布随机变量的取值。

操作步骤：在 Excel 中单击任意单元格，输入公式"=NORMSINV(0.97725)"，单击"回车"键，得到的结果为 2，即 $P(X \leqslant x) = 0.97725$，如图 4-29 所示。

	A	B	C	D
1				
2				
3		=NORMSINV(0.97725)		
4				

图 4-29　直接输入公式计算(步骤)

结果解释：$P(X \leqslant x) = 0.97725$，对应的 x 值计算结果为 2，说明它在 X 轴的右边 2 的位置上。正态分布曲线下有三个区间的面积应用较多，应熟记：①正态分布时，区间 $(\mu - 1\sigma, \mu + 1\sigma)$ 的面积占总面积的 68.27%；②正态分布时，区间 $(\mu - 1.96\sigma, \mu + 1.96\sigma)$ 的面积占总面积的 95%；③正态分布时，区间 $(\mu - 2.58\sigma, \mu + 2.58\sigma)$ 的面积占总面积的 99%，如图 4-30、4-31 所示。

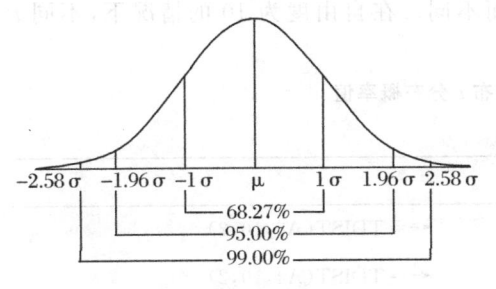

图 4-30　正态曲线的面积分布 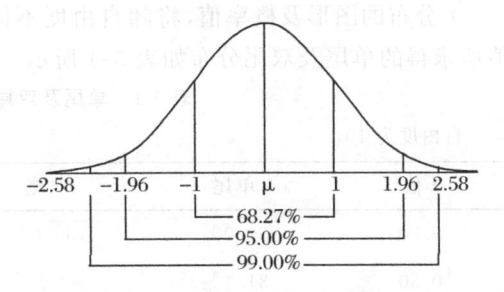　　　　　图 4-31　标准正态曲线的面积分布

实验 37　如何计算 t 分布的概率值

案例资料 1：若 t 值为 0.81，自由度为 20，求该 t 分布（单边）的概率值。

👉 **资料分析**：需利用函数 TDIST 计算该 t 分布的概率值，该函数格式为：TDIST(变量 x，自由度 degrees－freedom，尾数 tails)，变量(X)是判断分布的数值；自由度是以整数表明的自由度；尾数是指明分布为单尾或双尾，如果 tails＝1，函数 TDIST 返回单尾分布；如果 tails＝2，函数 TDIST 返回双尾分布。

👉 **操作步骤**：在 Excel 中单击任意空白单元格，输入公式"＝TDIST(0.81,20,1)"，单击"回车"键，如图 4-32 所示。计算结果为 0.213737。

👉 **结果解释**：计算结果为"0.213737"，也可以用"插入"菜单，选择"函数"的方法求得。

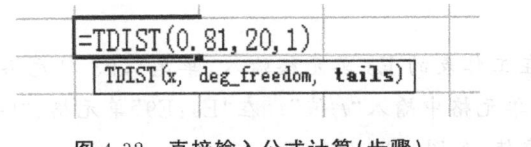

图 4-32　直接输入公式计算（步骤） 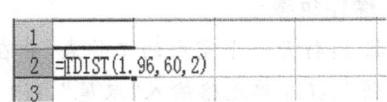　　　图 4-33　直接输入公式计算（步骤）

案例资料 2：若 t 值为 1.96，自由度为 60，求该 t 分布（双边）的概率值。

👉 **操作步骤**：在 Excel 中单击任意空白单元格，输入公式"＝TDIST(1.96,60,2)"，单击"回车"键，如图 4-33 所示。

👉 **结果解释**：计算结果为 0.054645。也可以用"插入"菜单，选择"函数"的方法求得。自由度（d.f.，degrees of freedom）是指一统计量中各变量可以自由变动的个数，当统计量中每多一个限制条件（即已知条件），自由度就减少一个（t 分布的自由度为样本数减 1，$n-1$）。本函数是计算在某一自由度下的 t 分布中，求 t 值以外的右尾总面积（概率）。如为双尾，即求图 4-34 所示的阴影部分；若为单尾，如图 4-35 所示，即求左右两尾的阴影部分。

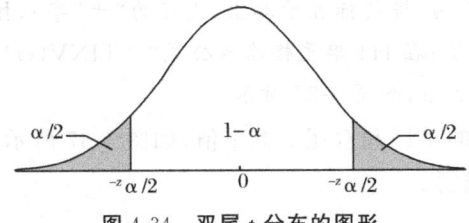

图 4-34　双尾 t 分布的图形 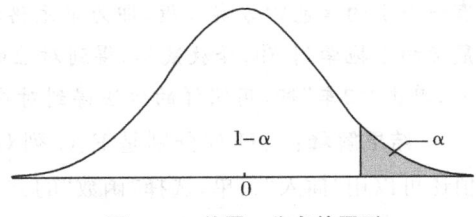　　　　　图 4-35　单尾 t 分布的图形

t 分布的图形及概率值，将随自由度不同而不同。在自由度为 10 的情况下，不同 t 值所求得的单尾及双尾分布如表 5-1 所示。

表 5-1　单尾及双尾分布 t 分布概率值

自由度为 10

t 值	单尾	双尾	
0.00	50.0%	100.0%	←=TDIST(A3,10,2)
0.50	31.4%	62.8%	←=TDIST(A4,10,2)
0.70	25.0%	50.0%	←=TDIST(A5,10,2)
1.37	10.0%	20.1%	←=TDIST(A6,10,2)
1.81	5.0%	10.0%	←=TDIST(A7,10,2)
2.23	2.5%	5.0%	←=TDIST(A8,10,2)
2.76	1.0%	2.0%	←=TDIST(A9,10,2)
3.17	0.5%	1.0%	←=TDIST(A10,10,2)

实验 38　如何求 t 分布变量值

案例资料：怎样计算 t 分布的变量值？

资料分析：利用 t 分布反函数 TINV 计算，函数格式为：TINV(probability 双尾 t 分布的概率，degrees－freedom 自由度)。

操作步骤：

步骤 1：打开一个空白的工作表，并在工作表的 E3 单元格输入“单尾”，F3 单元格中输入“t 值”。G3 单元格输入“双尾”，H3 单元格中输入“t 值”。在“E4：E9”单元格、“G4：G9”单元格分别输入要计算变量值的概率值，如图 4-36 图所示。

	A	B	C	D	E	F	G	H
1	自由度	10						
2		TDIST()				TINV()		
3	t值	单尾	双尾		单尾	t值	双尾	t值
4	1.674	6.2%	12.5%		25.0%		12.50%	
5	2.228	2.5%	5.0%		10.0%		5.00%	
6	2.634	1.2%	2.5%		5.0%		2.50%	
7	3.038	0.6%	1.3%		2.5%		1.25%	
8	3.581	0.3%	0.5%		1.0%		0.50%	
9	4.005	0.1%	0.2%		0.5%		0.25%	
10								

图 4-36　输入基本信息(步骤 1)

	A	B	C	D	E	F	G	H
1	自由度	10						
2		TDIST()				TINV()		
3	t值	单尾	双尾		单尾	t值	双尾	t值
4	1.674	6.2%	12.5%		25.0%	0.700	12.50%	1.674
5	2.228	2.5%	5.0%		10.0%	1.372	5.00%	2.228
6	2.634	1.2%	2.5%		5.0%	1.812	2.50%	2.634
7	3.038	0.6%	1.3%		2.5%	2.228	1.25%	3.038
8	3.581	0.3%	0.5%		1.0%	2.764	0.50%	3.581
9	4.005	0.1%	0.2%		0.5%	3.169	0.25%	4.005

图 4-37　计算结果——变量的值(步骤 2)

步骤 2：在 F4 单元格输入公式“=TINV(E4＊2，$B$1)”，单击“确定”按钮，计算结果为“0.700”。将鼠标放在单元格“F4”右下角的单元格填充柄上(每个单元格框右下方都有一个小的黑色四方实心框，即为单元格填充柄，将鼠标置于其上，则变为“十”字)，按住鼠标向下拖牵到 F9，释放鼠标，得到对应的 t 值；在 H4 单元格输入公式“=TINV(G4，B1)”，单击“回车”键，用同样的方法得到对应的 t 值，如图 4-37 所示。

结果解释：F、H 列分别是 E、G 列对应的单尾和双尾 t 概率值，如图 4-37 所示。该值还可以用“插入”菜单，选择“函数”的方法求得。

实验 39 如何制作 T 检验临界值表

案例资料：制作一个自由度为 1～20，单尾概率分别为 0.25、0.1、0.05、0.025、0.01、0.005 的 T 值表。

资料分析：该题目已知一个自由度为 1～20，需要制作单尾概率分别为 0.25、0.1、0.05、0.025、0.01、0.005 的 T 值表，需用 TINV 函数，函数格式为：TINV(probability 双尾 t 分布的概率，degrees-freedom 自由度)。

操作步骤：

步骤 1：打开一个空白的工作簿，并在工作表的 A2 单元格输入"d.f"代表自由度，在 A3 单元格中键入"1"，接着选取"编辑"→"填充"→"序列"命令，如图 4-38a 所示。打开"序列"对话框，在序列对话框中选择序列产生在"列"，类型选择"等差序列"，并将步长值设置为"1"，终止值设置为"20"，最后单击"确定"按钮即可填满 1～20 的数字，如图 4-38b 所示。在"B2:G2"单元格中分别输入"25%、10%、5%、2.5%、1%、0.5%"，如图 4-38c 所示。

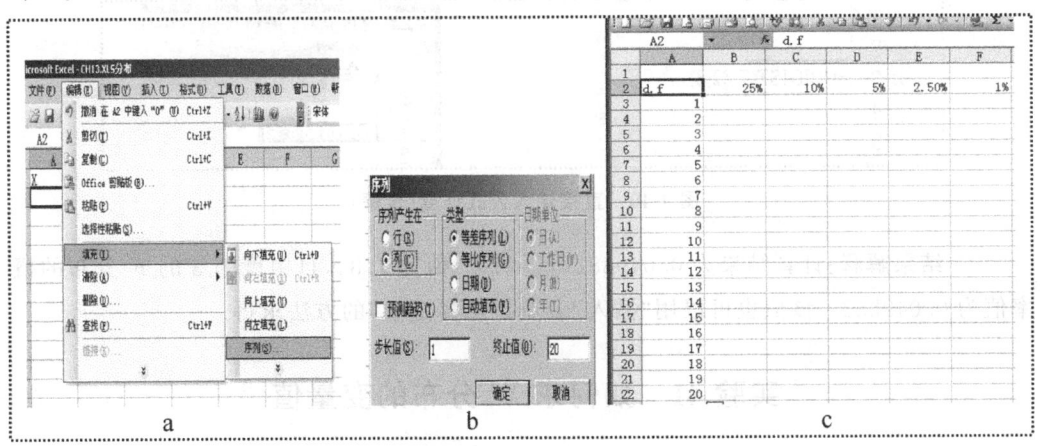

图 4-38 "编辑"→"填充"→"序列"及输入数据（步骤 1）

图 4-39 T 检验临界值表（步骤 2）

步骤2：在B3单元格，输入公式"＝TINV(B2*2,A3)"，然后单击"回车"按钮，得到结果。分别在"B3:G3"单元格用填充柄拖拽的方式，将各行的TINV函数的结果计算出来，再用填充柄拖拽的方式，将各列的TINV函数的结果计算出来，如图4-39所示。

结果解释：图4-39所示为一个自由度为1～20，单尾概率分别为0.25、0.1、0.05、0.025、0.01、0.005的T检验临界值表，也可以用"插入"菜单，选择"函数"的方法求得。掌握了以上方法，即可省去查T分布表的麻烦。

实验40 如何求 χ^2 分布的概率值

案例资料：求 χ^2 值为7.82，自由度为3的F分布的概率值。

资料分析：该题目已知 χ^2 值为7.82，自由度为3，现在需要求其F分布的概率值，因此需用函数CHIDIST计算 χ^2 分布的概率值，其函数格式为：CHIDIST(数值 x^2，自由度d·f)。数值 χ^2：是要用来计算分布的数值。

操作步骤：在Excel中单击任意单元格，输入公式"＝CHIDIST(7.82,3)"，单击"回车"键，如图4-40所示。

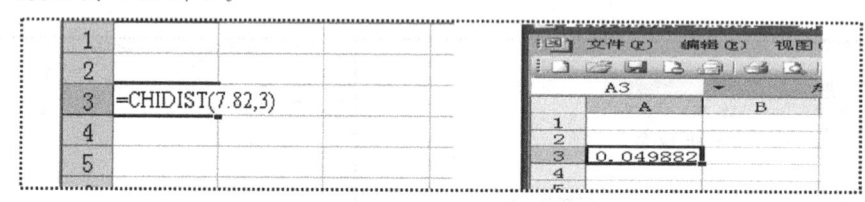

图4-40 直接输入公式计算(步骤)

结果解释：计算结果为0.049882。说明 χ^2 值为7.82，自由度为3的F分布的概率值为0.049882。该值也可以用"插入"菜单，"选择函数"的方法求得。

实验41 如何求 χ^2 分布的变量值

案例资料：计算自由度为17，置信度为95%时的 χ^2 值。

资料分析：需利用 χ^2 分布的反函数CHIINV计算变量，函数格式为：CHIINV(置信度Probability，自由度Deg_freedom)。

操作步骤：

步骤1：在Excel工作表中，选取"插入"→"函数"，并选取"CHIINV"函数，如图4-41所示。

步骤2：在CHINV的函数参数对话框中，Probability中输入"0.95"，Deg－freedom中输入"17"，单击"确定"按钮，即可得到左侧的卡方值8.67176，如图4-42所示。

步骤3：再计算右侧的部分。在Excel工作表中，选取"插入"→"函数"命令，并选取"CHIINV"函数。在CHIINV的函数参数对话框中，Probability中输入"0.05"，Deg-freedom中输入"17"，最后单击"确定"按钮，即可得到右侧的卡方值27.58711。

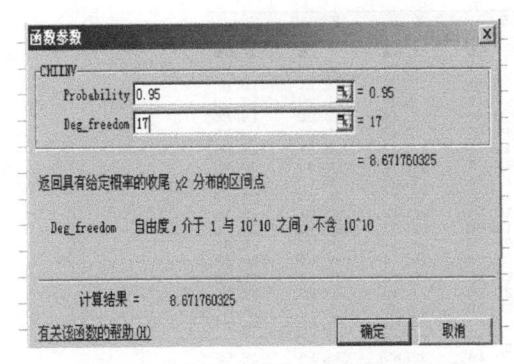

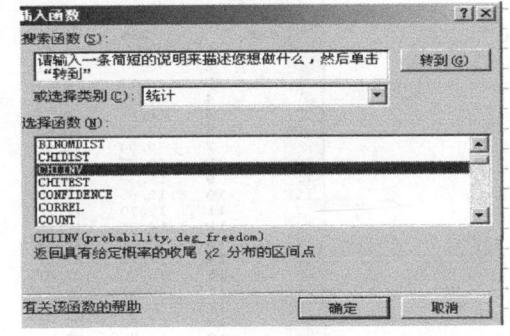

图 4-41 "插入函数"对话框(步骤 1)　　图 4-42 "函数参数"对话框(步骤 2)

☞ **结果解释**：说明自由度为 17，置信度为 95％时的 χ^2 值为 27.58711。

实验 42　如何制作 χ^2 分布右侧临界值表值

案例资料：制作一个自由度为 1～20，单尾概率分别为 0.25、0.1、0.05、0.025、0.01、0.005 的 χ^2 分布上侧临界值表值。

☞ **资料分析**：需利用函数 CHIINV 与填充柄实现。CHIINV 的函数格式为：CHIINV(置信度 Probability,自由度 Deg_freedom)。

☞ **操作步骤**：

步骤 1：打开一个空白的工作簿，并在工作表 A2 单元格输入"d.f"代表自由度，在"B2:G2"单元格中分别输入"25％、10％、5％、2.5％、1％、0.5％"。

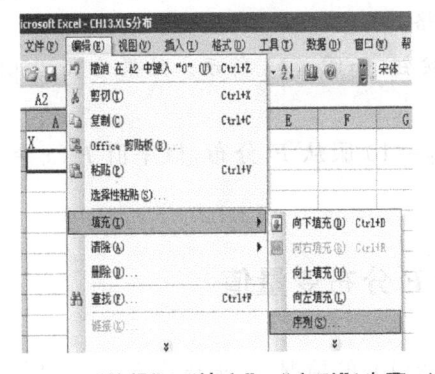

图 4-43 "编辑"→"填充"→"序列"(步骤 2)　　图 4-44 "序列"对话框(步骤 3)

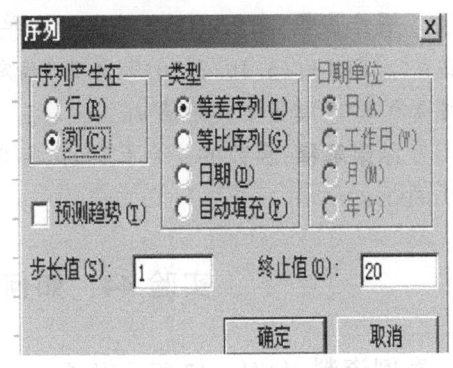

步骤 2：在 A3 单元格中键入"1"，接着选取"编辑"→"填充"→"序列"命令，如图 4-43 所示，打开"序列"对话框。

步骤 3：在"序列"对话框中选择序列产生在"列"，类型选择"等差序列"，并将步长值设置为"1"，终止值设置为"20"，最后单击"确定"按钮，即可填满 1～20 的数字，如图 4-44 所示。在 B3 单元格中输入公式"＝CHIINV(B2,A3)"，然后单击"确定"按钮，得到结果。

步骤 4：分别在"B3:G3"单元格用填充柄拖率的方式，将各行的 TINV 函数的结果计算出来，再用填充柄拖率的方式，将各列的 CHINV 函数的结果计算出来，如图 4-45 所示。

	A	B	C	D	E	F	G
1				右尾概率			
2	d.f.	25%	10%	5%	2.5%	1%	0.5%
3	1	#VALUE!	2.71	3.84	5.02	6.63	7.88
4	2	2.77	4.61	5.99	7.38	9.21	10.60
5	3	4.11	6.25	7.81	9.35	11.34	12.84
6	4	5.39	7.78	9.49	11.14	13.28	14.86
7	5	6.63	9.24	11.07	12.83	15.09	16.75
8	6	7.84	10.64	12.59	14.45	16.81	18.55
9	7	9.04	12.02	14.07	16.01	18.48	20.28
10	8	10.22	13.36	15.51	17.53	20.09	21.95
11	9	11.39	14.68	16.92	19.02	21.67	23.59
12	10	12.55	15.99	18.31	20.48	23.21	25.19
13	11	13.70	17.28	19.68	21.92	24.72	26.76
14	12	14.85	18.55	21.03	23.34	26.22	28.30
15	13	15.98	19.81	22.36	24.74	27.69	29.82
16	14	17.12	21.06	23.68	26.12	29.14	31.32
17	15	18.25	22.31	25.00	27.49	30.58	32.80
18	16	19.37	23.54	26.30	28.85	32.00	34.27
19	17	20.49	24.77	27.59	30.19	33.41	35.72
20	18	21.60	25.99	28.87	31.53	34.81	37.16
21	19	22.72	27.20	30.14	32.85	36.19	38.58
22	20	23.83	28.41	31.41	34.17	37.57	40.00

图 4-45 χ^2 分布上侧临界值表值(步骤 4)

☞ **结果解释**:图 4-45 所示为 χ^2 检验临界值表。本案例也可以用"插入"菜单,选择"函数"的方法求得。掌握了以上方法,即可省去查 χ^2 分布表的麻烦。

实验 43 如何求 F 分布的概率值

案例资料:设函数的 $n_1=2$,$n_2=10$ 并服从 F 分布,求 $P(x=4.10)$ 的值。

☞ **资料分析**:需用函数 FDIST 计算 F 分布的概率值。函数格式为:FDIST(F,自由度 1,自由度 2),F 为评判函数的变量值;自由度 1 代表第 1 个样本的自由度;自由度 2 代表第 2 个样本的自由度。

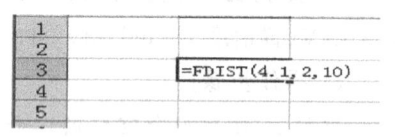

图 4-46 直接输入公式计算(步骤)

☞ **操作步骤**:在 Excel 中单击任意单元格,输入公式"=FDIST(4.10,2,10)",单击"确定"按钮,如图 4-46 所示。结果为"0.050078",得到值为 0.05 相当于临界值 α。

☞ **结果解释**:函数的 $x=4.10$,$n_1=2$,$n_2=10$ 服从 F 分布,概率值 $P(x=4.10)=0.050078$。

实验 44 如何求 F 分布变量值

案例资料:如图 4-47 所示,在自由度为(2,10)的情况下,求概率 5%、2.5%、1% 所对应的 F 值。

☞ **资料分析**:该题目已知自由度为(2,10),求概率 5%、2.5%、1% 所对应的 F 值,需利用 F 分布的反函数 FINV 计算变量值,函数格式为:FINV(probability 概率值,Degrees_freedom1 自由度 1,Degrees_freedom2 自由度 2)。其中,Probability 为累积 F 分布的概率值;自由度 1 代表第 1 个样本的自由度;自由度 2 代表第 2 个样本的自由度。

☞ **操作步骤**:在 Excel 中如图 4-47 所示布局,在 F 列旁边箭头所指的

图 4-47 直接输入公式计算(步骤)

公式进行计算，单击“确定”按钮，结果如图 4-47 所示。

结果解释：右尾概率为 0.05 对应的 F 值为 4.10；右尾概率为 0.025 对应的 F 值为 5.46；右尾概率为 0.01 对应的 F 值为 7.56。

实验 45　如何制作 F 检验临界值表

案例资料：制作一个单尾概率为 0.05 的 F 分布上侧临界值表值。

资料分析：直接用 FINV 函数制作 F 检验临界值表。

操作步骤：

步骤 1：打开一个空白的工作簿，并在工作表输入自由度概率等基本信息，如图 4-48 所示。

步骤 2：在 B3 单元格中输入公式“=FINV(0.05,B2,A3)”，然后单击“回车”按钮，得到结果。分别在“B3:K3”单元格用填充柄拖牵的方式，将各行的 FINV 函数的结果计算出来，再用填充柄拖牵的方式，将各列的 FINV 函数的结果计算出来，如图 4-49 所示。

	A	B	C	D	E	F	G	H	I	J	K
1	α=	0.05									
2	分子 d.f. 分母d.f.	1	2	3	4	5	6	7	8	9	10
3	1										
4	2										
5	3										
6	4										
7	5										
8	6										
9	7										
10	8										
11	9										
12	10										

图 4-48　输入的基本信息(步骤 1)

	A	B	C	D	E	F	G	H	I	J	K
1	α=	0.05									
2	分子 d.f. 分母d.f.	1	2	3	4	5	6	7	8	9	10
3	1	161.45	199.50	215.71	224.58	230.16	233.99	236.77	238.88	240.54	241.88
4	2	18.51	19.00	19.16	19.25	19.30	19.33	19.35	19.37	19.38	19.40
5	3	10.13	9.55	9.28	9.12	9.01	8.94	8.89	8.35	8.81	8.79
6	4	7.71	6.94	6.59	6.39	6.26	6.16	6.09	6.04	6.00	5.96
7	5	6.61	5.79	5.41	5.19	5.05	4.95	4.88	4.82	4.77	4.74
8	6	5.99	5.14	4.76	4.53	4.39	4.28	4.21	4.15	4.10	4.06
9	7	5.59	4.74	4.35	4.12	3.97	3.87	3.79	3.73	3.68	3.64
10	8	5.32	4.46	4.07	3.84	3.69	3.58	3.50	3.44	3.39	3.35
11	9	5.12	4.26	3.86	3.63	3.48	3.37	3.29	3.23	3.18	3.14
12	10	4.96	4.10	3.71	3.48	3.33	3.22	3.14	3.07	3.02	2.98

图 4-49　F 检验临界值表(步骤 2)

结果解释：图 4-49 所示为 F 检验临界值表。掌握了 FINV 函数的使用方法，即可省去查“F 分布的临界值”表的麻烦。

第五章 体育评分方法

在体育领域里,由于不同项目成绩的单位不同,我们在进行各类项目之间的成绩对比、分析时,就需要将各项目的成绩按某种方式转换为传统的单位"分",这就产生了体育评分方法。体育评分方法就是将体育运动实践中测试得到的各项运动成绩(如 100 m 跑成绩 13.2 s、跳远成绩 3.49 m)用统计的方法转换为分数的方法。它有利于体育教学效果的评价、运动员的选材和学生的体质评价等。体育评分方法有标准 Z 分、标准百分、位置百分、名次百分、累进评分等,正确评定运动水平或评定体育运动成绩是体育教学与运动训练中的一个重要环节,在体育教学和体育科研中占有重要的地位。本章介绍用 Excel 进行体育评分的方法。

实验 46 如何计算标准 Z 分并制作 Z 分评分标准

案例资料:在某市高考学生中随机抽取 34 名考生的立定跳远成绩为样本,数据如表 5-1 所示,请计算在该样本中的每名考生的标准分并制作 Z 分评分标准。

表 5-1 34 名考生的立定跳远成绩

考号	成绩	考号	成绩
8500124141260	2.29	8500102180567	1.97
8500124141266	2.11	8500118141198	1.98
8500124141297	1.96	8500139180028	2.11
8500127182713	2.22	8500137140107	2.23
8500122141232	1.83	8500137140402	2.15
8500118140545	2.19	8500137180489	2.34
8500118141174	2.11	8500137180630	2.26
8500118141182	2.14	8500122140591	2.3
8500118141176	1.96	8500122141559	2.27
8500115184493	2.31	8500122141766	2.02
8500118141078	2.14	8500122141889	2.34
8500118141065	2.22	8500122141964	2.25
8500118141181	2.37	8500125140184	2.45
8500102140002	2.19	8500125140206	2.48
8500118141183	2.35	8500125140214	2.73
8500102140256	2.08	8500125140220	2.47
8500102180023	2.1	8500125140222	2.72

资料分析:将 34 名考生的立定跳远原始成绩转换成标准分,要利用标准 Z 分公式:$Z = \pm \dfrac{x - \bar{x}}{s}$ 来求得,但需先求出该样本的平均值和标准差;然后可以根据这两个数据和

Z 分公式 $Z=\pm\dfrac{x-\bar{x}}{s}$ 来制作标准 Z 分评分标准。

☚ **操作步骤：**

步骤 1：按图 5-1 所示在 A、B 列输入原始数据，并在 E1、I1 单元格按箭头所示计算出平均值和标准差。在 C2 单元格输入公式"=(B2－\$E\$1)/\$I\$1"，单击"回车"键，得到考号为 8500124141260 的考生标准分为 0.33 分，光标放在 C2 单元格右下方待变成实心"+"后，向下拖动，完成其余考生的立定跳远标准分计算，如图 5-1 所示。

	A	B	C	D	E	F	G	H	I	J	K
1	考号	成绩	标准分		平均值	2.224706	←=AVERAGEA(B2:B35)	标准差	0.20017	←=STDEV(B2:B35)	
2	8500124141260	2.29	0.33		←=(B2-\$E\$1)/\$I\$1						
3	8500124141266	2.11	-0.57								
4	8500124141297	1.96	-1.32								
5	8500127182713	2.22	-0.02								
6	8500122141232	1.83	-1.97								
7	8500118140545	2.19	-0.17								
8	8500118141174	2.11	-0.57								
9	8500118141182	2.14	-0.42								
10	8500118141176	1.96	-1.32								
11	8500115184493	2.31	0.43								
12	8500118141078	2.14	-0.42								
13	8500118141065	2.22	-0.02								
14	8500118141181	2.37	0.73								
15	8500102140002	2.19	-0.17								
16	8500118141183	2.35	0.63								
17	8500102140256	2.08	-0.72								
18	8500102180023	2.1	-0.62								
19	8500102180567	1.97	-1.27								
20	8500118141198	1.98	-1.22								
21	8500139180028	2.11	-0.57								
22	8500137140107	2.23	0.03								
23	8500137140402	2.15	-0.37								
24	8500137180489	2.34	0.58								
25	8500137180630	2.26	0.18								
26	8500122140591	2.3	0.38								
27	8500122141559	2.27	0.23								
28	8500122141766	2.02	-1.02								
29	8500122141889	2.34	0.58								
30	8500122141964	2.25	0.13								
31	8500125140184	2.45	1.13								
32	8500125140206	2.48	1.28								
33	8500125140214	2.73	2.52								
34	8500125140220	2.47	1.23								
35	8500125140222	2.72	2.47								

图 5-1　原始数据、计算公式与结果（步骤 1）

步骤 2：打开另一个工作表，在工作表的第一行建立标准分数列（即以一个标准差建立等差数列，方法可以用拖牵办法），如图 5-2 所示。

	A	B	C	D	E	F	G	H	I	J	K	L
1	标准分	-5	-4	-3	-2	-1	0	1	2	3	4	5
2	原始成绩	2.12	2.14	2.16	2.18	2.2	2.22	2.24	2.26	2.28	2.3	2.32

图 5-2　标准 Z 分评分标准（步骤 2）

步骤 3：在 B2 单元格，根据平均成绩为 2.22 m，标准差为 0.2 m，计算出 $\bar{x}-5s=2.12$ m，在 C2 单元格再计算出 $\bar{x}-4s=2.14$ m，再选择 B2、C2 单元格，待光标变成实心的"+"后，用拖牵的办法，拖牵出原始成绩行，不同的样本有不同的原始成绩，但对应的标准 Z 分评分标准均是以 1 为等差数列建立的。还可以先列出原始分，再列出标准分。

5	原始成绩	2.12	2.13	2.14	2.15	2.16	2.17	2.18	2.19	2.2	2.21	2.22	2.23	2.24	2.25	2.26	2.27	2.28	2.29	2.3	2.31	2.32
6	标准分	-5	-4.5	-4	-3.5	-3	-2.5	-2	-1.5	-1	-0.5	0	0.5	1	1.5	2	2.5	3	3.5	4	4.5	5

图 5-3　标准 Z 分评分标准（步骤 3）

👉 **结果解释：**

表 5-2　标准分与概率的关系

区间	标准分	面积或概率
$\bar{x} \pm 1S$	1	0.6827
$\bar{x} \pm 2S$	2	0.9545
$\bar{x} \pm 3S$	3	0.9973
$\bar{x} \pm 1.960S$	1.96	0.9500
$\bar{x} \pm 2.576S$	2.576	0.9900

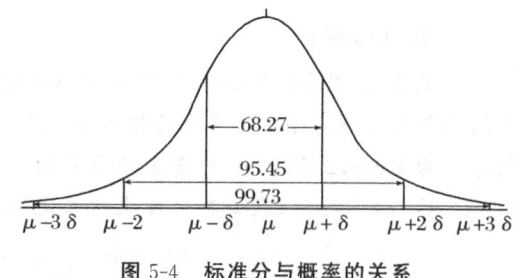

图 5-4　标准分与概率的关系

在图 5-1 中，该样本的平均成绩为 2.22 m，标准差为 0.2 m，C 列为 A 列考生对应的标准分。由于显示原因，我们只选择了 34 名考生成绩的数据，在实际案例资料中，数据往往为全体数据，但计算过程与方法是完全相同的。标准分反映该分在集体中的位置，标准分为 0 分表示有 50% 的人成绩比他高，1 分表示有 15.87% 的人成绩比他高，-1 分表示有 84.13% 的人成绩比他高。标准分与概率的关系见表 5-2 与图 5-4 所示。

从图 5-3 中可以看出，在样本中如果原始成绩为 2.22 m，标准分就为 0 分，说明该考生处于 50% 的位置。如果原始成绩为 2.28 m，标准分为 3 分，说明该考生的成绩在 99.73% 的位置。

实验 47　如何计算考试成绩的标准百分并制作标准百分评分标准

案例资料： 在某市高考学生中随机抽取 34 名考生的立定跳远成绩为样本，实验数据如表 5-1 所示。请计算在该样本中的每名考生的标准百分并制作标准百分评分标准。

👉 **资料分析：** 要将 34 名考生的立定跳远原始成绩转换成标准百分，利用标准百分公式 $T = 50 \pm \frac{x - \bar{x}}{s} \times 10$（高优指标时，取"+"；低优时取"-"）可以求得，但标准百分评分标准的数据取值范围有两种情况：一种是以 $\mu \pm 5\sigma$ 作为评分范围，另一种是以 $\mu \pm 3\sigma$ 作为评分范围。利用标准百分公式要先求出该样本的平均值和标准差，就能求出每名考生的标准百分。得到样本的平均值和标准差后可根据 U 值公式 "$u = (\bar{x} - x)/S$" 和标准百分公式 "$50 - u * 100/6$" 计算出标准百分评分标准。本案例要根据评分范围来制作两个评分标准，其具体操作步骤如下。

方法一：以 $\mu \pm 5\sigma$ 作为评分范围。

👉 **操作步骤：**

步骤 1：按图 5-5 所示，在 A、B 列输入原始数据，并在 E2、I2 单元格计算出平均值和标准差。在 C2 单元格输入公式 "=10*(B2-\$E\$2)/\$F\$2+50"（如图 5-5 中 D2 所示），单击"回车"键，得到考号为 8500124141260 的考生的标准百分 53.26 分，光标放在 C2 单元格右下方待变成实心"+"后，向下拖拽，完成其余考生的立定跳远标准百分计算，如图 5-5 所示。

第五章 体育评分方法

	A	B	C	D	E	F
1	考号	成绩	标准百分		平均值	标准差
2	8500124141260	2.29	53.26	←=10*(B2-$E$2)/$F$2+50	2.224705882	0.20017
3	8500124141266	2.11	44.27			
4	8500124141297	1.96	36.78			
5	8500127182713	2.22	49.76			
6	8500122141232	1.83	30.28			
7	8500118140545	2.19	48.27			
8	8500118141174	2.11	44.27			
9	8500118141182	2.14	45.77			
10	8500118141176	1.96	36.78			
11	8500115184493	2.31	54.26			
12	8500118141078	2.14	45.77			
13	8500118141065	2.22	49.76			
14	8500118141181	2.37	57.26			
15	8500102140002	2.19	48.27			
16	8500118141183	2.35	56.26			
17	8500102140526	2.08	42.77			
18	8500102180023	2.1	43.77			
19	8500102180567	1.97	37.28			
20	8500118141198	1.98	37.78			
21	8500139180028	2.11	44.27			
22	8500137140107	2.23	50.26			
23	8500137140402	2.15	46.27			
24	8500137180489	2.34	55.76			
25	8500137180630	2.26	51.76			
26	8500122140591	2.3	53.76			
27	8500122141559	2.27	52.26			
28	8500122141766	2.02	39.77			
29	8500122141889	2.34	55.76			
30	8500122141964	2.25	51.26			
31	8500125140184	2.45	61.26			
32	8500125140206	2.48	62.75			
33	8500125140214	2.73	75.24			
34	8500125140220	2.47	62.25			
35	8500125140222	2.72	74.74			

图 5-5　$\mu \pm 5\sigma$ 范围内样本标准百分公式和计算结果(步骤1)

　　步骤2：打开一个工作表，在工作表的第一列建立以1.22为首项、0.01为等差、以3.22为末项的等差数列，作为原始成绩(利用excel编辑中的"填充"功能)。然后在B2单元格中输入公式"=($S$1—A2)/$S$2"(S1为该样本平均值2.22，S2为该样本标准差0.2，由于抓图原因，图5-6中没有看到S1、S2两项)，单击"回车"键，计算得出原始成绩为1.22所对应的标准差个数为5，光标放在B2单元格右下方待变成实心的"+"后，向下拖牵，完成A列原始成绩对应u值的计算，同样的方法完成所有原始成绩对应的u值的计算。再在C2单元格中输入公式"=50—10*B2"，单击"回车"键，计算出原始成绩为1.22对应的标准百分为0分，利用填充的方法完成C列标准百分的计算，如图5-6所示。

图 5-6　以 $\mu \pm 5\sigma$ 为评分范围的评分标准(步骤2)

　　☞ **结果解释**：在使用 $\mu \pm 5\sigma$ 作为范围时，如果原始成绩为2.29 m，标准百分就为53.26分。依此，可以看到每名考生原始成绩对应的标准百分。该方法是由标准分演变

73

而来的，是根据正态分布理论公插值的方式建立的一种统一变量单位的方法。

以 $\mu\pm 5\sigma$ 范围为评价标准时，$\mu-5\sigma=1.22$ m 为 0 分标准，$\mu+5\sigma=3.22$ m 为 100 分标准，通过查 $\mu\pm 5\sigma$ 范围内的标准百分标准可以得到该样本所有原始成绩的标准百分。如：原始成绩如果是 2.42 m，对应的标准百分就是 60 分。

方法二：以 $\mu\pm 3\sigma$ 作为评分范围。

👆 **操作步骤：**

步骤 1：按图 5-7 所示在 A、B 列输入原始数据。并在 E2、I2 单元格计算出平均值和标准差。在 C2 单元格输入公式"＝100＊(B2－\$E\$2)/(6＊\$F\$2)＋50"，单击"回车"键，得到考号为 8500124141260 的考生标准百分 55.44 分，光标放在 C2 单元格右下方，待变成实心"＋"后，向下拖动，完成其余考生成绩的标准百分计算，如图 5-7 所示。

	A	B	C	D	E	F
1	考号	成绩	标准百分		平均值	标准差
2	8500124141260	2.29	55.44	←=100*(B2-$E$2)/(6*$F$2)+50	2.22	0.20
3	8500124141266	2.11	40.45			
4	8500124141297	1.96	27.96			
5	8500127182713	2.22	49.61			
6	8500122141232	1.83	17.14			
7	8500118140545	2.19	47.11			
8	8500118141174	2.11	40.45			
9	8500118141182	2.14	42.95			
10	8500118141176	1.96	27.96			
11	8500115184493	2.31	57.10			
12	8500118141078	2.14	42.95			
13	8500118141065	2.22	49.61			
14	8500118141181	2.37	62.10			
15	8500102140002	2.19	47.11			
16	8500118141183	2.35	60.43			
17	8500102140256	2.08	37.95			
18	8500102180023	2.10	39.62			
19	8500102180567	1.97	28.79			
20	8500118141198	1.98	29.63			
21	8500139180028	2.11	40.45			
22	8500137140107	2.23	50.44			
23	8500137140402	2.15	43.78			
24	8500137180489	2.34	59.60			
25	8500137180630	2.26	52.94			
26	8500122140591	2.30	56.27			
27	8500122141559	2.27	53.77			
28	8500122141766	2.02	32.96			
29	8500122141889	2.34	59.60			
30	8500122141964	2.25	52.11			
31	8500125140184	2.45	68.76			
32	8500125140206	2.48	71.26			
33	8500125140214	2.73	92.07			
34	8500125140220	2.47	70.42			
35	8500125140222	2.72	91.24			

图 5-7 $\mu\pm 3\sigma$ 范围内样本标准百分公式和计算结果(步骤 1)

步骤 2：打开一个工作表，在工作表的第一列建立以 1.62 m 为首项，以 0.01 为等差，以 2.82 为末项的等差数列为原始成绩(利用 Excel 编辑中的"填充"功能)，如图 5-8 所示。然后在 B2 单元格中输入公式"＝(\$L\$23－A2)/\$L\$24"，单击"回车"键，计算得出原始成绩为 1.62 m 所对应的 u 值为 3，光标放在 B2 单元格右下方待变成实心"＋"后，向下拖动，完成 A 列原始成绩对应的 u 值的计算，同样的方法完成所有原始成绩对应的 u 值的计算。然后在 C2 单元格中输入公式"＝50－B2＊100/6"，单击"回车"键，计算出原始成绩为 1.62 m 对应的标准百分为 0 分，利用拖率的方法完成 C 列标准百分的计算，利用相同的公式和方法完成所有原始成绩对应的标准百分的计算，如图 5-8 所示。

👆 **结果解释**：在使用 $\mu\pm 3\sigma$ 范围时，如果原始成绩为 2.29 m，标准百分就为 55.44 分。依此，从图中可以看到每名考生原始成绩对应的标准百分。

	A	B	C	D	E	F	G	H	I	J	K	L
1	原始成绩	u	标准百分	原始成绩	u	标准百分	原始成绩	u	标准百分	原始成绩	u	标准百分
2	1.62	3	0.00	1.96	1.3	28.33	2.3	-0.4	56.67	2.64	-2.1	85.00
3	1.63	2.95	0.83	1.97	1.25	29.17	2.31	-0.45	57.50	2.65	-2.15	85.83
4	1.64	2.9	1.67	1.98	1.2	30.00	2.32	-0.5	58.33	2.66	-2.2	86.67
5	1.65	2.85	2.50	1.99	1.15	30.83	2.33	-0.55	59.17	2.67	-2.25	87.50
6	1.66	2.8	3.33	2	1.1	31.67	2.34	-0.6	60.00	2.68	-2.3	88.33
7	1.67	2.75	4.17	2.01	1.05	32.50	2.35	-0.65	60.83	2.69	-2.35	89.17
8	1.68	2.7	5.00	2.02	1	33.33	2.36	-0.7	61.67	2.7	-2.4	90.00
9	1.69	2.65	5.83	2.03	0.95	34.17	2.37	-0.75	62.50	2.71	-2.45	90.83
10	1.7	2.6	6.67	2.04	0.9	35.00	2.38	-0.8	63.33	2.72	-2.5	91.67
11	1.71	2.55	7.50	2.05	0.85	35.83	2.39	-0.85	64.17	2.73	-2.55	92.50
12	1.72	2.5	8.33	2.06	0.8	36.67	2.4	-0.9	65.00	2.74	-2.6	93.33
13	1.73	2.45	9.17	2.07	0.75	37.50	2.41	-0.95	65.83	2.75	-2.65	94.17
14	1.74	2.4	10.00	2.08	0.7	38.33	2.42	-1	66.67	2.76	-2.7	95.00
15	1.75	2.35	10.83	2.09	0.65	39.17	2.43	-1.05	67.50	2.77	-2.75	95.83
16	1.76	2.3	11.67	2.1	0.6	40.00	2.44	-1.1	68.33	2.78	-2.8	96.67
17	1.77	2.25	12.50	2.11	0.55	40.83	2.45	-1.15	69.17	2.79	-2.85	97.50
18	1.78	2.2	13.33	2.12	0.5	41.67	2.46	-1.2	70.00	2.8	-2.9	98.33
19	1.79	2.15	14.17	2.13	0.45	42.50	2.47	-1.25	70.83	2.81	-2.95	99.17
20	1.8	2.1	15.00	2.14	0.4	43.33	2.48	-1.3	71.67	2.82	-3	100
21	1.81	2.05	15.83	2.15	0.35	44.17	2.49	-1.35	72.50			
22	1.82	2	16.67	2.16	0.3	45.00	2.5	-1.4	73.33			
23	1.83	1.95	17.50	2.17	0.25	45.83	2.51	-1.45	74.17		平均值($x_{均}$)	2.22
24	1.84	1.9	18.33	2.18	0.2	46.67	2.52	-1.5	75.00		标准差(s)	0.2
25	1.85	1.85	19.17	2.19	0.15	47.50	2.53	-1.55	75.83	标准百分计算公式= “=50-N*100/6 ”		
26	1.86	1.8	20.00	2.2	0.1	48.33	2.54	-1.6	76.67	u值计算公式= “=（$x_{均}$-原始成绩）/S”		
27	1.87	1.75	20.83	2.21	0.05	49.17	2.55	-1.65	77.50			
28	1.88	1.7	21.67	2.22	0	50	2.56	-1.7	78.33			
29	1.89	1.65	22.50	2.23	-0.05	50.83	2.57	-1.75	79.17			
30	1.9	1.6	23.33	2.24	-0.1	51.67	2.58	-1.8	80.00			
31	1.91	1.55	24.17	2.25	-0.15	52.50	2.59	-1.85	80.83			
32	1.92	1.5	25.00	2.26	-0.2	53.33	2.6	-1.9	81.67			
33	1.93	1.45	25.83	2.27	-0.25	54.17	2.61	-1.95	82.50			
34	1.94	1.4	26.67	2.28	-0.3	55.00	2.62	-2	83.33			
35	1.95	1.35	27.50	2.29	-0.35	55.83	2.63	-2.05	84.17			

图 5-8　以 $\mu \pm 3\sigma$ 为评分范围的标准百分评分标准(步骤 2)

由正态分布理论可知：$\mu \pm 3\sigma$ 之间包括全部频数的 99.73%，因此，当 $\mu \pm 3\sigma$ 作为评分范围时可令 $\mu - 3\sigma$ 为 0 分，$\mu + 3\sigma$ 为 100 分。从图中可以看出，如果立定跳远的成绩为 2.34 m，那么对应的标准百分就是 60 分。同理，可以查到该样本所有原始成绩对应的标准百分。

实验 48　如何计算位置百分分数并制作位置百分评分标准

案例资料：在某市高考学生中随机抽取 34 名考生的立定跳远成绩为样本，实验数据如表 5-1 所示。请计算该样本中的每名考生的位置百分，并制作位置百分评分标准。

资料分析：要将 34 名考生的立定跳远原始成绩转换成位置百分分数，只需利用排名函数 RANK(number, ref, order)求出该样本中每名考生的名次，就能求出每名考生的位置百分。位置百分公式为 $P = \frac{m}{n} \times 100$（$m$ 为某一成绩的位置，n 为样本含量）。先用排名函数 RANK(number, ref, order)求出该样本中每名考试的名次，就能求出每名考生的位置百分。然后可以根据平均数与标准差，在 $\mu \pm 3\sigma$ 范围内列出立定跳远原始成绩等差数列，将其看成是原始成绩不重复的样本数为 121 的样本，对样本的原始成绩进行排位，然后根据位置百分公式 $P = \frac{m}{n} \times 100$（$m$ 为某一成绩的位置，n 为样本数）计算出每名考生的位置百分。

操作步骤：

步骤 1：按图 5-9 所示在 A、B 列输入原始数据。并在 C2 单元格输入“RANK”排名函数“=RANK(B2, $B$2: $B$35, −1)”，按“回车”键，得到考试号为 8500124141260 考生排名，光标放在 C2 单元格右下方待变成实心“+”后，向下拖动，完成其余考生的立定跳远原始成绩的排名。在 E2 单元格输入位置百分公式“=(C2/34) * 100”，单击“回车”键，得到考号为 8500124141260 考生的位置百分为 67.65 分，光标放在 E2 单元格右下方待变成实心的“十”字后，向下拖动，完成其余考生位置百分的计算，如图 5-9 所示。

	A	B	C	D	E	F
1	考号	成绩	名次		位置百分	
2	8500124141260	2.29	23	←=RANK(B2, $B$2:$B$35, -1)	67.65	←=(C2/34)*100
3	8500124141266	2.11	9		26.47	
4	8500124141297	1.96	2		5.88	
5	8500127182713	2.22	17		50.00	
6	8500122141232	1.83	1		2.94	
7	8500118140545	2.19	15		44.12	
8	8500118141174	2.11	9		26.47	
9	8500118141182	2.14	12		35.29	
10	8500118141176	1.96	2		5.88	
11	8500115184493	2.31	25		73.53	
12	8500118141078	2.14	12		35.29	
13	8500118141065	2.22	17		50.00	
14	8500118141181	2.37	29		85.29	
15	8500102140002	2.19	15		44.12	
16	8500118141183	2.35	28		82.35	
17	8500102140256	2.08	7		20.59	
18	8500102180023	2.1	8		23.53	
19	8500102180567	1.97	4		11.76	
20	8500118141198	1.98	5		14.71	
21	8500139180028	2.11	9		26.47	
22	8500137140107	2.23	19		55.88	
23	8500137140402	2.15	14		41.18	
24	8500137180489	2.34	26		76.47	
25	8500137180630	2.26	21		61.76	
26	8500122140591	2.3	24		70.59	
27	8500122141559	2.27	22		64.71	
28	8500122141766	2.02	6		17.65	
29	8500122141889	2.34	26		76.47	
30	8500122141964	2.25	20		58.82	
31	8500125140184	2.45	30		88.24	
32	8500125140206	2.48	32		94.12	
33	8500125140214	2.73	34		100.00	
34	8500125140220	2.47	31		91.18	
35	8500125140222	2.72	33		97.06	

图 5-9 样本的排序和位置百分的计算结果(步骤 1)

步骤 2：打开一个新的工作表，在工作表 A、D、G、J 列中输入 $\mu\pm3\sigma$ 范围内样本的立定跳远原始成绩(1.62～2.82 m)，可以用 Excel 编辑中的填充功能，如图 5-10 所示。分别在 B、E、H、K 列中对原始成绩进行升序排列，在 M2 单元格中输入样本数 121，如图 5-10 所示。在 C2 单元格中输入位置百分计算公式“=(B2/$M$2)*100”，单击“回车”键，计算出原始成绩 1.62 m 对应的位置百分是 0.83。将光标放在 C2 单元格右下方待变成实心“十”时，用拖牵的方法完成 A 列其他原始成绩对应的位置百分的计算，利用同样的方法，完成 D、G、J 列原始成绩对应的位置百分的计算，如图 5-10 所示。

	A	B	C	D	E	F	G	H	I	J	K	L	M	N
1	原始成绩	原始成绩排位	位置百分	原始成绩	原始成绩排位	位置百分	原始成绩	原始成绩排位	位置百分	原始成绩	原始成绩排位	位置百分	样本数	
2	1.62	1	0.83	1.95	34	28.10	2.28	67	55.37	2.61	100	82.64	121	
3	1.63	2	1.65	1.96	35	28.93	2.29	68	56.20	2.62	101	83.47		
4	1.64	3	2.48	1.97	36	29.75	2.30	69	57.02	2.63	102	84.30		
5	1.65	4	3.31	1.98	37	30.58	2.31	70	57.85	2.64	103	85.12		
6	1.66	5	4.13	1.99	38	31.40	2.32	71	58.68	2.65	104	85.95		
7	1.67	6	4.96	2.00	39	32.23	2.33	72	59.50	2.66	105	86.78		
8	1.68	7	5.79	2.01	40	33.06	2.34	73	60.33	2.67	106	87.60		
9	1.69	8	6.61	2.02	41	33.88	2.35	74	61.16	2.68	107	88.43		
10	1.70	9	7.44	2.03	42	34.71	2.36	75	61.98	2.69	108	89.26		
11	1.71	10	8.26	2.04	43	35.54	2.37	76	62.81	2.70	109	90.08		
12	1.72	11	9.09	2.05	44	36.36	2.38	77	63.64	2.71	110	90.91		
13	1.73	12	9.92	2.06	45	37.19	2.39	78	64.46	2.72	111	91.74		
14	1.74	13	10.74	2.07	46	38.02	2.40	79	65.29	2.73	112	92.56		
15	1.75	14	11.57	2.08	47	38.84	2.41	80	66.12	2.74	113	93.39		
16	1.76	15	12.40	2.09	48	39.67	2.42	81	66.94	2.75	114	94.21		
17	1.77	16	13.22	2.10	49	40.50	2.43	82	67.77	2.76	115	95.04		
18	1.78	17	14.05	2.11	50	41.32	2.44	83	68.60	2.77	116	95.87		
19	1.79	18	14.88	2.12	51	42.15	2.45	84	69.42	2.78	117	96.69		
20	1.80	19	15.70	2.13	52	42.98	2.46	85	70.25	2.79	118	97.52		
21	1.81	20	16.53	2.14	53	43.80	2.47	86	71.07	2.80	119	98.35		
22	1.82	21	17.36	2.15	54	44.63	2.48	87	71.90	2.81	120	99.17		
23	1.83	22	18.18	2.16	55	45.45	2.49	88	72.73	2.82	121	100.00		
24	1.84	23	19.01	2.17	56	46.28	2.50	89	73.55					
25	1.85	24	19.83	2.18	57	47.11	2.51	90	74.38					
26	1.86	25	20.66	2.19	58	47.93	2.52	91	75.21					
27	1.87	26	21.49	2.20	59	48.76	2.53	92	76.03	位置百分公式P=(m/n)*100，m为原始成绩排位，n为样本数				
28	1.88	27	22.31	2.21	60	49.59	2.54	93	76.86					
29	1.89	28	23.14	2.22	61	50.41	2.55	94	77.69					
30	1.90	29	23.97	2.23	62	51.24	2.56	95	78.51					
31	1.91	30	24.79	2.24	63	52.07	2.57	96	79.34					
32	1.92	31	25.62	2.25	64	52.89	2.58	97	80.17					
33	1.93	32	26.45	2.26	65	53.72	2.59	98	80.99					
34	1.94	33	27.27	2.27	66	54.55	2.60	99	81.82					

图 5-10 $\mu\pm3\sigma$ 范围样本的位置百分评分标准(步骤 2)

结果解释：依样本位置百分计算的结果，立定跳远的原始成绩为 2.22 m 时，排名是 17，位置百分为 50 分，说明在样本集体中有 50% 的考生成绩低于 2.22 m，如果立定跳远成绩是 2.29 m，对应的位置百分就是 67.65 分，说明样本集体中有 67.65% 的考生成绩低于 2.29 m,同理可以得到每名考生在样本集体中的位置百分,从而了解该考生在样本集体中的位置。

位置百分体现了某一成绩在样本整体中的位置关系。例如,$\mu\pm3\sigma$ 范围内样本中某一考生立定跳远的成绩为 2.10 m,在如图 5-10 所示的位置百分评分标准中查到对应的位置百分为 40.50,表明有 40.50% 的考生的成绩在 2.10 m 以下。依此,可以查到该样本中所有考生的位置百分数,从而了解到某一考生在整体中的位置情况。在实际生活中,根据不同的样本数,可以制作出不同的位置百分评分标准,其制作方法和上面的方法相同。

实验 49 如何计算名次百分分数并制作名次百分评分标准

案例资料:在某市高考学生中随机抽取 34 名考生的立定跳远成绩为样本,实验数据如表 5-1 所示。请计算在该样本中的每名考生的名次百分并制作名次百分评分标准。

资料分析:要计算 34 名考生的立定跳远成绩名次百分分数,利用名次百分公式 $P=100-\dfrac{100(x-0.5)}{n}$($n$ 是样本中全部的人数)即可求得,但要先求出各个考生的名次 X。制作名次百分评分标准,要先排一个从 1~34 的等差数列作为名次项,然后利用名次百分公式 $P=100-[100*(x-0.5)]/34$ 即可。

操作步骤:

步骤 1:按图 5-11 所示在 A、B 列输入原始数据。在 C1 单元格输入"排名",并对原始数据进行排名,做法同实验 48 中计算名次完全相同。在 D2 单元格输入公式"=-100*(C2-0.5)/34+100",单击"回车"键,得到考号为 8500124141260 的考生名次百分,光标放在 D2 单元格右下方待变成实心的"+"后,向下拖动,完成其余考生的名次百分的计算,如图 5-11 所示。

步骤 2:打开一个工作表,在工作表的第一列建立名次数列(即以"1"为首项,"34"为末项,"1"为等差的等差数列),如图 5-12 所示。如箭头方向所示,在 B2 单元格中输入名次百分公式"=-100*(A2-0.5)/34+100",按"回车"键,就得到第一名的名次百分分数,把光标放在 B2 单元格右下方,待光标变成实心"+"后,用拖拽的办法,完成其他名次百分分数的计算。

结果解释:在图 5-11 中,可以看到 34 名考生的名次百分,先排出 34 名考生的名次,再把名次转化成分数。从图中可以看出:立定跳远原始成绩第一名是 2.73 m,对应的百分制分数是 98.53 分,第二名是 2.72 m,分数是 95.59 分,同理可以对应看到其他考生的名次百分情况。

从图 5-12 可以看出,在该样本中如果名次为第 1 名,那么对应的名次百分就是 98.53 分,第 9 名对应的名次百分就是 75 分,依此可以找到每个考生对应的名次百分。该样本只有 34 个个体,在实际应用中可以根据具体情况,运用名次百分换算公式编制出符合自己要求的名次百分评分标准。

77

	A	B	C	D	E
1	考号	成绩	排名	名次百分	
2	8500124141260	2.29	12	66.18	←=-100*(C2-0.5)/34+100
3	8500124141266	2.11	24	30.88	
4	8500124141297	1.96	32	7.35	
5	8500127182713	2.22	17	51.47	
6	8500122141232	1.83	34	1.47	
7	8500118140545	2.19	19	45.59	
8	8500118141174	2.11	24	30.88	
9	8500118141182	2.14	22	36.76	
10	8500118141176	1.96	32	7.35	
11	8500115184493	2.31	10	72.06	
12	8500118141078	2.14	22	36.76	
13	8500118141065	2.22	17	51.47	
14	8500118141181	2.37	6	83.82	
15	8500102140002	2.19	19	45.59	
16	8500118141183	2.35	7	80.88	
17	8500102140256	2.08	28	19.12	
18	8500102180023	2.1	27	22.06	
19	8500102180567	1.97	31	10.29	
20	8500118141198	1.98	30	13.24	
21	8500139180028	2.11	24	30.88	
22	8500137140107	2.23	16	54.41	
23	8500137140402	2.15	21	39.71	
24	8500137180489	2.34	8	77.94	
25	8500137180630	2.26	14	60.29	
26	8500122140591	2.3	11	69.12	
27	8500122141559	2.27	13	63.24	
28	8500122141766	2.02	29	16.18	
29	8500122141889	2.34	8	77.94	
30	8500122141964	2.25	15	57.35	
31	8500125140184	2.45	5	86.76	
32	8500125140206	2.48	3	92.65	
33	8500125140214	2.73	1	98.53	
34	8500125140220	2.47	4	89.71	
35	8500125140222	2.72	2	95.59	

图 5-11 该样本的名次百分计算结果(步骤 1)

	A	B	C
1	名次	分数	
2	1	98.53	←=-100*(A2-0.5)/34+100
3	2	95.59	
4	3	92.65	
5	4	89.71	
6	5	86.76	
7	6	83.82	
8	7	80.88	
9	8	77.94	
10	9	75.00	
11	10	72.06	
12	11	69.12	
13	12	66.18	
14	13	63.24	
15	14	60.29	
16	15	57.35	
17	16	54.41	
18	17	51.47	
19	18	48.53	
20	19	45.59	
21	20	42.65	
22	21	39.71	
23	22	36.76	
24	23	33.82	
25	24	30.88	
26	25	27.94	
27	26	25.00	
28	27	22.06	
29	28	19.12	
30	29	16.18	
31	30	13.24	
32	31	10.29	
33	32	7.35	
34	33	4.41	

图 5-12 该样本的名次百分评分标准(步骤 2)

实验 50 如何计算累进分分数并制作累进分评分标准

案例资料:在某市高考学生中随机抽取 34 名考生的立定跳远成绩为样本,实验数据如表 5-1 所示。请计算在该样本中的累进分并制作累进计分评分标准。

资料分析:要将 34 名考生的立定跳远成绩转换成累进分分数,利用累进计分公式即可得出,但需要先求出 k 和常数项 Z。在 $\pm 3S$ 范围内评分,取 $-3S$ 为起分点,分值为 0 分(对应 $D=2$),$+3S$ 为满分点,分值为 100 分(对应 $D=8$),建立方程组,求得累进计分方程,因为 $D=5\pm\frac{x-\bar{x}}{s}$(高优取"+",低优取"-"),需要求出样本的平均值和标准差,就能算出样本中每名考生的累进分。然后根据数据的最大值、最小值、样本的平均值、标准差的数值和累进记分的公式"$y=kD^2-Z$",即可得出累进分评分标准。

操作步骤:

步骤 1:按图 5-13 所示 A、B 列输入原始数据。并在 G2、I2 单元格按箭头所示计算出平均值和标准差,输入的公式如图所示。在 C2 单元格输入公式"=5+(B2-$G$2)/$I$2",单击"回车"键,得到考号为 8500124141260 的考生的 D 值,光标放在 C2 单元格右下方待变成实心的"+"后,向下拖动,完成其余考生的 D 值的计算,如图 5-13 所示。在 E2 单元格中输入公式="1.67 * C2 * C2-6.68",单击"回车"键,得到考号为 8500124141260 考生的累进分,光标放在 E2 单元格右下方待变成实心的"+"后,向下拖动,完成其余考生累进分的计算,如图 5-13 所示。

步骤 2:在 A3 单元格中输入满分点的原始成绩"2.83"m,利用编辑中"填充"功能完成所有原始成绩的输入,并将平均值和标准差的值。分别输入到 J27 和 K27 中,如图 5-14 所示。B3 单元格中输入公式"=(A3-$J$27)/$K$27+5",单击"回车"键,得到原始成绩为 2.83 时的 D 值,将光标放在 B3 单元格右下方,待光标变成实心"+"后,用拖牵的办法,填充完成其他原始变量的 D 值。然后用同样的方法,完成 D、G、J 列 D 值的计算。在 C3 单元格中输入公式"=1.67 * B3 * B3-6.68",单击"回车"键,得出了满分时的累进分数,将光标放在 C3 单元格右下方,待光标变成实心"+"后,用拖牵的方法,求出其他原始变量对应的累进分数，利用同样的方法，完成对 F、I、L 列累进分数的计算，如图 5-14 所示。

	A	B	C	D	E	F	G	H	I	J
1	考号	成绩	D值		累进分		平均值		标准差	
2	8500124141260	2.29	5.32619	←=(B2-$G$2)/$I$2+5	40.70	←=1.67*C2*C2-6.68	2.22471	←=AVERAGE(B2:B35)	0.20017	←=STDEVA(B2:B35)
3	8500124141266	2.11	4.42696		26.05					
4	8500124141297	1.96	3.6776		15.91		1.6242	2.82521636		
5	8500127182713	2.22	4.97649		34.68					
6	8500122141232	1.83	3.02815		8.63					
7	8500118140545	2.19	4.82662		32.22					
8	8500118141174	2.11	4.42696		26.05					
9	8500118141182	2.14	4.57683		28.30					
10	8500118141176	1.96	3.6776		15.91					
11	8500115184493	2.31	5.42611		42.49					
12	8500118141078	2.14	4.57683		28.30					
13	8500118141065	2.22	4.97649		34.68					
14	8500118141181	2.37	5.72585		48.07					
15	8500102140002	2.19	4.82662		32.22					
16	8500118141183	2.35	5.62594		46.18					
17	8500102140256	2.08	4.27709		23.87					
18	8500102180023	2.1	4.377		25.31					
19	8500102180567	1.97	3.72755		16.52					
20	8500118141198	1.98	3.77751		17.15					
21	8500139180028	2.11	4.42696		26.05					
22	8500137140107	2.23	5.02645		35.51					
23	8500137140402	2.15	4.62679		29.07					
24	8500137180489	2.34	5.57598		45.24					
25	8500137180630	2.26	5.17632		38.07					
26	8500122140591	2.3	5.37615		41.59					
27	8500122141559	2.27	5.22628		38.93					
28	8500122141766	2.02	3.97734		19.74					
29	8500122141889	2.34	5.57598		45.24					
30	8500122141964	2.25	5.12636		37.21					
31	8500125140184	2.45	6.12551		55.98					
32	8500125140206	2.48	6.27539		59.09					
33	8500125140214	2.73	7.52432		87.87					
34	8500125140220	2.47	6.22543		58.04					
35	8500125140222	2.72	7.47437		86.62					

图 5-13 累进分公式与计算结果图(步骤 1)

	A	B	C	D	E	F	G	H	I	J	K	L
1	立定跳远累进计分评分标准											
2	原始成绩	D值	累进分数	原始成绩	D值	累进分数	原始成绩	D值	累进分数	原始成绩	D值	累进分数
3	2.83	8.00	100.20	2.5	6.38	61.20	2.17	4.73	30.63	1.83	3.03	8.63
4	2.82	7.97	99.50	2.49	6.33	60.14	2.16	4.68	29.85	1.82	2.98	8.13
5	2.81	7.92	98.18	2.48	6.28	59.09	2.15	4.63	29.07	1.81	2.93	7.64
6	2.8	7.87	96.86	2.47	6.23	58.04	2.14	4.58	28.30	1.8	2.88	7.16
7	2.79	7.82	95.55	2.46	6.18	57.01	2.13	4.53	27.54	1.79	2.83	6.68
8	2.78	7.77	94.25	2.45	6.13	55.98	2.12	4.48	26.79	1.78	2.78	6.21
9	2.77	7.72	92.96	2.44	6.08	54.96	2.1	4.38	25.31	1.77	2.73	5.75
10	2.76	7.67	91.67	2.43	6.03	53.95	2.09	4.33	24.59	1.76	2.68	5.30
11	2.75	7.62	90.40	2.42	5.98	52.95	2.08	4.28	23.87	1.75	2.63	4.86
12	2.74	7.57	89.13	2.41	5.93	51.96	2.07	4.23	23.16	1.74	2.58	4.42
13	2.73	7.52	87.87	2.4	5.88	50.98	2.06	4.18	22.46	1.73	2.53	4.00
14	2.72	7.47	86.62	2.39	5.83	50.00	2.05	4.13	21.77	1.72	2.48	3.58
15	2.71	7.42	85.37	2.38	5.78	49.03	2.04	4.08	21.08	1.71	2.43	3.17
16	2.7	7.37	84.14	2.37	5.73	48.07	2.03	4.03	20.41	1.7	2.38	2.77
17	2.69	7.32	82.91	2.36	5.68	47.12	2.02	3.98	19.74	1.69	2.33	2.38
18	2.68	7.27	81.69	2.35	5.63	46.18	2.01	3.93	19.08	1.68	2.28	1.99
19	2.67	7.22	80.48	2.34	5.58	45.24	2	3.88	18.43	1.67	2.23	1.62
20	2.66	7.17	79.28	2.33	5.53	44.32	1.99	3.83	17.78	1.66	2.18	1.25
21	2.65	7.12	78.09	2.32	5.48	43.40	1.98	3.78	17.15	1.65	2.13	0.89
22	2.64	7.07	76.91	2.31	5.43	42.49	1.97	3.73	16.52	1.64	2.08	0.54
23	2.63	7.02	75.73	2.3	5.38	41.59	1.96	3.68	15.91	1.63	2.03	0.20
24	2.62	6.97	74.56	2.29	5.33	40.70	1.95	3.63	15.30	1.62	1.98	-0.14
25	2.61	6.92	73.40	2.28	5.28	39.81	1.94	3.58	14.70			
26	2.6	6.87	72.25	2.27	5.23	38.93	1.93	3.53	14.10	平均值	标准差	
27	2.59	6.82	71.11	2.26	5.18	38.07	1.92	3.48	13.52	2.22	0.20	
28	2.58	6.77	69.97	2.25	5.13	37.21	1.91	3.43	12.94			
29	2.57	6.73	68.85	2.24	5.08	36.36	1.9	3.38	12.37			
30	2.56	6.68	67.73	2.23	5.03	35.51	1.89	3.33	11.82			
31	2.55	6.63	66.62	2.22	4.98	34.68	1.88	3.28	11.26			
32	2.54	6.58	65.52	2.21	4.93	33.85	1.87	3.23	10.72			
33	2.53	6.53	64.43	2.2	4.88	33.03	1.86	3.18	10.19			
34	2.52	6.48	63.34	2.19	4.83	32.22	1.85	3.13	9.66			
35	2.51	6.43	62.26	2.18	4.78	31.42	1.84	3.08	9.14			

图 5-14 该样本累进计分评分标准(步骤 2)

结果解释：在图 5-13 中，该样本的平均成绩为 2.22 m，标准差为 0.2 m，C 列为 A 列考生对应的 *D* 值，E 列为 A 列考生对应的累进分。从图 5-14 中可以看到原始成绩对应的 *D* 值和累进分数。满分点 2.83 m 对应的 *D* 值是 8，累进分数是 100.2；0 分点 1.62 m 对应的 *D* 值是 1.98，累进分数为 0 分。累进计分反映出分数与运动成绩提高的难度是相适应的，原始成绩增加的难度越大，相应的得分也越高。

实验 51 如何对体育成绩综合统计

案例资料：如何把体育成绩原始数据（如 100 m 跑了 12 s）按照《国家体育锻炼标准》折合成分数，并将各项分数按一定比例累加得出体育成绩。原始成绩如表 5-3 所示。

表 5-3 学生成绩信息表

学号	100 m	800 m	立定跳远	实心球	学号	100 m	800 m	立定跳远	实心球
2002001	13.4	137.6	2.5	11.9	2002016	14.9	148.19	2.35	11.5
2002002	13.5	138	2.52	12	2002017	11.1	148	2.76	11.6
2002003	12.7	139	2.5	12.1	2002018	13.3	149.5	2.7	11.7
2002004	13.8	139.7	2.54	12.2	2002019	12.7	150.3	2.78	11.8
2002005	13.1	140	2.6	12.3	2002020	14.9	151	2.5	13.4
2002006	14.3	141.17	2.4	11.2	2002021	13.7	151.7	2.8	13.5
2002007	13.2	141.8	2.4	11.3	2002022	12.7	173.56	2.65	13.6
2002008	12.9	142.58	2.42	11.4	2002023	13.9	174.27	2.67	13.7
2002009	13.5	143.2	2.43	11.5	2002024	13.8	174.98	2.68	13.8
2002010	13.8	125.79	2.6	12.5	2002025	11.5	175.68	2.7	13.9
2002011	12.9	126.49	2.65	12.6	2002026	13.5	176.39	2.7	14
2002012	13.2	127.19	2.62	12.7	2002027	13.3	177.1	2.7	11.5
2002013	11.6	122.88	2.8	12.8	2002028	13.8	177.81	2.85	11.6
2002014	15.2	128.58	2.35	11.4	2002029	11.9	178.52	2.86	11.7
2002015	12.7	147.49	2.75	11.5					

资料分析：将体育成绩原始数据按照《国家体育锻炼标准》折合成分数并将各项分数按一定比例累加起来得出体育成绩，要运用 Excel 的 LOOKUP 函数解决，函数格式为 LOOKUP(look up _value)。

操作步骤：

步骤 1：在 Excel 中建立 4 个工作表，按照《国家体育锻炼标准》，分别录入"男子 100 m 跑"、"男子实心球"、"男子 800 m 跑"、"男子立定跳远"的评分标准，如果还有其他运动项目，再建立新的工作表，用同样的方法录入评分标准。如果 Look up_ value 小于 Look up_ vector 中的最小值，函数 LOOKUP 会返回错误信息，所以在"原始成绩"最小值前分别插了一个数值为"0"的原始成绩，如图 5-15 所示。由于函数要求，表中的"原始成绩"列必须按照升序排列，故要注意田赛和径赛的区分。

	A	B
1	男子100米跑评分标准	
2	原始成绩	百分制
3	0.00	100.00
4	11.50	100.00
5	11.60	97.65
6	11.70	95.35
7	11.80	93.00
8	11.90	90.65
9	12.00	88.35
10	12.10	86.35
11	12.20	84.35
12	12.30	82.35
13	12.40	80.35
14	12.50	78.35
15	12.60	76.35
16	12.70	74.35
17	12.80	72.35
18	12.90	70.35
19	13.00	68.35
20	13.10	66.65
21	13.20	65.00
22	13.30	63.35
23	13.40	61.65
24	13.50	60.00
25	13.60	58.35
26	13.70	56.65
27	13.80	55.00
28	13.90	53.35
29	14.00	51.65
30	14.10	50.00
31	14.20	48.35
32	14.30	46.65

	A	B
1	男子800米跑评分标准	
2	原始成绩	百分制
3	0.00	100.00
4	123.00	100.00
5	123.70	99.00
6	124.39	98.00
7	125.09	97.00
8	125.79	96.00
9	126.49	95.00
10	127.19	94.00
11	127.88	93.25
12	128.58	92.55
13	129.28	91.80
14	129.98	91.05
15	130.68	90.35
16	131.38	89.60
17	132.08	88.85
18	132.77	88.15
19	133.47	87.40
20	134.17	86.65
21	134.87	85.95
22	135.57	85.20
23	136.27	84.45
24	136.97	83.75
25	137.67	83.00
26	138.37	82.30
27	139.07	81.55
28	139.77	80.80
29	140.47	80.05
30	141.17	79.35
31	141.88	78.60
32	142.58	77.85

	A	B
1	男子立定跳远评分标	
2	原始成绩	百分制
3	0.00	0.00
4	1.90	23.20
5	1.91	24.00
6	1.92	24.80
7	1.93	25.60
8	1.94	26.40
9	1.95	27.20
10	1.96	28.00
11	1.97	28.80
12	1.98	29.60
13	1.99	30.40
14	2.00	31.20
15	2.01	32.00
16	2.02	32.80
17	2.03	33.60
18	2.04	34.40
19	2.05	35.20
20	2.06	36.00
21	2.07	36.80
22	2.08	37.60
23	2.09	38.40
24	2.10	39.20
25	2.11	40.00
26	2.12	40.80
27	2.13	41.60
28	2.14	42.40
29	2.15	43.20
30	2.16	44.00
31	2.17	44.80

	A	B
1	男子实心球评分标准	
2	原始成绩	百分制
3	0.00	0.00
4	7.05	1.00
5	7.10	2.00
6	7.15	3.00
7	7.20	4.00
8	7.25	5.00
9	7.30	6.00
10	7.35	7.00
11	7.40	8.00
12	7.45	9.00
13	7.50	10.00
14	7.55	11.00
15	7.60	12.00
16	7.65	13.00
17	7.70	14.00
18	7.75	15.00
19	7.80	16.00
20	7.85	17.00
21	7.90	18.00
22	7.95	19.00
23	8.00	20.00
24	8.05	21.00
25	8.10	22.00
26	8.15	23.00
27	8.20	24.00
28	8.25	25.00
29	8.30	26.00
30	8.35	27.00
31	8.40	28.00
32	8.45	29.00

图 5-15 男子“100 m 跑”、“800 m 跑”、“立定跳远”、“实心球”的评分标准(步骤 1)

	A	B	C	D	E	F	G	H
1	学号	100米		800米		立定跳远		实心球
2	2002001	13.4		137.60		2.50		11.90
3	2002002	13.5		138.00		2.52		12.00
4	2002003	12.7		139.00		2.50		12.10
5	2002004	13.8		139.70		2.54		12.20
6	2002005	13.1		140.00		2.60		12.30
7	2002006	14.3		141.17		2.40		12.40
8	2002007	13.2		141.80		2.40		11.20
9	2002008	12.9		142.58		2.42		11.30
10	2002009	13.5		143.20		2.43		11.40
11	2002010	13.8		125.79		2.60		11.50
12	2002011	12.9		126.49		2.65		12.50
13	2002012	13.2		127.19		2.62		12.60
14	2002013	11.6		127.88		2.80		12.70
15	2002014	15.2		128.58		2.40		12.80
16	2002015	12.7		147.49		2.75		11.40
17	2002016	14.9		148.19		2.35		11.50
18	2002017	12.1		148.00		2.76		11.60
19	2002018	13.3		149.50		2.70		11.70
20	2002019	12.7		150.30		2.78		11.80
21	2002020	14.9		151.00		2.50		13.40
22	2002021	13.7		151.70		2.80		13.50
23	2002022	12.7		173.56		2.65		13.60
24	2002023	13.9		174.27		2.67		13.70
25	2002024	13.8		174.98		2.68		13.80
26	2002025	11.4		175.68		2.70		13.90
27	2002026	13.5		176.39		2.70		14.00
28	2002027	13.3		177.10		2.70		11.50
29	2002028	13.8		177.81		2.85		11.60
30	2002029	11.9		178.52		2.86		11.70

图 5-16 各项目原始成绩(步骤 2)

步骤 2:录入各项成绩。在每一项原始成绩录完后应在该列右边空上一列用来统计原始成绩对应的百分制分数,如图 5-16 所示。如果经常用到该评分表,可以把这个文件保存为模板文件(*.XLT),下次用到的时候就不必重新设置了。

步骤 3:计算成绩。以 100 m 成绩的转化为例。双击 C2 单元格,将分析后的输出结果定位在该单元格中。在“插入”菜单中选中“f(x)函数”子菜单,如图 5-17 所示。点击得到“插入函数”对话框,如图 5-18 所示。

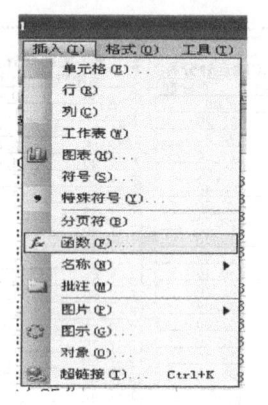

图 5-17 选择菜单(步骤 3) 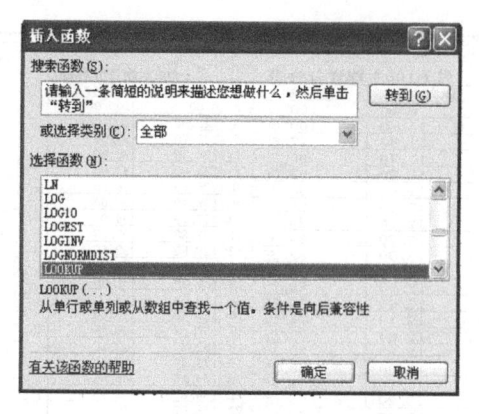　　　　图 5-18 "插入函数"对话框(步骤 4)

步骤 4：在"选择函数类别（C）"方框中选中"全部"，在"选择函数"框中选择"LOOKUP"函数，单击"确定"按钮，如图 5-18 所示。得到"选定参数"对话框，如图 5-19 所示。

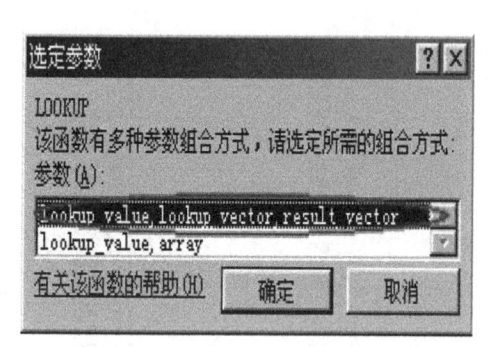

图 5-19 "选定参数"对话框(步骤 5) 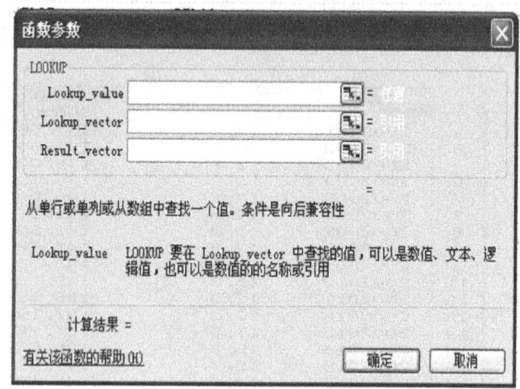　　　　图 5-20 "函数参数"对话框(步骤 6)

步骤 5：在"选定参数"对话框中选中"Look up _value、Look up_ vector、Result _vector"，如图 5-19 所示。单击"确定"按钮得到"函数参数"对话框，如图 5-20 所示。

步骤 6："函数参数"对话框中的 Look up_ value、Look up_ vector、Result _vector 分别代表：Look up _value 参数是 LOOKUP 函数要查找的数值，在本例中为成绩表中的各项原始成绩；Look up_ vector 参数是第一个单列的区域，在本例中为评分标准表中"原始成绩"一列，该列数值必须按升序排序，否则，函数 LOOKUP 不能返回正确的结果；Result_ vector 参数是第二个单列区域，在本例中为评分标准表中原始成绩对应的"百分制"分数。

步骤 7：在"函数参数"对话框中，按照上面的介绍，分别选中对应的数值(区域)，如图 5-21 所示。单击"确定"按钮，得到考号为 2002001 考生的 100 m 原始成绩对应的百分制分数为 61.65 分，将光标放在 C2 单元格的右下方，待变成实心的"＋"后，用拖牵的方法完成其余考生 100 m 跑原始成绩向百分制成绩的转化，如图 5-22 所示。

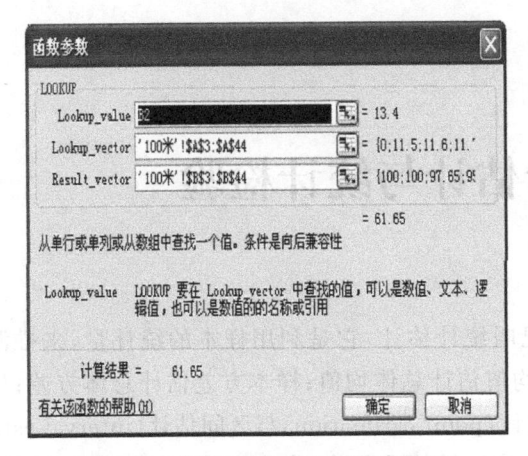

图 5-21 "函数参数"对话框(步骤 7)　　　图 5-22　100 m 跑百分制成绩

800 m 成绩、实心球成绩、立定跳远成绩处理与 100 m 成绩处理方法完全相同,按照上述方法转化后得到各项原始成绩对应的百分制成绩,如图 5-23 所示。

	A	B	C	D	E	F	G	H	I
1	学号	100米	成绩	800米	成绩	立定跳远	成绩	实心球	成绩
2	2002001	13.4	61.65	137.60	83.75	2.50	71.2	11.90	79
3	2002002	13.5	60	138.00	83	2.52	72.8	12.00	80
4	2002003	12.7	74.35	139.00	82.3	2.50	71.2	12.10	81
5	2002004	13.8	55	139.70	81.55	2.54	74.4	12.20	82
6	2002005	13.1	66.65	140.00	80.8	2.60	79.2	12.30	83
7	2002006	14.3	46.65	141.17	79.35	2.40	63.2	12.40	84
8	2002007	13.2	65	141.80	79.35	2.40	63.2	11.20	72
9	2002008	12.9	70.35	142.58	77.85	2.42	64.8	11.30	73
10	2002009	13.5	60	143.20	77.85	2.43	65.6	11.40	74
11	2002010	13.8	55	125.79	96	2.60	79.2	11.50	75
12	2002011	12.9	70.35	126.49	95	2.65	83.2	12.50	85
13	2002012	13.2	65	127.19	94	2.62	80.8	12.60	86
14	2002013	11.6	97.65	122.88	100	2.80	94.4	12.70	87
15	2002014	15.2	31.65	128.58	92.55	2.40	63.2	12.80	88
16	2002015	12.7	74.35	147.96	72.7	2.75	90.53	11.40	74
17	2002016	14.9	36.65	148.19	72	2.35	59.2	11.50	75
18	2002017	11.1	100	148.00	72.7	2.76	91.53	11.60	76
19	2002018	13.3	63.35	149.50	71.25	2.70	86.53	11.70	77
20	2002019	12.7	74.35	150.30	69.8	2.78	92.53	11.80	78
21	2002020	14.9	36.65	151.00	69.05	2.50	71.2	13.40	94
22	2002021	13.7	56.65	151.70	68.35	2.80	94.4	13.50	95
23	2002022	12.7	74.35	173.56	45.6	2.65	80.8	13.60	96
24	2002023	13.9	53.35	174.27	44.85	2.67	84.13	13.70	97
25	2002024	13.8	55	174.98	44.15	2.68	84.53	13.80	98
26	2002025	11.1	100	175.68	43.4	2.70	86.53	13.90	99
27	2002026	13.5	60	176.39	42.65	2.70	86.53	14.00	100
28	2002027	13.3	63.35	177.10	41.95	2.70	86.53	11.50	75
29	2002028	13.8	55	177.81	41.2	2.85	99.67	11.60	76
30	2002029	11.9	90.65	178.52	40.45	2.86	100	11.70	77

图 5-23　各项目原始成绩对应的百分制成绩

结果解释: 从图 5-23 中可以看到 29 名男子 100 m 跑、800 m 跑、立定跳远、实心球四个项目不可直接相加、直接比较的原始成绩转换成了百分制成绩。通过转化可以对百分制成绩进行相加或者按某种比例计算出每个学生的总成绩,还可以对其进行排序。

上述例子针对的是男生班级成绩的统计,如果是女生或是男女生混合的班级成绩的统计,只需要在录入评分标准的时候录入女生的评分标准,按照上述方法同样可以完成对所有项目原始成绩向百分制成绩的转化。

第六章 统计估计与统计检验

由样本特征数来推断总体参数的情况叫统计估计，它是利用样本的统计量，来推测总体真值的方法。常用的估计量有：样本均值估计总体均值；样本方差估计总体方差；样本比率估计总体比率。统计估计又分点估计(point estimation)与区间估计(interval estimation)。点估计是根据样本数据，求得一统计量的观测值，作为参数(总数)的估计值。点估计无法确知样本跟总体之间存在着多少误差。因此，较好的估计方法是，估计出一个区间，并指出此区间的可靠程度。区间估计是根据样本数据，求得两个数值构成的一个置信区间(confidence interval)，概括出参数(总数)的可能区域。

统计检验是先假设总体的特征数，再利用抽样分布的特性，来检验假设的正确性。常用的检验有两种类型：(1)参数检验：如果欲检验的统计假设只包括某些参数的特定值。(2)非参数检验：应用于求被观测的随机变量的分布是否符合一个特定的函数形式，两个给定的实验分布是否具有相同的分布形式。统计估计与统计检验是统计学的根本目的。本章主要介绍用 Excel 怎样做参数估计与参数的检验。

实验 52　如何由样本平均数估计总体平均数的置信区间

案例资料 1：以立定跳远的数据为例，计算某学校所抽样的样本在只允许 5% 的误差值的情况下，试求总体平均数落在 95% 的置信区间的区间估计值。

资料分析：本例是以某班立定跳远的数据为样本来估计总体平均数的置信区间，要求估计的误差不超过 5%，利用可容忍误差函数 CONFIDENCE 可以实现，该函数格式为：CONFIDENCE(alpha,standard-dev,size)，alpha 是用于计算置信度的显著水平参数。置信度等于 100(1-alpha)%，即如果 alpha 为 0.05，则置信度为 95%；standard_dev 为数据区域的总体标准偏差，假设为已知；size 为样本容量。在 Excel 中，可以利用 CONFIDENCE 函数计算出置信区间的区域。因此，总体平均数的置信区间为：±CONFIDENCE(alpha,standard_dev,size)。

操作步骤：

步骤 1：输入样本平均数，并在 F21 和 F22 单元格中分别输入"可容忍误差"和"置信区间"的字样，如图 6-1 所示。

步骤 2：在当前工作表中选取 G21 单元格，并选择"插入"菜单中的"f(x)函数"命令，打开"插入函数"对话框，在该对话框中，选择函数为"CONFIDENCE"，如图 6-2 所示。单击"确定"按钮，弹出"函数参数"对话框。

步骤 3：在"函数参数"对话框中，Alpha 值填入"0.05"；Standard_dev 填入总体标准差(事实上，很少已知总体标准差，就以样本标准差来替代)G9 单元格中的数值；Size 中填入 G17 单元格中的数值,表示抽样的样本数量,最后单击"确定"按钮,如图 6-3 所示。得到总体平均数落在 95% 的置信区间的区间估计值约为 4.45。

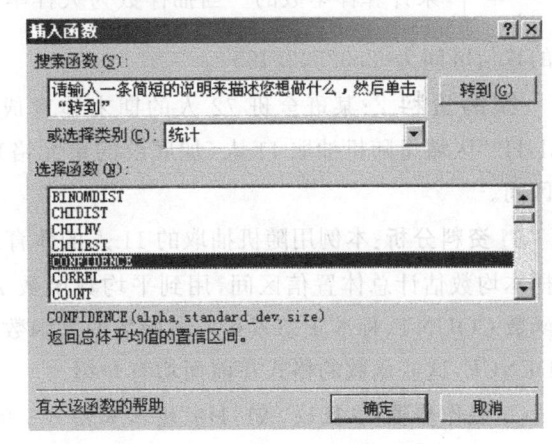

图 6-1 输入"置信区间"(步骤 1)　　　　图 6-2 "插入函数"对话框(步骤 2)

步骤 4:在当前工作表的 G23 和 H22 单元格中,分别输入公式"＝G5－G21"和"＝G5＋G21"求得置信区间的上限和下限,所以置信区间为"2.325～2.495",如图 6-4 所示。

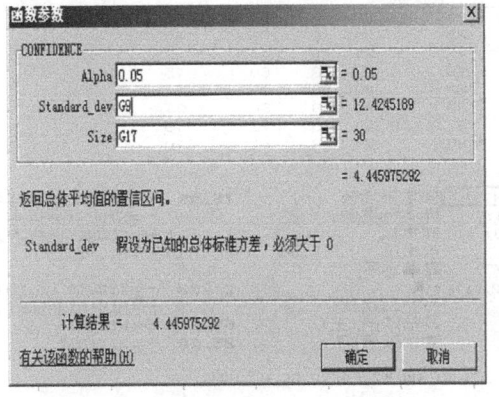

图 6-3 "函授参数"对话框(步骤 3)　　　　图 6-4 置信区间(步骤 4)

👆 **结果解释**:该学校学生的立定跳远成绩的置信区间为 2.325～2.495,而这个区间值,可信的程度达到 95%,这种估计方法所计算出来的数值,则较为可靠。媒体上所常用的口语:调查的结果,全体中学生的一周平均参加体育运动 6.32 h,在 95% 的置信度之下,其误差不会超过±1.14 h。根据不同的显著水平,其置信区间不同,其关系如图 6-5 所示。由此可以发现,显著水平越小(置信度越大),置信区间将越大。区间估计(interval estimation)是根据样本数据,求得构成一个置信区间(confidence interval)的两个数值,概括出参数(总数)的可能区域。若估计全体学生数学的平均成绩介于 70～

置信度	可容忍误差	置信区间	
0.1	0.0712951	2.338371572	2.48096176
0.05	0.084953345	2.324713322	2.49462001
0.01	0.11164762	2.298019046	2.52131429

图 6-5 置信度与置信区间的关系

80 分,那就是区间估计,因为涉及两点,可视为线上的一个区间段。如果样本数 $n>30$,且总体方差 σ^2 已知,则用 $\pm Z_{\alpha/2}$ 作为 μ 的 $100(1-\alpha)$% 的置信区间,但事实上,总体方差通常未知,当样本数 $n>30$,可以用样本标准差 S 来取代总体标准差 σ^2。所以用 $\pm Z_{\alpha/2}$ 作

为 μ 的 $100(1-\alpha)\%$ 的置信区间。而 $Z_{\alpha/2}$ 就是可容忍的误差（e）。所以，简化成 $n=\left(\dfrac{Z_{\alpha/2}\cdot S}{e}\right)^2$ 来计算样本数的。当抽样数为大样本，总体方差为已知的情况下，总体平均数的置信区间为[2.325,2.495]。

案例资料 2：某班全班 72 人的期末体育成绩（总体）统计数据如图 6-6 所示，在"A1:H9"区域里随机抽取 11 人（加底纹的单元格），计算出其样本在 95% 置信度下的置信区间。

👉 **资料分析**：本例用随机抽取的 11 人的体育成绩来估计全班学生的体育成绩，属于用样本均数估计总体置信区间，用到平均数函数 AVERAGE、标准差函数 STDEVP、计数函数 COUNT、标准正态累积分布函数的反函数 NORMSINV、可容忍误差函数 CONFIDENCE，这些函数的格式在前面均有介绍。

👉 **操作步骤**：在区域"A1:H9"输入如图 6-6 所示统计数据，并按图示把个别数据打上底纹，再在 A11～A18 和 E11～E18 中输入如图 6-6 所示的统计量名称。分别在 C11～C18 单元格、H11～H18 单元格输入对应公式后，单击"回车"键就可以得到如图 6-6 所示的计算结果。

图 6-6　输入公式计算结果

👉 **结果解释**：小样本平均值为 75.45，标准差为 11.53，其 95% 置信区间（67.71～83.20）比在"C17:C18"区域中用总体数据所计算出的置信区间（73.32～79.57）更宽，所以更有把握，总体平均值 μ 能有 95% 的置信度落在 67.71～83.20 之间。总体平均值 μ 的置信区间与样本量的关系见表 6-1 所示。

表 6-1　总体均值的区间估计

总体分布	样本容量	σ^2 已知	σ^2 未知
正态分布	小样本 $n<30$	$\overline{X}\pm Z_{\alpha p}\dfrac{\sigma}{\sqrt{n}}$	$\overline{X}\pm \zeta_{\alpha p\cdot n-1}\dfrac{S}{\sqrt{n}}$
	大样本 $n\geqslant 30$	$\overline{X}\pm Z_{\alpha p}\dfrac{\sigma}{\sqrt{n}}$	$\overline{X}\pm Z_{\alpha p\cdot n-1}\dfrac{S}{\sqrt{n}}$
非正态分布	小样本 $n<30$	——	——
	大样本 $n\geqslant 30$	$\overline{X}\pm Z_{\alpha p}\dfrac{\sigma}{\sqrt{n}}$	$\overline{X}\pm Z_{\alpha p\cdot n-1}\dfrac{S}{\sqrt{n}}$

如果总体为正态分布,样本数 $n<30$,且总体方差 σ^2 已知,则以 $\bar{x}\pm Z_{\alpha/2}\dfrac{\sigma}{\sqrt{n}}$ 为 μ 的 $100(1-\alpha)\%$ 的置信区间。但事实上,总体方差 σ^2 通常未知,当样本数 $n<30$,因为样本太小,样本标准差 S 的变化会较大,就不可以用样本标准差 S 来取代总体标准差 σ。所以用 $\bar{x}\pm t_{\alpha/2(n-1)}\dfrac{\sigma}{\sqrt{n}}$ 为 μ 的 $100(1-\alpha)\%$ 置信区间。公式中,$t_{\alpha/2(n-1)}$ 是查"t 分布的临界值"表,自由度为 $n-1$ 时的 t 值。由于 t 值比 z 值大,所以所求得的估计区间会加大一点(以小样本推估总体,本来就较为不准,所以需要将估计区间放宽一点),可以确保原有的置信度。

实验 53 如何估计两个班(总体)成绩均值之差的置信区间

案例资料:某学校对所属两个学院的学生的体育成绩情况进行调查,为此从两个学院抽取 25 个学生组成简单随机样本。甲学院的学生平均成绩为 75 分,乙学院的学生平均成绩为 80 分。假设两个总体均服从正态分布,标准差分别为 7.8 分和 6.5 分。试建立两个学院的学生的体育平均成绩之差的 95% 的置信区间。

资料分析:该案例是已知甲、乙两个学院学生体育的平均成绩,求两个学院学生体育平均成绩之差的置信区间,用标准正态累积分布函数的反函数 NORMSINV 与平方根函数 SQRT 求解;NORMSINV(probability),Probability 为正态分布的概率值,返回正平方根;SQRT(number),Number 为要计算平方根的数。

操作步骤:按图 6-7 所示定义输入变量名称并输入数据。然后在 C6~C9 单元格分别输入如图 6-7 中所示的计算公式,单击"回车"键,得到如图 6-7 所示的计算结果。

	A	B	C	D	E	F	G
1							
2		样本1平均值	75	样本2平均值	80		
3		样本1标准差	7.8	样本2标准差	6.5		
4		样本数	25	样本数	25		
5		显著水平	0.05	显著水平	0.05		
6		Z值	1.959964	Z值	1.959964	←=NORMSINV(1-E5/2)	
7		可容忍误差	3.9800301	←=C6*SQRT((C3^2/C4)+(E3^2/E4))			
8		置信区间(上)	-8.98003	←=(C2-E2)-C7			
9		置信区间(下)	-1.01997	←=(C2-E2)+C7			
12			$(\bar{X}_1-\bar{X}_2)\pm Z_{\alpha/2}\sqrt{\dfrac{\sigma_1^2}{n_1}+\dfrac{\sigma_2^2}{n_2}}$				

图 6-7 布局与输入公式计算结果

结果解释:在单元格 C8、C9 中计算的结果为 -8.98 和 -1.02,说明有 95% 的把握认为,甲学院学生平均成绩比乙学院学生平均成绩少 $8.98\sim1.02$ 分。本题基本原理是设 $X_1\sim N(\mu_1,\sigma_1^2)$,$X_2\sim N(\mu_2,\sigma_2^2)$,$\sigma_1^2$、$\sigma_2^2$ 为已知,从中分别抽取容量为 n_1 和 n_2 的两个简单随机样本,且这两个样本相互独立,则两个样本均值之差 $(\bar{X}_1-\bar{X}_2)$ 的抽样分布为 $(\bar{X}_1-\bar{X}_2)\sim N\left(\mu_1-\mu_2,\dfrac{\sigma_1^2}{n_1}+\dfrac{\sigma_2^2}{n_2}\right)$。经标准化变换,得到建立置信区间所需要的统计量为

$$Z=\dfrac{(\bar{X}_1-\bar{X}_2)-(\mu_1-\mu_2)}{\sqrt{\dfrac{\sigma_1^2}{n_1}+\dfrac{\sigma_2^2}{n_2}}}\sim N(0,1)$$。因此,两个总体均值差 $\mu_1-\mu_2$,置信度为 $1-\alpha$ 的

置信区间为 $(\bar{X}_1-\bar{X}_2)\pm Z_{\alpha p}\sqrt{\dfrac{\sigma_1^2}{n_1}+\dfrac{\sigma_2^2}{n_2}}$,其中,$Z_{\alpha p}$ 是标准正态分布 α 水平的双侧分位数。

实验 54　如何估计问卷调查百分比 p 的置信区间

案例资料：以《体育统计学》课程的调查问卷为样本，调查人数为 261，得到“你认为开设《体育统计学》这门课的必要性”：1. 很必要，2. 必要，3. 无所谓，4. 没必要，5. 很没必要。其中，“很必要”选项的比例为 25.3%，“必要”选项所占比例为 65.52%，求这两个选项率在 95%的置信度下的置信区间是多少？

资料分析：根据原理，若样本数 $n>30$，则以其样本比率 $\hat{P}$ 为总体比例 p 的点估计。总体比例 p 的 $100(1-\alpha)\%$ 的置信区间为：$\hat{P}\pm Z_{\alpha/2}\sqrt{\frac{\hat{P}(1-\hat{P})}{n}}$。其中，$Z_{\alpha/2}\sqrt{\frac{\hat{P}(1-\hat{P})}{n}}$ 即可容忍的误差(e)，可以用来计算样本数 $n=\frac{Z_{\alpha/2}^2\cdot p(1-p)}{e^2}$。

操作步骤：按如图 6-8 所示进行各变量名称的布局。在 D2～D11 和 J2～J7 单元格输入题目已知条件，在 E7～E11 单元格输入箭头旁边所示的公式，计算认为“很必要”的总体的可容忍误差与置信区间；在 K7～K11 单元格输入箭头旁边所示的公式，计算认为“必要”的总体的可容忍误差与置信区间。输入公式后，单击“回车”键，得到如图 6-8 所示的计算结果。

	C	D	E	F	G	H	I	J	K	L	M	N
1		必要性	总体比例p						总体比例p			
2		很必要	25.3%					必要	0.655172			
3												
4		样本数	261					样本数	261			
5												
6		总体比例p的95%的置信区间						总本比例p的95%的置信区间				
7		显著水平	0.05					显著水平	0.05			
8		$Z_{\alpha/2}$值	1.96	← =NORMSINV(1-E7/2)				$Z_{\alpha/2}$值	1.959964	← =NORMSINV(1-K7/2)		
9		可容忍误差	5.27%	←=E8*SQRT(E2*(1-E2)/E4)				可容忍误差	0.057664	←=K8*SQRT(K2*(1-K2)/K4)		
10		置信区间(下)	20.01%	←=E2-E9				置信区间(下)	0.597508	←=K2-K9		
11		置信区间(上)	30.56%	←=E2+E9				置信区间(上)	0.712837	←=K2+K9		
12												

图 6-8　输入公式计算结果

结果解释：根据图 6-8 计算结果，在 261 位受访者中，有 25.3%的同学认为开设统计这门课“很有必要”的在 95%的置信度下，调查的误差不超过±5.27%，置信区间为 20.1%～30.56%；在 261 位受访者中，有 65.51%的同学认为开设统计这门课“有必要”的在 95%的置信度下，调查的误差不超过±5.77%，置信区间为 59.75%～71.28%。在实际工作中经常需要估计总体的比例 P。如：估计大四学生平均就业率、投篮命中率、及格率、政策支持率、候选人支持率、体育成绩达标率、个人电脑拥有率等，其误差和置信区间可以按本例方法。

实验 55：如何估计两个班(总体)达标率之差 P_1-P_2 的置信区间

案例资料：对大学体育达标率进行调查，在甲学校调查了 200 人，有 128 人达标，在乙学校调查了 225 人，有 90 人达标。试以 90%的可靠性对两学校达标率的差别做出区间估计。

资料分析：假设两个总体的比例分别为 P_1 和 P_2，从中分别抽取容量为 n_1 和 n_2

的两个相互独立的简单随机样本,样本比例分别为 $\bar{P}_1$ 和 $\bar{P}_2$。在大样本条件下,两个样本比例之差 $\bar{P}_1 - \bar{P}_2$ 的抽样分布近似服从正态分布,其数学期望为 $E(\bar{P}_1 \bar{P}_2)$,方差为 $D(\bar{P}_1 - \bar{P}_2) = \frac{P_1(1-P_1)}{n_1} + \frac{P_2(1-P_2)}{n_2}$,即 $\bar{P}_1 - \bar{P}_2 \sim N\left(P_1 - P_2, \frac{P_1(1-P_1)}{n_1} + \frac{P_2(1-P_2)}{n_2}\right)$。

👉 **操作步骤:**

步骤1:在 A2～A9 单元格、B1～B5 单元格、C1～C5 单元格布局输入变量名称与已知数据,并在 B6～B9 单元格输入箭头旁边所示的公式,如图6-9所示。单击"回车"键,得到如图6-9所示的计算结果。

	A	B	C	D	E	F	G
1		甲学校	乙学校				
2	样本数	200	225				
3	过级人数	128	90				
4	过级率	0.64	0.4	←=C3/C2			
5	显著水平	0.1	0.1				
6	$Z_{\alpha/2}$值	1.644854	←=NORMSINV(1-B5/2)				
7	可容忍误差	0.077477	←=B6*SQRT((B4*(1-B4)/B2)+(C4*(1-C4)/C2))				
8	置信区间(下)	0.162523	←=(B4-C4)-B7				
9	置信区间(上)	0.317477	←=(B4-C4)+B7				
10							
11			$(\bar{P}_1 - \bar{P}_2) \pm Z_{\alpha/2} \sqrt{\frac{\bar{P}_1(1-\bar{P}_1)}{n_1} + \frac{\bar{P}_2(1-\bar{P}_2)}{n_2}}$				
12							

图6-9 输入公式与计算结果

👉 **结果解释:** 由计算结果可知,其90%的置信区间为[16.25%, 31.75%]。在实际应用中,除了要求 $n_1, n_2 \geqslant 30$ 外,还要求 $n_1 P_1, n_1(1-P_1), n_2 P_2$ 和 $n_2(1-P_2)$ 都大于或等于5,且总体比例 P_1 和 P_2 不要太接近0或1($0.1 \leqslant P_1, P_2 \leqslant 0.9$),这时近似效果较好。于是,两个总体比例之差 $P_1 - P_2$(置信度为 $1-\alpha$)的置信区间为:$(\bar{P}_1 - \bar{P}_2) \pm Z_{\alpha p} \sqrt{\frac{P_1(1-P_1)}{n_1} + \frac{P_2(1-P_2)}{n_2}}$。其中,$Z_{\alpha p}$ 是标准正态分布 α 水平的双侧分位数。因为 P_1 和 P_2 都是未知参数,用样本比例 $\bar{P}_1$ 和 $\bar{P}_2$ 代入公式中,最后得到 $P_1 - P_2$ 的置信度为 $1-\alpha$ 的置信区间为:$(\bar{P}_1 - \bar{P}_2) \pm Z_{\alpha p} \sqrt{\frac{P_1(1-P_1)}{n_1} + \frac{P_2(1-P_2)}{n_2}}$。

实验56 如何对全班田径平均成绩估计

案例资料: 随机抽取几位学生的田径成绩如图6-10"A1:H5"区域所示的数据,$\alpha = 0.05$ 的显著水平,是否可接受全班同学的田径成绩为70分的假设。

👉 **资料分析:** 该例是检验全班学生田径平均成绩估计值为70分的假设是否成立,用函数 ZTEST() 解决。函数格式:ZTEST(要进行检验的数据区域 array,要检验的平均值 x,总体(已知)的标准差 sigma),ZTEST() 将返回单尾 z 检验的 P 值(正态分布的单尾概率值)。ZTEST 计算的公式是:$1 - \text{NORMSDIST}\left(\frac{\mu - x}{\omega / \sqrt{n}}\right)$。

操作步骤：在"A1:H5"区域输入已知数据，在 B7～B14 和 C7～C14 单元格安排布局统计量名称，如图 6-10 所示。在 D8～D13 单元格中输入计算公式，单击"回车"键，得到如图 6-10 所示的计算结果。

	A	B	C	D	E	F	G	H
1	60	80	78	70	80	80	54	78
2	85	88	85	85	80	85	56	82
3	25	85	78	75	78	82	47	83
4	60	80	78	70	82	78	60	75
5	80	88	78	83	90	90	49	82
6								
7		μ		70				
8		样本平均数	$\bar{x}$	75.05	<-- =AVERAGE(A1:H5)			
9		样本标准差	S	13.69	<-- =STDEV(A1:H5)			
10		样本数	n	40	<-- =COUNT(A1:H5)			
11								
12		检验统计量	Z	2.33	<-- =(D8-C7)/(D9/SQRT(D10))			
13			ZTEST	0.0098	<-- =ZTEST(A1:H5,C7)			
14		右尾概率		0.0098	<-- =1-NORMSDIST(D12)			

图 6-10　原始数据与各统计量计算公式

结果解释：在 D13、D14 单元格中计算出的 z 值为 2.33，右尾的概率为 0.0098。0.0098＜0.025（双尾检验，取 α/2），即要放弃虚拟假设"H_0：$\mu=70$"。所以无法接受全班成绩为 70 分的假设，也就是应接受其对立假设 H_1：$\mu \neq 70$。不过，ZTEST() 函数的计算基础为 $\mu \leq \bar{X}$，若 $\mu > \bar{X}$，将会返回大于 0.5～1 的值。如将前例的 μ 改为 80，其结果为 0.9899，如图 6-11 所示（若将 μ 改为＞84 的任一值，其结果将恒为 1）。为避免此种不合理现象，可将其修正为：无论 $\mu \leq \bar{X}$ 或 $\mu > \bar{X}$，均可算出正确值。如图 6-12 所示工作表的 C9 单元格，当 μ 为 80（$\mu > \bar{X}$），ZTEST() 的结果为 0.0111，不再是先前的 0.9889。其结论当然完全不同。在实际应用中，往往很难得到总体平均值，一般取较大样本的平均值作为总体平均值的近似代替值。

说明：单一总体，若总体标准差 σ 已知，其各项检验所使用的检验统计量为：

$$Z = \frac{\bar{X} - \mu}{\sigma/\sqrt{n}} \rightarrow Z = \frac{\bar{X} - \mu}{S/\sqrt{n}}$$

	A	B	C	D	E	F	G	H
1	60	80	78	70	80	80	54	78
2	85	88	85	85	80	85	56	82
3	25	85	78	75	78	82	47	83
4	60	80	78	70	82	78	60	75
5	80	88	78	83	90	90	49	82
6								
7		μ		80				
8		$\bar{x}$		75.05				
9		ZTEST		0.9889	←=ZTEST(A1:H5,C7)			

图 6-11　z 值计算结果

	A	B	C	D	E	F	G	H	I	J	K
1	60	80	78	70	80	80	54	78			
2	85	88	85	85	80	85	56	82			
3	25	85	78	75	78	82	47	83			
4	60	80	78	70	82	78	60	75			
5	80	88	78	83	90	90	49	82			
6											
7		μ		80							
8		$\bar{x}$		75.05							
9		ZTEST		0.0111	←=MIN(ZTEST(A1:H5,C7), 1 - ZTEST(A1:H5,C7))				＜0.025，应放弃虚拟假设		

图 6-12　不同 z 值计算结果

实验 57　如何对实验班与同年级平均成绩进行比较

案例资料：某学校六年级跳高平均成绩为 1.25 m，标准差为 0.12 m，现随机抽取一个实验班的成绩统计如图 6-13 中成绩列所示数据，问实验班与同年级平均成绩是否有差异。

☞ **资料分析**：本例是将实验班跳高成绩与同年级跳高平均成绩进行差异性比较，用函数 ZTEST() 解决。其格式为：ZTEST(要进行检验的数据区域 array，要检验的平均值 $\bar{x}$，总体(已知)的标准差 sigma)，ZTEST() 将返回单尾 z 检验的 P 值(正态分布的单尾概率值)。

☞ **操作步骤**：在"B2:B37"单元格输入原始统计数据，在"C3:C11"单元格安排布局统计量名称，在"D5:D11"单元格输入如图 6-13 所示的计算公式，按"回车键"，得到如图 6-13 所示的计算结果。

☞ **结果解释**：在 D9、D11 单元格计算出 z 值为 3.5，右尾的概率为 0.0002，0.0002<0.025(双尾检验，取 $\alpha/2$)，如图 6-13 所示，即要放弃虚拟假设"$H_0：\mu=1.25$"，所以无法接受实验班成绩为 1.25 m 的假设。在 D5 单元格显示实验班成绩为 1.29 m>1.25 m，所以实验班成绩好于同年级平均成绩。

	A	B	C	D	E	F	G	H
1	序号	成绩						
2	1	1.3						
3	2	1.25	年级平均数	1.25				
4	3	1.35					$z=\dfrac{\|\bar{x}-\mu\|}{s/\sqrt{n}}$	
5	4	1.2	样本平均数	1.298611111	=AVERAGE(B2:B37)			
6	5	1.2	样本标准差	0.083226122	=STDEV(B2:B37)			
7	6	1.4	样本数	36	=CCUNT(B2:B37)			
8	7	1.3						
9	8	1.5	检验统计量	3.504508697	=(B5-D3)/(D6/SQRT(D7))			
10	9	1.35		0.000228725	=ZTEST(B2:B37,D3)			
11	10	1.25	右尾概率	0.000228725	=1-NORMSDIST(D9)		<0.05拒绝原假设，实验班与同年级有显著差异 实验班成绩好于同年级.	
12	11	1.3						
13	12	1.35						
14	13	1.25						
15	14	1.35						
16	15	1.25						
17	16	1.35						
18	17	1.25						
19	18	1.25						
20	19	1.2						
21	20	1.45						
22	21	1.3						
23	22	1.35						
24	23	1.4						
25	24	1.1						
26	25	1.35						
27	26	1.2						
28	27	1.3						
29	28	1.25						
30	29	1.25						
31	30	1.4						
32	31	1.3						
33	32	1.3						
34	33	1.4						
35	34	1.3						
36	35	1.3						
37	36	1.15						

图 6-13　原始数据与各统计量计算公式

实验 58 如何估计样本的平均成绩

案例资料：数据同“求成绩平均数的区间估计(小样本)”的实验数据，即某班全班72人的期末体育成绩(总体)，在如图6-14所示的“A1：H9”区域里，在其中随机抽取11人(加底纹的单元格)的成绩，问该样本成绩均数是否为75?

资料分析：本例是求样本成绩的均数，用平均数函数AVERAGE、标准差函数STDEVP、计数函数COUNT解决。以上函数的格式在前面均有介绍，请查阅。TINV和TDIST函数的格式为：TINV(概率probability，自由度degrees_freedom)，返回作为概率和自由度函数的学生 t 分布的 t 值，使用此函数可以代替 t 分布的临界值表；TDIST(计算分布的数字 x，自由度degrees_freedom，tails)，tails指明返回的分布函数是单尾分布还是双尾分布。如果tails=1，函数TDIST返回单尾分布。

操作步骤：在“A1：H9”区域输入如图6-14所示数据，并按图示把个别数据打上底纹，在“A10：A19”和“C10：C15”区域布局统计量名称。在“D10：D14”和“B17：B19”单元格输入图6-14所示的计算公式，按“回车”键，得到如图6-14所示的计算结果。

	A	B	C	D	E	F	G	H	I
2	85	88	85	85	80	85	56	82	
3	25	85	78	75	78	82	47	83	
4	60	80	78	70	82	78	60	75	
5	80	88	78	83	90	90	49	82	
6	87	38	82	88	90	78	56	93	
7	90	88	90	82	90	70	72	75	
8	80	85	75	80	78	88	41	70	
9	88	85	82	85	70	85	58	83	
10	总体平均值		μ	**76.44**	←=AVERAGE($A$1:$H$9)				
11	样本平均值		$\bar{x}$	**75.45**	←=AVERAGE(小样本) $\bar{x}$				
12	样本标准差		S	11.53	←=STDEV(小样本)				
13	样本数		n	11	←=COUNT(小样本)				
14	自由度		n-1	10	←=H13-1				
15	显著水平		α	0.05					
16	H₀: μ=75								
17	t值临界点	1.812461	<--=TINV(=TINV(d15*2, d14))					$t=\frac{\lvert\bar{x}-\mu\rvert}{S/\sqrt{n}}$	
18	t值	0.284819	<--=(d10-d11)/(d12/SQRT(d13))						
19	P值	0.390797	<--=TDIST(B18, D14, 1)						
20	由0.284819<临界值1.812461，或由P值0.390797>α=0.05，接受原假设								
21	接受样本平均值为75的假设.								

图6-14 原始数据与各统计量计算公式

结果解释：由 $t=0.284819<1.812461$(临界值)，$P=0.390797>\alpha=0.05$，可以得出：接受原假设，即接受样本平均值为75的假设。

实验 59 如何进行方差齐性检验

案例资料：甲、乙两组同学的田径成绩数据如图6-15左图所示，检验他们的总体方差是否相同($\alpha=0.05$)?

资料分析：要检验甲、乙两组同学的田径成绩是否有差异，即方差齐性检验，用 F 一检验方法可以实现，该方法利用数据分析中的“F一检验双样本方差”实现。

操作步骤：

步骤1：假设 H_0：$\sigma_1^2=\sigma_2^2$。

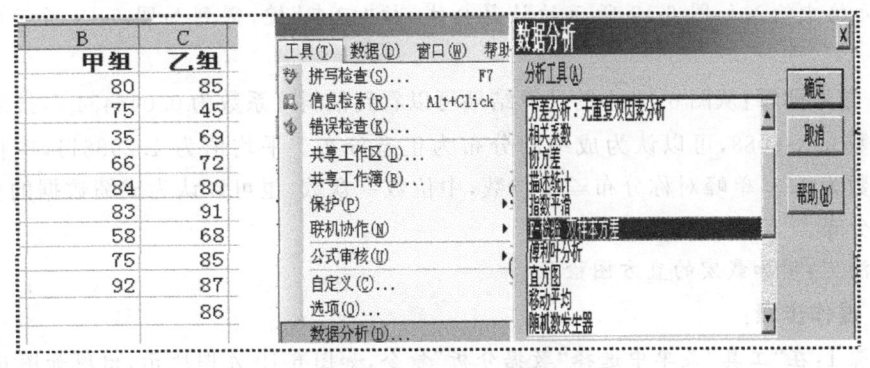

图 6-15　工具→数据分析选项(步骤 2)

步骤 2：在打开的工作表中，输入原始数据，先进行方差齐性检验。选择"工具"→"数据分析"，在出现的"数据分析"对话框中，选择"F－检验双样本方差"，如图 6-15 右图所示。单击"确定"按钮，弹出"F－检验双样本方差"对话框。

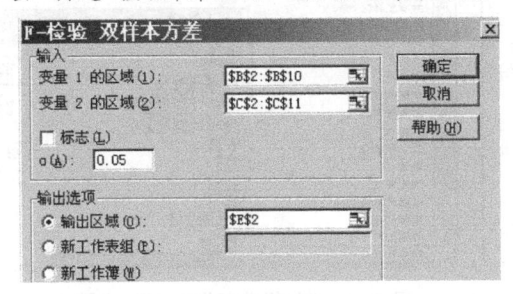

图 6-16　"F－检验　双样本方差"对话框(步骤 3)　　图 6-17　F 检验结果(步骤 4)

步骤 3：在出现的"F－检验　双样本方差"对话框中，选择两变量区域的输入区域，如图 6-16 所示。

步骤 4：在"F－检验　双样本方差"对话框中单击"确定"按钮，得到如图 6-17 所示的 F 检验结果。

👉 **结果解释**：根据图 6-17 所示计算结果，甲、乙两组的自由度为(8,9)，F 值为 1.55＜临界值 3.23，$P=0.26＞\alpha=0.05$，所以得出甲、乙两组的方差并无显著差异，即他们的总体方差是相同的。

实验 60　如何对数据进行正态性检验

案例资料：数据同"实验班与同年级平均成绩的比较"的实验数据，即某学校六年级跳高平均成绩为 1.25 m，标准差为 0.12 m，现随机抽取一个实验班的成绩数据如图 6-18 中"成绩"列所示，问实验班成绩数据是否为正态分布？

👉 **资料分析**：该例是检验数据的分布类型是否为正态分布，利用偏斜度系数函数 SKEW()，峰值系数函数 KURT()计算，如果结果均趋近于 0，判断为正态。还可以用函数计算平均数、中位数和众数，如果平均数=中位数，中位数=众数，则分布为正态分布。还可以用直方图看趋势线形状，直接判断它们是不是正态曲线。

方法一：通过偏度峰度系数检验

👉 **操作步骤**：在 Excel 工作表中输入图 6-18 中"成绩"列所示的成绩数据。在"K3：

K7"单元格中输入如图 6-18 所示的计算公式,按"回车"键,得到如图 6-18 所示的计算结果。

👉 **结果解释**:从图 6-18 中的计算结果可以看到偏斜度系数为 0.046 454 7,接近于 0,峰值系数 0.336088,可以认为成绩的分布为正态分布。平均值为 1.298611,中位数为 1.3,众数为 1.3,单峰对称分布≌中位数,中位数=众数,也可以认为成绩数据的分布近似正态分布。

方法二:用加载宏的直方图检验

👉 **操作步骤**:

步骤 1:在"工具"菜单中选择"数据分析"命令,如图 6-19 左图所示,出现如图 6-19 右图所示的"数据分析"对话框。

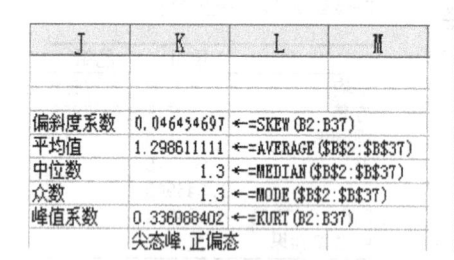

图 6-18 统计量计算公式与结果　　　　图 6-19 "数据分析"对话框(步骤 1)

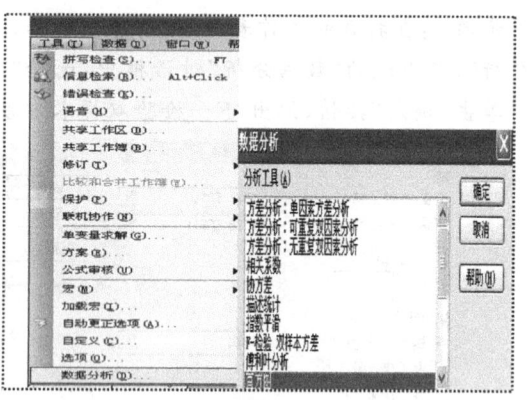

步骤 2:在"数据分析"对话框中选择"直方图",出现"直方图"对话框,如图 6-20 左图所示。在输入区域中输入原始数据所在的区域"$B$2:$B$37",输出区域中选择任意空白单元格,选择"图表输出"选项,单击"确定"按钮,出现如图 6-20 右图所示的直方图。

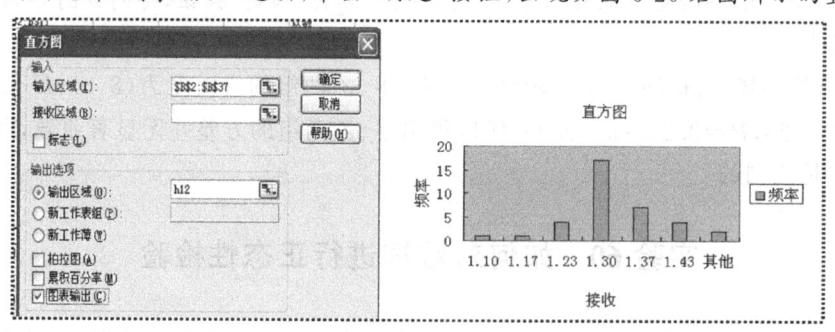

图 6-20 直方图对话框与输出结果(步骤 2)

步骤 3:在输出的直方图上任意一点单击右键,出现一个功能菜单,选择单击"图表类型",如图 6-21 左图所示。出现"图表类型"对话框,在子图表类型中选择"数据点折线图",如图 6-21 右图所示。

步骤 4:在"图表类型"对话框中单击"确定"按钮,得到如图 6-22 所示的分析图。

👉 **结果解释**:从图 6-22 数据分析图中的曲线来看,数据分布类型为尖态峰,正偏态,也可以认为实验班的成绩数据分布近似为正态分布。

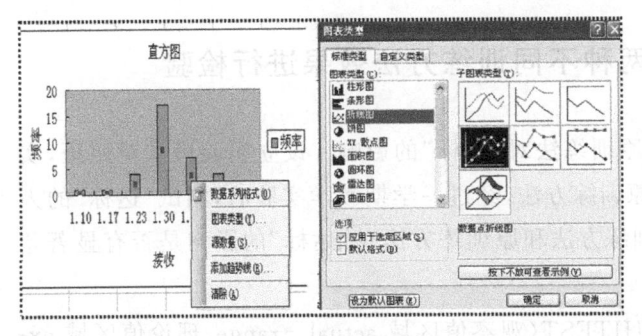

图 6-21 "图表类型"对话框(步骤 3)　　　　　图 6-22　数据分析图(步骤 4)

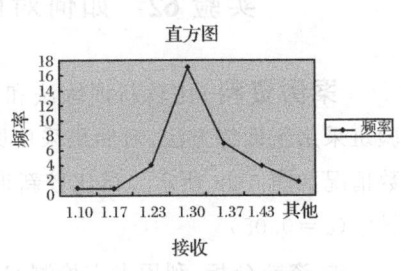

实验 61　如何对训练前后的平均成绩进行比较

案例资料：对 30 名学生 100 m 跑进行新方法的训练，新方法训练三个月后，测得他们训练前后的 100 m 跑得分成绩如图 6-23 所示。问新方法是否有效？

资料分析：该例是实验前和试验后的对比分析，属于配对样本 t 检验。利用数据分析中的"t 检验：平均值的成对二样本分析"选项进行计算。

操作步骤：

步骤 1：建立原假设 H_0：$\mu_1 = \mu_2$。输入原始数据，如图 6-23 左图所示。在"工具"菜单中选择"数据分析"选项，如图 6-23 右图所示，得到如图 6-24 左图所示的"数据分析"对话框。

步骤 2：在出现的"数据分析"对话框中，选择"t 检验：平均值的成对二样本分析"，弹出"t 检验：平均值的成对二样本分析"对话框，在该对话框中输入如图所示的两变量区域的输入区域，如图 6-24 所示。在"t 检验：平均值的成对二样本分析"对话框中单击"确定"按钮，得到如图 6-25 所示的检验结果。

图 6-23　原始数据与菜单选项(步骤 1)

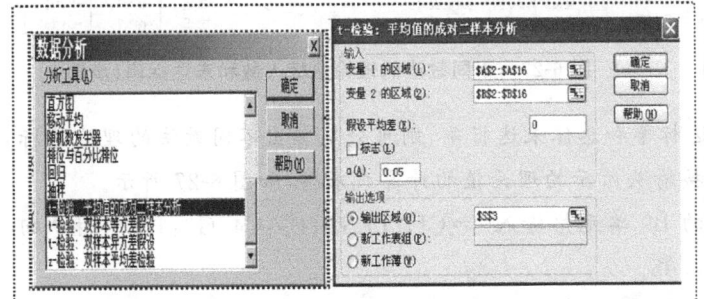

图 6-24　"数据分析"与"t－平均值的成对二样本"对话框(步骤 2)　　图 6-25　t 检验结果(步骤 3)

结果解释：根据图 6-25 所示的检验结果可知 $P = 0.0169$(双尾)< 0.05，故拒绝原假设，认为新训练方法与原训练方法效果差异显著，即新方法有明显的效果。

实验 62 如何对两种不同训练方法效果进行检验

案例资料:比较新训练法和原训练法对“达标”的影响。设立实验班和对照班,实验班采用新训练方法,对照班采用原训练方法,经过一学期教学实验后,测试“达标”的人数情况如图 6-26 所示。试比较新训练方法和原训练方法对“达标”的影响是否有显著差异?($\alpha=0.05$)

资料分析:利用卡方检测 CHITEST(观察值区域 actual－range,理论值区域 expected－range),进行率的差异检验。卡方的运算公式为:

$$\chi^2=\sum^{\text{allcell}}\frac{(A-T)^2}{T}=\frac{(A_{1,1}-T_{1,1})^2}{T_{1,1}}+\frac{(A_{1,2}-T_{1,2})^2}{T_{1,2}}+\cdots+\frac{(A_{r,c}-T_{r,c})^2}{T_{r,c}}$$

即让观察值区域的每一格减去理论值区域对应位置的值,求平方后再除以理论值区域对应位置的每一格的值,将这些值逐一求和,即为卡方值。然后,计算自由度$(r-1)\times(c-1)$,r 为行数、c 为列数,并利用卡方函数“CHITEST”计算出此卡方值在卡方分布的右尾概率 P,看此 P 值是否小于已指定显著水平的 α 值,若是小于,就表示要拒绝原假设,也就是说交叉表的两个变量间存在显著关联。

操作步骤:

步骤 1:建立假设 $H_0:\pi_1=\pi_2$。

步骤 2:在打开的 Excel 工作表中输入如图 6-26 所示的数据和变量的布局。在 C7 和 C8 单元格中分别计算他们的理论达标率:总体达标率 280/415＝0.675,总体未达标率 135/415＝0.325,如图 6-26 所示。

	A	B	C	D
1	观察值			
2		达标人数	未达标人数	合 计
3	实验组	159	37	206
4	对照组	111	98	209
5	合 计	230	135	415
6				
7	假设前提下的总体运标率		0.6746988	←=b5/d5
8	假设前提下的总体未达标率		0.3253012	←=c5/d5

图 6-26 数据布局(步骤 2)

	A	B	C	D	E	F	G	H
1	观察值					理论值		
2		达标人数	未达标人数	合 计			达标人数	未达标人数
3	实验组	169	37	206		实验组	138.9879518	67.01204819
4	对照组	111	98	209		对照组	141.0120482	67.98795181
5	合 计	280	135	415				
6							⇧	
7	假设前提下的总体达标率		0.6746988	←=b5/d5		理论值的计算式		
8	假设前提下的总体未达标率		0.3253012	←=c5/d5			达标人数	未达标人数
9	直接计算的P值	3.1852E-10				实验组	=d3*c7	=D3*c8
10						对照组	=d4*c7	=D4*c8

图 6-27 不同教法的理论达标人数和未达标率(步骤 3)

步骤 3:依据理论的总体达标率和总体未达标率,则可分别算出不同教法的理论达标人数和未达标率,其中理论值按箭头所示的理论值的计算式求得,如图 6-27 所示。

步骤 4:在当前工作表中的 B9 单元格输入“＝CHITEST(B3:C4,G3:H4)”,按“回车”键,得到 P 值为 $0.0000<0.05$。

结果解释:计算结果得到 $P=0.0000<0.05$,拒绝原假设,说明两种训练方法的达标率有显著性差异,新训练方法的效果优于原训练方法,故新教学方法有推广价值。

实验63　如何检验不同性别运动员的运动时间是否具有差异性

案例资料：以"Z检验——双样本平均差检验"工作表的数据为例，统计数据如图6-28所示，用卡方检测打网球的运动时间会不会因性别不同而有显著差异（$\alpha=0.05$）。

1	性别	1	1	2	2	1	1	1	2	2	2	1	1	1	1	2	2	1	1	1	2	2	2	1	1	2	2	1
2	时间/分	120	50	60	120	120	15	150	30	60	60	60	30	120	120	120	60	60	60	120	30	60	30	30	80	60	60	60	60
3	性别	2	1	1	1	1	1	1	1	1	1	1	1	1	1	1	1	1	1	1	1	1	1	1	1	2	1	1	2
4	时间/分	15	120	120	70	45	60	90	60	100	120	260	120	120	126	30	90	105	120	105	105	30	60	60	144	90	260	90	60
5	性别	1	2	2	2	2	2	2	1	1	1	1	1	1	1	1	1	1	1	1	1	1	1	1	1	1	1	1	2
6	时间/分	120	90	30	30	60	70	120	90	90	90	60	60	60	90	60	80	300	120	90	40	60	90	30	90	60	150	240	
7	性别	1	2	2	2	1	1	1	1	1	1	2	1	1	1	1	1	1	1	2	1	2	2	1	2	2			
8	时间/分	120	120	90	60	30	240	60	80	120	60	120	60	60	60	60	70	120	120	60	90	150	120	120	120				

图6-28　不同性别网球运动员运动时间统计

资料分析：利用"数据透视表和数据透视图（P）…"计算出各时间段的实际人数和理论人数，再利用CHITEST()函数求出卡方概率值。

操作步骤：

步骤1：建立假设 H_0：$n_1=n_2$（打网球的运动时间与性别差别无关）。

步骤2：先进行数据区间分组，将打网球的运动时间分成 0～30、31～60、61～90、91～120 和 120 以上等5组。方法是用鼠标单击数据透视表内任意一个单元格。执行"数据(D)"→"数据透视表和数据透视图(P)…"，如图6-29a图所示。转入"数据透视表和数据透视图向导—3步骤之1"对话框，如图6-29b图所示。单击"下一步"按钮，进入"数据透视表和数据透视图向导—3步骤之2"对话框，输入要计算的区域，如图6-29c所示。单击"下一步"按钮，进入"数据透视表和数据透视图向导—3步骤之3"对话框。

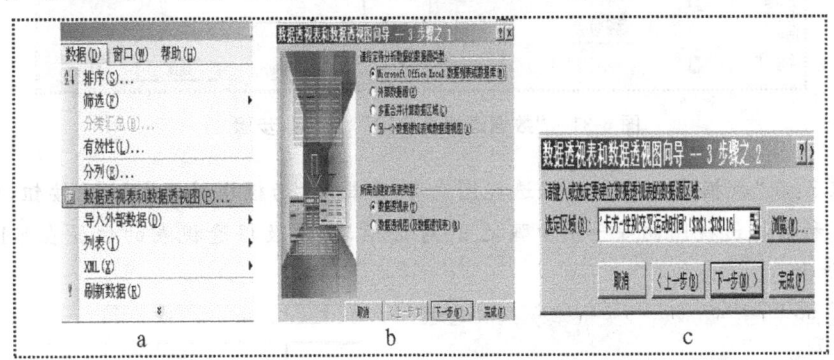

图6-29　"数据透视表和数据透视图向导"对话框（步骤2）

步骤3：在"数据透视表和数据透视图向导—3步骤之3"对话框中，单击布局(L)按钮，转入"数据透视表和数据透视图向导—布局"对话框，将"性别"拖到"列(c)"位置，拖率"时间分组"到"行(R)"位置，将"性别"拖到"数据(D)"位置，先完成如下列的定义结果，如图6-30所示。

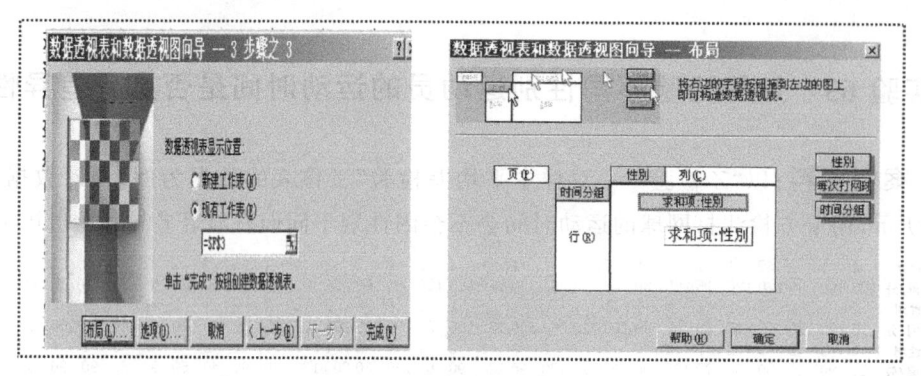

图 6-30 "布局"对话框(步骤 3)

步骤 4：由于表内"数据(D)"位置所需要计算的统计量是人数和"%"，预设为计算选项取字段的求和项(如：求和：性别)并不符合项目的要求。所以在"求和：性别"上双击鼠标，转入"数据透视表字段"对话框，在"汇总方式(s)："位置将其改为"计数"，用于计算出现频数，并将其"名称(M)"改为"人数"，如图 6-31 左图所示。再一次拖率"性别"到"数据"区，在"求和：性别"上双击鼠标，"名称(M)"改为"%"。仍将其"汇总方式(s)："改为"计数"，然后单击"确定"按钮，完成数据的布局，如 6-31 右图所示。

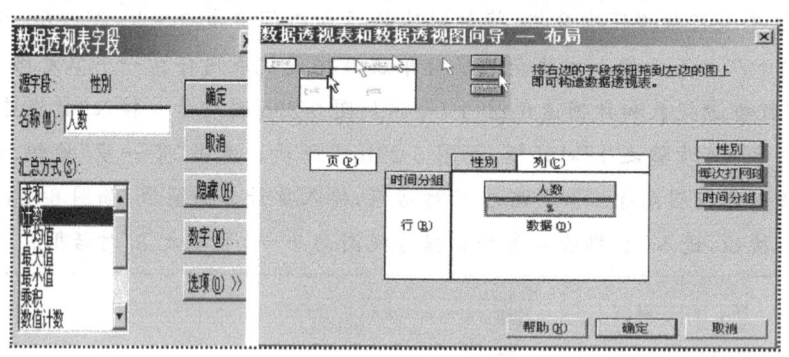

图 6-31 "数据透视表字段"对话框(步骤 4)

步骤 5：在"数据透视表和数据透视图向导-布局"对话框中单击"确定"按钮，回到"数据透视表和数据透视图向导—3 步骤之 3"对话框，安排数据透视表的位置在 $F$3，如图 6-32 所示。

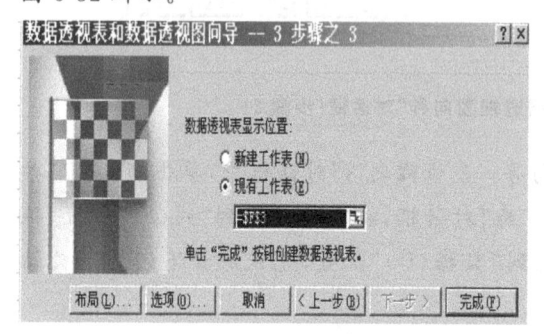

图 6-32 "数据透视表和数据透视图向导"对话框(步骤 5)

图 6-33 人数和纵向百分比的交叉分析表(步骤 6)

步骤 6：在"数据透视表和数据透视图向导—3 步骤之 3"对话框中单击"完成"按钮，

获得含人数和纵向百分比的交叉分析表,如图6-33所示。

图 6-34　计算公式

👉 **结果解释**:根据理论值计算式计算出理论值范围,如图6-34所示,在P13单元格输入公式"=CHITEST(M6:N10,R6:S10)",计算出 P 值为 $0.023<0.05$,所以应放弃运动时间长短与性别无关的假设,说明运动时间的长短与性别有关系。

实验64　如何对不同训练方法效果进行检验

案例资料:为探讨不同的训练方法对提高100 m成绩的效果,现将64名初一男生随机分成4组,每组16人,进行4种不同方法的训练,一学期后,按统一测量方法进行测试,得到他们实验前后100 m跑成绩的差数如图6-35所示,问不同训练方法的效果是否存在显著性差异?

👉 **资料分析**:利用"数据分析"的"方差分析:单因素方差分析"进行计算并分析。它用来检验多组(>2)群体平均值是否相等,即 Z 与 t 检验是用两组数据比较平均值差异,而比较两组以上的平均值是否相等时,就使用方差分析。

👉 **操作步骤**:

步骤1:本例原假设 $H_0:\mu_1=\mu_2=\mu_3$。

步骤2:在打开的Excel工作表中按列输入如图6-35所示的原始数据。

图 6-35　输入原始数据(步骤2)　　图 6-36　"工具—数据分析"菜单(步骤3)

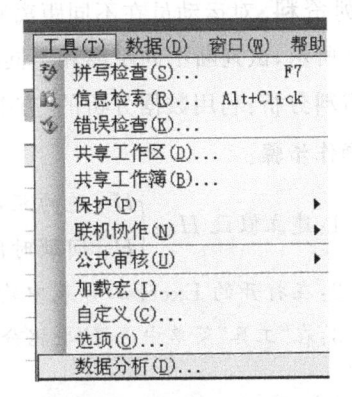

步骤 3：在"工具"菜单中选择"数据分析"选项,如图 6-36 所示,出现"数据分析"对话框。

步骤 4：在"数据分析"对话框中,选"方差分析:单因素方差分析",然后单击"确定"按钮,出现"方差分析:单因素方差分析"对话框,在该对话框中的"输入区域"位置,输入"$A$2:$D$12"数值区,将"分组方式"安排为"列(c)",α 设定为 0.05。设定输出区域,本例安排在当前工作表的 F3 位置,如图 6-37 所示。

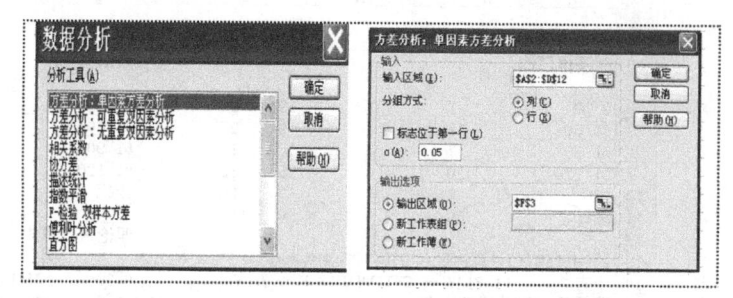

图 6-37 "方差分析:单因素方差分析"对话框(步骤 4)

步骤 5：在"方差分析:单因素方差分析"对话框中单击"确定"按钮,即可获得单因素方差分析的 ANOVA 表,如图 6-38 所示。

图 6-38 单因子方差分析的 ANOVA 表(步骤 5)

图 6-39 方差分析结果

结果解释：

根据 P 值大小做出相应统计结论。自由度为(3,60),F 值 11.08876,$P=0.00<\alpha=0.05$,所以可得出四种训练方法效果差异显著,检验结果如图 6-39 所示。

实验 65 如何判断不同距离间歇时间跑对血乳酸的影响

案例资料： 对运动员在不同距离和间歇时间的重复跑后进行的血乳酸的测定结果如图 6-40 所示,试判断不同距离和不同间歇时间对血乳酸有无影响。

资料分析： 利用数据分析的"方差分析:无重复双因素分析"选项进行计算并分析。

操作步骤：

步骤 1：建立假设 $H_0:\begin{cases}H_{01} \text{跑的距离对血乳酸的影响不显著}\\H_{02} \text{间歇时间对血乳酸的影响不显著}\end{cases}$

步骤 2：在打开的 Excel 工作表中输入原始数据,如图 6-40 所示。

步骤 3：在"工具"菜单中选择"数据分析"选项,打开"数据分析"对话框,如图 6-41 所示。

图 6-40　原始数据(步骤 2)　　　　　图 6-41　"数据分析"选项(步骤 3)

步骤 4：在"数据分析"对话框中选择"方差分析：无重复双因素分析"，然后单击"确定"按钮，出现"方差分析：无重复双因素分析"对话框，在"输入区域"中指定观察值的数据区域"A1:E4"；由于数据单元格范围中包含了文字标记，因此勾选"标志"，并设置"α"值为"0.05"，然后在"输出选项"选择"输出区域"单元格的位置"G1"，放置输出结果，如图 6-42 所示。

步骤 5：在"方差分析：无重复双因素分析"对话框中单击"确定"按钮，即可得到计算结果，如图 6-43 所示。

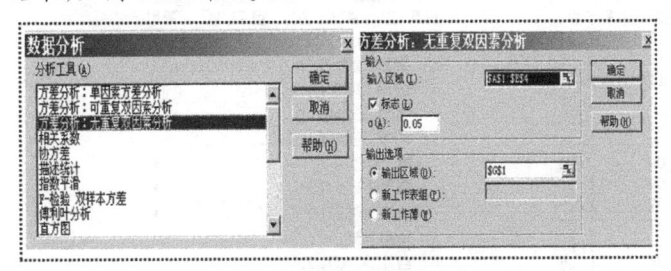

图 6-42　"无重复双因素分析"对话框(步骤 4)　　　图 6-43　计算结果(步骤 5)

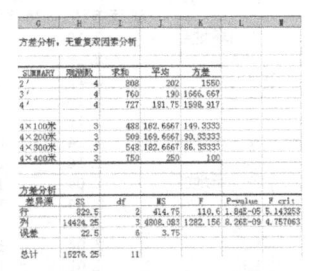

☞ **结果解释**：根据图 6-43 所示的计算结果可知：间歇时间因素为行因素 $F=110.6>F=5.14$，$P=0.000018<0.05$，可以认为在不同间歇时间下对运动员的乳酸含量有显著性差异；距离因素为列因素 $F=1282.16>F=4.76$，$P=0.0000<0.05$，可以认为不同距离对运动员的乳酸含量有显著性差异。如果在一项试验中只有两个因素在改变，而其他因素保持不变，则称为双因素试验。双因素试验的方差分析就是观察两个因素的不同水平对研究对象的影响是否有显著性的差异。根据是否考虑两个因素的交互作用，又将双因素方差分析分为双因素重复试验的方差分析和双因素不重复试验的方差分析。如果两个因素对试验结果的影响是相互独立的，分别判断行因素和列因素对试验数据的影响，这时的双因素方差分析称为无交互作用的双因素方差分析或无重复(非交叉)双因素方差分析(Two-factor without replication)。如果除了行因素和列因素对试验数据的单独影响外，两个因素的搭配还会对结果产生一种新的影响，这时的双因素方差分析称为有交互作用的双因素方差分析或可重复(交叉)双因素方差分析(Two-factor with replication)。

使用双因素方差分析的条件如下：

(1)每个总体必须为正态分布；(2)所有的总体方差必须相等；(3)每组样本必须为独立的样本，每组的样本数量相同；(4)所抽取出来的样本，必须能够分别检验出各因素单独的作用效果或影响，也能检测出双因素之间是否会交互影响。

实验 66　如何判断不同场地和训练方法对立定跳远成绩的影响

案例资料：某学校为了提高女生立定跳远的成绩，选择了不同的场地和三种不同的训练方法进行实验，在实验中随机抽取了 42 名女生，经过 8 周训练后，其立定跳远的成绩如图 6-44 所示。试检验场地、训练方法及其交互作用对立定跳远的成绩是否有显著影响。

☞ **资料分析**：利用菜单"工具"→"数据分析"实现。

☞ **操作步骤**：

步骤 1：假设 H_0：$\begin{cases} H_{01} \text{场地对女生立定跳远成绩的影响不显著} \\ H_{02} \text{训练方法对女生立定跳远成绩的影响不显著} \\ H_{03} \text{场地与训练方法的交互作用对女生立定跳远成绩的影响不显著} \end{cases}$

步骤 2：在打开的 Excel 工作表中输入原始数据，如图 6-44 所示。

步骤 3：在"工具"菜单中选择"数据分析"选项，打开"数据分析"对话框，如图 6-45 所示。

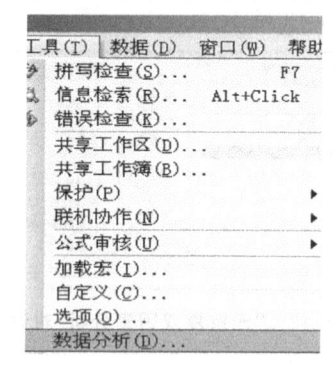

图 6-44　原始数据（步骤 2）　　　　图 6-45　"工具—数据分析"（步骤 3）

步骤 4：在"数据分析"对话框中选择打开"方差分析：可重复双因素分析"对话框，"输入区域"中指定观察值的数据区域"A1:D15"（通常为了使输出结果容易阅读理解，在原始数据区域中应包含标识行和列的标记信息）。在每一样本的行数中键入 7（因本例的每种训练方法有 7 行数据），在 α 框内输入显著性水平为 0.05，在"输出选项"选择"输出区域"的位置设为 F1 单元格，如图 6-46 所示。

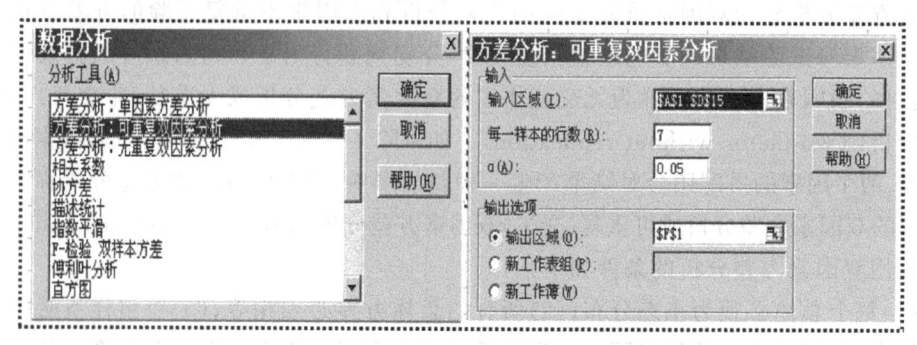

图 6-46　"方差分析：可重复双因素分析"对话框（步骤 4）

步骤 5：在“方差分析：可重复双因素分析”对话框中单击“确定”按钮，得到如图 6-47 所示的计算结果。

	F	G	H	I	J	K	L
1	方差分析：可重复双因素分析						
2							
3	SUMMARY	训练方法1	训练方法2	训练方法3	总计		
4	场地A						
5	观测数	7	7	7	21		
6	求和	15.1	14.76	14.42	44.28		
7	平均	2.157143	2.1085714	2.06	2.108571		
8	方差	0.00039	0.000281	0.000233	0.001923		
9							
10	场地B						
11	观测数	7	7	7	21		
12	求和	14.16	13.69	13.17	41.02		
13	平均	2.022857	1.9557143	1.881429	1.953333		
14	方差	0.00049	0.0003286	0.000614	0.003933		
15							
16	总计						
17	观测数	14	14	14			
18	求和	29.26	28.45	27.59			
19	平均	2.09	2.0321429	1.970714			
20	方差	0.005262	0.006572	0.008976			
21							
22							
23	方差分析						
24	差异源	SS	df	MS	F	P-value	F crit
25	样本	0.253038	1	0.253038	649.3442	1.26E-24	4.113165
26	列	0.099633	2	0.049817	127.8391	4.42E-17	3.259446
27	交互	0.003462	2	0.001731	4.441955	0.018872	3.259446
28	内部	0.014029	36	0.00039			
29							
30	总计	0.370162	41				

图 6-47　统计分析结果(步骤 5)

结果解释：在如图 6-47 所示的统计结果中，其中样本场地为行因素，列为训练方法，交互即为场地与训练方法的交互作用，内部即为误差，总计即为总和，差异源即为方差来源，SS 即为平方和，df 即为自由度，MS 即为均方，F 即为 F 比，P-value 为接受原假设 H_0 的概率，Fcrit 为拒绝域的临界值 $F_\alpha(u,v)$。根据图 6-47 所示给出的方差分析结果可知，场地因素：649.34＞4.11，$P=0.000<0.05$，拒绝原假设 H_{01}；训练方法因素：127.84＞3.25，$P=0.000<0.05$，拒绝原假设 H_{03}；两因素的交互作用：4.44＞3.25，$P=0.0189<0.05$，拒绝原假设 H_{03}。因此，可以得出这样的结论：在显著性水平 0.05 下，场地和训练方法这两个因素对女生立定跳远的成绩影响都是显著的，且两者的交互作用效应是显著的。

第七章 相关分析

自然界中一切事物都不是孤立的,而是相互联系、相互影响、相互制约的。例如,身高与体重之间的关系,运动训练时间与训练效果的关系等等,他们之间总是存在着一定的关系。人们在长期的实践活动中,发现变量之间的关系一般可分为两类,即函数关系和相关关系。函数关系反映事物间的严格依存性,比如:面积对于其半径的依存关系,写成公式就是 $S=\pi r^2$,它们之间的关系可以用一个数学公式来表示,只要知道其中一个变量的数值,就可以精确地求出另一个变量的数值。在现实世界中还存在着一种并不属上面所述的确定性的函数关系,对于某个相关因素的每一个数值,可能有许多个相应的数值与之相应的关系。例如,身高和体重之间的关系就是这样,一般来说,身高越高,体重也越重,这是一种关系趋势,但身高相同的人,体重不一定相同。所以,对于同一身高的人,其体重有大有小,不尽相同。但是从总的趋势看,某一身高水平有一个体重的区间与之对应。事物间的这种关系在体育中是大量存在的。即变量间既存在着密切关系,可又无法以自变量的值去精确地求得因变量的值,我们称这类变量之间的关系为相关关系,简称相关。相关系数是表示两个变量(X 与 Y)之间线性关系的密切程度和相关方向的统计指标,相关系数没有单位,用符号 r 表示,取值范围为:$-1 \leqslant r \leqslant 1$。$|r|$ 越接近 1,表明变量之间的直线关系越密切,$|r|$ 值越接近于 0,则表明变量之间的线性关系越不密切。若 $r=0$,称两变量之间无线性关系,若 $r=1$ 或 $r=-1$,则称为两变量完全相关。相关系数表示的相关性程度如表 7-1 所示:

表 7-1 相关系数表示的相关性程度一览表

相关系数(r)	0.00	0.00~±0.3	±0.30~±0.50	±0.50~±0.80	±0.80~±1.00
相关程度	无相关	微正负相关	实正负相关	显著正负相关	高度正负相关

实验 67 如何在 Excel 中求 100 m 成绩与跳远成绩的关联度

案例资料:随机抽测了某中学 10 名男生的 100 m 跑和跳远的成绩,如图 7-1(左图)所示。试求 100 m 成绩与跳远成绩的相关系数。

资料分析:100 m 成绩与跳远成绩的相关系数可以用两种方法求得。一是在 Excel 中通过插入图表选项,来完成散点图的绘制,通过对散点图"添加趋势线"选项计算出 100 m 成绩与跳远成绩的相关系数;二是直接利用 Excel 分析功能中的相关系数法计算出。

方法一：

👉**操作步骤：**

步骤1：输入原始数据，如图7-1（左图）所示。选择菜单"插入"→"图表"，如图7-1（中）所示，出现"图表向导—4步骤之1—图表类型"对话框，在"图表向导—4步骤之1—图表类型"对话框中选择"XY散点图"，如图7-1（右图）所示。单击"下一步"按钮，出现"图表向导—4步骤之2—图表数据源"对话框。

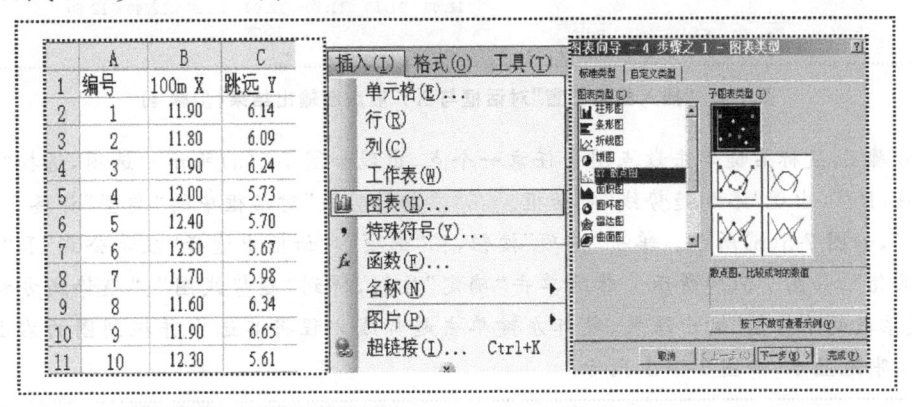

图7-1 原始数据、选择菜单占图表类型对话框（步骤1）

步骤2：在"图表向导—4步骤之2—图表数据源"对话框中，用鼠标选中数据区域"B2:C11"，选择系列产生在"列"，如图7-2所示。单击"下一步"按钮，出现"图表向导—4步骤之3—图表选项"对话框。

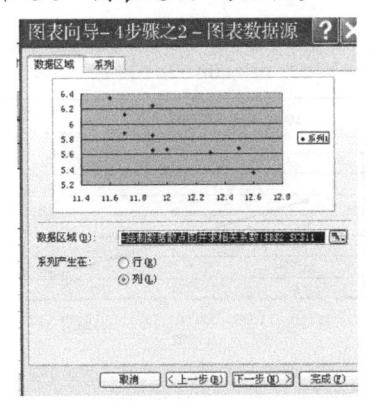

图7-2 "数据区域选择"对话框（步骤2）　　图7-3 "图表选项"对话框（步骤3）

步骤3：在"图表向导—4步骤之3—图表选项"对话框中，选择"标题"标签，图表标题(T)输入"100 m与跳远的相关关系"，在数值(X)轴中输入"100 m"，数值(Y)轴中输入"跳远"。选择"图例"标签，取消"显示图例(S)"，如图7-3所示。单击"下一步"，转入"图表向导—步骤4之4—图表位置"对话框。

步骤4：在"图表向导—步骤4之4—图表位置"中选择将图表存为"作为其中的对象插入(O)"。如图7-4（左图）所示。单击"完成"按钮，获得XY散点图，如图7-4（右图）所示。

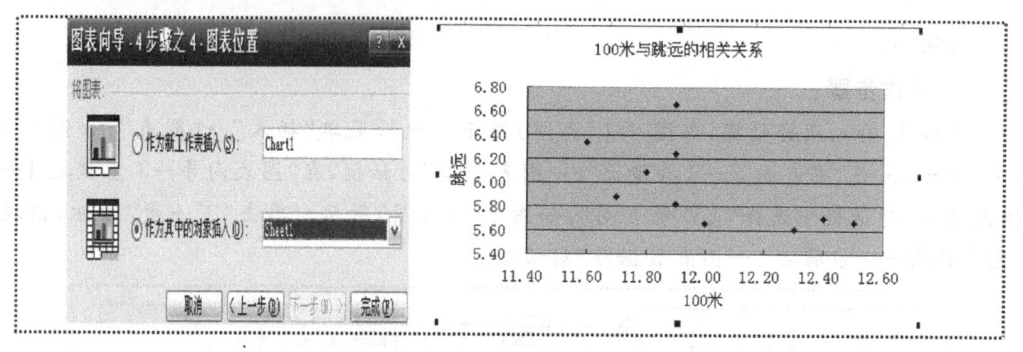

图 7-4 "插入图表位置"对话框与 XY 散点图输出结果(步骤 4)

步骤 5:鼠标右键单击散点图中任意一个点,出现如图 7-5(a)所示的选项,选择"添加趋势线(R)",出现"添加趋势线"对话框。在"添加趋势线"对话框中的"类型"标签中选择"线性",如图 7-5(b)所示。单击"选项"按钮,在"选项"对话框中选择"显示公式"和"显示 R 平方值",如图 7-5(c)所示。然后单击"确定"按钮,得到"趋势线图"、"趋势线方程"和"相关系数的平方值"输出结果,鼠标左键单击趋势线方程将其选中并拖到图的右上角,以便清晰地显示,如图 7-5(d)所示。

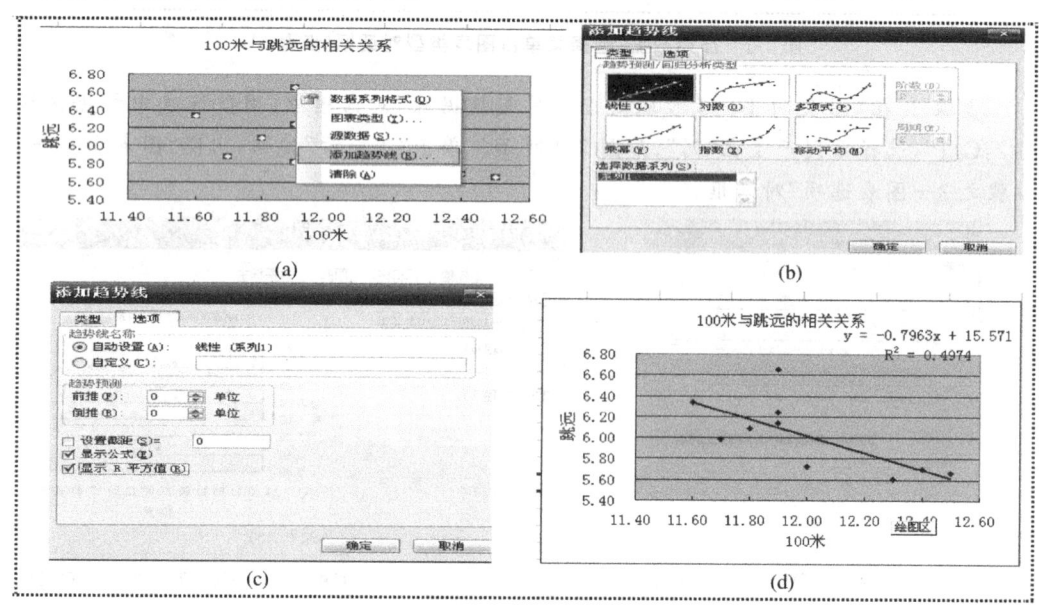

图 7-5 "添加趋势线"对话框(步骤 5)

步骤 6:100 m 与跳远相关关系的趋势线方程为"$y=-0.7963x+15.571$",相关系数的平方值 $R^2=0.4974$。根据趋势线方程"$y=-0.7963x+15.571$"可以判断 X 增加、Y 减少,自变量 X 与 Y 为负相关,所以相关系数应该取负值。用公式"=SQRT(0.4974)"计算相关系数 r 的值,计算得出 $r=-0.7053$。

👉 **结果解释**:男子 100 m 跑成绩与跳远成绩之间的相关系数为 $r=-0.7053$,结果为显著负相关,即表明 100 m 跑的时间越短(变量的值越小),跳远的成绩就越好。

方法二：

👆 **操作步骤：**

步骤1：输入原始数据后，选择"工具"菜单→"数据分析"弹出"数据分析"对话框，在"数据分析"对话框中选择"相关系数"，如图7-6（右图）所示。单击"确定"按钮，出现"相关系数"对话框。

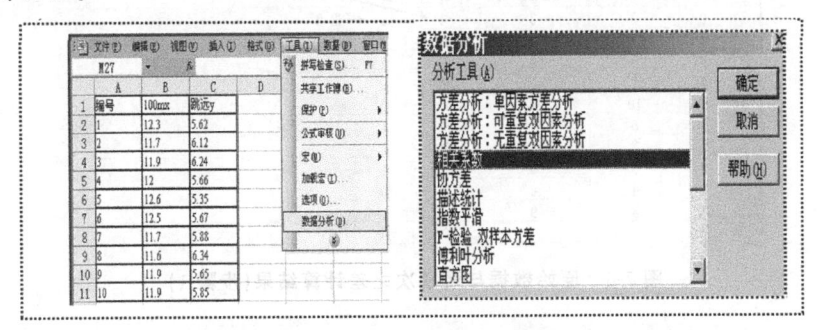

图7-6 "工具"→"数据分析"与"相关系数"对话框（步骤1）

步骤2：在"相关系数"对话框中设置输入区域和输出区域，如图8-7（左图）所示。单击"确定"按钮，得积差相关系数计算结果，如图7-7（右图）所示。

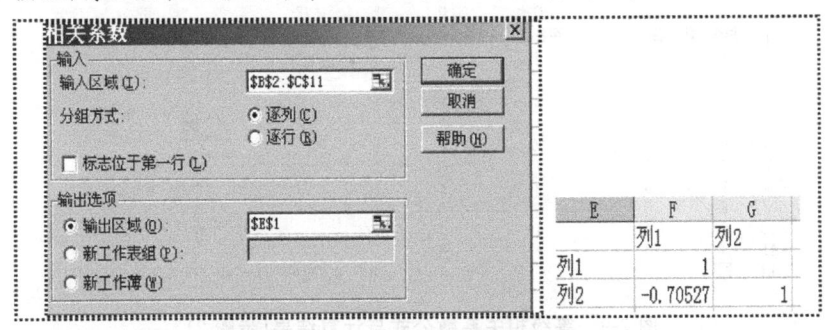

图7-7 相关系数计算结果（步骤2）

👆 **结果解释：** 男生100 m跑成绩与跳远成绩之间相关系数为 $r=-0.70527$，结果为显著负相关，即表明100 m跑的时间越短（变量的值越小），跳远的成绩就越好。

实验68 如何求跳远和100 m跑名次成绩的关联度

案例资料： 有10名学生跳远和100 m跑的名次数据如图7-8所示，试计算两者的等级相关系数。

👆 **资料分析：** 要计算跳远和100 m跑的等级相关系数，首先应求出每名学生的两秩次之差，再求出每名学生两秩次之差的平方，最后利用公式 $r_s = 1 - \dfrac{6\sum D_i^2}{n(n^2-1)}$ 计算等级相关系数。

👆 **操作步骤：**

步骤1：在工作表中输入原始数据，在D2单元格中输入公式"＝B2－C2"，单击"回车"键，计算出第一个学生的两秩次之差 $D_i = x_i - y_i$，将光标放在D2单元格右下方，等

107

变成实心的"十"后利用拖率的方法计算出每个人的两秩次之差,然后在 E2 单元格输入公式"=D2^2",单击"回车"键,计算出第一个学生的两秩次之差的平方 $D_i^2=1$,同样利用填充的方法计算每个学生的两秩次差的平方,最后在 D12 单元格利用求和函数 SUM()计算所有学生秩次差的和为 0。在 E12 单元格计算秩次差的平方和为 10,如图 7-8 所示。

	A	B	C	D	E	F	G	H	I
1	编号	跳远名次(x)	100m跑名次(y)	$D_i=x_i-y_i$	D_i^2	"=b2-c2"			
2	1	2	3	-1	1	"d2^2"			
3	2	7	5	2	4				
4	3	9	8	1	1				
5	4	1	1	0	0				
6	5	10	10	0	0				
7	6	6	7	-1	1				
8	7	3	2	1	1				
9	8	5	6	-1	1				
10	9	4	4	0	0				
11	10	8	9	-1	1				
12	Σ			0	10				

图 7-8 原始数据与两秩次之差计算结果(步骤 1)

步骤 2:在 F12 单元格中利用公式 $r_s=1-\dfrac{6\sum D_i^2}{n(n^2-1)}$ 计算等级相关系数,计算得到等级相关系数为 0.9394,如图 7-9 所示。

	A	B	C	D	E	F	G	H	I
1	编号	跳远名次(x)	100m跑名次(y)	$D_i=x_i-y_i$	D_i^2	"=b2-c2"			
2	1	2	3	-1	1	"d2^2"			
3	2	7	5	2	4				
4	3	9	8	1	1				
5	4	1	1	0	0				
6	5	10	10	0	0	$r_s=1-\dfrac{6\sum D_i^2}{n(n^2-1)}$			
7	6	6	7	-1	1				
8	7	3	2	1	1				
9	8	5	6	-1	1				
10	9	4	4	0	0				
11	10	8	9	-1	1				
12	Σ			0	10	0.939393939	"=1-(6*E12)/(10*(10^2-1))"		

图 7-9 等级相关系数公式与计算结果(步骤 2)

结果解释:跳远名次与 100 m 跑名次的等级相关系数为 $r=0.9394$,说明跳远与 100 m 跑名次的等级相关程度达到了非常显著水平。根据相关系数的性质,可以认为 100 m 跑成绩越好,跳远成绩也越好。

实验 69 如何求足长、小腿长与身高的关联度

案例资料:测得 15 名 10 岁男生的足长 x_1(单位:cm)、小腿长 x_2(单位:cm)和身高 y(单位:cm),统计数据如图 7-10(左图)所示。求足长、小腿长与身高的相关系数。

资料分析:求足长、小腿长与身高的相关系数,直接利用 Excel"工具"菜单中"数据分析"选项中的"相关分析"功能求出相关矩阵。

操作步骤:

步骤 1:在工作表中输入原始数据,如图 7-10(左图)所示。选择"工具(T)"菜单→"数据分析(D)…",出现"数据分析"对话框,在"数据分析"对话框中选择"相关系数",单击"确定"按钮,得到"相关系数"对话框,如图 7-11 所示。

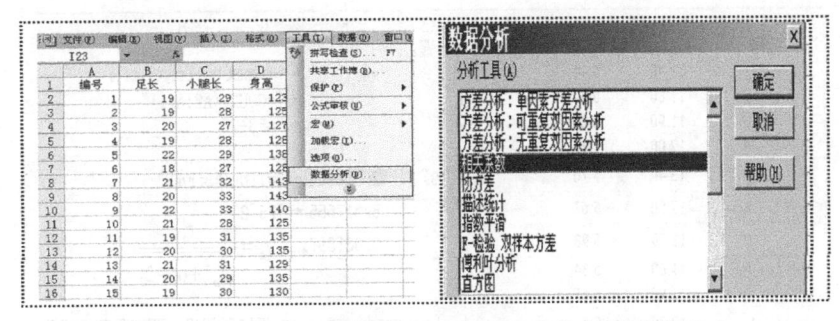

图 7-10 "工具"→"数据分析"与"数据分析"对话框(步骤 1)

步骤 2:在"相关系数"对话框中的"输入区域"位置,输入区域为:$D$1:$D$16。将"分组方式"安排为"逐列(c)"。勾选"标志在第一行(L)"(因各组数据均含标题的字符串标志)。设定输出区域,本例安排在工作表的 E1 位置。如图 7-11(左图)所示,单击"确定"按钮,即可获得多组数据的相关系数矩阵,如图 7-11(右图)所示。

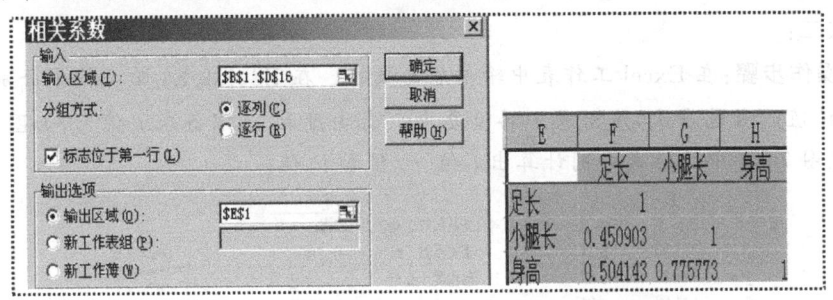

图 7-11 "相关系数"对话框与相关系数矩阵(步骤 2)

👆 **结果解释**:足长与小腿长之间的相关系数为 0.45,说明它们之间呈一般正相关;足长与身高之间的相关系数为 0.5,说明它们之间呈一般正相关;小腿长与身高之间的相关系数为 0.78,说明它们之间呈显著正相关。

实验 70　如何对相关系数进行检验(小样本)

案例资料:数据如图 7-12 所示,用 r_a 值对样本的相关系数进行检验。

👆 **资料分析**:在实验 67 中,$r=-0.7053$,相关性是否很高,我们还需对其进行检验,检验的方法有两种。利用公式 $r_a = \dfrac{t_a}{\sqrt{t_a^2+(n-2)}}$ 计算出 r_a 值,再与相关系数 r 进行比较,最后得出结论(方法一);用 t 值公式计算出 t 值,算出 p 值与 α 进行比较,最后得出结论(方法二)。

方法一:

👆 **操作步骤**:先在工作表中输入原始数据。在 E2~E8 单元格依次输入各变量名称,在 F2~F8 单元格按照右边的公式,分别计算出各个变量的变量值。由 r_a 公式计算出 r_a 值为 0.6319,与 r 值进行比较,$P<0.05$,拒绝原假设,如图 7-12 所示。

第一篇 体育统计数据 Excel 处理案例

	A	B	C	D	E	F	G H I
1	编号	100m X	跳远 Y	计算公式与步骤:			
2	1	11.90	6.14	r		-0.70527	←"=CORREL(B2:B11,C2:C11)"
3	2	11.80	6.09	n		10	←"=COUNT(A2:A11)"
4	3	11.90	6.24	d.f		8	←"=F3-2"
5	4	12.00	5.73	α		0.05	
6	5	12.40	5.70	$t_\alpha(9)$		2.306004	←"=TINV(F5,F4)"
7	6	12.50	5.67	t_α^2		5.317655	"F6^2"
8	7	11.70	5.98	r_α		0.631897	← $r_\alpha = \dfrac{t_\alpha}{\sqrt{t_\alpha^2+(n-2)}}$
9	8	11.60	6.34				
10	9	11.90	6.65				
11	10	12.30	5.61	$\lvert r\rvert=0.7053>r_\alpha$,P<0.05,拒绝原假设,两者显著性相关。			

图 7-12 r_α 计算公式与结果(步骤)

👉 **结果解释**:$\lvert r\rvert=0.7053>r_\alpha=0.6319$,$P<0.05$,拒绝原假设,表明 100 m 跑的时间与跳远的成绩显著负相关,即 100 m 跑的时间越短(变量的值越小),跳远的成绩就越好。

方法二:

👉 **操作步骤**:在 Excel 工作表中输入原始数据。在 E2、E3、E4 单元格中分别输入相关系数(该值已求过多次,这里就不再重复求)、自由度和 α,以备求 t 值用,如图 7-13 所示。按照图 7-13 中的公式分别计算出 t 值、t_α 值和 P 值。

	A	B	C	D	E	F	G
1	编号	100m X	跳远 Y	利用t值对相关系数的检验公式与步骤:			
2	1	11.90	6.14	相关系数(r)		-0.7053	$t=\dfrac{r\sqrt{n-2}}{\sqrt{1-r^2}}$
3	2	11.80	6.09	自由度(d.f)		8	
4	3	11.90	6.24	α		0.05	
5	4	12.00	5.73	t		-2.81403	←"=(F2*SQRT(F3))/SQRT((1-F2^2))"
6	5	12.40	5.70	tα(9)		2.306004	←"=TINV(F4,F3)"
7	6	12.50	5.67	p		0.022702	"TDIST(-F5,F3,2)"
8	7	11.70	5.98	P=0.0227<α=0.05,拒绝原假设			
9	8	11.60	6.34				
10	9	11.90	6.65				
11	10	12.30	5.61				

图 7-13 t 值计算公式与结果(步骤)

👉 **结果解释**:$\lvert t\rvert=2.814>t_\alpha=2.306$,$P<0.05$,拒绝原假设,表明 100 m 跑的时间与跳远的成绩呈显著负相关,即 100 m 跑的时间越短,跳远的成绩就越好。

实验 71 如何对相关系数进行检验(大样本)

如果总体为正态分布,样本数 $n>30$,总相关系数 ρ 的检验是用标准正态分布进行,其原假设与对立假设为:H_0:$\rho=0$(无关);H_1:$\rho\neq0$(相关)。在求得样本的相关系数(r)后,若 $\sqrt{n-1}\lvert r\rvert>Z_{\alpha/2}$,需要否定虚拟假设;若 $\sqrt{n-1}\lvert r\rvert<Z_{\alpha/2}$,则无法否定虚拟假设。

案例资料:某俱乐部调查了网球场上 115 名网球爱好者每次打网球运动的时间与性别之间的关系,统计数据如图 7-14 所示。试用 $Z_{\alpha/2}$ 值对其相关系数进行检验。

👉 **资料分析**:用 $Z_{\alpha/2}$ 值对其相关系数进行检验,先求出该样本的相关系数,再计算出 $\sqrt{n-1}\lvert r\rvert$ 的值,然后与求得的 $Z_{\alpha/2}$ 的值进行比较,最后得出结论。

👆**操作步骤**:先在工作表中输入原始数据,再在 E2、E3、E4、E5、E6 单元格中分别输入如图所示的统计量名称,在对应的 F 列分别计算出各统计量的值,如图 7-14 所示。

	A	B	C	D	E	F	G
1	编号	性别	每次打网球的时间/分				
2	1	1	120		相关系数(r)	-0.11815	
3	2	1	50		n	115	
4	3	2	60		$\sqrt{n-1}\|r\|$	1.261467	
5	4	2	120		α	0.05	
6	5	1	120		$Z_{\alpha/2}$	1.959964	
7	6	1	15				
8	7	1	150		$\sqrt{n-1}\|r\|=1.26<z_{\alpha/2}=1.96$		
9	8	2	30				
10	9	2	60		P>0.05,应接受两者无关的原假设		
11	10	2	60				
12	11	1	60				
13	12	1	30				
14	13	1	120				
15	14	1	120				
16	15	1	120				
17	16	2	60				
18	17	2	60				

图 7-14 $Z_{\alpha/2}$ 值的计算结果

👆**结果解释**:$\sqrt{n-1}|r|=1.26<Z_{\alpha/2}=1.96$,$P>0.05$,接受原假设,即表明每次打网球的时间与性别无关。

第八章 回归分析

在体育领域里,我们经常会碰到这样的情况:即一个变量随着另一个变量的变化而变化,如果通过相关分析证明变量之间确实有因果关系,那么我们希望得出一个有关各个变量之间联系的数学关系式并将它们表示出来,这种由一个或多个随机变量来估计或预测某一个随机变量的观察值,所建立的数学模型及所进行的统计分析,称为回归分析。例如,年龄与身高两维变量,在一定的年龄范围里,随着人们年龄的增长,身高也在增长,换句话说,身高是随着年龄的变化而变化的,如果将这种变化关系做一个方程来表达的话,那么我们就可以通过身高预测体重,以年龄预测身高。如果这个模型是线性的就称为线性回归分析(或一元线性回归也叫直线回归);其数学模型为:$\hat{y}=a+bx$,其中 $\hat{y}$ 是 y 的估计值,a 为回归常数,表示回归直线的截距,b 为回归系数,表示回归直线的斜率。在直线回归方程中,如果求出 a、b 的值,那么就可建立一元线性回归方程。方程 $\hat{y}=a+bx$ 所表示的直线是 n 个散点的一条拟合直线,即在表现出具有近似直线关系的两个变量之间找出一条最合适的直线,用该直线的方程近似地反映两变量的数量关系,使各点到一条直线的纵向距离之和最小,这条直线被认为最合适的直线,称为回归直线,这条直线的方程叫直线回归方程。在体育的许多实际案例资料中,与因变量 Y 有关系的自变量往往不只是一个,而是多个。例如,女大学生的肺活量不仅与体重有关,还可能与胸围或其他形态、机能指标有关。研究因变量与两个以上自变量之间的定量关系的方法称为多元回归分析。二元线性回归分析在多元线性回归分析中是最简单、最基本的形式,它是多元线性回归分析的基础,二元线性回归分析的一般数学模型为:$\hat{y}=b_0+b_1x_1+b_2x_2$,其中 b_0 为常数项,而 b_1、b_2 分别为 y 对 x_1、x_2 的回归系数。如果模型是曲线的就称为曲线回归分析。这种方法是处理变量间相关关系的有力工具,它不仅告诉人们怎样建立变量间的数学表达式,即经验公式,而且还可以利用概率统计知识进行分析讨论,判断出所建立的经验公式的有效性,从而进行预测式估计。由于在回归方程中,自变量对因变量有着制约作用,所以通过调节自变量还可以控制事物的发展水平。例如,在运动训练过程中,如何控制运动员的各种身体素质均衡发展,才能保持运动员的运动水平得到稳定的提高。采用回归分析法可以通过身高预测体重,以年龄预测身高,以运动员的各种身体素质预测其各种运动成绩等等。在回归方程中,相关分析的主要作用是研究两变量或多变量之间的关系特征和程度,它考虑的是变量之间的共同变动,而不必区分自变量和因变量,本章将通过实验操作学习研究两变量或多变量之间量化关系的回归分析法。

实验 72 如何求体重与身高的一元线性回归方程并用身高预测体重

案例资料:已知 12 名成年男子身高(cm)和体重(kg)的数据如图 8-1 所示。计算回归方程,并预测身高为 175 cm 的体重。

资料分析:在绘制的散点图中添加趋势线并计算回归方程的具体方法有 3 种。

方法一:用 Excel 中的 LINEST 函数求出回归系数 b,用函数 INTERCEPT 求出回归,从而求出一元线性回归方程,再带入身高值到方程求得对应的体重值。LINEST 函数的格式为:LINEST(known_y's,known_x's,const,stats),INTERCEPT 函数为计算直线与 y 轴的截距,格式为 INTERCEPT(known_y's,known_x's),其中:known_y's 是 y 值集合;known_x's 是 x 值集合;const 为一逻辑值,用于指定是否将常量 b 强制设为 0。

- 如果 const 为 TRUE 或省略,b 将按正常计算。
- 如果 const 为 FALSE,b 将被设为 0,并同时调整 a 值使 $y=ax$。

stats 为一逻辑值,指定是否返回附加回归统计值。

- 如果 stats 为 TRUE,则 LINEST 函数返回附加回归统计值,这时返回的数组为斜率 $a1$、$a2$…和截距 b。
- 如果 stats 为 FALSE 或省略,LINEST 函数只返回斜率 a 和截距 b。

方法二:用 Excel 中的 SLOPE 函数和 INTERCEPT 函数直接求出斜率和截距。从而得到回归方程,再带入身高值到方程求得对应的体重值。

方法三:在 Excel 中通过插入图表选项绘制散点图,并通过选择"添加趋势线"功能给散点图添加趋势线,从而得到回归方程,再带入身高值到方程求得对应的体重值。

操作步骤:

方法一:

步骤 1:在 Excel 工作表中输入原始数据,再在 D1、E1 单元格中输入斜率 a 和截距 b 变量名,如图 8-1 所示。

图 8-1 原始数据表(步骤 1)　　图 8-2 输入数组公式得斜率、截距值(步骤 2)

步骤 2:用鼠标选中 E2 单元格,在 E2 单元格中输入"=LINEST(C2:C13,B2:B13,TRUE,TRUE)",输入完成后按回车键,得到斜率为 1.215 715。用鼠标选中 E3 单元格,在 E3 单元格中输入=INTERCERT(C2:C13,B2:B13),输入完成后按回车键,得到截距为 −134.672,如图 8-2 所示。

结果解释:图 8-2 中斜率 $a=1.216$,截距 $b=-134.672$,一元线性回归方程为:$y=1.216x-134.672$。预测:身高为 175 cm 的体重值,将该值代入求得的一元线性回归方程,即 $y=1.216*175-134.672\approx 78.128$ kg,预测体重约为 78 kg。

方法二:

在 Excel 工作表中输入原始数据,如图 8-1 所示,再在 F2 和 F3 单元格中分别输入计

113

算斜率的公式"＝SLOPE(C2:C13,B2:B13)"和计算截距的公式"＝INTERCEPT(C2：C13,B2:B13)",按"回车"键就得到一元线性回归方程的斜率和截距,如图 8-3 所示。

图 8-3 输入公式得斜率和截距值(步骤)

结果解释:图 8-3 中斜率 $a=1.216$,截距 $b=-134.672$,一元线性回归方程为 $y=1.216x-134.672$。预测:假如身高为 175cm,那么将该值代入求得的一元线性回归方程,即 $y=1.216*175-134.672≈78.128$kg,预测身高约为 78kg。

方法三：

步骤 1:在 Excel 工作表中输入原始数据,选择"插入"菜单→"图表",如图 8-4(左图)所示,出现"图表向导－4 步骤之 1－图表类型"对话框,如图 8-4(中)所示。在"图表向导－4 步骤之 1－图表类型"对话框中选择"XY 散点图",单击"下一步"按钮,出现"图表向导－4 步骤之 2－图表数据源"对话框,数据区域选中"B2:C13"区域,选择系列产生在"列",如图 8-4(右图)所示。

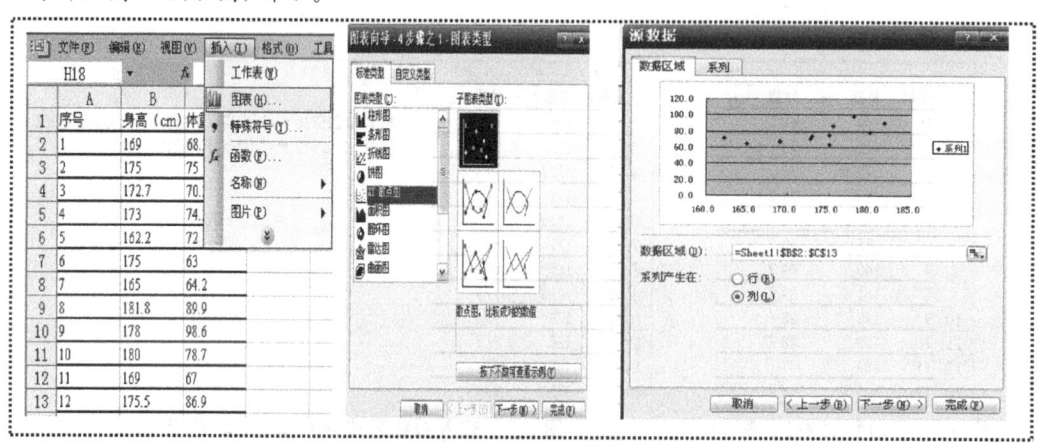

图 8-4 选择菜单、图表类型和源数据对话框(步骤 1)

步骤 2:单击"下一步",出现"图表向导－4 步骤之 3－图表选项"对话框,在"图表标题"栏中输入"身高与体重的关系",数值(X)轴输入"身高",数值(Y)轴输入"体重";选择"图例"标签,勾选取消"显示图例(S)",如图 8-5 所示。

步骤 3:单击"下一步"按钮,转入"图表向导－步骤 4 之 4－图表位置",选择"作为其中的对象插入(O)",单击"完成",XY 散点图就会插入到工作表中,如图 8-6 所示。

步骤 4:鼠标右键单击散点图中任意一个点,出现如图 8-7(a)所示菜单;选择"添加趋势线"选项,出现"添加趋势线"对话框,在"添加趋势线"对话框中的"类型"中选择"线性",如图 8-7(b)所示;在"选项"标签选择"显示公式"和"显示 R 平方值",如图 8-7(c)所示。

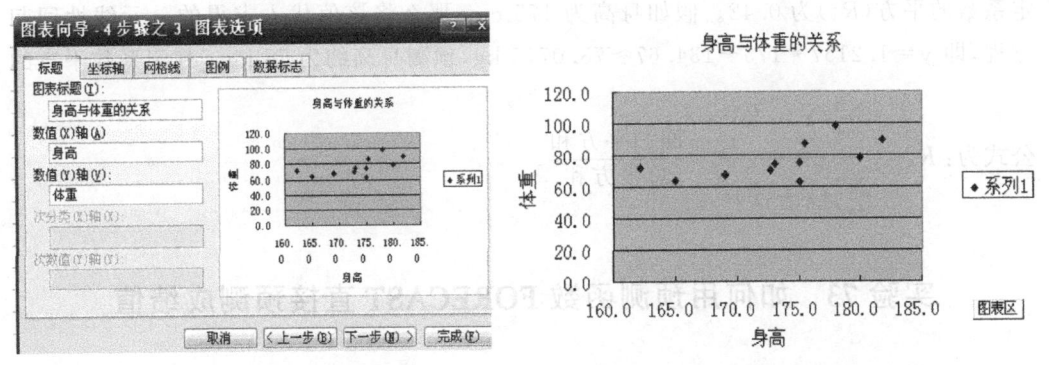

图 8-5 "图表选项"对话框(步骤 2)　　图 8-6 插入的 XY 散点图(步骤 3)

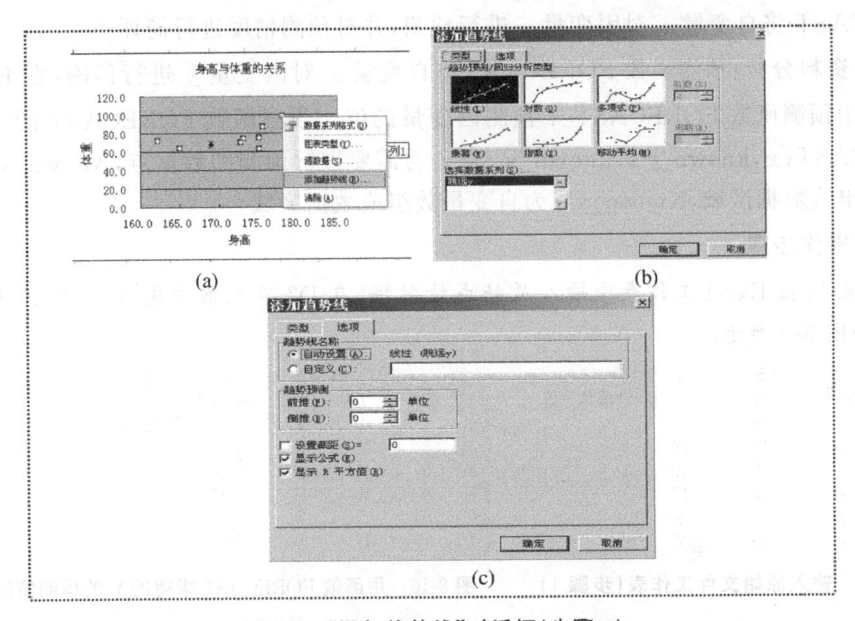

(a)

(b)

(c)

图 8-7 "添加趋势线"对话框(步骤 4)

步骤 5：单击"确定"按钮，得到"趋势线图"(图中黑色直线)、"趋势线方程"和"相关系数的平方值"，单击选中方程，将光标放在黑色虚框边上，把方程拖到图的右上角空白处，如图 8-8 所示。

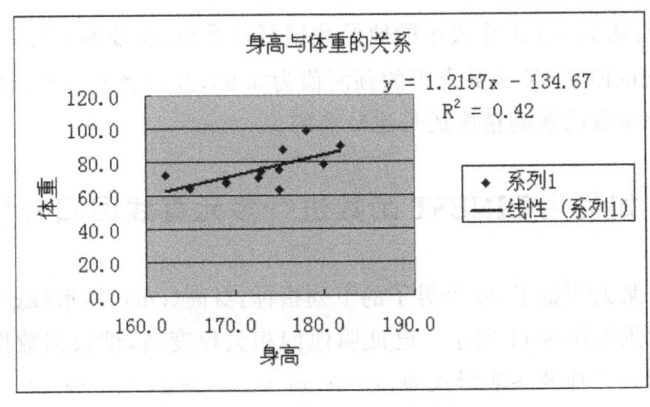

图 8-8 趋势线方程(步骤 5)

结果解释：图 8-8 中趋势线方程 $y=1.2157x-134.67$，是一元线性回归方程，判定系数的平方(R^2)为 0.42。假如身高为 175 cm,那么将该值代入求得的一元线性回归方程,即 $y=1.2157*175-134.67\approx78.0775$ kg,预测身高约为 78 kg。判定系数平方的公式为:$R^2=\dfrac{\sum\limits_{i=1}^{n}(\bar{Y}-\bar{Y})^2}{\sum\limits_{i=1}^{n}(Y-\bar{Y})^2}=\dfrac{回归平方和}{总平方和}$。

实验 73　如何用预测函数 FORECAST 直接预测成绩值

案例资料：已测得 6 人两项成绩的数据,如图 8-9 所示。试用预测函数 FORECAST 将自变量 x 对因变量 y 进行预测,并对预测精度进行简评。

资料分析：预测函数 FORECAST 将自变量 x 对因变量 y 进行预测,在 Excel 中直接利用预测函数 FORECAST 来预测因变量的值。预测函数 FORECAST 的格式为：FORECAST(x,known_y's,known_x's)(x 为需要进行预测的数据点,Known_y's 为因变量数组或数据区域,Known_x's 为自变量数组或数据区域)。

操作步骤：

步骤 1：在 Excel 工作表中输入原始成绩数据,在 D2 单元格中输入"Y 值预测值"变量名,如图 8-9 所示。

	A	B	C	D
1	编号	X	Y	Y值预测值
2	1	20	6	
3	2	11	16	
4	3	15	12	
5	4	10	17	
6	5	17	9	
7	6	19	7	

图 8-9　输入原始文件工作表(步骤 1)

	A	B	C	D	E	F	G	H	I
1	编号	X	Y	Y值预测值					
2	1	20	6	5.95	←"=FORECAST(B2,$C$2:$C$7,$B$2:$B$7)"				
3	2	11	16	16.01					
4	3	15	12	11.54					
5	4	10	17	17.13					
6	5	17	9	9.30					
7	6	19	7	7.07					

图 8-10　用函数 FORECAST 求得的 Y 的预测值(步骤 2)

步骤 2：在 D2 单元格中输入公式"=FORECAST(B2,$C$2:$C$7,$B$2:$B$7)",按"回车"键,即可得到编号为 1,X 值为 20,Y 值为 6 的 Y 的预测值为 5.95。鼠标放在 D2 单元格的右下角,待光标变成实心的"+"后,用拖率的方法计算出所有 X 值对应的 Y 的预测值,如图 8-10 所示。

结果解释：从 Excel 工作表中的原始数据可以看到,编号为 1 的 X 项成绩为 20,Y 项成绩为 6,用 FORECAST 函数求得的预测值为 5.95,经四舍五入预测值和测得值基本是相同的,因此该函数的预测精度还是比较高的。

实验 74　如何用 LINEST 函数进行多元直线回归分析和预测

案例资料：某人测量了 20 个男子的下列指标：身高(cm)、体重(kg)、年龄(岁)和收缩压的值,统计数据如图 8-11 所示。已证明他们相关程度高,试根据数据建立收缩压的回归方程,多元回归方程的一般形式为：$y=a_1x_1+a_2x_2+a_3x_3+\cdots+b$。

资料分析：建立收缩压的回归方程,在 Excel 中直接用 LINEST 函数进行多元线性回归分析和预测。

☝ **操作步骤**:在 Excel 工作表中输入原始数据。用鼠标左键选中 F2、G2、H2、I2 单元格,按 F2 键(完成输入数组的定义),在 F2 单元格中输入公式"=LINEST(E2:E21,B2:D21,TRUE,TRUE)",然后按 Ctrl+Shift+Enter 组合键,就得到斜率 a_1、a_2、a_3 和截距 b,如图 8-11 所示。

图 8-11 输入公式得斜率 a_1、a_2、a_3 和截距 b(步骤)

☝ **结果解释**:图 8-11 中 $a_1=-0.141$,$a_2=-0.509$,$a_3=0.503$,$b=184.362$,收缩压的多元回归方程为:$y=-0.141x_1-0.509x_2+0.503x_3+184.362$。预测年龄为 35 岁,身高 175 cm、体重 67 kg 的男子的收缩压,将数值代入多元回归方程,$y=-0.141*67-0.509*175+0.503*35+184.362=103.45$。

实验 75　如何用加载宏的数据分析求回归

案例资料:测量了 30 个男子的身高(cm)、体重(kg)、年龄(岁)、臀围(cm)和胸围(cm),数据如图 8-12 所示,已证明他们相关程度高,试建立预测体重与身高、臀围、胸围的多元回归方程。

☝ **资料分析**:预测体重与身高、臀围、胸围的多元回归方程,在 Excel 中利用加载宏数据分析选项中"回归"分析法直接可以求解。

☝ **操作步骤**:

步骤 1:输入原始数据,如图 8-12 所示。

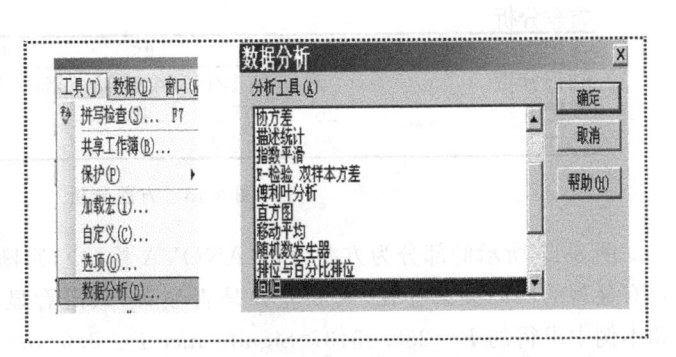

图 8-12　原始数据(步骤 1)　　**图 8-13**　工具→数据分析与"数据分析"对话框(步骤 2)

步骤 2:执行"工具(T)"→"数据分析(D)…"如图 8-13(左图)所示,打开"数据分析"对话框,选择"回归",然后单击"确定"按钮,如图 8-13(右图)所示。

步骤 3:在"回归"对话框中,"Y 值输入区域"项目中指定因变量数据为单元格"\$E\$1:\$E\$31","X 值输入区域"项目中指定自变量数据为单元格"\$B\$1:\$D\$31"。由于输入数据单元格的起始位置是项目名称,因此必须选中"标志"栏;回归直线方程式的常数项可能不是 0,在"常数为零"中保持空白;在"置信度"栏输入"95";在输出选项中选择"输出区域"为单元格\$G\$2;残差栏中勾选"残差"、"残差图"、"标准残差"及"线性拟合图",正态分布中勾选"正态概率图",如图 8-14(左图)所示,最后单击"确定"按钮,即可给出所有的计算值,如图 8-14(右图)所示。

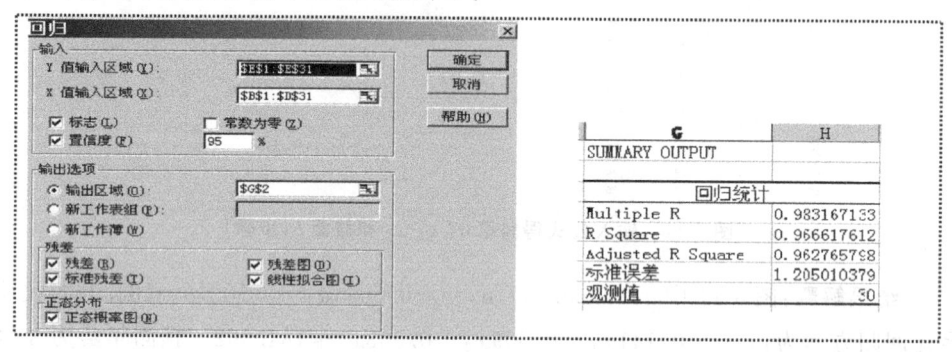

图 8-14 "回归"对话框与回归统计量(步骤 3)

结果解释:回归分析的统计结果如图 8-14(右图)所示,Multiple R(简单相关系数)为 0.98317 表示相关性高;R Square(判定系数)为 0.96662、Adjusted R Square(调整后判定系数)为 0.962 766,表示回归的相关性高;标准误差为 1.20501;观察值个数为 30;

判定系数的公式为:$R^2 = \dfrac{\sum\limits_{i=1}^{n}(\bar{Y}-\bar{Y})^2}{\sum\limits_{i=1}^{n}(Y-\bar{Y})^2} = \dfrac{\text{回归平方和}}{\text{总平方和}}$。

若判定系数不是很高,研究者应判断是否确有差异很大的特殊样本。若有,可将其排除后再重算一次回归,可求得更恰当的回归方程式。但案例资料的差异应小于多少才好?并无一定标准,全凭研究者判断。本例的判定系数(R^2)为 0.962 766,判定系数较高,所以就不必再进行此处理过程。回归平方和占总平方和的百分比,即是这条回归线可帮助数据解释的部分。判定系数(R^2)越大,代表可解释的部分越大。

图 8-15 方差分析

图 8-15 所示的部分为方差分析(ANOVA 检验),判断因变量(Y)与自变量(x)间是否有显著的回归关系存在,判断差异是否显著,只需看显著水平是否小于所指定的值。如本例中求得的 $F = 250.9513 >$ Significance $F = 0.00, \alpha < 0.05$,所以结果为放弃因变量与自变量间无回归关系存在的原假设。

	Coefficients	标准误差	t Stat	P-value	Lower 95%	Upper 95%	下限 95.0%	上限 95.0%
Intercept	-172.392712	9.975376	-17.2818	8.97671E-16	-192.897392	-151.888	-192.897	-151.888
身高	0.694340178	0.037633	18.45011	1.85446E-16	0.616983624	0.771697	0.616984	0.771697
臀围	0.731817776	0.133158	5.495878	9.12487E-06	0.458108484	1.005527	0.458108	1.005527
胸围	0.57479127	0.095164	6.039983	2.22098E-06	0.379178081	0.770404	0.379178	0.770404

图 8-16　t 检验

图 8-16 所示的部分为 t 检验,判断回归系数与常数项是否为 0(为 0,即无直线关系存在),并求其置信区间。其原假设为回归系数与常数项为 0,判断是否显著,只需看显著水平(P 值)是否小于所指定的 α 值即可。如本例的 P-value 列均为 $0.0000 < \alpha = 0.05$,所以拒绝回归系数与常数项为 0 的原假设,Intercept(截距)为 -172.3927,身高、臀围和胸围的回归系数分别为 0.694、0.732、0.575。据此求得的回归方程式为:$y = 0.694x_1 + 0.732x_2 + 0.575x_3 - 172.393$。

图 8-17　残差分析

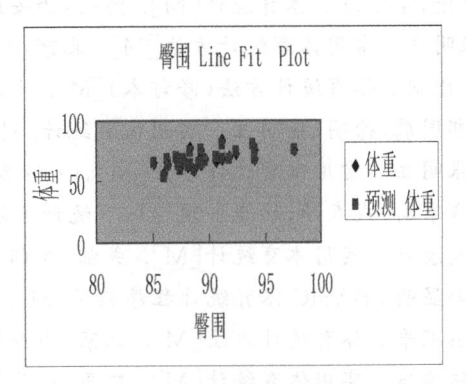

图 8-18　臀围回归线图

图 8-17 所示的部分为进行后续的残差分析。残差为将各观察值的 x 代入方程式,以求其预测的体重,并计算预测体重与原实际体重间的残差(将两者相减即可求得。如观察值 1 的预测体重为 66.655,实际体重为 65.2,两者相减即为残差 -0.455)。

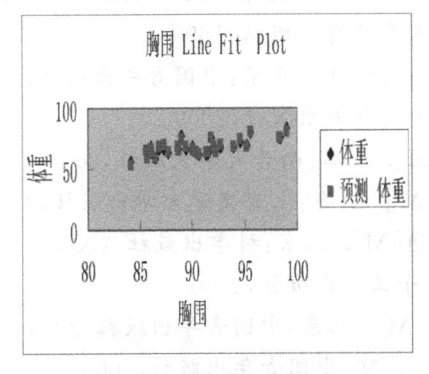

图 8-19　胸围回归线图

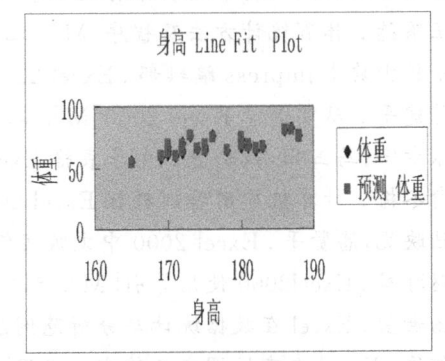

图 8-20　身高回归线图

图 8-18、图 8-19 和图 8-20 所示的部分为此样本回归线图。以平面图绘出实际观察值与预测值的分布状况,从所产生的图中可以看到回归线图大体是呈现正相关的,因此确定可以使用直线回归分析方法。

参考文献

[1] 施丽影. 体育统计[M]. 武汉:武汉体院教务处,1983
[2] 体育统计编写组. 体育统计[M]. 北京:高等教育出版社,1987
[3] 祁国鹰,徐明,周星宇. 体育统计简明教程[M]. 北京:北京体育大学出版社,2004
[4] 丛湖平,余群英. 体育统计[M]. 北京:北京《体育与科学》杂志社,1992
[5] 徐英超,徐迪生. 体育统计方法[M]. 北京:人民体育出版社,1981
[6] 祁国鹰. 体育统计应用案例[M]. 北京:北京体育大学出版社,2005
[7] 史进,李旭芝. 体育统计[M]. 陕西:西安地图出版社,2003
[8] 张明立. 常用体育统计方法[M]. 北京:北京体育学院出版社,1986
[9] 王德阳. 体育统计方法(修订本)[M]. 湖北省体育科学研究所,1985
[10] 祁国鹰,徐明,张明立. 实用体育统计[M]. 北京:北京体育大学出版社,1995
[11] 张明立. 常用体育统计方法[M],(第2版). 北京:北京体育学院出版社,1990
[12] 戎家增,戎森锋,林珑. 现场体育统计方法[M]. 北京:人民体育出版社,1998
[13] 高隆光. 实用体育统计[M]. 成都:成都体育学院教务处,1985
[14] 邵显明. BASIC体育统计程序应用[M]. 北京:中国地质大学出版社,1989
[15] 丛湖平. 体育统计方法[M]. 北京:高等教育出版社,2001
[16] 陆瑞当. 实用体育统计[M]. 广西:广西师范大学出版社,2002
[17] 丛湖平. 体育统计[M]. 北京:高等教育出版社,1998
[18] C·B·纳钦斯卡娅[苏联]. 体育统计学[M]. 北京:北京体育学院编译室,1980
[19] 杨敏,栗方忠. 体育统计学[M]. 辽宁:辽宁财经学院,1982
[20] 梁荣辉,顾培仁,杨书鹏. 体育统计学[M]. 河北:河北教育出版社,1989
[21] 王路德. 体育统计方法及程序[M]. 北京:人民体育出版社,1990
[22] 小馆由典&impress编辑部. Excel 2000得意通[M]. 北京:中国青年出版社,2001
[23] 陈建平. 从实例学Excel 2000[M]. 北京:中国电力出版社,2000
[24] 张卡宁,马玉娟,钱晓箐. 电子表格Excel[M]. 天津:南开大学出版社,2000
[25] 俞冬梅. 计算机应用培训教程Excel 2000[M]. 上海:上海交通大学出版社,2000
[26] 陆映妮,潘贤平. Excel 2000中文版实例精通[M]. 北京:科学出版社,2000
[27] 赵野军. Excel2000使用导引[M]. 北京:电子工业出版社,2000
[28] 杨世莹. Excel在数据统计与分析范例应用[M]. 北京:中国青年出版社,2005
[29] 何俊. Excel在市场调查工作中的应用[M]. 北京:中国青年出版社,2006

第二篇
体育统计数据 Spss 处理案例

Spss 是英文 Satistical Package for Social Science 的缩写,即"社会科学统计软件包"。目前,它是世界上通用、并具有权威性的统计分析软件包。2010 年最新版本为 17.0。Spss for Windows 采用窗口方式管理程序运行的全过程,简捷直观,易于操作;通过对话框,可以实现各种命令参数的设定,用户只要掌握基本的 Windows 操作方法,粗通统计分析原理,就可以应用该软件得到具有专业水准的统计分析结果。此外,Spss 还具有强大的图表功能以及数据库的互接功能,即可以产生各种统计报表和形象直观的统计图形,也可以实现与其他应用程序的资源共享。因此,Spss 深受广大科研工作人员的亲睐和喜爱。

本篇用体育领域的众多实例讲解了 Spss 17.0(中文版)软件的应用,主要内容有:体育统计学与 Spss 软件基础、描述性统计分析、统计检验、方差分析、聚类分析、判别分析、问卷分析、相关分析和回归分析。本篇具有以下优点:将统计学基本原理的描述与软件运行步骤的说明有机地结合起来,使广大学者在运用 Spss 进行体育统计数据分析时,既能了解相应统计方法的理论基础,又可以快速得到统计分析的结果。案例资料是笔者多年教学实践过程中收集的数据,能够很好地结合体育运动训练、竞赛及科学研究的实践,针对性强;操作步骤与图示一一对应,然后再对结果做了详细解释,能让学习者学得轻松,学以致用。本篇采用通俗易懂的言语而非统计专业术语来对各个案例进行阐述,简单明了,使读者易学易懂。通过本篇的学习,读者的体育统计能力与科学研究的基本素养能得到相应的提高。

第一章 体育统计学与 Spss 软件基础

体育统计学(Sports Statistics)是运用数理统计的理论和方法来研究体育教学、训练、科研和管理中的随机现象的发展规律的一门学科,是研究任何科学地搜集、整理和分析数据的一门学科。Spss 是 Statistical Package For Social Science 的英文缩写,即社会科学统计分析软件包。它是当今世界上公认和流行的综合统计分析软件包,Spss for Windows 以其强大的统计分析功能、方便的用户操作界面、灵活的表格式分析报告及其精美的图形展现,受到了社会各界统计分析人员的喜爱。目前,Spss 软件使用已经成为许多大专院校统计学专业和财经类、管理类等专业本科学生的必修课程。本章主要是关于统计学基础和 Spss 系统简介以及一些基础的操作,具体内容包括如下几方面:Spss 的操作命令、数据输入和编辑方法以及数据的整理方法,这些操作方法是进行数据分析的基础。以上几种操作方法主要由主菜单里文件菜单(F)、编辑菜单(E)和数据菜单(D)下的功能项来实现的。本章介绍这些功能项的使用方法,为利用 Spss 进行统计分析做必要的准备。这一部分的内容相当重要,读者务必熟练掌握,在学习的过程中不断使用、熟悉 Spss 处理数据的方法。为了使读者能更加形象地学习,下面以实例来进行具体说明。

实验 1 如何将数据直接录入到 Spss 中并保存

案例资料:已知"重庆某学校 13~15 岁青少年身高、体重数据"(表 1-1),如何将此数据直接录入到 Spss 中去?

表 1-1 重庆某学校 13~15 岁青少年身高、体重数据

编号	姓名	性别	年龄(岁)	身高(cm)	体重(kg)
1	张可	男	13	156.0	47.5
2	许飞	男	13	149.0	38.6
3	袁天	男	13	161.4	41.5
4	彭宇	女	13	158.3	47.2
5	余敏	女	13	162.0	47.0
6	高超	男	14	157.9	49.2
7	杨光	男	14	176.1	54.5
8	孙佳	女	14	164.1	44.0
9	毛云	女	14	147.5	36.2
10	赵宁	女	14	160.0	53.1
11	贺礼	男	15	166.4	57.2
12	姜杰	男	15	169.0	58.5
13	安全	男	15	170.5	51.0
14	段燕	女	15	159.4	44.7
15	沙莎	女	15	169.0	51.5

👆 **资料分析**:该题属于 Spss 数据的直接录入。

👆 **操作步骤**:

步骤 1:启动 Spss。

方法一:①在桌面用鼠标单击"开始"按钮,出现"开始"的菜单,在"开始"的菜单中选择"程序",出现"所有程序(P)"菜单。②在程序菜单中单击"SPSS Statistics"选项,如图 1-1 所示。

方法二:双击桌面上的 Spss 快捷方式图标，启动 Spss。

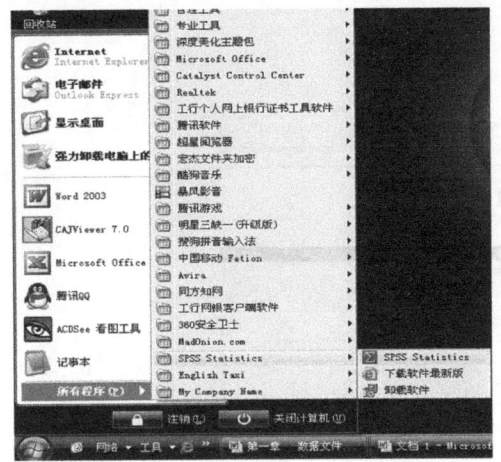

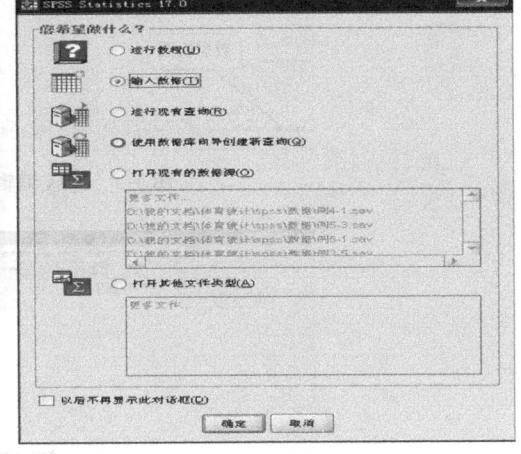

图 1-1 启动 SPSS 的方法(步骤 1)　　图 1-2 "SPSS Statistics17.0"对话框(步骤 2)

步骤 2:启动 Spss 后,首先会出现一个"SPSS Statistics 17.0"对话框,如图 1-2 所示,在该对话框中选择"输入数据",单击"确定"按钮,进入 Spss 程序主界面,如图 1-3 所示。

步骤 3:认识 Spss 界面。上一步单击"确定"后出现一个"未标题1[数据集0]—SPSS Statistics 数据编辑器"的编辑界面呈现在屏幕中央。

屏幕的第一行为标题栏,它显示的是目前数据文件的文件名。由于数据窗口中还没有数据存在,因此系统指定了一个默认文件名:数据集0,如图 1-3 所示。

第二行为菜单栏,它包括以下 11 个菜单项:(1)文件(F);(2)编辑(E);(3)视图(V);(4)数据(D);(5)转换(T);(6)分析(A);(7)图形(G);(8)实用程序(U);(9)附加内容(O);(10)窗口(W);(11)帮助。每一个菜单项都包含一系列功能,当在数据窗口中输入了数据或读入了一个数据文件后,可以使用菜单项的功能进行工作。

第三行为工具栏,第四行为编辑栏,第五行为变量名栏。中间为内容区,下面分别为窗口切换栏和状态栏,窗口切换栏有两个选项卡(数据视图和变量视图),数据视图窗口是录入数据或打开已存的数据文件,而变量视图窗口是定义数据文件。

步骤 4:定义变量数据类型。在 Spss 的编辑界面中(如图 1-3 所示),点击窗口左下角的"变量视图"选项卡,与图 1-3 相似的界面如图 1-4 所示。

123

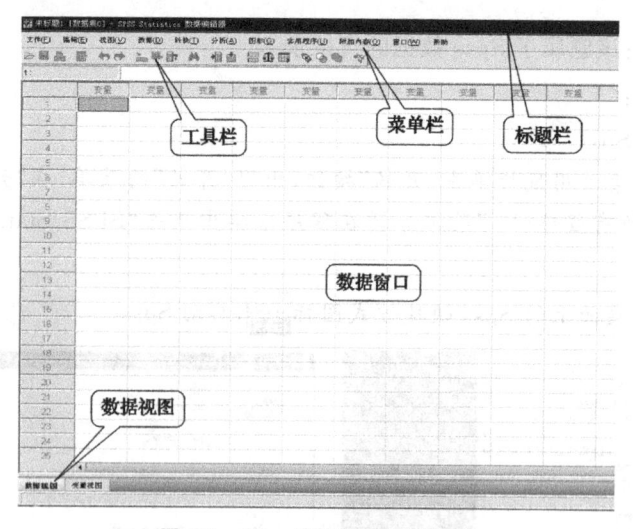

图 1-3 Spss 编辑界面(步骤 3)

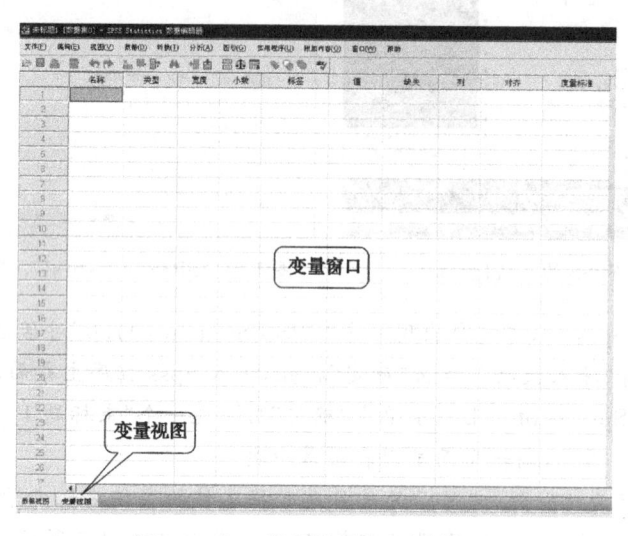

图 1-4 Spss 变量视图窗口(步骤 4)

步骤 5：在"变量视图"选项卡数据表格中定义变量属性，如图 1-5 所示。

图 1-5 定义变量属性(步骤 5)

步骤 6：定义变量名。将光标移至名称下的单元格中，从上到下依次键入"编号"、"姓名"、"性别"、"年龄"、"身高"和"体重"(如图 1-6 所示)，这些是将要建立的数据文件的变量名。

步骤 7：定义变量的数据类型。单击 数值(N) 就会现如图 1-7 所示的"变量类型"对话框。

图 1-6　变量名称的输入(步骤 6)　　　　图 1-7　"变量类型"对话框(步骤 7)

变量类型包括：

A. 标准数值型。默认长度 8 位,小数 2 位。

B. 带逗点的数值型。默认长度 8 位,小数 2 位;输出的数据从右到左,每隔 3 位都有逗点隔开。

C. 带圆点的数据型。默认长度 8 位,小数 2 位;输出的数据从右到左,每隔 3 位都有圆点隔开。

D. 科学记数法型。默认长度 8 位,小数 2 位;输出的数据自动调变成科学记数的表示方法。

E. 日期型。输出的数据自动调变成日期格式。

F. 美元型。默认长度 8 位,小数 2 位;输出的数据自动调变成美元格式,多用于经济法中。

G. 设定货币。根据自己的需要选择其中的类型。

H. 字符串型。默认长度为 8 位。

步骤 8:在这里根据需要选择变量类型,比如"姓名"、"性别",分别选择字符串型。"编号"、"年龄"、"身高"和"体重"选择数值型,如图 1-8 所示。

图 1-8　变量类型的选择步骤(步骤 8)　　　　图 1-9　录入后的数据视图窗口(步骤 9)

步骤 9:录入数据。单击 Spss 窗口左下角的"数据视图"回到数据视图窗口,然后按照表 1-1 的原始数据输入数据变量,录入完后,如图 1-9 所示。

步骤 10:数据保存。在工具栏单击快捷保存标志或单击"文件(F)"菜单下的"保存"选项,如图 1-10 所示。

步骤 11:选择"保存"后出现一个"将数据保存为"对话框,选择要保存的位置(此处以保存到桌面为例)并将此数据文件命名为"重庆某学校 13~15 岁青少年身高、体重数据"(如图 1-11 所示),选择保存类型"SPSS Statistics(＊.sav)",单击"保存"按钮,即可将此文件保存至桌面。

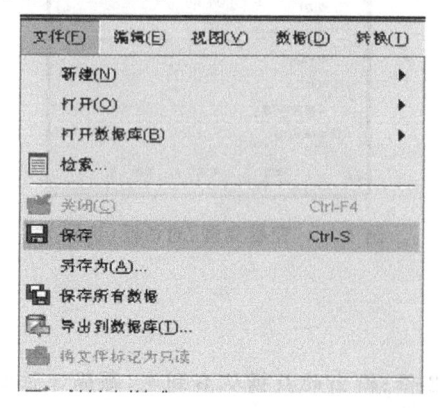

图 1-10　"文件"菜单下"保存"子菜单(步骤 10)　　图 1-11　"将数据保存为"对话框(步骤 11)

步骤 12:退出 Spss 程序。保存完毕后,就完成了这次的数据录入工作,现在就可以退出 Spss 程序了。可以直接单击 ❌ 按钮关闭对话框。或如图 1-12 所示,在菜单栏"文件(F)"下选择"退出(X)"选项,关闭 Spss 程序。

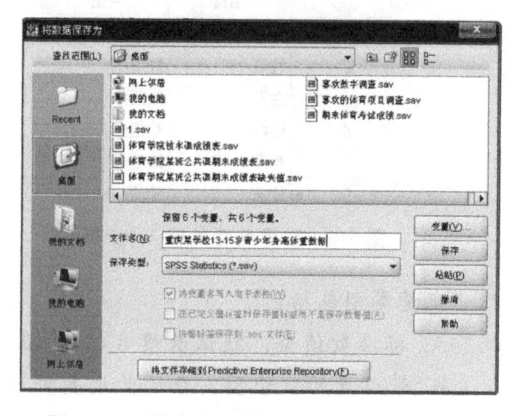

图 1-12　"文件"菜单下"退出"子菜单(步骤 12)

实验 2　如何用 Spss 读取"体育成绩册"Excel 文件数据

案例资料:已知一份"体育成绩册"的 Excel 文件,如何用 Spss 读取该文件中的数据?

☞ **资料分析**:该题属于 Spss 数据的间接录入,本案例要用到"文件(F)"菜单中"打开(O)"子菜单下的"数据(A)"选项来实现。

☞ **操作步骤**:

步骤 1:打开 Spss 软件。在"文件(F)"菜单中选择"打开(O)"子菜单下的"数据(A)"选项,如图 1-13 示。选择后会弹出"打开数据"对话框,如图 1-14 所示。

步骤 2:在"打开数据"对话框中,在"查找范围"处找到自己需要处理的数据的位置(这里以存放在桌面为例),在"文件类型(T)"处选择 Excel(＊.xls,＊.xlsx,＊.xlsm),在"文

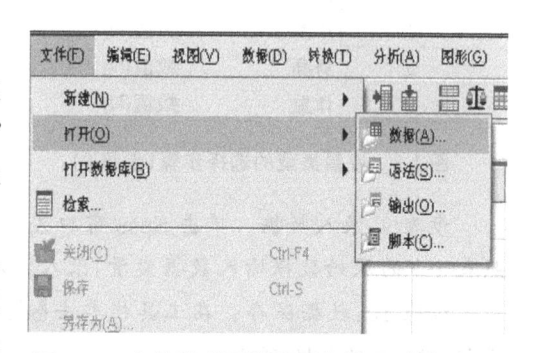

图 1-13　文件菜单下的数据菜单项(步骤 1)

126

件名(N)"中选中桌面上需要处理的数据文件,如图1-14所示,再单击"打开",被选中的Excel数据就会调入Spss软件数据窗口中,如图1-15所示。

图1-14 "打开数据"对话框(步骤3)

步骤3:Excel数据就会出现在Spss的数据视图窗口中,如图1-15所示,但还需要对这些数据进行重新定义。在窗口左下角选择"变量类型",出现"变量类型"窗口。

图1-15 Spss编辑窗口(步骤3)

步骤4:在"变量类型"窗口中,对"性别"进行定义:单击"性别"所在的"类型"单元格,出现"变量类型"对话框,变量类型选择"字符串",宽度为2,小数位为0,如图1-16所示。单击"确定"按钮,回到Spss变量视图主窗口。

图1-16 "变量类型"对话框(步骤4)

步骤5:在Spss变量视图窗口中,单击"性别"的"值"单元格,单元格变为可编辑状态,单击后面的出现一个"值标签"对话框。在"值标签"对话框"值(U)"中输入标识符号,以便于数据的处理为宜。在"标签(L)"中输入需要定义的对象的名称。单击"添加",就完成了这次数据的定义。需要继续对没有定义的其他选项进行定义,继续添加。在这里以"1"表示"男","2"表示"女"为例,如图1-17所示。对其他名称的定义与性别定义方法相同。

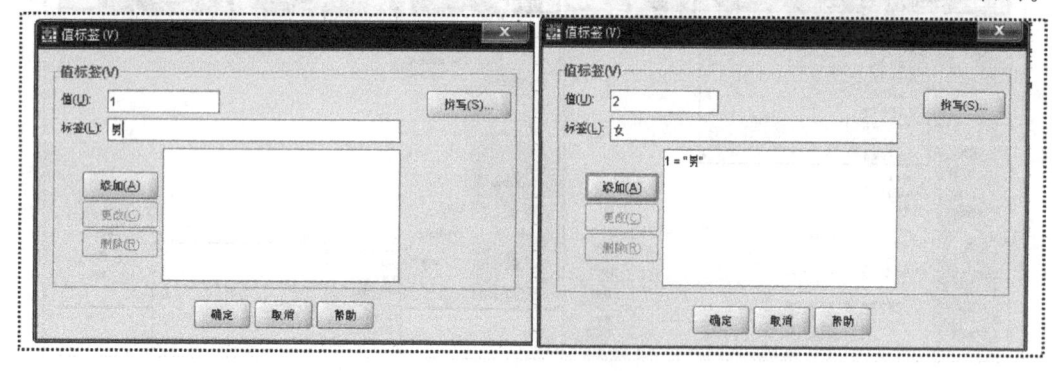

图 1-17 "值标签"对话框(步骤5)

实验 3 如何将文本文件数据录入到 Spss 中去

案例资料:已知一份"篮球单选题答案"的文本文件,如何用 Spss 读取该文件中的数据?

资料分析:该题属于 Spss 数据的间接录入,要先将文本文件转存为纯文本文件,再用 Spss 读取纯文本文件中的数据。

操作步骤:

步骤 1:从文本文件中调出数据。打开 Spss 软件,选择"文件(F)"菜单下"打开(O)"子菜单中的"数据(A)"选项如图1-18所示,就会出现一个"打开数据"对话框,如图 1-19(左)所示。

步骤 2:在"打开数据"对话框中找到要存放文本文件的位置。单击需要处理的文本文件,再单击"打开",如图 1-19 所示。

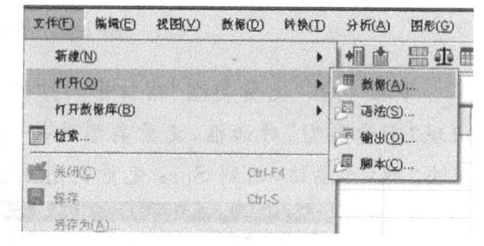

图 1-18 文件菜单下的数据菜单项(步骤1)

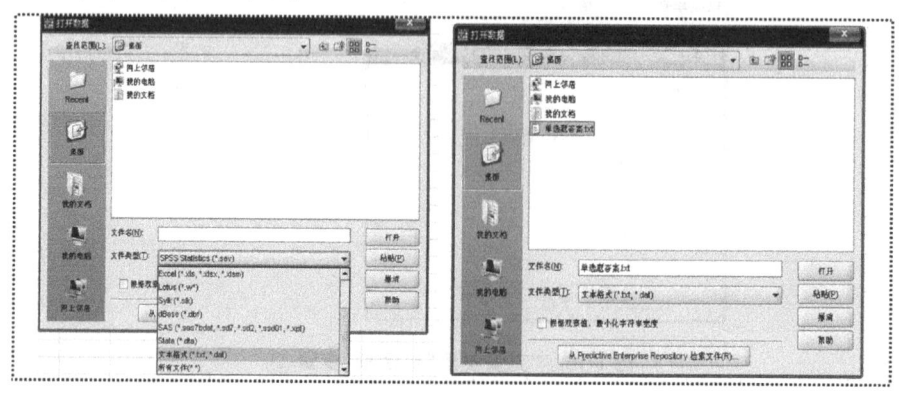

图 1-19 "打开数据"对话框(步骤2)

第一章 体育统计学与 Spss 软件基础

步骤 3：打开需要处理的文本文件之后，会出现一个"文本导入向导"对话框，通常选择默认值，直接单击"下一步"，如图 1-20 所示。

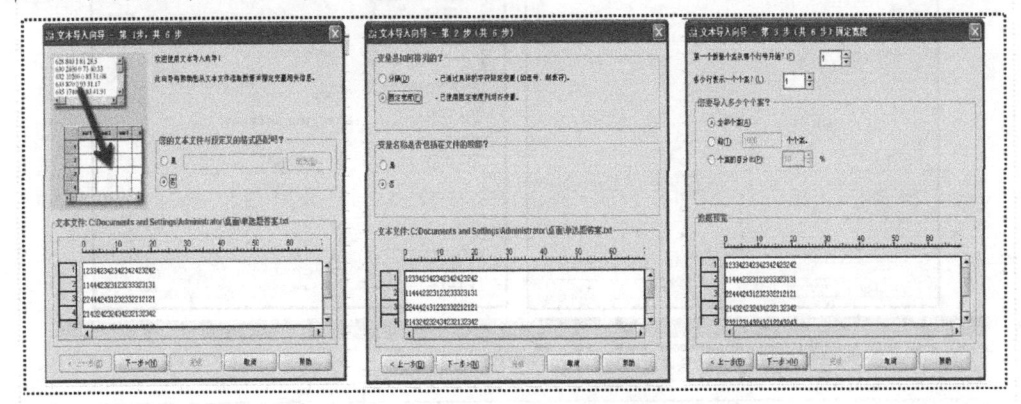

图 1-20 "文本导入向导 1-3 步"对话框（步骤 3）

步骤 4：图 1-21 中的竖线实际上是给这些变量赋值的。在需要的位置单击鼠标左键，其实质就是根据需要对其数据进行分列。因为本文中采用的数据是一份调查问卷的单项选择题答案的数据统计，所以答案只有一个，就把每个数据进行单独分列。数据横着的第一行表示第一份问卷的答案，第二行表示第二份问卷的答案，如图 1-21 所示。

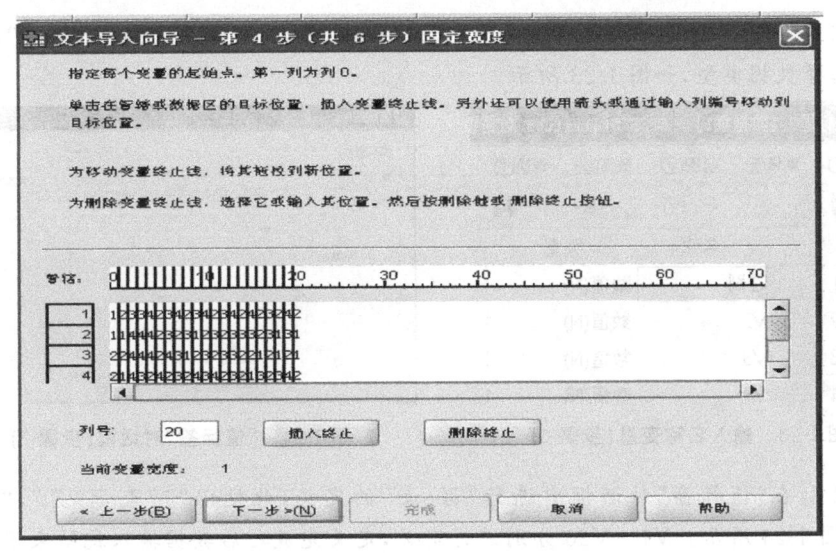

图 1-21 "数据导入向导-固定宽度"对话框（步骤 4）

步骤 5：当所有的数据分组完以后单击"下一步"。在下面的对话框中，就可以看到，软件已对每一个变量进行赋值，直接单击"下一步"，所有的数据就录入到了 Spss 软件中。变量 1(V1) 到变量 20(V20) 就是问卷的 20 个题目，如图 1-22 所示。

129

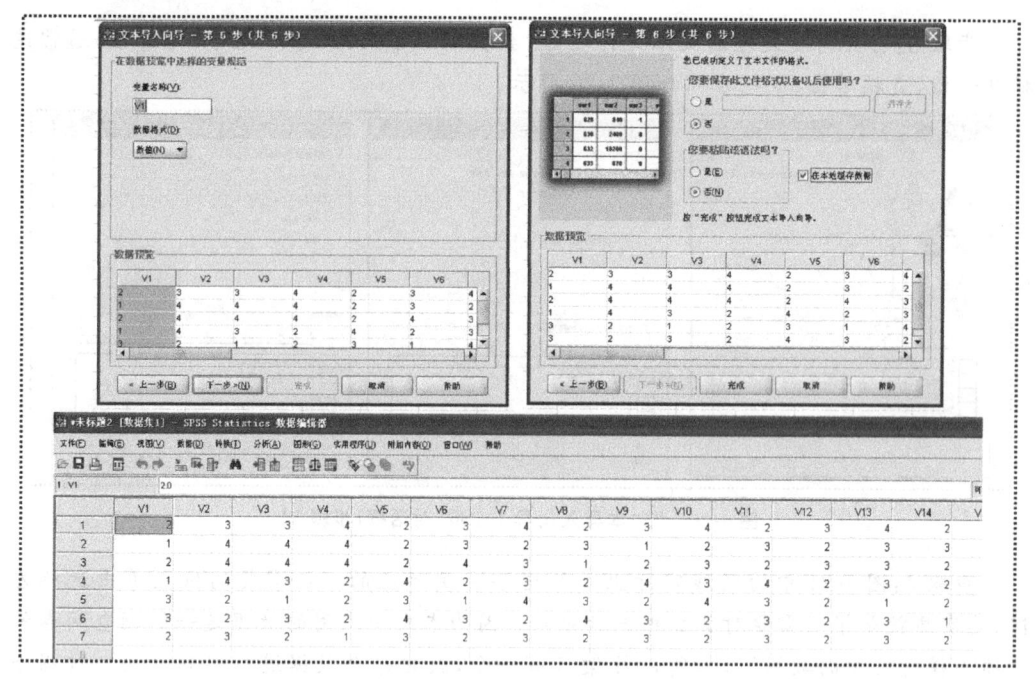

图 1-22　录入数据的视图(步骤 5)

步骤 6:以对变量 1(V1)进行定义为例,在标签"名称"中输入问题一"性别",在标签类型中选择数据类型,如图 1-23 所示。

图 1-23　输入名称变量(步骤 6)

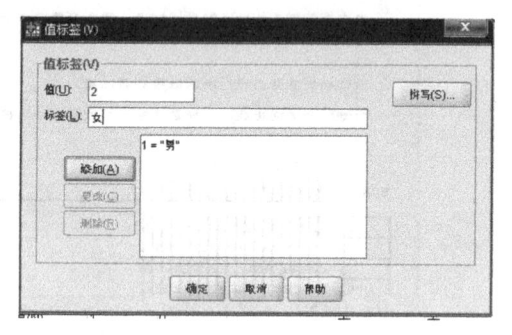

图 1-24　"值标签"对话框(步骤 7)

步骤 7:在"值标签"对话框中进行"男、女"的定义,此处以"1"表示"男","2"表示"女",如图 1-24 所示。V1~V20 分别进行定义,定义完成之后数据输入就结束了。

实验 4　Spss 常见的基本操作

案例资料:在已知的数据文件中,发现了遗漏录入的变量和重复录入的观测值,应该如何将遗漏的观测值补入并将重复的观测值删除? 如何剪切、复制与粘贴统计数据? 如何找到指定观察值? 如何将观测值进行排名? 如何按要求筛选出符合条件的观测值?

资料分析:该题是属于数据文件的编辑,要找到指定观察值,需用到"编辑(E)"菜单中"查找(F)"选项来实现。遗漏的观测值可以用插入的方式补入,重复录入的观测值则可以删除,而删除分为永久删除和剪切,剪切删除的观测值后面用到时可以粘贴回来。要先将 A 数据文件中需要转移的数据剪切,然后粘贴到 B 文件中去就可以了。如果要求

A文件保留这些数据,就应该用"复制",而不是"剪切"了。将观测值进行排名要用到"数据(D)"菜单中的"排序个案"子菜单来实现。按要求筛选出符合条件的观测值,要用到"转换(T)"菜单中的"计算变量(C)"选项来实现。处理期末考试成绩数据中的缺失值,要用到"转换(T)"菜单中的"替换缺失值(V)"选项来实现。

操作步骤:

1. 查找观测值。

步骤1:在"编辑(E)"菜单中选择"查找(F)"选项,如图1-25所示,出现一个"查找和替换—数据视图"对话框,如图1-26所示。

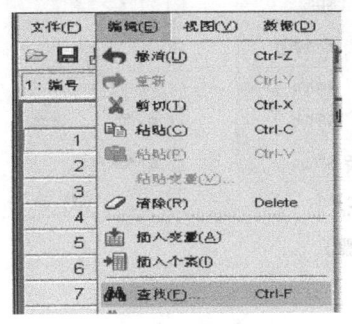

图1-25 选择菜单(步骤1)　　图1-26 "查找和替换"对话框(步骤2)

步骤2:在"查找和替换—数据视图"对话框中,输入要查询的变量的位置,指针就自动移动到要查询的变量的位置。如想知道第200号学生的成绩情况,就在查找框中输入200,指针就会自动跳动到第200号学生成绩位置,如图1-26所示。

2. 插入观测值。

方法一:在数据视图窗口,选中要插入观测值的位置,如图1-27(a)所示。在"编辑(E)"菜单中选择"插入变量(A)",如图1-27(b)所示。

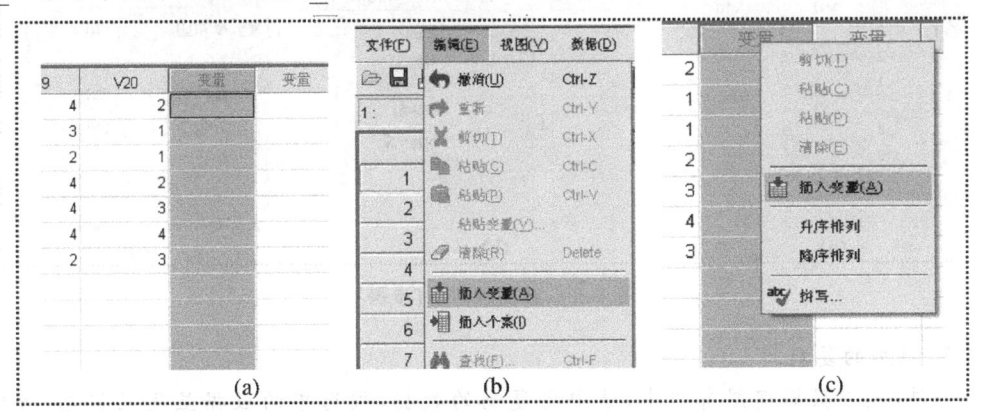

图1-27 插入观测值(步骤)

方法二:在数据视图窗口,选中要插入观测值的位置,如图1-27(a)所示。单击右键,选中"插入变量(A)",如图1-27(b)所示。

3. 删除观测值。

方法一:在数据视图窗口,选中要删除的观测值,被选中的观测值呈反显状态,如图1-28(a)所示。在"编辑(E)"菜单中选择"清除(R)",如图1-28(b)所示。

方法二:在数据视图窗口,选中要删除的观测值,被选中的观测值呈反显状态,如图

1-28(a)所示。单击鼠标右键,会出现一个对话框,在对话框中选择"清除(E)"选项,如图 1-28(c)所示。

方法三:在数据视图窗口,选中要删除的观测值,被选中的观测值呈反显状态,如 1-28(a)所示。在"编辑(E)"菜单中选择"剪切(T)",选中的观测值也会被删除掉,如图 1-28(d)所示。

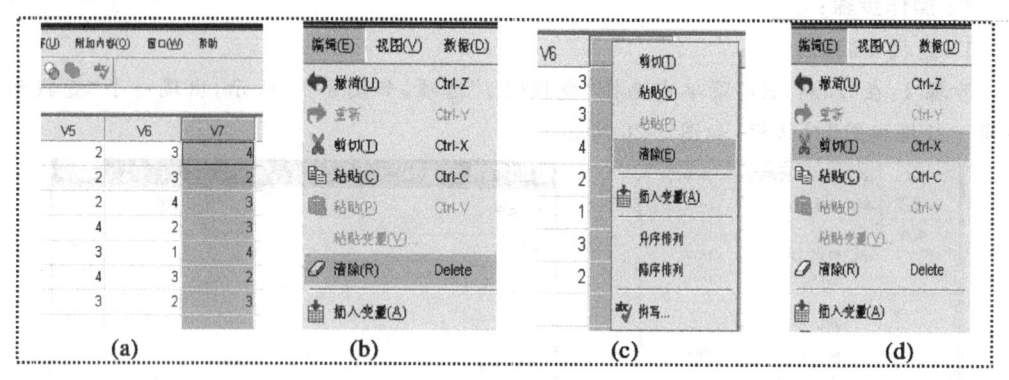

图 1-28 删除观测值(步骤)

4. 数据的剪切。

方法一:在数据视图窗口,选中要剪切的数据,被选中的数据呈反显状态,如图 1-29 (a)所示。单击鼠标右键,会出现一个对话框,在对话框中选择"剪切(T)"选项,如图 1-29(b)所示。选中的数据也会被删除掉。

方法二:在数据视图窗口,选中要剪切的数据,被选中的数据呈反显状态,如图 1-29(a)所示。在"编辑(E)"菜单中选择"剪切(T)",如图1-29(c)所示。选中的数据也会被删除掉。

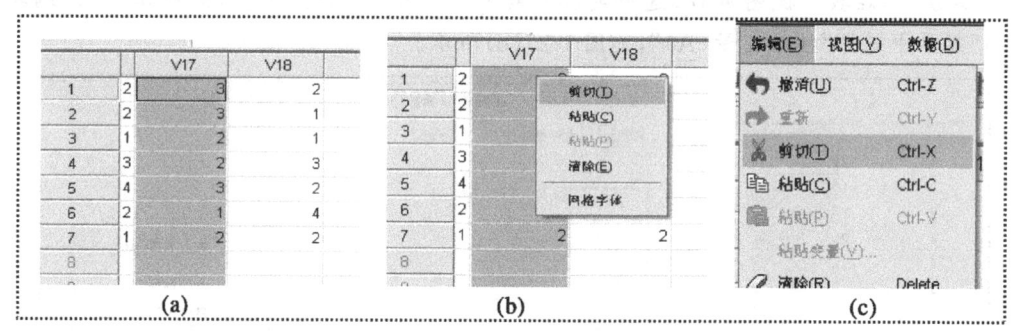

图 1-29 数据的剪切(步骤)

5. 数据的复制。

方法一:在数据视图窗口中,选中要复制的数据,被选中的数据呈反显状态,如图 1-30(a)所示。单击鼠标右键,会出现一个对话框,在对话框中选择"粘贴(C)"选项,如图 1-30(b)所示。

方法二:在数据视图窗口,选中要复制的数据,被选中的数据呈反显状态,如图 1-30 (a)所示。在"编辑(E)"菜单中选择"粘贴(C)"选项,如图 1-30(c)所示。

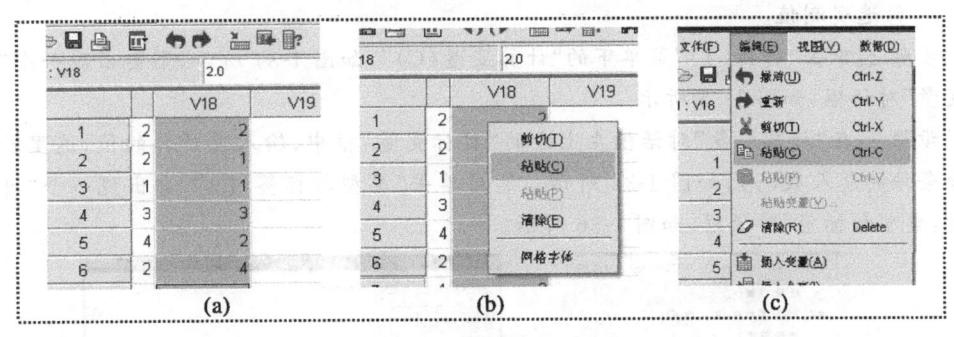

图 1-30 数据的复制(步骤)

6. 数据的粘贴。

方法一:被选中的数据被剪切或复制。在数据视图窗口,将光标移动到要粘贴的位置。单击右键,会出现一个对话框,在对话框中选择"粘贴(P)",如图1-31(a)所示。

方法二:被选中的数据被剪切或复制。在数据视图窗口,将光标移动到要粘贴的位置。在"编辑(E)"菜单中选择"粘贴(P)",如图1-31(b)所示。

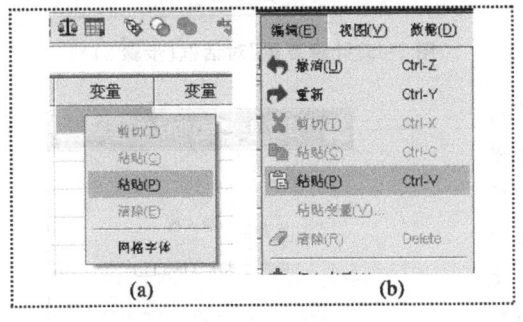

图 1-31 数据的粘贴(P)(步骤3)

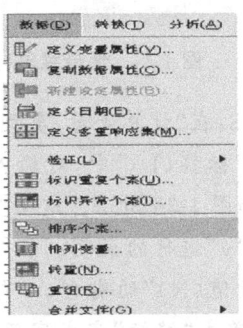

图 1-32 选择菜单(步骤1)

7. 排序观测值。

步骤1:在Spss中输入原始数据文件后,在"数据(D)"菜单中选择"排序个案…",如图1-32所示。单击后会出现"排序个案"对话框,如图1-33所示。

步骤2:在"排序个案"对话框的左侧框中,选择要排序的项目,使要排序的项目成为反显状态,这里以对平均分排序为例,如图1-33(左)所示。然后单击中间的箭头按钮,选中的项目就会出现在"排序依据"框中。在"排列顺序"框中选择排序的方式,名次应按高分到低分排,选择"降序(D)"。单击"确定"键,完成数据的排序工作,如图1-33(右)所示。

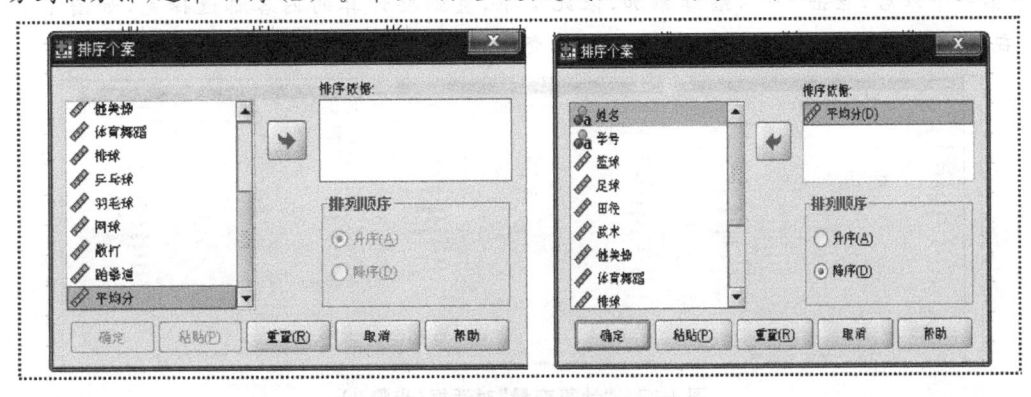

图 1-33 "排序个案"对话框(步骤2)

8. 筛选观测值。

步骤1：单击"转换(T)"菜单下的"计算变量(C)"，如图1-34所示，则会出现一个"计算变量"对话框，如图1-35所示。

步骤2：在"计算变量"对话框左上方的"目标变量"框中，输入要计算的值，这里就是符合条件的总人数(y)，如图1-35所示。然后单击"类型与标签(L)"，会出现一个"计算变量：类型和标签"对话框，如图1-36所示。

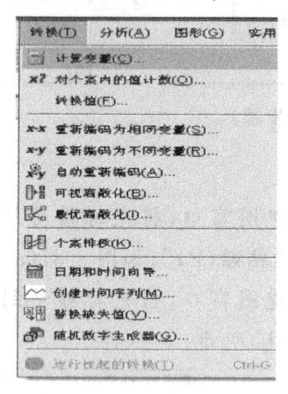

图1-34　选择菜单(步骤1)　　　图1-35 "计算变量"对话框(步骤2)

步骤3：在"计算变量：类型和标签"对话框中的"标签(L)"中，对输入的字符进行说明，如图1-36所示。这里"总人数"就是对字符"y"进行的说明。在"类型"选项处选择"数值(N)"的类型，一般采用系统默认值。单击"继续"完成字符说明，回到"计算变量"主对话框。

步骤4：在"计算变量"对话框中的左下窗口中，选择要计算的内容。选中要计算的内容(如篮球)，使内容成为反显状态，如图1-37(左)所示。单击中间的箭头，使要计算的内容调入"计算变量"对话

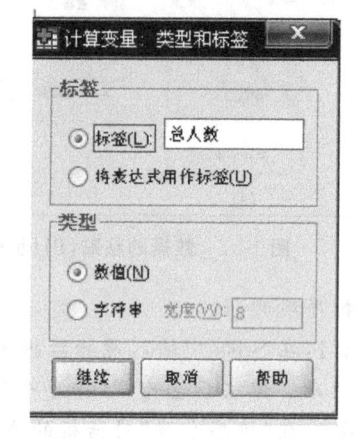

图1-36　"计算变量：类型和标签"对话框(步骤3)

框右上方"数字表达式(E)"窗口之中，如图1-37(中)所示。如果计算内容的项目很多，选中第一个以后，点击"＋"，继续添加，依此类推，直到要计算的内容都选择完，如图1-37(右)所示。然后单击"如果"，会出现"计算变量：If 个案"对话框，如图1-38所示。

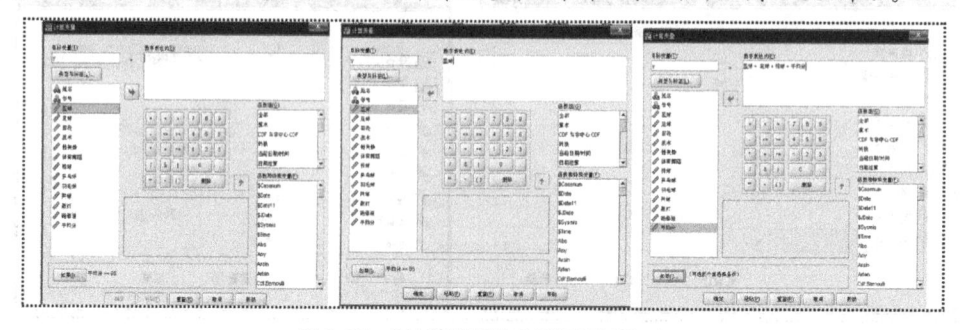

图1-37　"计算变量"对话框(步骤4)

步骤5：在"计算变量：If个案"对话框中，右上方的第一个选项（包括所有个案(A)）是对个案无条件选择，对前面的所有项目均进行选择。第二个选项（如果个案满足条件则包括(F)）是有条件地对项目进行选择。此题选择"如果个案满足条件则包括(F)"。选中"如果个案满足条件则包括(F)"后，"计算变量：If个案"对话框的各个窗口则变为可用状态，如图1-38所示。

图1-38 "计算变量：If个案"对话框（步骤5） 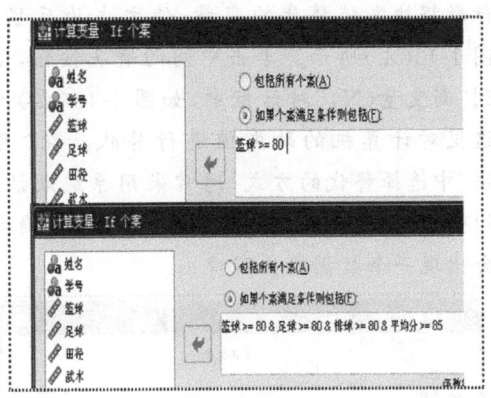　　图1-39 条件表达式窗口（步骤6）

步骤6：在"计算变量：If个案"对话框中，左边的选项中选择条件，单击中间的箭头，添加到条件窗口之中去。此题中要求计算的是篮球的数据，则在左边选择"篮球"，添加到右边窗口中之后，还要对其说明。比如需要"篮球>=80"，如图1-39（上）所示。如果条件有两个或以上，在每个条件之间用字符"&"隔开，直到所有条件全部输入进去，如图1-39（下）所示。所有的条件输入完毕以后，选择"继续"按钮，回到了"计算变量"对话框。

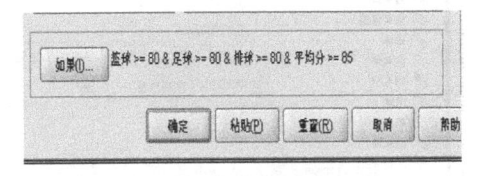

图1-40 如果条件显示（步骤7）

步骤7：在"计算变量"对话框中，会对满足条件的数据进行计算，在"如果"处，可以看到前面输入的条件，如图1-40所示。单击"确定"按钮，得到如图1-41所示的结果输出图。

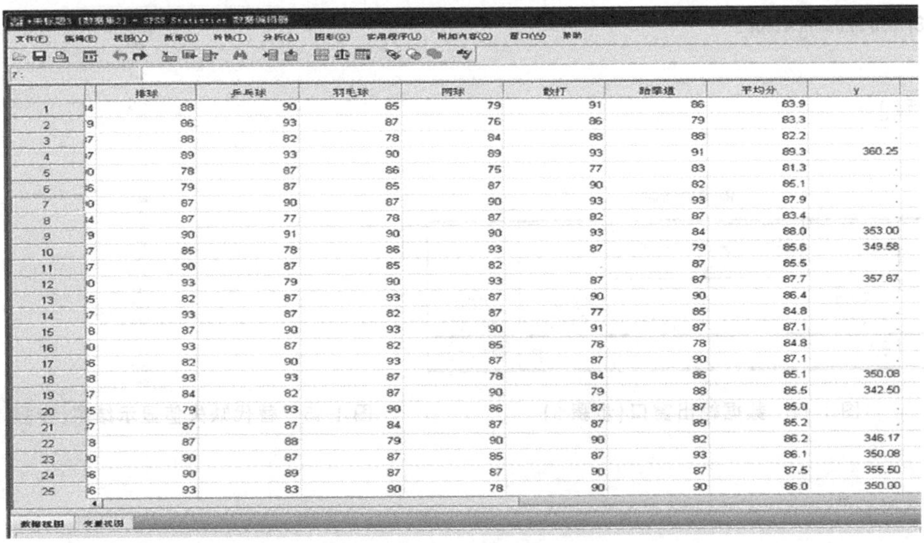

图1-41 结果输出图

9. 替换缺失值。

步骤1：在"转换(T)"菜单下选择的"替换缺失值(V)"选项，如图1-42所示，出现一个"替换缺失值"对话框，如图1-43所示。

步骤2：在"替换缺失值"对话框中，选中需要进行数据缺失值替代的变量，使之成为反显状态，如图1-43(左)所示。单击中间的箭头按钮，使变量移到"新变量(N)"对话框中，如图1-43(右)所示。在这里对计算机的缺失值进行替代。在"名称和方法"中选择替代的方式，通常采用系统默认值"序列均值"，如图1-43(右)所示。然后单击"确定"按钮，会出现一个数据输出窗口。

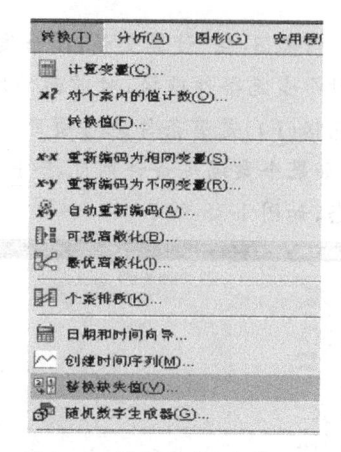

图1-42 选择菜单(步骤1)

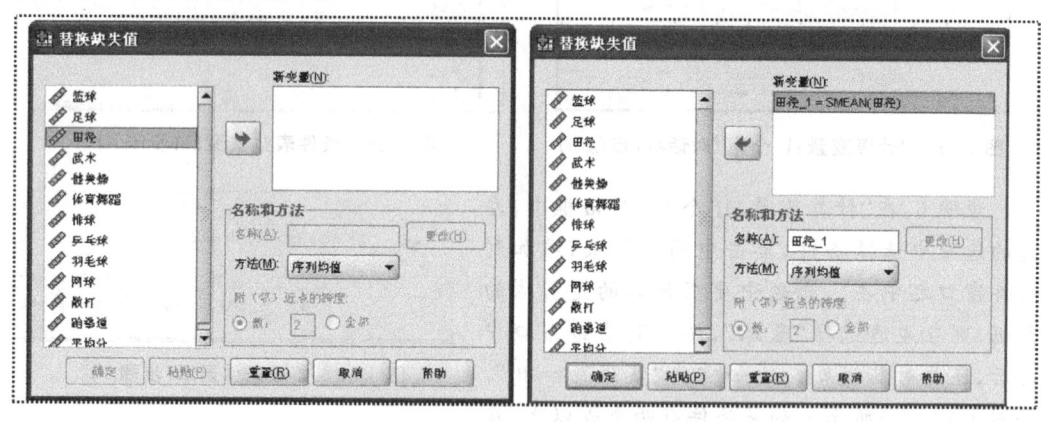

图1-43 "替换缺失值"对话框(步骤2)

步骤3：在数据输出窗口中就输出了一个新的变量，如图1-44所示。

步骤4：回到数据窗口，就可以看到多出"田径_1"数据列，就是系统生成的替代缺失值的新的数值，如图1-45所示。

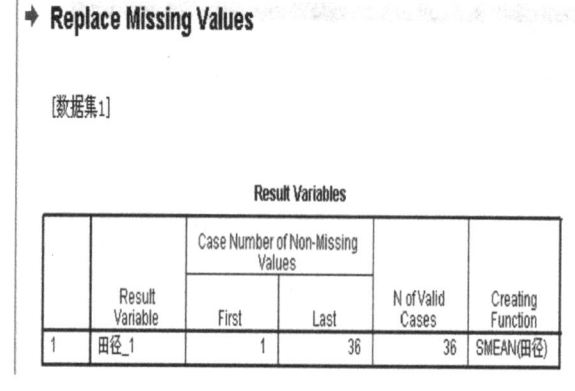

图1-44 数据输出窗口(步骤3)

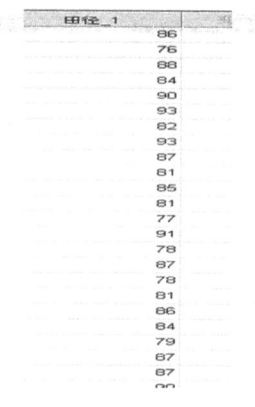

图1-45 替代缺失值显示结果(步骤4)

实验 5　如何拆分出同一个数据表中的男、女生考试成绩

案例资料：已知某学院某班学生期末体育考试成绩，如图 1-46 所示，要求分别求出该班学生中男、女生考试成绩的最大值、最小值、平均值以及将成绩按性别分别求出他们的平均值。

资料分析：本案例中男、女生体育期末成绩的数据在同一个数据文件中，将这个数据文件分成两个(或多个数据)文件，就可以分别求出男、女生体育成绩的情况。本案例要用到“数据(D)”菜单中的“拆分文件(F)”选项和“分类汇总(A)”选项来实现。

	A	B	C	D	E	F	G	H	I	J
1	序号	考生登记号	学生姓名	性别	成绩	序号	考生登记号	学生姓名	性别	成绩
2	1	1402022	田野	男	78	37	1406081	朱晓飞	男	88
3	2	1402025	戴思源	男	92	38	1403229	沈濠嘉	女	76
4	3	1402007	刘怡颖	女	85	40	1403090	张嗣聪	男	89
5	4	1404006	孙熠熠	女	74	41	1403093	卢健	男	85
6	5	1404144	余梦圆	女	88	42	1403192	赵颖佳	女	86
7	6	1404253	杨佳钰	女	83	43	1414066	张徐明	男	78
8	7	1404256	杨佳懿	女	65	44	1414004	顾海燕	女	90
9	8	1404278	鲁一诺	男	95	46	1410001	汤妍婧	女	85
10	9	1404309	卞筱灵	女	90	47	1410076	杜嘉宁	男	80
11	10	1404331	沈佳煜	男	84	48	1401152	陆心瀚	男	87
12	11	1404304	缪乐迎	女	87	49	1401163	吴霜霜	男	92
13	12	1404180	黄葳行	女	77	50	1401025	孙晓辉	男	89
14	13	1404191	鲁星南	男	89	51	1401111	金姣	女	71
15	14	1404088	顾颖颖	女	79	52	1401193	江li	男	87
16	15	1404282	印天梦	男	68	53	142064	李立	男	85
17	16	1404327	陆海波	男	93	54	1423041	邵洁儿	女	79
18	17	1415011	陆悦	女	93	55	1423056	李逸骏	男	90
19	18	1415075	钱雨妮	女	82	56	1423105	沈毅	男	85
20	19	1415109	严心仪	女	91	57	1423106	朱蕴伟	男	88
21	20	1419035	杜亦仁	男	76	58	1423026	王轶卿	男	79
22	21	1419079	袁媛	女	87	59	1423150	王思逸	女	87
23	22	1419167	祝昕嫄	女	89	60	1423071	张继舟	男	82
24	23	1419086	唐帼君	女	85	61	1423092	陈钧	男	69
25	24	1419074	沈佳	女	73	62	1423113	胡云豪	男	90
26	25	1412054	陆逸文	男	69	63	1423093	罗立	女	67
27	26	1412036	陈艳华	女	90	64	1423133	杨金鹤	男	82
28	27	1421155	李嫣斌	女	88	65	1423016	陈俊博	男	85
29	28	1421075	徐丹华	男	83	66	1423023	朱伟豪	男	92
30	29	1421061	邓燕琳	女	86	67	1405051	陈菲	女	80
31	30	1421012	肖文娟	女	74	68	1405063	朱文杰	男	89
32	31	1421044	吴 旻	女	75	69	1404231	刘昊	男	79
33	32	1418012	陶枫	男	83	70	1407013	须豪杰	男	73
34	33	1418005	徐佳艳	女	80	71	1407016	范天昊	男	87
35	34	1418007	徐婷	女	86	72	1407149	朱耀东	男	93
36	35	1418074	金晓倩	女	72	73	1411043	陈妍	女	67
37	36	1406133	钱刚	男	81	74	1408062	朱尧	男	80

图 1-46　期末体育考试成绩

操作步骤：

步骤 1：在 Spss 中按原始数据输入，从“数据(D)”菜单中选择“拆分文件(F)”子菜单，如图 1-47 所示，会弹出“分割文件”对话框，如图 1-48 所示。

步骤 2：①在“分割文件”对话框中间上方的三个单选项中选择拆分数据文件的方式。根据需要选择拆分数据文件的方式，这里以选择“按组组织输出(O)”为例，如图 1-48 所示。

②在“分割文件”对话框的左边原变量列表中，选择一个或若干个要进行分组的变量名进入分组方式栏中。本案例需选择“性别”进入分组方式栏中。在原变量列表中选择“性别”，使之成反显状态，单击箭头按钮使其进入“分组方式”中。在“分割文件”对话框正下方的两个单选项中选择当前文件的状态。

③在“分割文件”对话框中单击“确定”按钮，执行数据文件的拆分。

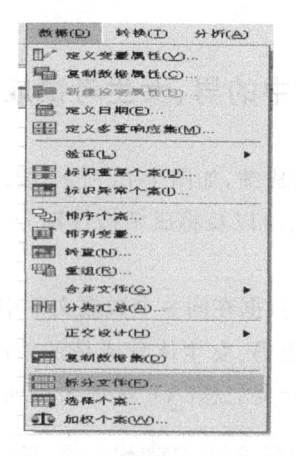

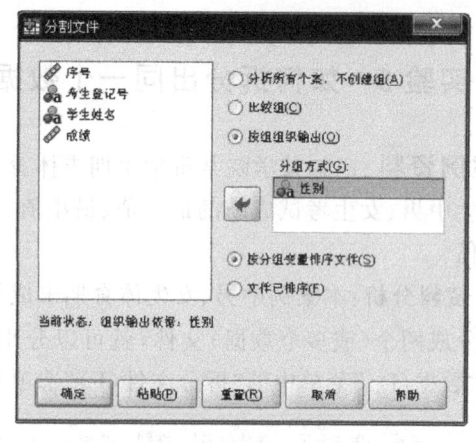

图 1-47　数据菜单(步骤 1)　　　图 1-48　"分割文件"对话框(步骤 2)

步骤 3：在原数据文件中选择拆分结果，如图 1-49 所示，数据文件的拆分就完成了。

a　原始数据　　　　　　b　按"性别"进行排序的数据文件

图 1-49　原始数据文件及拆分后的数据文件(步骤 3)

　　步骤 4：在原"体育考试成绩"数据文件中的"数据(D)"菜单中选择"分类汇总(A)"选项，如图 1-50 所示。出现一个"汇总数据"对话框。如图 1-51 所示。

　　步骤 5：在"汇总数据"对话框右边变量选项框中，选中"性别"，单击箭头状按钮。使"性别"进入"分组变量"框中，如图 1-51(左)所示。在"汇总数据"对话框左边变量选项框中选中"成绩"，单击上边第二个箭头按钮。使"成绩"进入"变量摘要"框中，如图 1-51(右)所示。单击"汇总数据"对话框中的"变量名与标签"，会出现一个"汇总数据：变量名称与标签"对话框，如图 1-52 所示。

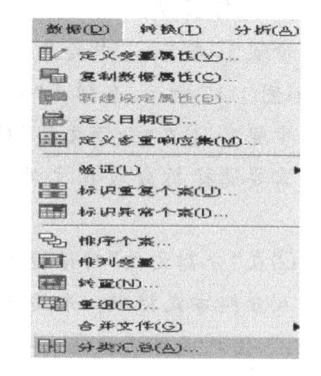

图 1-50　选择菜单(步骤 4)

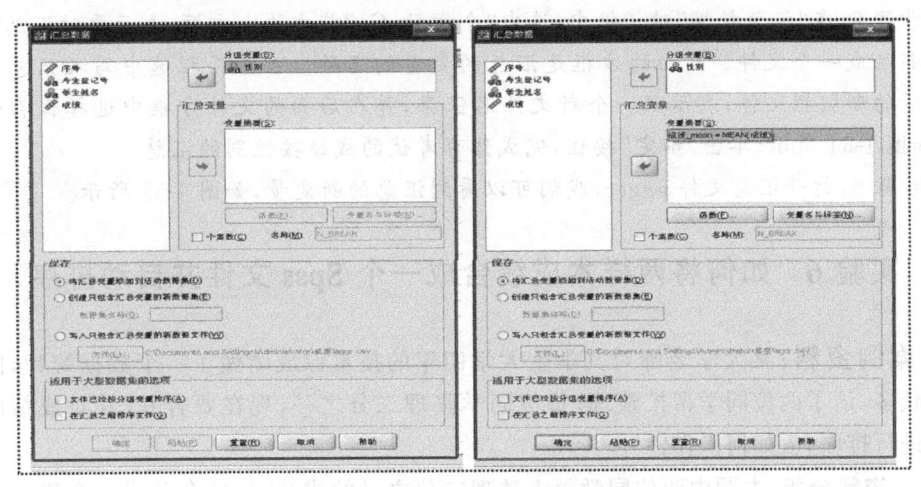

图 1-51 "汇总数据"对话框(步骤 5)

步骤 6:在"汇总数据:变量名称与标签"对话框中,"名称(N)"框中输入最终成绩;在"标签(L)"输入框中对汇总变量添加标签,加以说明,如图 1-52 所示,单击"继续"完成操作,回到"汇总数据"对话框。

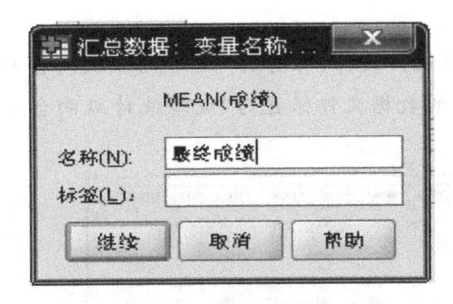

图 1-52 "汇总数据"对话框(步骤 6) 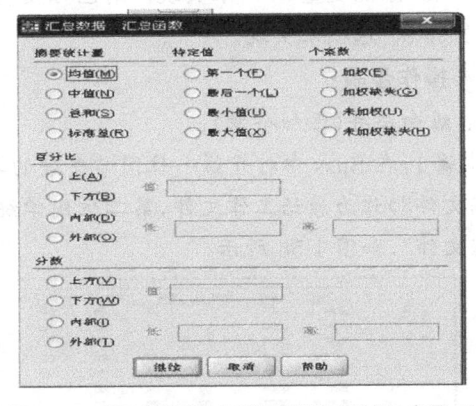　　图 1-53 "汇总数据:汇总函数"对话框(步骤 7)

步骤 7:在"汇总数据"对话框中,单击"函数",会出现一个"汇总数据:汇总函数"对话框。在"汇总数据:汇总函数"对话框中选择汇总的方式,此题中选择"均值(M)",如图 1-53 所示,单击"继续"完成操作,回到"汇总数据"对话框。

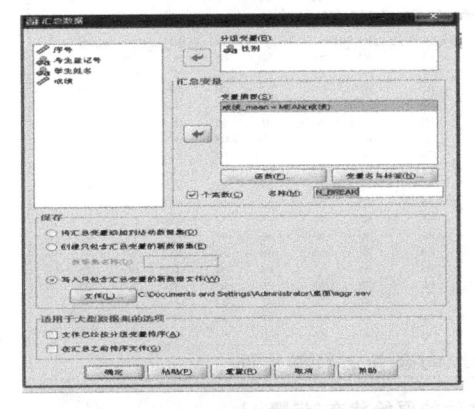

图 1-54 "汇总函数"对话框(步骤 8) 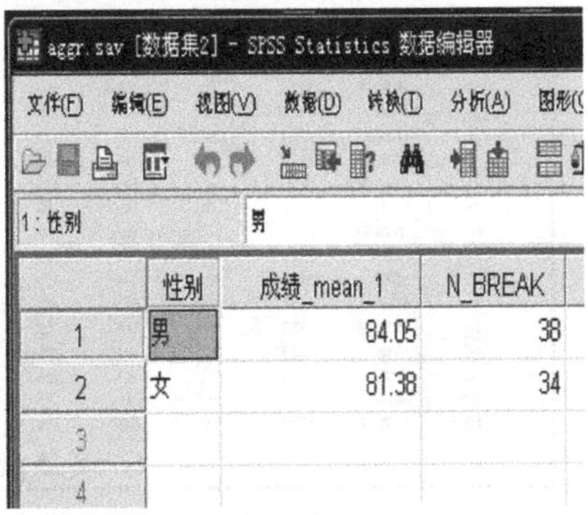　　图 1-55 汇总后的数据文件(步骤 9)

步骤 8:在"汇总数据"对话框中,选中"个案数(C)"前方的小方框,表示要对汇总的文件重新生成一个文件。后面的方框是汇总的变量的名称。在保存栏选中写入只包含汇总变量的新数据文件,表示以一个新文件名保存,并在后面的文件方框中选择保存的位置,如图 1-54 所示,单击"确定"按钮,完成体育考试的成绩按性别的汇总。

步骤 9:打开汇总文件 agger,我们可以看到汇总的新变量,如图 1-55 所示。

实验 6 如何将两样本成绩合成一个 Spss 文件并自动排序

案例资料:某大学老师对其学生大学四年的技术课成绩做了一个数据统计,因为事务较多,请了两位同学帮忙整理,每位同学整理二分之一,现在要合并,并对成绩的平均分进行排序,应如何操作?

资料分析:本题中两位同学每人整理二分之一的成绩,最后合并成一个班的所有成绩数据。也就是说,将第二位同学整理的数据加到第一位同学整理的数据的下方,实际上是将两份数据的样品合并到一个数据当中去,属于数据文件的合并。合并文件有文件的纵向合并和横向合并,要用到"数据(D)"菜单中"合并文件(G)"子菜单下的"添加个案"选项和"添加变量(V)"来实现。对已知变量进行自动排序,要用到"转换(T)"菜单中的"个案排秩"选项来实现。

操作步骤:

1. 纵向合并(添加个案)。

步骤 1:在 Spss 中打开第一位同学整理的数据统计文件(保存为"成绩统计纵向合并 1 数据文件")作为原始工作文件,第二位同学统计的数据文件保存为"成绩统计纵向合并 2 数据文件",如图 1-56 所示。

	姓名	学号	篮球	足球	田径	武术	健美操	体育舞蹈	排球	乒乓球	羽毛球	网球	散打	跆拳道
1	王旭	0001	78	77	89	86	74	84	88	90	85	79	91	86
2	周来	0002	81	91	83	82	77	79	86	93	87	76	86	79
3	李梦	0003	79	78	78	77	79	87	88	82	78	84	88	88
4	田家国	0004	95	87	86	88	83	87	89	93	90	89	93	91
5	雷和	0005	67	78	76	89	90	90	78	87	86	75	77	83
6	吴欣	0006	86	84	88	85	82	86	79	87	85	87	90	82
7	王伟光	0007	82	79	84	87	93	90	87	90	87	90	93	93
8	李云霞	0008	77	87	90	76	87	84	87	77	78	87	82	87
9	张赛	0009	88	87	93	90	81	79	90	91	90	90	93	84
10	滕韵	0010	89	90	82	86	85	87	85	78	86	93	87	79
11	江国	0011	77	81	93	84	88	87	90	87	85	82	85	87
12	丁丁	0012	91	86	87	79	90	90	93	79	90	93	87	87
13	齐鑫	0013	78	84	81	87	93	85	82	87	93	87	90	90
14	李梦哲	0014	87	79	85	87	82	87	93	87	82	87	77	85
15	沈明勋	0015	78	87	81	90	93	78	87	90	93	90	91	87
16	金泰浩	0016	88	87	77	85	87	90	93	87	82	85	78	78
17	彭程	0017	79	90	91	87	83	86	82	90	93	87	87	90
18	洪金金	0018	87	85	78	78	84	88	93	93	87	78	84	86

a 成绩统计纵向合并 1 数据文件

	姓名	学号	篮球	足球	田径	武术	健美操	体育舞蹈	排球	乒乓球	羽毛球	网球	散打	跆拳道
1	周旋	0019	86	87	87	90	79	87	84	82	87	90	79	88
2	康泰	0020	84	78	78	86	87	85	79	93	90	86	87	87
3	李楠	0021	79	90	81	77	87	87	87	87	84	87	87	89
4	蒋宏伟	0022	87	86	86	91	90	78	87	88	79	90	90	82
5	吴进	0023	87	87	84	78	78	90	90	87	87	85	87	93
6	田佳和	0024	90	88	79	87	90	86	90	89	87	87	90	87
7	何庆	0025	84	87	87	78	86	86	93	83	90	78	90	90
8	夏侯異	0026	90	89	87	81	77	84	82	85	87	90	93	87
9	刘川	0027	90	83	90	86	91	79	93	87	87	86	82	87
10	诸葛平	0028	93	86	79	84	78	87	87	78	90	95	93	90
11	程新	0029	82	84	89	79	87	87	87	90	77	84	87	77
12	文泰	0030	93	79	85	87	78	90	78	86	91	79	79	91
13	郑源	0031	87	87	87	87	78	77	90	86	78	87	87	78
14	孙思思	0032	90	87	78	90	90	91	87	84	90	87	90	87
15	马奇	0033	84	90	90	87	86	78	90	79	93	90	90	90
16	宁孟	0034	79	87	86	90	87	87	77	87	82	91	93	86
17	黎阳	0035	87	91	97	90	78	78	91	87	93	78	82	86
18	孔青青	0036	87	86	85	93	90	92	88	90	87	87	93	84

b 成绩统计纵向合并 2 数据文件

图 1-56 两个数据文件的原始状态(步骤 1)

步骤2:在"数据(D)"菜单中选择"合并文件(G)"子菜单下的"添加个案(C)"选项,如图1-57所示,会出现一个"将个案添加到成绩统计纵向合并1.sav[数据集1]"对话框,如图1-58所示。

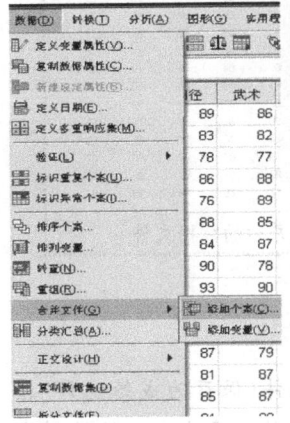

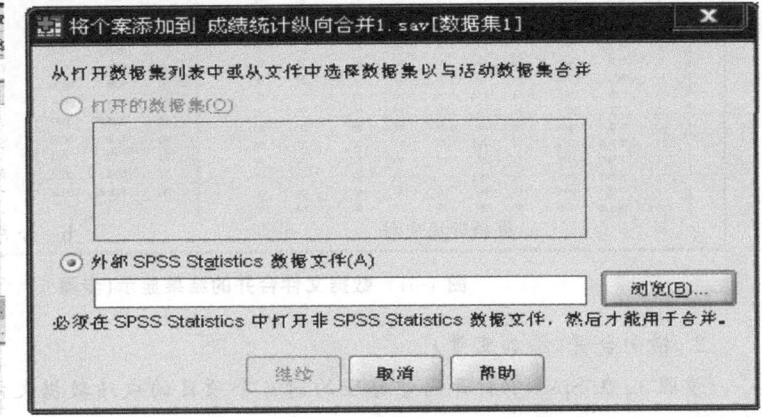

图1-57 选择菜单(步骤2)　　图1-58 "将个案添加到成绩统计纵向合并1.sav[数据集1]"对话框(步骤3)

步骤3:在"将个案添加到成绩统计纵向合并1.sav[数据集1]"对话框中,单击"浏览(B)"按钮,弹出"添加个案:读取文件"对话框,如图1-59所示。

步骤4:在"添加个案:读取文件"对话框中,选择要合并的事先准备好的文件,如图1-59所示,在这里以选择"成绩统计纵向合并2"为例。然后单击"打开",出现一个"添加个案从……"对话框,如图1-60所示。

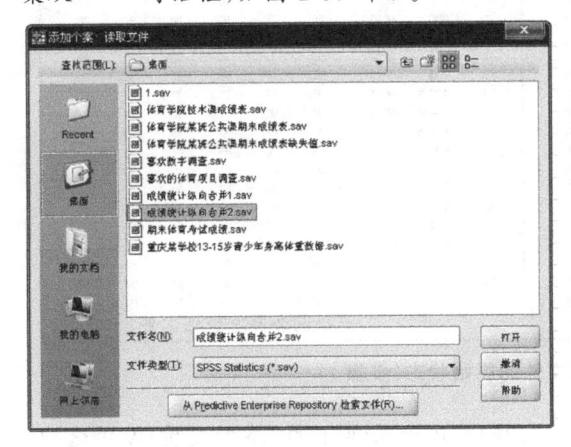

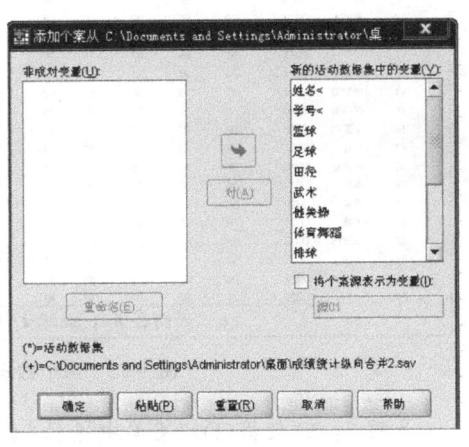

图1-59 "添加个案:读取文件"对话框(步骤4)　　图1-60 "添加个案"对话框(步骤5)

步骤5:在"添加个案"对话框中,左边框中显示的内容是两个文件中未配对的变量。右边框中显示的内容是两个文件相配对的变量,如图1-60所示,单击"确定"按钮,完成两个数据文件的统计。

步骤6:在原始文件的后面就会出现合并的外部文件的内容,如图1-61所示。

141

	姓名	学号	篮球	足球	田径	武术	健美操	体育舞蹈	排球
1	王旭	0001	78	77	89	86	74	84	88
2	周未	0002	81	91	83	82	77	79	86
3	李梦	0003	79	78	78	77	79	87	88
4	田家国	0004	95	87	86	88	83	87	89
5	雷和	0005	67	78	76	89	90	90	78
6	吴欣	0006	86	84	88	85	82	86	79
7	王伟光	0007	82	79	84	87	93	90	87
8	李云霞	0008	77	87	90	78	87	84	87
9	张蕾	0009	88	87	93	90	81	79	90
10	藤韵	0010	89	90	82	86	85	87	85
11	江国	0011	77	81	93	84	88	87	90
12	丁丁	0012	91	86	87	79	90	90	93
13	齐猛	0013	78	84	81	87	93	85	82
14	李梦哲	0014	87	79	85	87	82	87	93
15	沈明勋	0015	78	87	81	90	93	78	87
16	金泰浩	0016	88	87	77	85	87	90	93
17	彭程	0017	79	90	91	87	83	86	82
18	洪金金	0018	87	85	78	78	84	88	93

a 原始数据文件

	姓名	学号	篮球	足球	田径	武术	健美操
22	窦宏伟	0022	87	86	86	91	90
23	吴进	0023	87	87	84	78	78
24	田佳和	0024	90	88	79	87	90
25	何庆	0025	84	87	87	78	86
26	夏侯勇	0026	90	89	87	81	77
27	刘川	0027	90	83	90	86	91
28	诸葛平	0028	93	86	79	84	78
29	程新	0029	82	84	89	79	87
30	文泰	0030	93	79	85	87	78
31	郑源	0031	87	87	87	87	78
32	孙思思	0032	90	87	78	90	90
33	马奇	0033	84	90	90	87	86
34	宁孟	0034	79	87	86	90	87
35	黎阳	0035	87	91	97	90	78
36	孔青青	0036	87	86	85	93	90
37							

b 合并后的数据文件

图 1-61 数据文件合并的结果显示(步骤 6)

2. 横向合并(添加变量)。

步骤 1:在 Spss 中打开同学整理的前 6 个项目的成绩数据文件(保存为成绩统计"横向合并 1"数据文件)作为原始工作文件。老师统计的成绩数据文件保存为成绩统计横向合并 2 数据文件,如图 1-62 所示。

	姓名	学号	篮球	足球	田径	武术	健美操	体育舞蹈
1	王旭	0001	78	77	89	86	74	84
2	周未	0002	81	91	83	82	77	79
3	李梦	0003	79	78	78	77	79	87
4	田家国	0004	95	87	86	88	83	87
5	雷和	0005	67	78	76	89	90	90
6	吴欣	0006	86	84	88	85	82	86
7	王伟光	0007	82	79	84	87	93	90
8	李云霞	0008	77	87	90	78	87	84
9	张蕾	0009	88	87	93	90	81	79
10	藤韵	0010	89	90	82	86	85	87
11	江国	0011	77	81	93	84	88	87
12	丁丁	0012	91	86	87	79	90	90
13	齐猛	0013	78	84	81	87	93	85
14	李梦哲	0014	87	79	85	87	82	87
15	沈明勋	0015	78	87	81	90	93	78
16	金泰浩	0016	88	87	77	85	87	90
17	彭程	0017	79	90	91	87	83	86
18	洪金金	0018	87	85	78	78	84	88
19	周旋	0019	86	87	87	90	79	87
20	康素	0020	84	78	78	86	87	85
21	李楠	0021	79	90	81	77	87	87
22	窦宏伟	0022	87	86	86	91	90	78
23	吴进	0023	87	87	84	78	78	90
24	田佳和	0024	90	88	79	87	90	86
25	何庆	0025	84	87	87	78	86	86

a 横向合并 1 数据文件

	姓名	学号	排球	乒乓球	羽毛球	网球	散打	跆拳道
1	王旭	0001	88	90	85	79	91	86
2	周未	0002	86	93	87	76	86	79
3	李梦	0003	88	82	78	84	88	88
4	田家国	0004	89	93	90	89	93	91
5	雷和	0005	78	87	86	75	77	83
6	吴欣	0006	79	87	85	87	90	82
7	王伟光	0007	87	90	87	90	93	93
8	李云霞	0008	87	77	78	87	82	87
9	张蕾	0009	90	91	90	90	93	84
10	藤韵	0010	85	78	86	93	87	79
11	江国	0011	90	87	85	82	85	87
12	丁丁	0012	93	79	90	93	87	87
13	齐猛	0013	82	87	93	87	90	90
14	李梦哲	0014	93	87	82	87	77	85
15	沈明勋	0015	87	90	93	90	91	87
16	金泰浩	0016	93	87	82	85	78	78
17	彭程	0017	82	90	93	87	87	90
18	洪金金	0018	93	93	87	78	84	86
19	周旋	0019	84	82	87	90	79	88
20	康素	0020	79	93	90	86	87	87
21	李楠	0021	87	87	84	87	87	89
22	窦宏伟	0022	87	88	79	90	90	82
23	吴进	0023	90	87	87	85	87	93
24	田佳和	0024	90	89	87	87	90	87
25	何庆	0025	93	83	90	78	90	90

b 横向合并 2 数据文件

图 1-62 两个数据文件的原始状态(步骤 1)

步骤 2:在"数据(D)"菜单中选择"合并文件(G)"子菜单下的"添加变量(V)"选项,如图 1-63 所示,出现一个"将变量添加到体育学院技术课成绩表横向合并 1. sav[数据集 2]"对话框,如图 1-64 所示。

步骤 3:在"将变量添加到体育学院技术课成绩表横向合并 1. sav[数据集 2]"对话框中,单击"浏览(B)"弹出"添加变量:读取文件"对话框,如图 1-65 所示。

步骤 4:在"添加变量:读取文件"对话框中,选择要合并的事先准备好的文件,如图 1-65 所示,在这里以选择"成绩统计横向合并 2"为例。然后单击"打开",出现一个"添加变量从…"对话框,如图 1-66 所示。

图 1-63　添加个案(步骤 2)　　　　图 1-64　横向合并对话框(步骤 3)

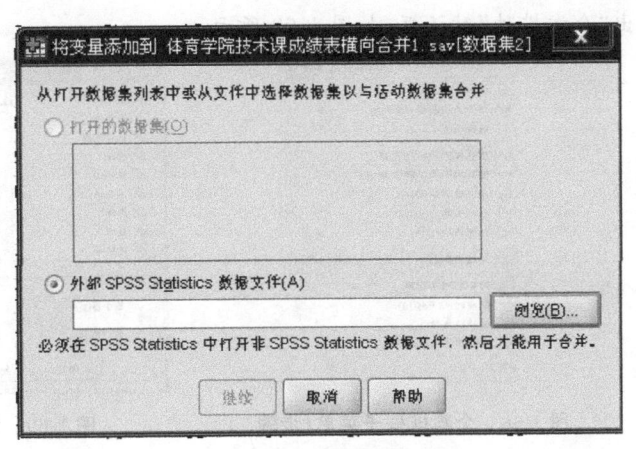

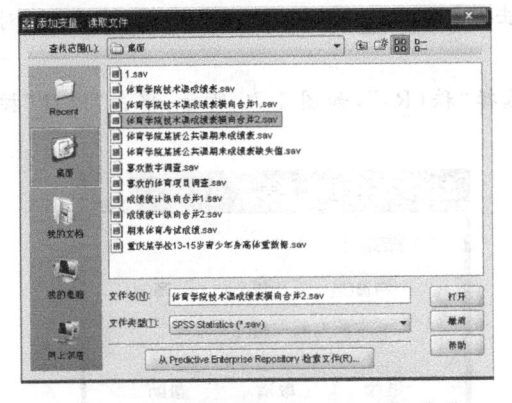

图 1-65　"添加变量:读取文件"对话框(步骤 4)　　　图 1-66　"添加变量"对话框(步骤 5)

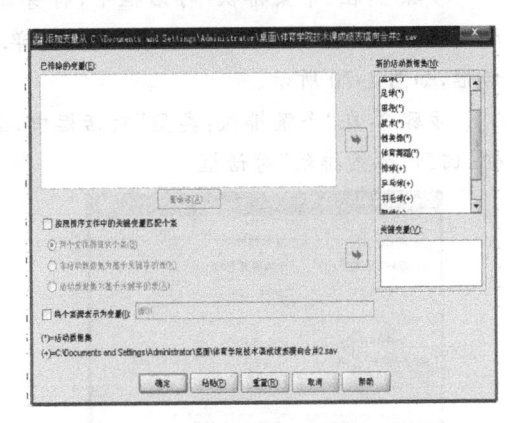

步骤 5:在"添加变量从…"对话框左边的对话框中,显示的内容是两个文件中未配对的变量。右边的对话框中显示的内容是两个文件相配对的变量,如图 1-66 所示,单击"确定"按钮,完成两个数据文件的统计。

步骤 6:在原始文件的后面就会出现合并后的内容,如图 1-67 所示。

图 1-67　两个数据文件的合并后的状态(步骤 6)

3. 成绩排序。

步骤 1:在 Spss 菜单栏选择"转换(T)"→"个案排秩(K)…"命令,如图 1-68 所示,弹

143

出"个案排秩"对话框,如图 1-69 所示。

图 1-68　个案排秩子菜单(步骤 1) 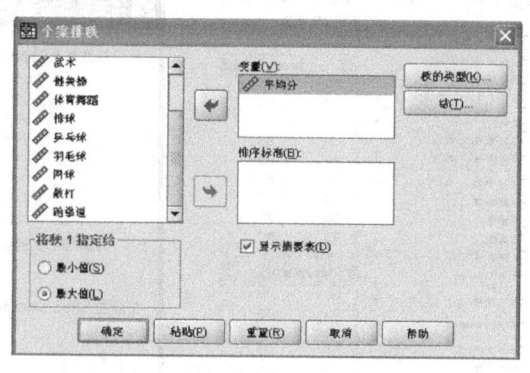　　　图 1-69　"个案排秩"对话框(步骤 2)

步骤 2:在"个案排秩"对话框中,将身高变量调入到变量分析栏中,并"将秩 1 指定给"栏下选择"最大值",如图 1-69 所示。单击"秩的类(K)型",弹出"个案排秩:类型"对话框,如图 1-70 所示。

步骤 3:在"个案排秩:类型"对话框中,选择"秩(R)",如图 1-70 所示,单击"继续"按钮,回到"个案排秩"对话框。

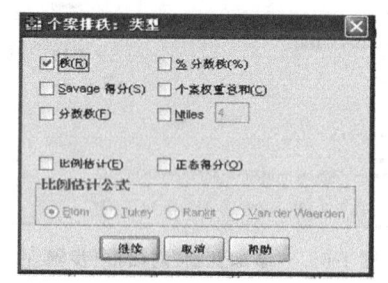

图 1-70　排序类型对话框(步骤 3) 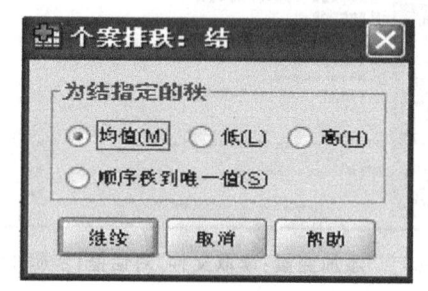　　　图 1-71　"个案排秩:结"对话框(步骤 4)

步骤 4:在"个案排秩"对话框中,单击"结(T)",出现"个案排秩:结"对话框,在该对话框中,选择"均值(M)",如图 1-71 所示,单击"继续"按钮,回到"个案排秩"对话框。

步骤 5:在"个案排秩"对话框,单击"确定"按钮,完成对数据变量身高的排秩,出现如图 1-72 所示的窗口。

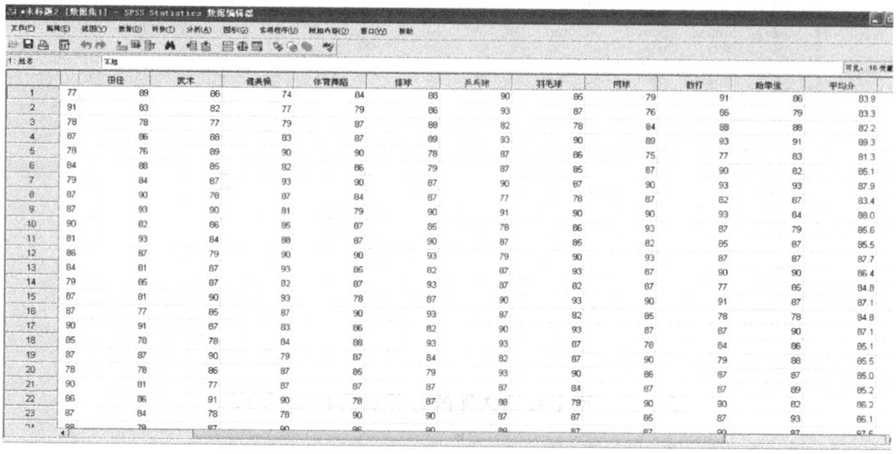

图 1-72　数据变量排秩窗口(步骤 5)

实验 7　如何随机抽取调查问卷中的 70% 为样本

案例资料：已知一份某班体育成绩调查数据文件，如何随机抽取其中的 70% 来进行分析？

图 1-73　原始数据

资料分析：本题中，需要选择样品中的一部分来进行分析，本案例要用到"数据(D)"菜单中的"选择个案"选项来实现。

操作步骤：

步骤 1：在 Spss 中按照原始数据录入，选择"数据(D)"菜单中的"选择个案"子菜单，如图 1-74 所示，会出现一个"选择个案"对话框，如图 1-75 所示。

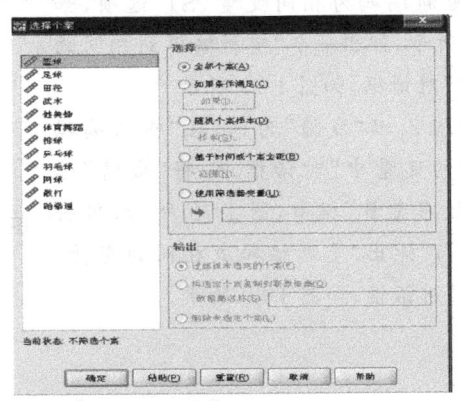

图 1-74　选择菜单(步骤 1)　　　　图 1-75　"选择个案"对话框(步骤 2)

步骤 2：在"选择个案"对话框中，左边是可供抽样的项目，右上方是"选择"单选项，右下方是"输出"单选项，如图 1-75 所示。

步骤3：在"选择个案"对话框中，在"输出"栏中选择系统默认的"过滤掉未选的个案"。然后，选中"随机个案样本(D)"，出现如图1-76所示的"选择个案：随机样本"对话框，在"大约(A)"输入框中输入"70"，点击"继续"按钮，回到主对话框。单击"确定"按钮，即可完成数据的筛选，出现如图1-77所示的完成抽样后的数据窗口。

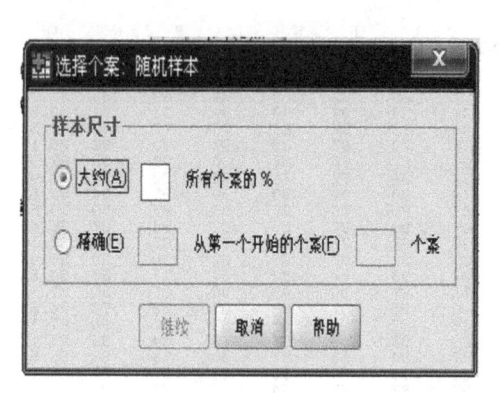

图 1-76　"选择个案：随机样本"对话框(步骤3)

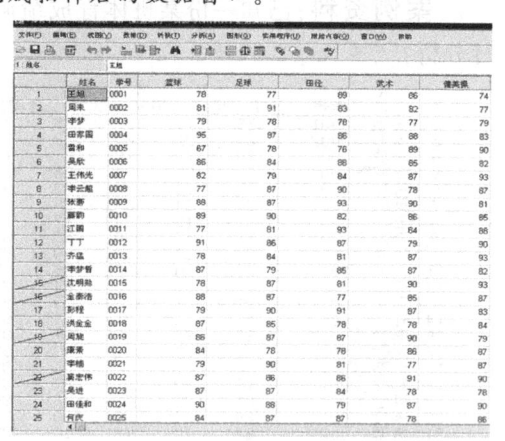

图 1-77　完成抽样后的数据窗口

实验 8　如何将期末体育考试成绩用等级表示出来

案例资料：以某班期末体育考试成绩数据(资料同实验5，如图1-46所示)为例，将成绩分为6个等级，分别用数字表示，应如何操作？

资料分析：此题中要将体育考试成绩划分为6个等级，所以需要处理的变量只有一个，就是考试成绩，即是对相同类型的变量进行编码，本案例要用到"转换"菜单中的"重新编码为相同变量"选项来实现。

操作步骤：

步骤1：在Spss中按照原"体育考试成绩"数据文件录入，单击"转换(T)"菜单下的"重新编码为相同变量(S)"选项，如图1-78所示，弹出一个"重新编码到相同的变量中"对话框，如图1-79所示。

步骤2：以"成绩"为例，在"重新编码到相同的变量中"对话框中，将"成绩"选入到"数字变量"框中，图1-79所示，单击"如果(I)"弹出"重新编码成相同的变量：If 个案"对话框，如图1-80所示。

图 1-78　"重新编码为相同变量(S)"菜单(步骤1)

146

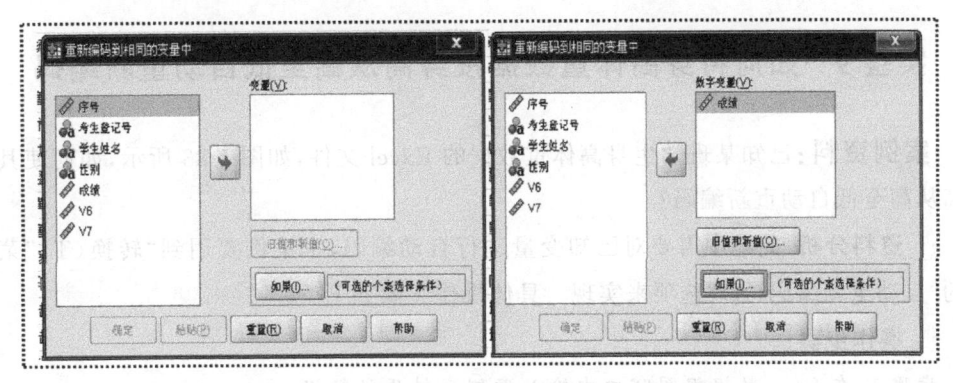

图 1-79 "重新编码到相同的变量中"对话框(步骤 2)

步骤 3:在"重新编码成相同的变量:If 个案"对话框中,选择"包括所有个案(A)",如图 1-80 所示,单击"继续"按钮,回到"重新编码到相同的变量中"对话框。

步骤 4:在"重新编码到相同的变量中"对话框中,单击"旧值和新值",出现"重新编码成相同的变量:旧值和新值"对话框。在该对话框中,单击左边"旧值"的"范围",在空白处输入"0"到"30",在右边"新值"的"值"框中输入"1",点击添加。按此方法分别输入添加"31"、"60"、"2";"61"、"70"、"3";"71"、"80"、"4";"81"、"90"、"5";"91"、"100"、"6"。输入结果,如图 1-81 所示,单击"继续"按钮,回到"重新编码到相同的变量中"对话框。

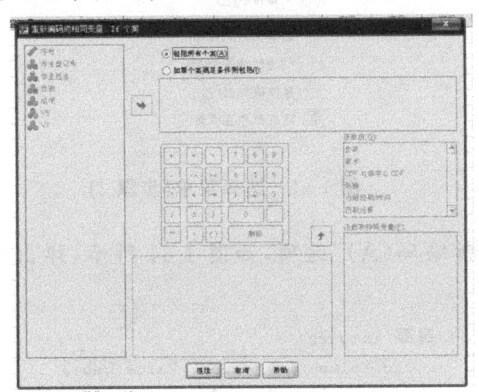

图 1-80 "If 个案"对话框(步骤 3) 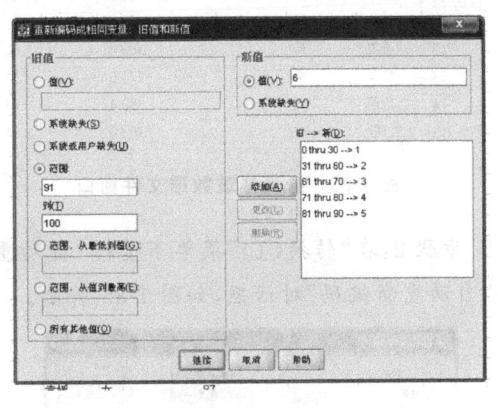   图 1-81 "旧值和新值"对话框(步骤 4)

步骤 5:在"重新编码到相同的变量中"对话框中,单击"确定"按钮,弹出成绩编码后的数据窗口,如图 1-82 所示。

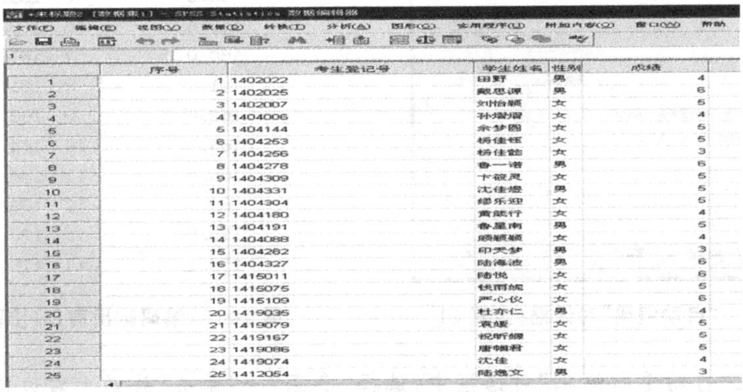

图 1-82 成绩编码后的窗口(步骤 5)

实验9　如何将身高体重数据按身高从高至低自动重新编码

案例资料：已知某班学生身高体重数据的 Excel 文件，如图 1-83 所示，如何使其按身高从高至低自动重新编码？

资料分析：此题中需要对已知变量进行自动编码，本案例要用到"转换（T）"菜单中的"自动重新编码（A）"选项来实现。具体操作步骤如下。

操作步骤：

步骤1：在 Spss 数据视图窗口中输入案例资料原始数据。

	姓名	性别	身高	体重
1	张可	男	156.0	47.5
2	许飞	男	149.0	38.6
3	袁天	男	161.4	41.5
4	彭宇	女	158.3	47.2
5	余敏	女	162.0	47.0
6	高超	男	157.9	49.2
7	杨光	男	176.1	54.5
8	孙佳	女	164.1	44.0
9	毛云	女	147.5	36.2
10	赵宁	女	160.0	53.1
11	贺礼	男	166.4	57.2
12	姜杰	男	169.0	58.5
13	安全	男	170.5	51.0
14	段燕	女	159.4	44.7
15	沙莎	女	169.0	51.5

图 1-83　身高体重数据文件窗口

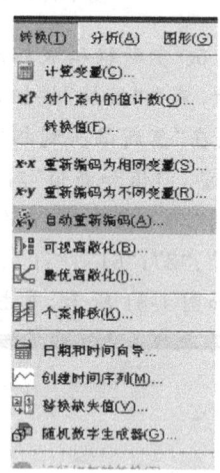

图 1-84　选择菜单（步骤 2）

步骤2：在"转换（T）"菜单下选择"自动重新编码（A）"选项，如图 1-84 所示，弹出一个"自动重新编码"对话框，如图 1-85 所示。

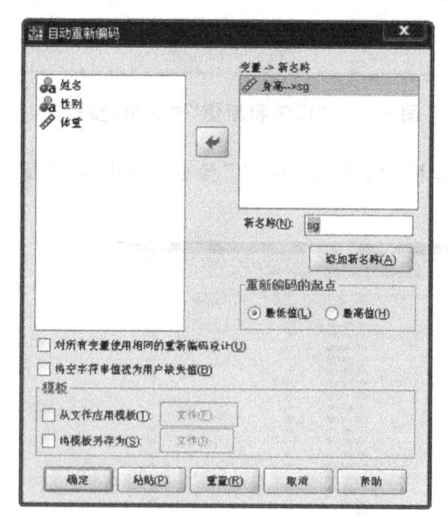

图 1-85　"自动编码"对话框（步骤 3）

身高 into sg

Old Value	New Value	Value Label
147.5	1	147.5
149.0	2	149.0
156.0	3	156.0
157.9	4	157.9
158.3	5	158.3
159.4	6	159.4
160.0	7	160.0
161.4	8	161.4
162.0	9	162.0
164.1	10	164.1
166.4	11	166.4
169.0	12	169.0
170.5	13	170.5
176.1	14	176.1

图 1-86　编码输出窗口（步骤 3）

步骤3：在"自动重新编码"对话框中，选择"身高"→"箭头"放置于右边待计算变量栏中，"新名称（N）"设置为"SG"，单击下方的"添加新名称（A）"，"重新编码的起点"选择"最低值”，如图1-85所示，单击“确定”按钮，完成对变量的自动编码，出现自动编码后的输出窗口，如图 1-86 所示。

步骤 4：返回 Spss 的主界面窗口，身高变量自动编码后的结果出现一组新的变量，如图 1-87 所示。

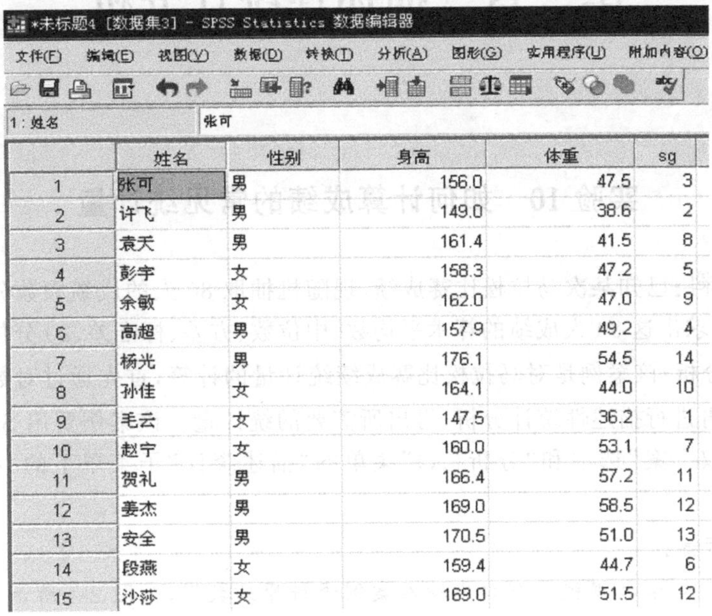

	姓名	性别	身高	体重	sg
1	张可	男	156.0	47.5	3
2	许飞	男	149.0	38.6	2
3	袁天	男	161.4	41.5	8
4	彭宇	女	158.3	47.2	5
5	余敏	女	162.0	47.0	9
6	高超	男	157.9	49.2	4
7	杨光	男	176.1	54.5	14
8	孙佳	女	164.1	44.0	10
9	毛云	女	147.5	36.2	1
10	赵宁	女	160.0	53.1	7
11	贺礼	男	166.4	57.2	11
12	姜杰	男	169.0	58.5	12
13	安全	男	170.5	51.0	13
14	段燕	女	159.4	44.7	6
15	沙莎	女	169.0	51.5	12

图 1-87　身高自动编码后的输出结果(步骤 4)

第二章 描述性统计分析

实验 10 如何计算成绩的常见统计量

案例资料:已知某次马拉松比赛成绩,现随机抽取 80 人的成绩频数分布,如表 2-1 所示。问如何求出这 80 人成绩的算术平均数、中位数、方差、标准差、20 分位和 70 分位?

资料分析:该案例是对马拉松比赛成绩统计量的计算,首先通过对数据的频数进行加权,然后再进行描述性统计分析,得出所需要的统计量。该案例要用 Spss 中"数据"菜单中的"加权个案"选项和"分析(A)"菜单的"描述统计"子菜单下的"频率"选项来实现。

操作步骤:

步骤 1:在 Spss 数据视图窗口中输入案例资料原始数据,如图 2-1 所示。

表 2-1 马拉松成绩统计表(80 人)

时间(分)	频数(人)
128.00	1
131.00	3
134.00	4
137.00	6
140.00	13
143.00	15
146.00	13
149.00	10
152.00	15

图 2-1 输入数据(步骤 1)

步骤 2:在"数据(D)"菜单中,选择"加权个案(W)…"选项,如图 2-2 所示。得到"加权个案"对话框,如图 2-3 所示。

步骤 3:在"加权个案"对话框中,将"频数"选中(成为反显状态),再选中"加权个案(W)",单击箭头状按钮,使"频数"进入"频数变量(F)"框中,如图 2-3 所示。然后点击确定,即可完成对数据的加权。

图 2-2 选择菜单(步骤 2)

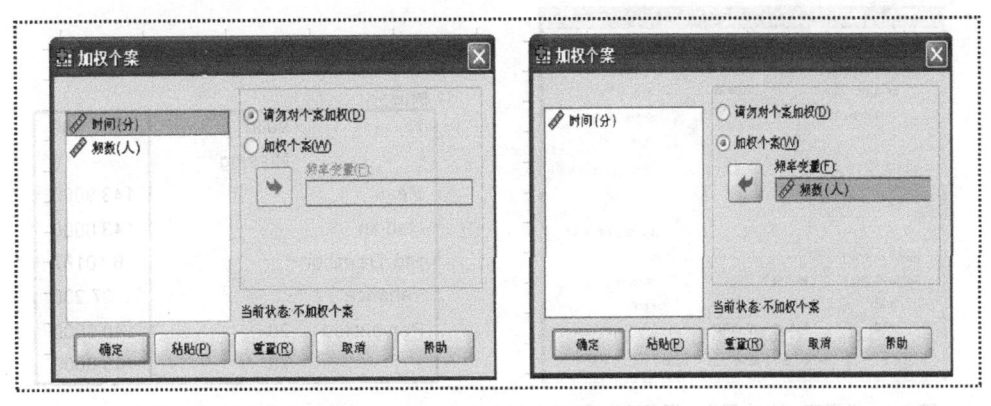

图 2-3 "加权个案"对话框(步骤 3)

步骤 4:在"分析(A)"菜单中,选择"描述统计"子菜单下的"频率(F)…"选项,如图 2-4 所示。点击得到如图 2-5 所示"频率(F)"对话框。

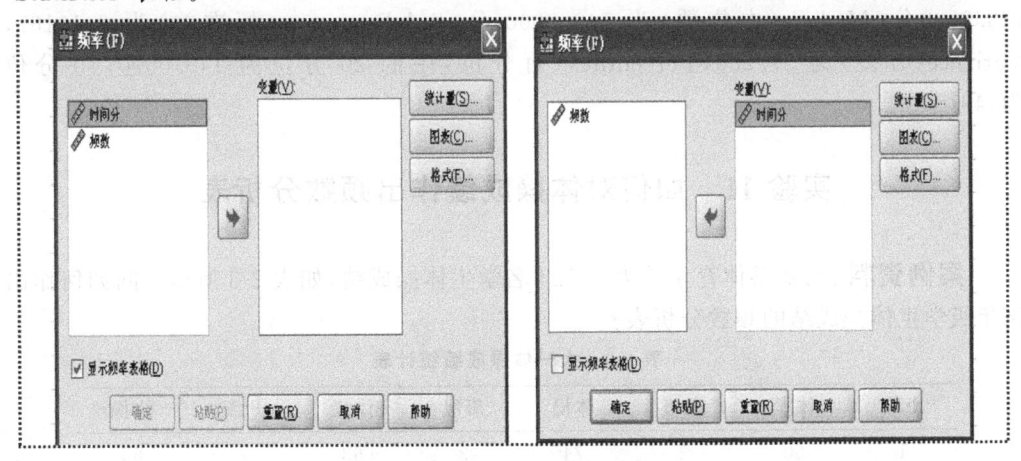

步骤 5:在"频率(F)"对话框中,将"时间(分)"选中(成为反显状态),单击旁边"箭头"状按钮,使"时间(分)"进入"变量(V)"框中,"显示频率表格(D)"前不打勾,如图 2-5 所示。

步骤 6:在"频率(F)"对话框中,单击"统计量(S)"按钮得到"频率:统计量"对话框,在"频率:统计量"对话框中选中"均值(M)"、"中位数"、"标准差(T)"、"方差"和"百分

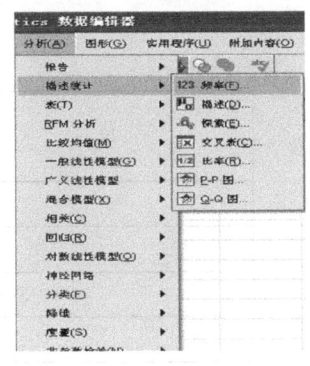

图 2-4 选择菜单(步骤 4)

位数(P)",并在"百分位数(P)"中添加"20"和"70",如图 2-6 所示。单击"继续"按钮,回到"频率(F)"对话框,再单击"确定"按钮,得到结果,如图 2-7 所示的数据输出窗口中的"Statistics"表格。

图 2-5 "频率(F)"对话框(步骤 5)

151

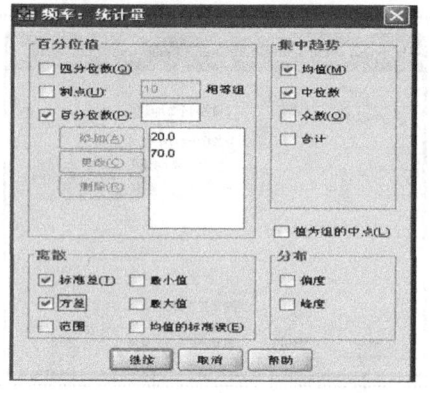

图 2-6 "频率:统计量"对话框(步骤 6)   图 2-7 结果输出窗口

👉 结果解释：

表 2-2 Statistics

N	Valid	80
	Missing	0
Mean		143.9000
Median		143.0000
Std. Deviation		6.10167
Variance		37.230
Percentiles	20	140.0000
	70	149.0000

Statistics(表 2-2)为随机抽取的 80 人马拉松比赛成绩样本的描述分析，从表中可以看出：N(个案数)的 Valid(有效值)为 80，Missing(缺失值)为 0，Mean(平均值)为 143.9000 分，Median(中位数)为 143.0000 分，Std. Deviation(标准差)为 6.10167，Variance(方差)为 37.230，Percentiles(百分位)中的 20 分位为 140.0000，70 分位为 149.0000。

实验 11 如何对体操成绩作出频数分析表

案例资料： 已知某体育学院大一 124 名学生体操成绩，如表 2-3 所示。问如何作出该年级学生体操成绩的频数分析表？

表 2-3 大一体操成绩统计表

班级	体操	班级	体操	班级	体操	班级	体操
1	60	2	74	3	63	4	65
1	63	2	64	3	77	4	78
1	66	2	65	3	72	4	76
1	70	2	71	3	68	4	70
1	91	2	61	3	80	4	75

续表

班级	体操	班级	体操	班级	体操	班级	体操
1	78	2	66	3	77	4	93
1	71	2	65	3	86	4	72
1	60	2	64	3	60	4	84
1	91	2	68	3	80	4	90
1	81	2	71	3	64	4	86
1	75	2	76	3	77	4	74
1	66	2	79	3	91	4	86
1	74	2	87	3	71	4	71
1	75	2	60	3	70	4	84
1	68	2	68	3	67	4	88
1	74	2	73	3	64	4	70
1	60	2	75	3	72	4	86
1	54	2	82	3	51	4	89
1	82	2	68	3	71	4	87
1	77	2	74	3	77	4	76
1	67	2	62	3	87	4	87
1	79	2	78	3	80	4	60
1	68	2	83	3	76	4	80
1	75	2	92	3	90	4	80
1	71	2	73	3	82	4	82
1	61	2	74	3	56	4	80
1	83	2	78	3	80	4	88
1	78	2	61	3	69	4	77
1	68	2	65	3	77	4	61
1	72	2	71	3	85	4	81
1	72	2	60	3	72	4	52

资料分析：该题是对全年级124名学生的体操成绩作出频数分析表，因此首先对全年级成绩进行分段，然后选择描述统计中的频率作出体操成绩的频率分析表，该例用"分析(A)"菜单中"描述统计"子菜单下的"频率(F)"选项来实现。

操作步骤：

步骤1：在Spss数据视图窗口中输入案例资料原始数据，如图2-8所示。

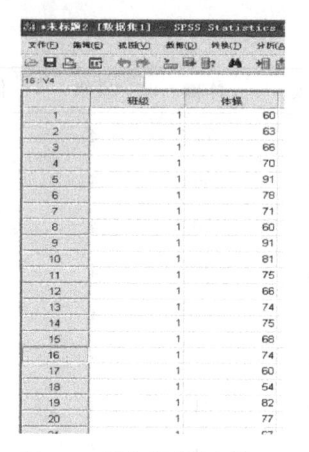

图 2-8　输入数据(步骤 1)　　　　　图 2-9　选择菜单(步骤 2)

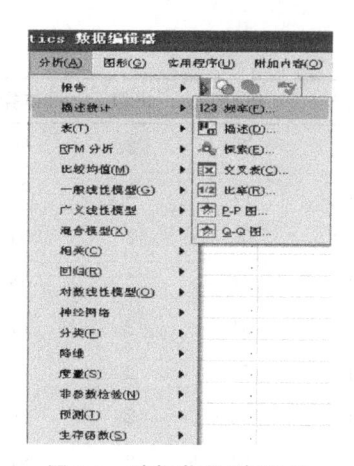

步骤 2：在"分析(A)"菜单中，选择"描述统计"子菜单下的"频率(F)…"选项，如图 2-9 所示。得到"频率(F)"对话框，如图 2-10 所示。

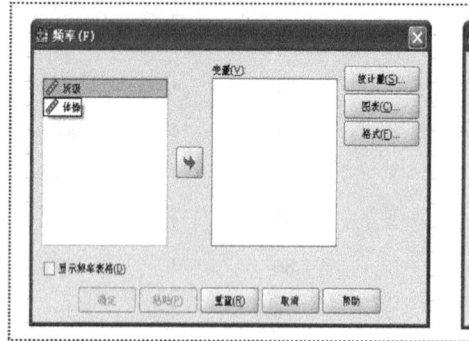

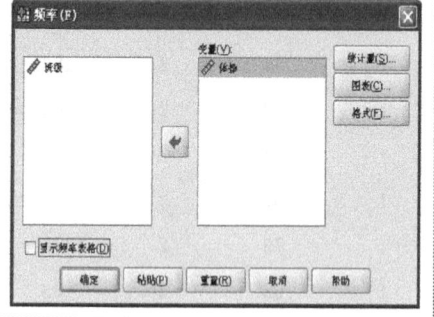

图 2-10　"频率(F)"对话框(步骤 3)

步骤 3：在"频率(F)"对话框中，将"体操"选中(成为反显状态)，单击旁边"箭头"状按钮，使"体操"进入"变量(V)"框中，"显示频率表格(D)"前不打勾，如图 2-10 所示。单击"统计量"按钮，得到如图 2-11 所示的"频率：统计量"对话框。

步骤 4：在"频率：统计量"对话框中，选中"最小值"、"最大值"、"范围"，如图 2-11 所示。单击"继续"按钮，回到"频率(F)"对话框中，单击"确定"按钮，得到结果，如图 2-12 所示的"Statistics"表格。

[数据集1]

Statistics

体操

N	Valid	124
	Missing	0
Range		42
Minimum		51
Maximum		93

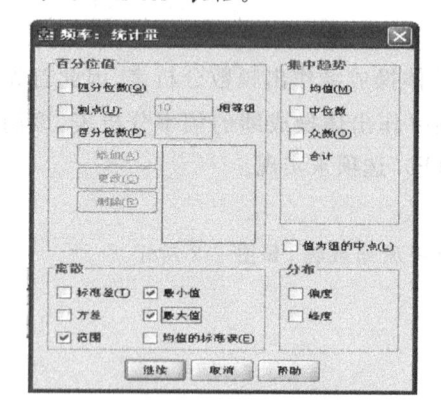

图 2-11　"频率：统计量"对话框(步骤 4)　　　图 2-12　结果输出窗口

步骤5：根据输出的结果 Statistics（如图 2-12 所示），可以看出：全距为 42，若分成 6 组，那么可以分出如下 6 个范围：51～57、58～64、65～71、72～78、79～85、86～93，根据所划分的 6 个范围对数据进行分组。在"转换（T）"菜单中选择"重新编码为相同变量（S）…"菜单，如图 2-13 所示，得到"重新编码到相同的变量中"对话框，如图 2-14 所示。

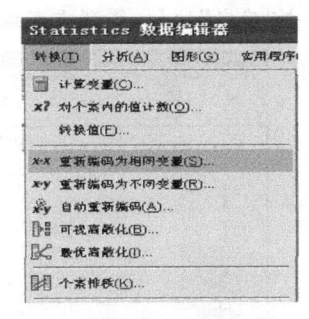

图 2-13　选择菜单（步骤 5）

图 2-14　"重新编码到相同的变量中"对话框（步骤 6）

步骤6：在"重新编码到相同的变量中"对话框中，将"体操"选中（成为反显状态），单击旁边"箭头"状按钮，使"体操"进入"变量（V）"框中，如图 2-14 所示，然后点击"旧值和新值（O）…"按钮，得到"重新编码成相同变量：旧值和新值"对话框，如图 2-15 所示。

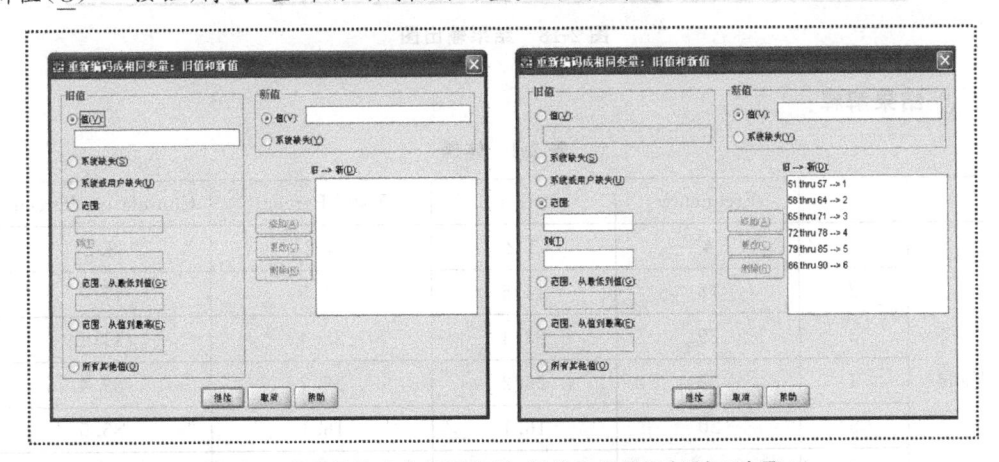

图 2-15　"重新编码为相同变量：旧值和新值"对话框（步骤 7）

步骤7：在"重新编码成相同变量：旧值和新值"对话框中，在"旧值"一栏里范围的两个空中分别填写"51"和"57"，在"新值"一栏的值中填写"1"，然后点击添加，然后依次再输入刚才的分组范围：58～64、65～71、72～78、79～85、86～93，分别设新值为 2、3、4、5、6，得到结果，如图 2-15 所示。单击"继续"按钮，回到"重新编码到相同的变量中"对话框，单击"确定"按钮,得到重新编码后的数据,如图 2-16 所示。

图 2-16　重新编码的数据(步骤 7)

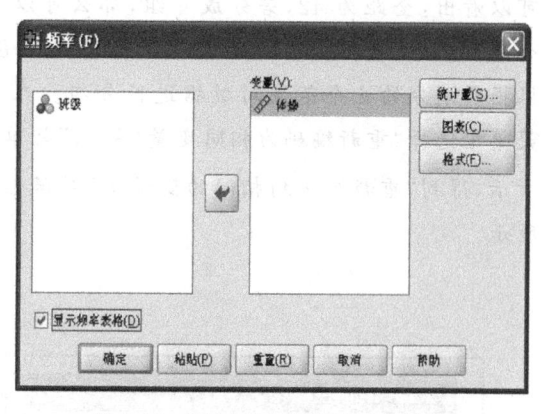

图 2-17　"频率(F)"对话框(步骤 8)

步骤 8:在"分析(A)"菜单中,选择"描述统计"菜单下的"频率(F)…"菜单选项,得到"频率(F)"对话框,在"显示频率表格"前打钩,如图 2-17 所示。然后单击"确定"按钮得到如图 2-18 所示结果。

图 2-18　结果输出图

结果解释:

表 2-4　体操

		Frequency	Percent	Valid Percent	Cumulative Percent
Valid	1	4	3.2	3.2	3.2
	2	18	14.5	14.5	17.7
	3	29	23.4	23.4	41.1
	4	35	28.2	28.2	69.4
	5	20	16.1	16.1	85.5
	6	18	14.5	14.5	100.0
	Total	124	100.0	100.0	

表 2-4 为全年级体操成绩的频数分布表,其中 1、2、3、4、5、6 分别代表 6 个分组范围 51～57、58～64、65～71、72～78、79～85、86～93,以第 3 组 65～71 为例,65～71 分的 Frequency(频数)为 29 个,65～71 分的人数占总人数的 Percent(百分率)为 23.4%,Valid

Percent(有效百分率)为 23.4%,65～71 分的 Cumulative Percent(累积百分率)为 41.1%。

实验 12　如何找出各系别男女人数

案例资料:已知体育统计学选修课 20 人名单,如表 2-5 所示,问如何制作关于系别和性别的多维频数分布表?

表 2-5　体育统计学选修课情况统计表

编号	系别	性别	编号	系别	性别
1	体育系	男	11	体育系	女
2	体育系	女	12	非体育系	男
3	非体育系	男	13	体育系	男
4	体育系	女	14	体育系	男
5	非体育系	男	15	体育系	女
6	非体育系	男	16	非体育系	男
7	体育系	女	17	体育系	男
8	体育系	女	18	体育系	男
9	体育系	男	19	非体育系	女
10	非体育系	男	20	体育系	男

☝ **资料分析**:该题是对体育统计学选修课情况做多维频数分布表,因此选择统计分析的交叉表能够实现。本案例要用到"分析(A)"菜单中"描述统计"子菜单下的"交叉表(C)"选项来实现。

☝ **操作步骤**:

步骤 1:在 Spss 数据视图窗口中输入案例资料原始数据,如图 2-19 所示。

图 2-19　输入数据(步骤 1)　　　　图 2-20　选择菜单(步骤 2)

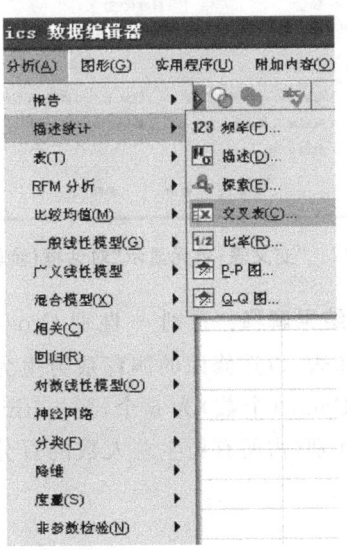

步骤 2：在"分析(A)"菜单中，选择"描述统计"菜单下的"交叉表(C)…"选项，如图 2-20 所示。得到"交叉表"对话框，如图 2-21 所示。

步骤 3：在"交叉表"对话框中，将"系列"选中(成为反显状态)，单击"行(S)"旁边"箭头"状按钮，使"系列"进入"行(S)"框中；将"性别"选中(成为反显状态)，单击"列(C)"旁边"箭头"状按钮，使"性别"进入"列(C)"框中，如图 2-21 所示。

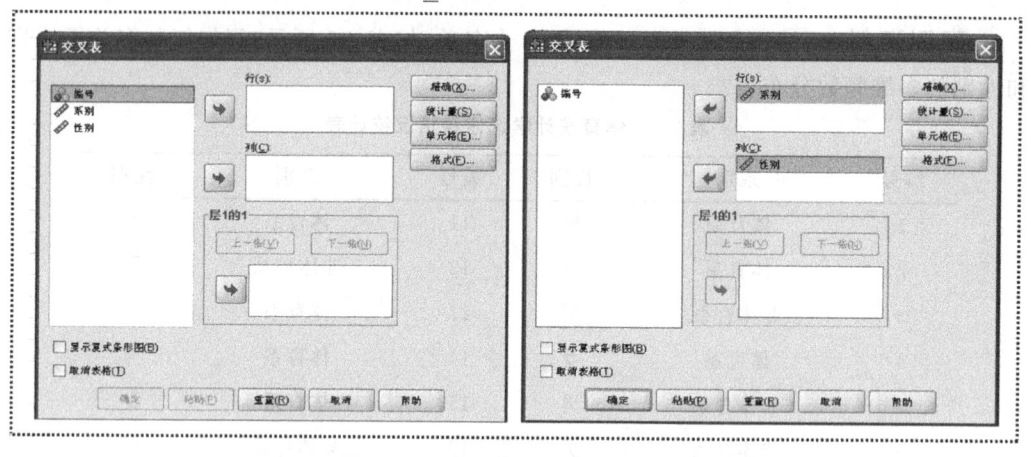

图 2-21 "交叉表"对话框(步骤 3)

步骤 4：在"交叉表"对话框中，单击"单元格(E)…"按钮得到"交叉表：单元显示"对话框，在"交叉表：单元显示"对话框中选中百分比(C)下的"行"、"列"和"总计"，其他按默认选项，如图 2-22 所示。单击"继续"按钮，回到"交叉表"对话框，然后单击"确定"按钮，得到如图 2-23 所示的结果。

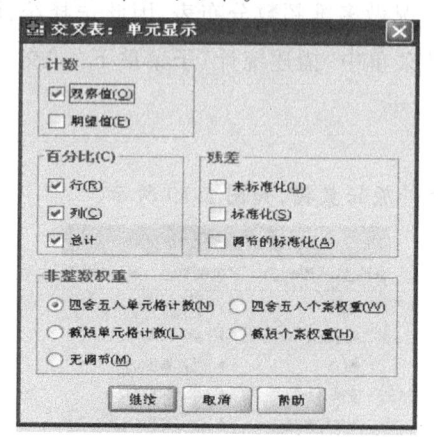

图 2-22 "交叉表：单元显示"对话框(步骤 4)

图 2-23 结果输出图

结果解释："系别 * 性别 Crosstabulation"(表 2-6)为以系别和性别制作出的多维频数分布表，以选修课的体育系男生为例进行分析，可以看出选修体育统计学课的体育系男生 Count(个数)为 6 个，% within 系别(占体育系总人数的百分比)为 46.2%，% within 性别(占所有男生总人数的百分比)为 50.0%，% of Total(占选修总人数的百分比)为 30.0%。

表 2-6 系别 * 性别 Crosstabulation

			性别 男	性别 女	Total
系别	体育系	Count	6	7	13
		% within 系别	46.2%	53.8%	100.0%
		% within 性别	50.0%	87.5%	65.0%
		% of Total	30.0%	35.0%	65.0%
	非体育系	Count	6	1	7
		% within 系别	85.7%	14.3%	100.0%
		% within 性别	50.0%	12.5%	35.0%
		% of Total	30.0%	5.0%	35.0%
Total		Count	12	8	20
		% within 系别	60.0%	40.0%	100.0%
		% within 性别	100.0%	100.0%	100.0%
		% of Total	60.0%	40.0%	100.0%

实验 13 如何对 800 m 成绩做描述性统计

案例资料：一次体育测验中，测得 30 名男生的 800 m 成绩如表 2-7 所示。如何对该成绩做出常见的描述性统计并且具有简单的检验结果和图形？

表 2-7 30 名男生的 800 m 成绩统计表

编号	成绩(分)	编号	成绩(分)	编号	成绩(分)
1	70.4	11	100	21	82.4
2	87.5	12	92.5	22	87.5
3	56.8	13	48	23	80.8
4	90.5	14	76.8	24	92.3
5	65.6	15	84	25	92.5
6	72.8	16	74.4	26	81.6
7	73.6	17	53.6	27	74.4
8	68	18	86.5	28	88.5
9	60	19	81.6	29	85.7
10	76.8	20	60	30	81.6

资料分析：对 30 名男生的 800 m 成绩做常见的描述性统计并且要求具有一定的检验结果和图形，属于"探索性分析"。探索性分析过程的功能比描述性统计过程的功能更强大，除了可以计算常见的描述性统计量外，还可以给出一些简单的检验结果和图形。该案例要用"分析(A)"菜单中"描述统计"子菜单下的"探索性分析(E)"选项来实现。

操作步骤：

步骤1：在 Spss 数据视图窗口中输入数据，如图 2-24 所示。

图 2-24　输入数据(步骤 1)

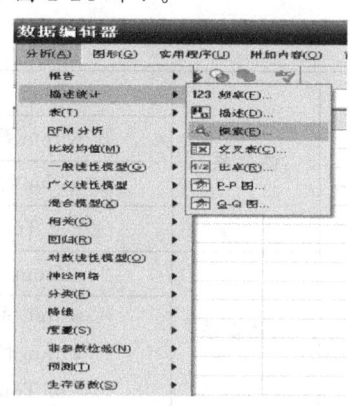

图 2-25　选择菜单(步骤 2)

步骤2：选择"分析(A)"菜单中，选择"描述统计"子菜单下的"探索(E)…"选项，如图 2-25 所示，得到"探索"对话框，如图 2-26 所示。

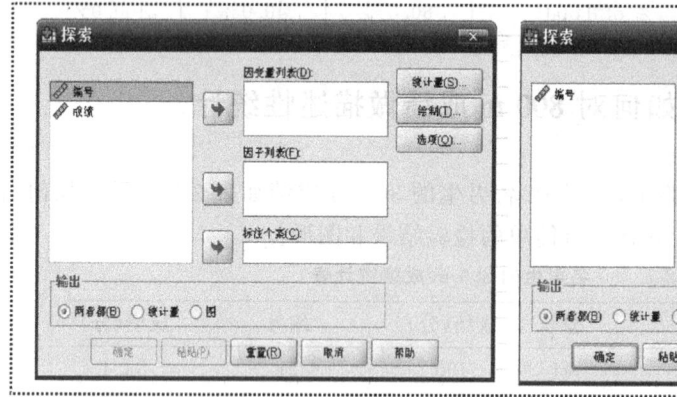

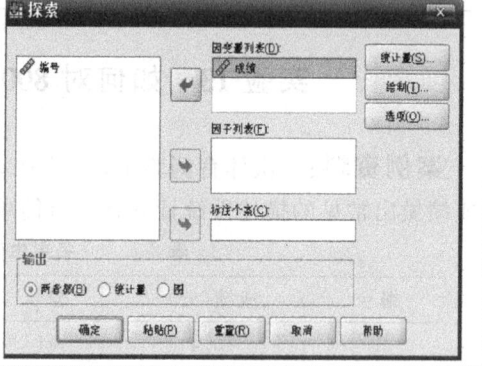

图 2-26　"探索"对话框(步骤 3)

步骤3：在"探索"对话框中，把"成绩"选中，单击旁边的"箭头"状按钮，使"成绩"进入到"因变量列表(D)"中，如图 2-26 所示。单击"绘制"按钮，得到"探索：图"对话框，如图 2-27 所示。

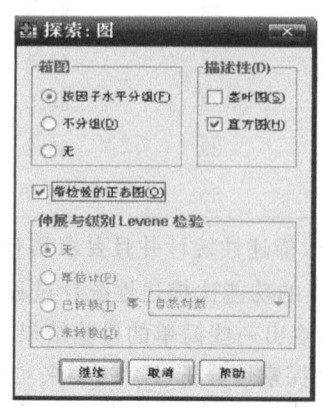

图 2-27　"探索：图"对话框(步骤 4)

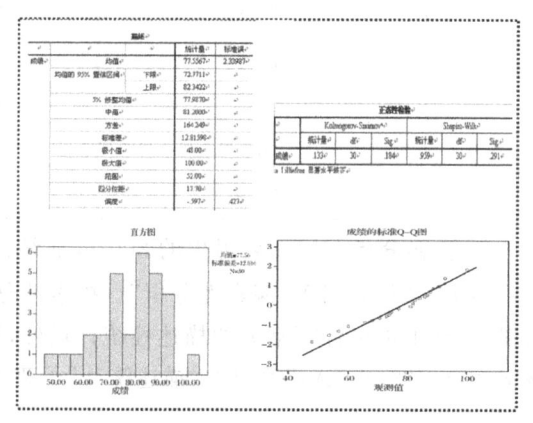

图 2-28　结果输出图

步骤4：在"探索：图"对话框中，选择"按因子水平分组(F)"、"直方图(H)"和"带检验的正态图(O)"，如图2-27所示。单击"继续"按钮，回到主对话框，单击"确定"按钮，得到如图2-28所示的输出结果。

☞ 结果解释：

表2-8 描述

		统计量	标准误
成绩	均值	77.5567	2.33987
	均值的95%置信区间 下限	72.7711	
	上限	82.3422	
	5%修整均值	77.9870	
	中值	81.2000	
	方差	164.249	
	标准差	12.81598	
	极小值	48.00	
	极大值	100.00	
	范围	52.00	
	四分位距	17.70	
	偏度	−0.597	0.427
	峰度	−0.228	0.833

"描述"（表2-8）为"成绩"的常见统计量分析结果，从表中可以看出：均值的统计量为77.5567，标准误为2.33987；均值的95%置信区间为(72.7711, 82.3422)；5%的修整均值为77.9870；中值为81.2000，方差为164.249等信息。

表2-9 正态性检验

	Kolmogorov-Smirnov[a]			Shapiro-Wilk		
	统计量	df	Sig.	统计量	df	Sig.
成绩	0.133	30	0.184	0.959	30	0.291

a. Lilliefors 显著水平修正

"正态性检验"（表2-9）为"成绩"的正态性检验结果，其中成绩的统计量为0.133，df（自由度）为30，Sig.（概率）为0.184>0.05，差异不显著，可以认为30名男生的800m成绩成正态分布。

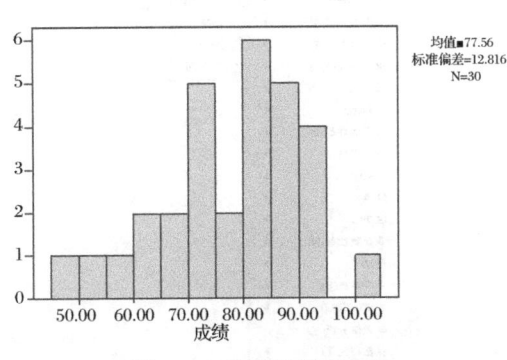

图2-29 结果输出直方图

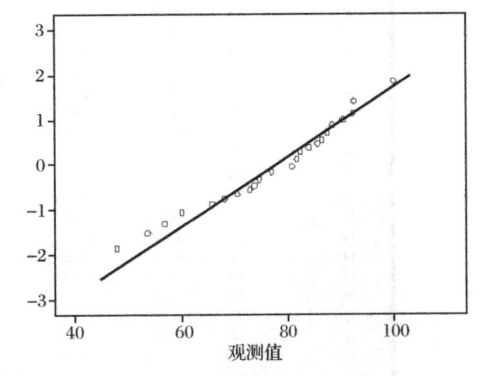

图2-30 成绩的标准Q-Q图

从图2-29所示的"直方图"可以很直观地看到每个成绩段人数的分布情况。从"成绩的标准 Q-Q 图"(图 2-30)也可以看出 30 名男生的 800 m 成绩组成的点线靠近图中的参考直线,可以认为 800 m 成绩呈正态分布。

实验 14 如何对血液中各含量做交叉分析

案例资料:测得 20 名男性血液中的血红蛋白含量和铁的含量如表 2-10 所示,如何分析血液中铁与血红蛋白的对应关系,并了解他们之间的相关度?

表 2-10 血液中血红蛋白与铁的含量统计表

编号	铁	血红蛋白	编号	铁	血红蛋白
1	448.70	13.50	11	471.00	14.50
2	467.30	13.75	12	399.00	12.25
3	425.60	13.00	13	468.10	12.75
4	469.80	14.00	14	471.30	14.25
5	456.60	14.25	15	461.30	13.55
6	395.80	12.75	16	376.80	12.50
7	448.70	12.50	17	430.10	12.65
8	440.10	12.75	18	447.90	13.75
9	461.50	13.50	19	483.10	14.50
10	450.70	13.75	20	379.30	12.25

资料分析:分析 20 名男性血液中血红蛋白与铁含量的相互对应关系,并了解他们的相关度,可以通过 Spss 软件中"交叉表"来分析。该案例要用"分析(A)"菜单中"描述统计"子菜单下的"交叉表(C)"选项来实现。

操作步骤:

步骤 1:在 Spss 数据视图窗口中输入案例资料原始数据,如图 2-31 所示。

图 2-31 输入数据(步骤 1)

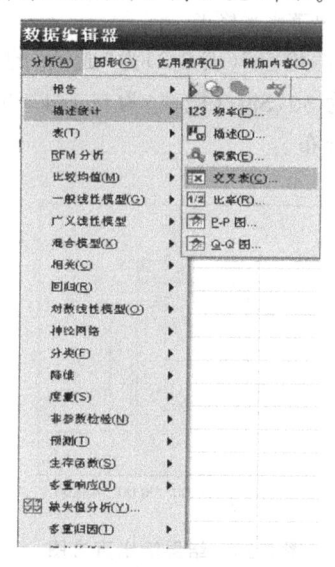

图 2-32 选择菜单(步骤 2)

步骤 2：在"分析(A)"菜单中，选择"描述统计"子菜单下的"交叉表(C)"选项，如图 2-32 所示，得到"交叉表"对话框，如图 2-33 所示。

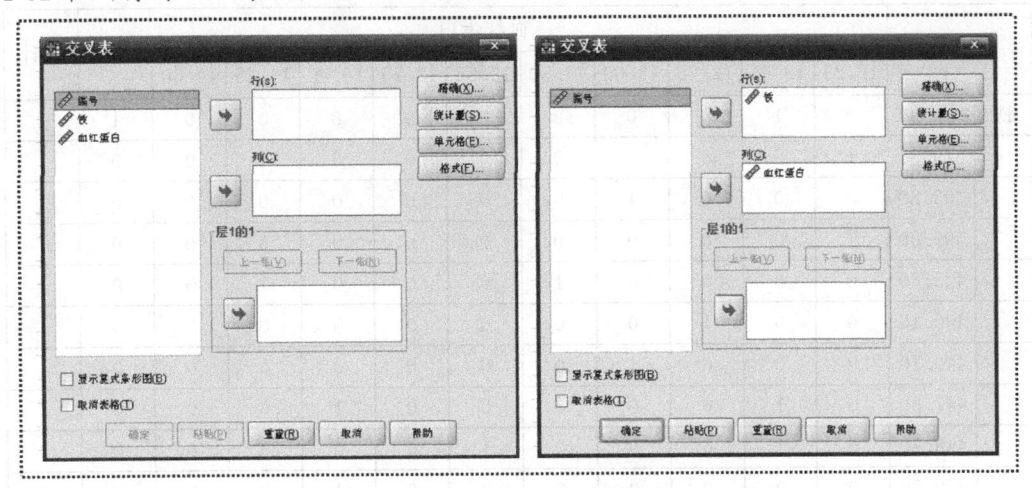

图 2-33 "交叉表"对话框(步骤 3)

步骤 3：在"交叉表"对话框中，把"铁"选中，单击旁边的"箭头"状按钮，使"铁"进入到"行(S)"变量框中，把"血红蛋白"选中，单击旁边的"箭头"状按钮，使"血红蛋白"进入到"列(C)"变量框中，如图 2-33 所示。单击"统计量(S)"按钮，弹出如图 2-34 所示的"交叉表：统计量"对话框。

步骤 4：在"交叉表：统计量"对话框中，选中"相关性"和"相依系数(Q)"，如图 2-34 所示，单击"继续"按钮，回到主对话框，在主对话框中单击"确定"按钮，弹出如图 2-35 所示的输出结果。

图 2-34 "交叉表：统计量"对话框(步骤 3)　　图 2-35 结果输出

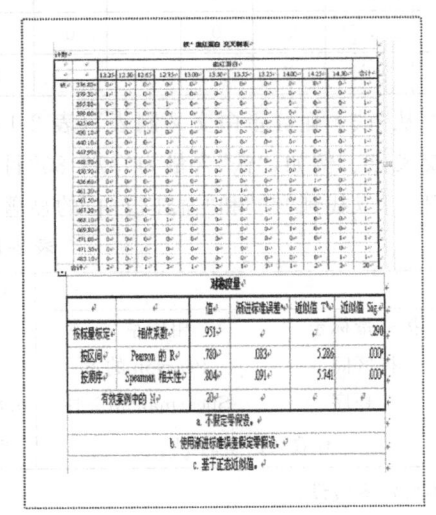

👉 **结果解释：**

表 2-11 铁 * 血红蛋白交叉制表

		血红蛋白										合计
		12.25	12.65	12.75	13.00	13.50	13.55	13.75	14.00	14.25	14.50	
铁	376.800	0	1	0	0	0	0	0	0	0	1	
	379.30	1	0	0	0	0	0	0	0	0	0	1
	395.80	0	0	0	1	0	0	0	0	0	0	1
	399.00	1	0	0	0	0	0	0	0	0	0	1
	425.60	0	0	0	0	1	0	0	0	0	0	1
	430.10	0	0	1	0	0	0	0	0	0	0	1
	440.10	0	0	0	1	0	0	0	0	0	0	1
	447.90	0	1	0	0	0	0	0	1	0	0	1
	448.70	0	1	0	0	0	1	0	1	0	0	2
	450.70	0	0	0	0	0	0	0	1	0	0	1
	456.60	0	0	0	0	0	0	0	0	1	0	1
	461.30	0	0	0	0	0	1	0	0	0	0	1
	461.50	0	0	0	0	1	0	0	0	0	0	1
	467.30	0	0	0	0	0	0	1	0	0	0	1
	468.10	0	0	1	0	0	0	0	0	0	0	1
	469.80	0	0	0	0	0	0	0	1	0	0	1
	471.00	0	0	0	0	0	0	0	0	1	0	1
	471.30	0	0	0	0	0	0	0	0	1	0	1
	483.10	0	0	0	0	0	0	0	0	0	1	1
合计		2	2	1	3	1	2	1	3	1	2	2	20

从"铁*血红蛋白交叉制表"(表 2-11)中可以看到"铁"与"血红蛋白"具有显著关系的交叉点。例如，"铁"含量为"376.80"且"血红蛋白"含量为"12.50"时具有显著相关性。同理，可以找到"铁"和"血红蛋白"的显著关系的交叉点。

表 2-12 对称度量

		值	渐进标准误差[a]	近似值 T[b]	近似值 Sig.
按标量标定	相依系数	0.951			0.290
按区间	Pearson 的 R	0.780	0.083	5.286	0.000[c]
按顺序	Spearman 相关性	0.804	0.091	5.741	0.000[c]
有效案例中的 N		20			

a. 不假定零假设。
b. 使用渐进标准误差假定零假设。
c. 基于正态近似值。

从"对称度量"(表 2-12)中可以看出，他们的相依系数为"0.951"，他们的相关性概率值 $P<0.01$，说明"铁"和"血红蛋白"的相依关系很大，他们的相关性达到了非常显著的程度。

实验 15 如何计算两组统计数据的比率

案例资料：某校统计 50 名男大学生平均每月的生活费和平均每月在体育方面的消费情况。见表 2-13 所示，如何计算出该 50 名男大学生年度平均体育消费占平均生活费的比率？

表 2-13 50 名男大学生每月平均体育消费与平均生活费统计表

月份	体育消费（元）	生活费（元）
1	100	1200
2	90	1300
3	80	1250
4	95	1300
5	120	1500
6	98	1400
7	50	1000
8	124	1600
9	56	1000
10	89	1100
11	70	1250
12	88	1300

资料分析：要计算出该 50 名男大学生年度平均体育消费占平均生活费的比率情况，可以用 Spss 软件中"比率"计算功能直接求出，该案例要用"分析(A)"菜单中"描述统计"子菜单下的"比率(R)…"选项来实现。

操作步骤：

步骤 1：在 Spss 数据视图窗口中输入案例资料原始数据，如图 2-36 所示。

图 2-36 输入数据（步骤 1）　　　　图 2-37 选择菜单（步骤 2）

步骤 2：在"分析(A)"菜单中，选择"描述统计"子菜单下的"比率(R)…"选项，如图 2-37 所示，弹出"比值统计量"对话框，如图 2-38 所示。

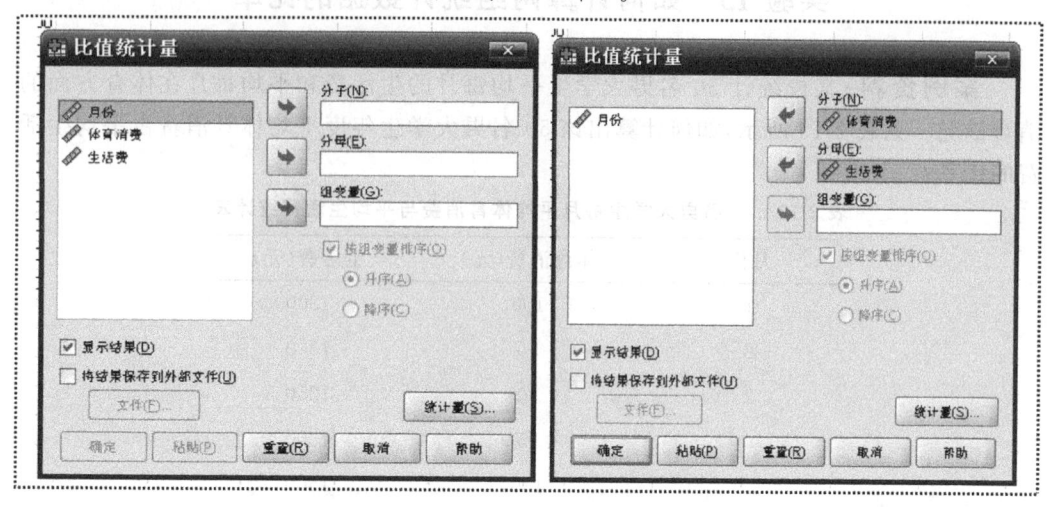

图 2-38 "比值统计量"对话框(步骤 3)

步骤 3：在"比值统计量"对话框中，把"体育消费"选中，单击旁边的"箭头"状按钮，使"体育消费"进入"分子(N)"变量框中，把"生活费"选中，单击旁边的"箭头"状按钮，使"生活费"进入"分母(E)"框中，如图 2-38 所示。单击"统计量"按钮，得到"比率统计量：统计量"对话框，如图 2-39 所示。

步骤 4：在"比率统计量：统计量"对话框中，选择"中位数"、"均值(M)"、"COD(O)"、"PRD(P)"、"中位数居中"和"标准差(S)"选项，如图 2-39 所示。单击"继续"按钮，回到主对话框，在主对话框中单击"确定"按钮，得到如图 2-40 所示的输出结果图。

体育消费 / 生活费 的比率统计量	
均值	.069
中值	.070
标准差	.011
价格相关散分	.989
离散系数	.122
方差系数 中值居中	15.5%

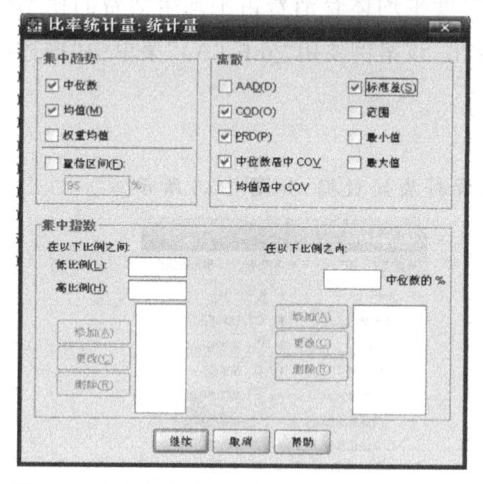

图 2-39 "比率统计量：统计量"对话框(步骤 4)　　图 2-40 结果输出图

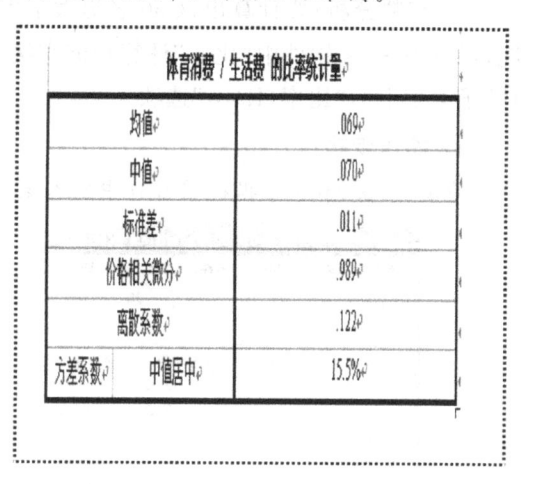

结果解释：

表 2-14　体育消费/生活费的比率统计量

均值		0.069
中值		0.070
标准差		0.011
价格相关微分		0.989
离散系数		0.122
方差系数	中值居中	15.5%

"体育消费/生活费的比率统计量"（表 2-14）可以看到"体育消费"在"生活费"中的"均值"、"中值"、"标准差"等的比率情况。例如，比率的均值为 0.069。

实验 16　如何用 P-P 图检验成绩是否呈正态分布

案例资料：某班级在一次期末考试中统计的 80 名学生的数学成绩如表 2-15 所示，如何能直观地看出 80 名学生的成绩是否呈正态分布？

表 2-15　80 名学生的数学成绩统计表

编号	成绩(分)	编号	成绩(分)	编号	成绩(分)	编号	成绩(分)
1	46	21	81	41	62	61	79
2	57	22	82	42	63	62	82
3	62	23	83	43	64	63	83
4	63	24	84	44	66	64	83
5	64	25	84	45	66	65	83
6	66	26	84	46	67	66	84
7	67	27	85	47	68	67	84
8	69	28	85	48	68	68	84
9	72	29	86	49	71	69	85
10	73	30	87	50	72	70	86
11	73	31	88	51	73	71	87
12	74	32	88	52	74	72	87
13	76	33	89	53	75	73	88
14	77	34	89	54	75	74	88
15	78	35	90	55	76	75	88
16	78	36	92	56	76	76	90
17	78	37	94	57	77	77	91
18	79	38	96	58	77	78	94
19	79	39	99	59	77	79	96
20	81	40	53	60	79	80	98

☝ **资料分析**：能直观地看出 80 名学生的数学成绩是否是正态性分布，可以用 P-P 图来实现。P-P 图利用实际观测值和期望值之间的拟合，通过实际观测值组成的点线和一条参考直线的对比，就能检验出成绩的正态性分布情况。该例用到"分析(A)"菜单中"描述统计"子菜单下的"P-P 图"选项。

☝ **操作步骤**：

步骤 1：在 Spss 数据视图窗口中输入案例资料原始数据，如图 2-41 所示。

图 2-41　输入数据（步骤 1）　　　　　　图 2-42　选择菜单（步骤 2）

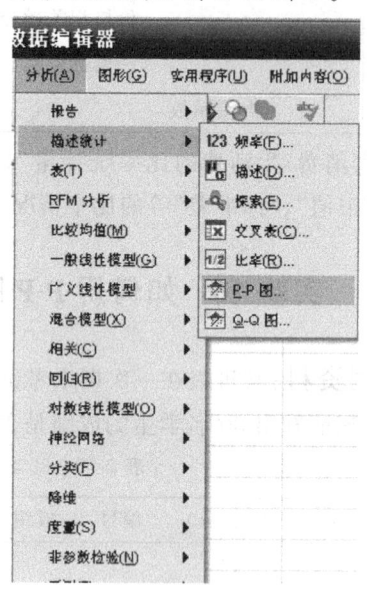

步骤 2：选择"分析(A)"菜单中"描述统计"子菜单下的"P-P 图…"选项，如图 2-42 所示，弹出"P-P 图"对话框，如图 2-43 所示。

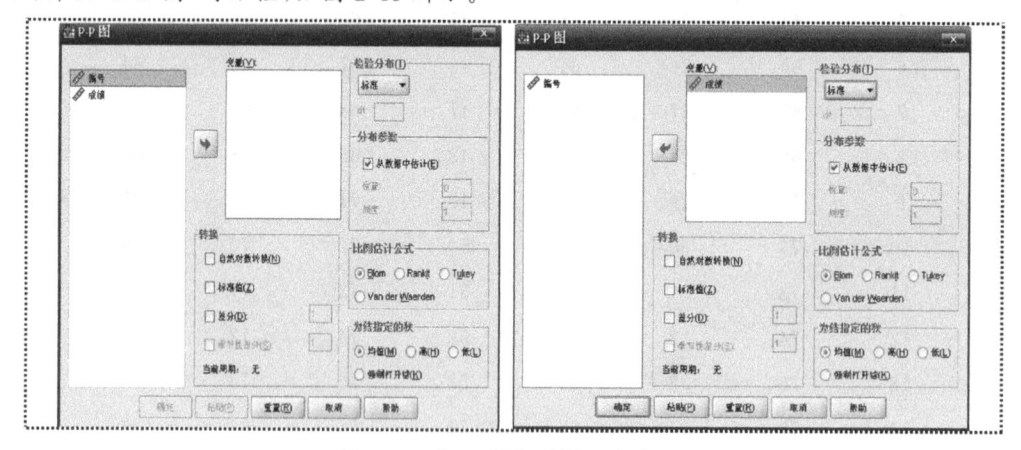

图 2-43　"P-P 图"对话框（步骤 3）

步骤 3：在"P-P 图"对话框中，把"成绩"变量选入到"变量(V)"框中，如图 2-43 所示，其他选项为系统默认。单击"确定"按钮，得到 2-44 所示的结果。

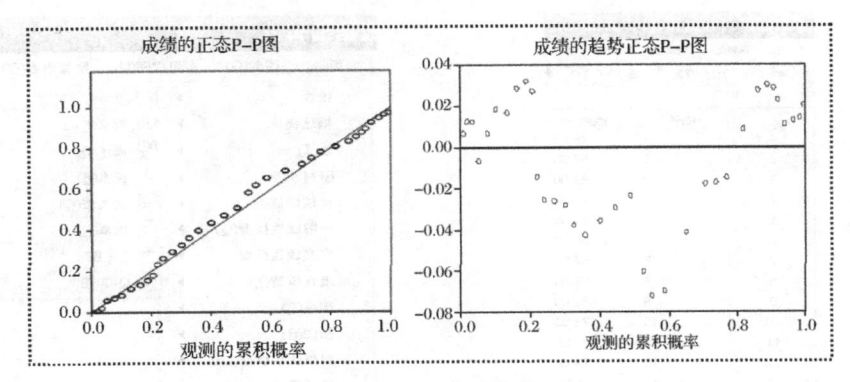

图 2-44　输出结果图

结果解释：

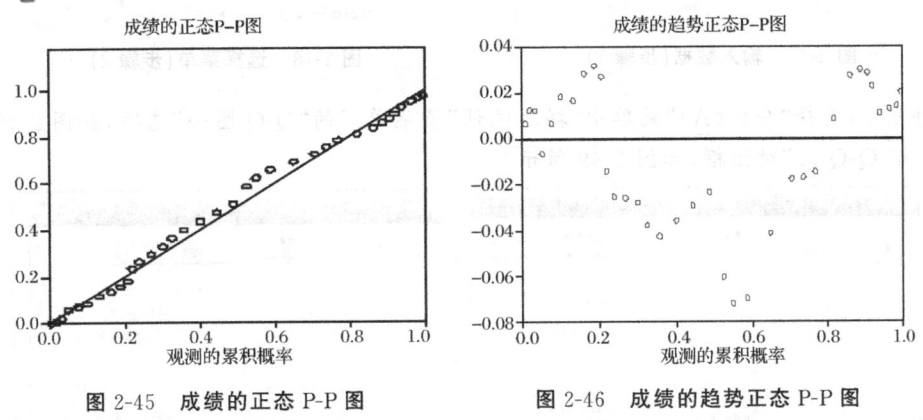

图 2-45　成绩的正态 P-P 图

图 2-46　成绩的趋势正态 P-P 图

从"成绩的正态 P-P 图"（图 2-45）可以看出，80 名学生的成绩组成的点都很接近于图中的参考直线，故可以认为该成绩的分布符合正态分布。"成绩的趋势正态 P-P 图"（图 2-46）可以看出成绩组成的点不规则地分布在直线的两侧，不存在一定的趋势，所以也认为该成绩的分布是正态分布。

实验 17　如何用 Q-Q 图检验成绩是否呈正态分布

案例资料：某班级在一次期末考试中统计的 80 名学生的数学成绩如表 2-15 所示，如何能直观地看出 80 名学生的成绩是否呈正态分布？

资料分析：能直观地看出 80 名学生的数学成绩是否是正态性分布，除了可以用 P-P 图来实现外，还可以用 Q-Q 图来实现。Q-Q 图的原理和 P-P 图的原理是一样的，不同的是 Q-Q 图采用的是概率单位。该例用到"分析（A）"菜单中"描述统计"子菜单下的"Q-Q图"选项。

操作步骤：

步骤 1：在 Spss 数据视图窗口中输入案例资料原始数据，如图 2-47 所示。

图 2-47 输入数据(步骤1)　　　　图 2-48 选择菜单(步骤2)

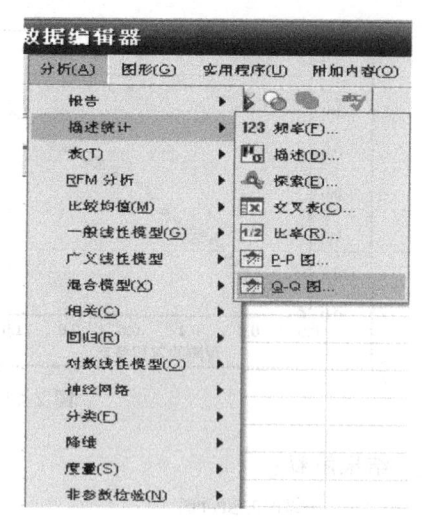

步骤2：选择"分析(A)"菜单中"描述统计"子菜单下的"Q-Q 图…"选项，如图 2-48 所示，弹出"Q-Q 图"对话框，如图 2-49 所示。

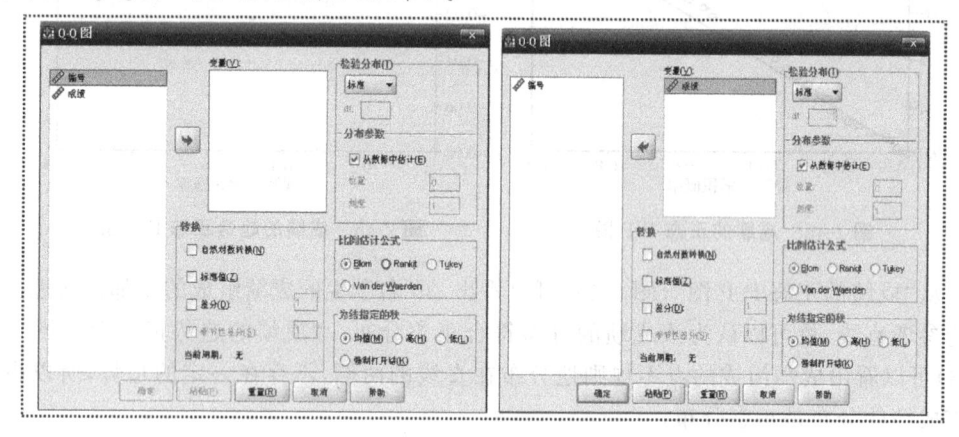

图 2-49 "Q-Q 图"对话框(步骤3)

步骤3：把"成绩"变量选入到"变量(V)"框中，其他选项为系统默认，如图 2-49 右所示。单击"确定"按钮，得到如图 2-50 所示的分析结果。

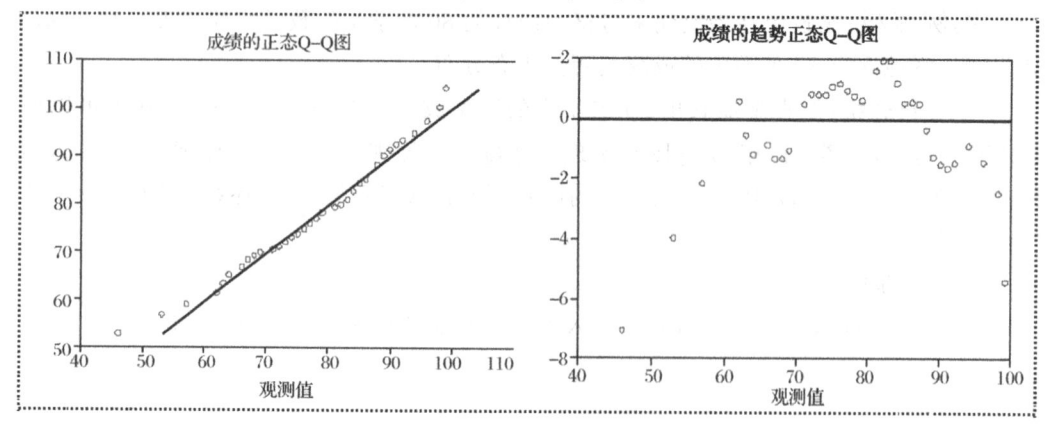

图 2-50 结果输出图

结果解释：

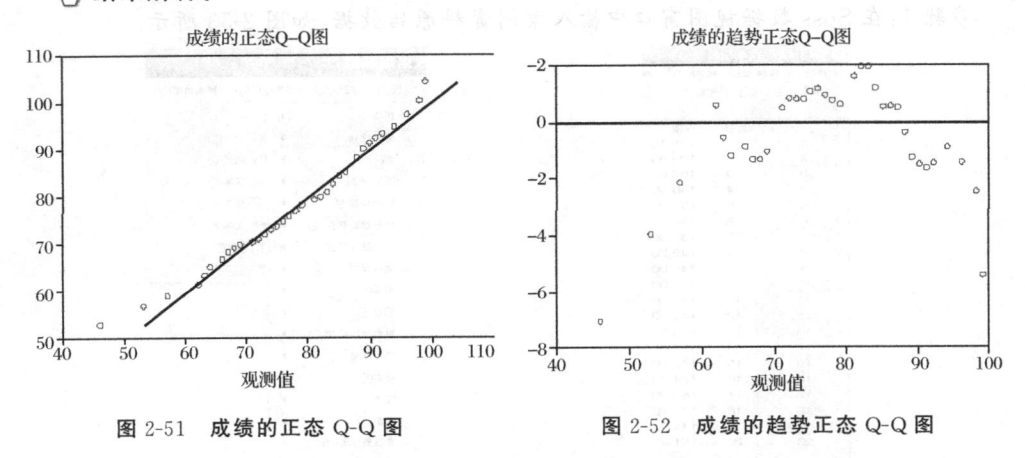

图 2-51 成绩的正态 Q-Q 图

图 2-52 成绩的趋势正态 Q-Q 图

从"成绩的正态 Q-Q 图"（图 2-51）可以看出，80 名学生的数学成绩的点大部分都落在参考直线上，可以说该成绩的分布为正态分布。"成绩的趋势正态 Q-Q 图"（图 2-52）可以看出成绩组成的点也是不规则地分布在直线两侧，说明该数学成绩的分布为正态分布。

实验 18　如何用峰度、偏度来描述数据的分布

案例资料：某校测得初一 20 名男生的身高情况，见表 2-17 所示，如何分析得到这 20 名男生整体身高的分布偏向情况（偏高还是偏矮）？

表 2-17　20 名初一男生身高统计表

编号	身高(cm)	编号	身高(cm)
1	135.10	11	137.30
2	139.90	12	145.90
3	163.60	13	165.00
4	146.50	14	154.80
5	156.20	15	142.70
6	156.40	16	154.80
7	167.80	17	169.00
8	149.70	18	132.70
9	145.00	19	144.70
10	157.80	20	151.80

资料分析："峰度"是描述某变量所有取值分布形态陡缓程度的统计量，它是和正态分布相比较的，分为"与正态分布的陡缓程度相同"、"尖顶峰"、"平顶峰"三类。"偏度"是描述某变量取值分布对称性的统计量，分为"分布形态与正态分布偏度相同"、"正偏或右偏"、"负偏或左偏"三类。要分析这 20 名男生的身高的偏向情况，可以通过分析他们身高的"峰度"、"偏度"情况来实现。该例用到"分析(A)"菜单中"描述统计"子菜单下的"频率(F)"选项。

操作步骤：

步骤1：在Spss数据视图窗口中输入案例资料原始数据，如图2-53所示。

图 2-53 输入数据（步骤1）　　　　图 2-54 选择菜单（步骤2）

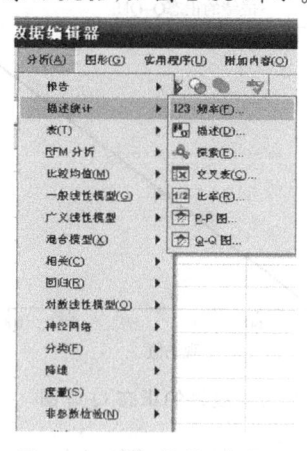

步骤2：选择"分析(A)"菜单中"描述统计"子菜单下的"频率(F)…"选项，如图2-54所示，弹出"频率"对话框，如图2-55所示。

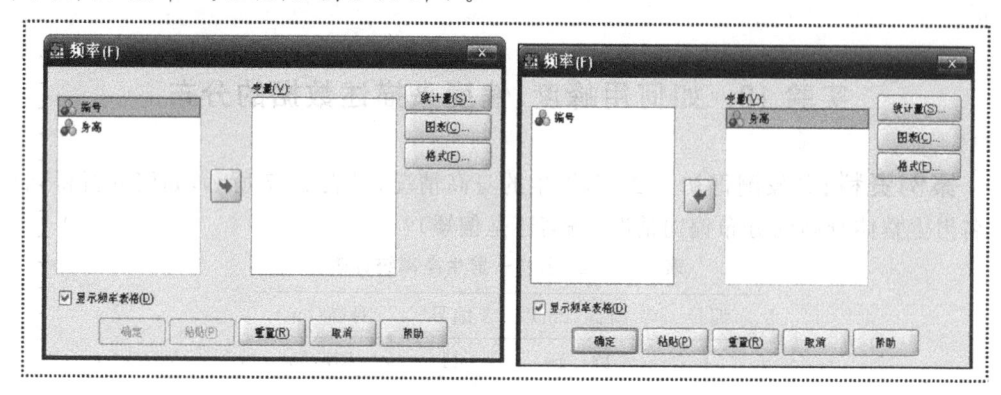

图 2-55 "频率(F)"对话框（步骤3）

步骤3：在"频率(F)"对话框中，把"身高"选入到"变量(V)"框中，如图2-55所示，单击"统计量(S)"按钮，打开"频率:统计量"对话框，在"分布"下选择"偏度"和"峰度"，如图2-56所示。单击"继续"按钮，回到主对话框，再单击"确定"按钮，得到如图2-57所示的分析结果。

统计量		
身高		
N	有效	20
	缺失	0
偏度		0.084
偏度的标准误		0.512
峰度		-0.868
峰度的标准误		0.992

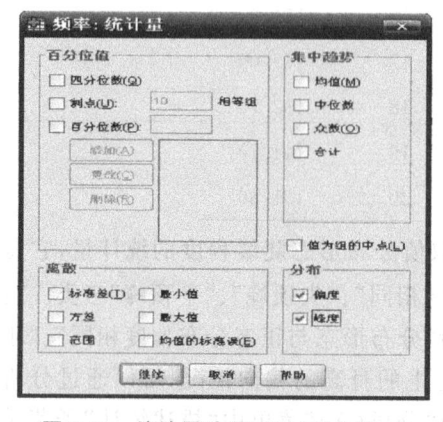

图 2-56 统计量选项对话框（步骤3）　　　　图 2-57 结果输出图

👆**结果解释**：如果偏度系数为 0，则分布为标准正态分布；如果偏度系数小于 0，则分布为负偏态分布；如果偏度系数大于 0，则分布为正偏态分布。如果峰度系数为 0，则分布的陡峭程度和标准正态分布的陡峭程度一样；如果峰度系数小于 0，则为平顶峰；如果峰度系数大于 0，则为尖顶峰。从"统计量"(表 2-18)可以看到，偏度系数为 0.084，峰度系数为 -0.868，可以认为 20 名男生的身高的分布呈现平顶峰，正偏态。

表 2-18 统计量身高

N	有效	20
	缺失	0
	偏度	0.084
	偏度的标准误	0.512
	峰度	-0.868
	峰度的标准误	0.992

表 2-19 各年级参加运动会人数构成

年级	人数	构成比
一年级	15	0.13
二年级	17	0.14
三年级	18	0.15
四年级	20	0.17
五年级	29	0.24
六年级	21	0.18

实验 19　如何用图直观地显示数据(制作饼图、条形图、线形图)

案例资料：已知某校各年级参加运动会人数及构成比例情况，如表 2-19 所示，试绘制一个图形能直观地反应各个班级参加运动会人数的情况。

👆**资料分析**：可以直观地反应数据的多少情况的图形有多种，如：饼图、条形图、线形图等，下面我们以饼图、条形图、线形图的制作来说明。

方法一：饼图

制作饼图是运用圆的面积来代表所有参加运动会的学生的总人数，按照各个年级的人数不同将圆面积分成若干个扇形，用以表示各个年级的运动员人数占总人数比例的统计图，要用到"图形(G)"菜单中"旧对话框(L)"子菜单下的"饼图(E)"选项来实现。

👆**操作步骤**：

步骤 1：在 Spss 数据视图窗口中输入案例资料原始数据，如图 2-58 所示。

图 2-58　输入数据(步骤 1)　　　　图 2-59　选择菜单(步骤 2)

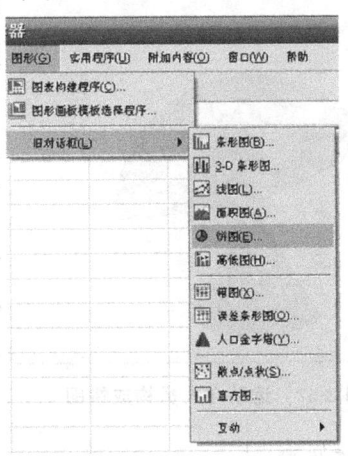

步骤 2：在"图形(G)"菜单中，选择"旧对话框(L)"子菜单下的"饼图(E)"选项，如图

2-59所示。得到"饼图"对话框,如图 2-60 所示。

步骤 3:在"饼图"对话框中,单击"个案值(I)",如图 2-60 所示。单击"定义"按钮,得到如图 2-61 所示的"定义饼图:个案的值"对话框。

步骤 4:在"定义饼图:个案的值"对话框中,选中"变量(V)",然后将"人数"选中(成为反显状态),单击右边"箭头"状按钮,使"人数"进入"分区的表征(S)"框中;将"年级"选中(成为反显状态),单击右边"箭头"状按钮,使"年级"进入"变量(V)"框中,如图 2-61 所示。单击"确定"按钮,得到如图 2-62 所示的运动会人员构成饼图。

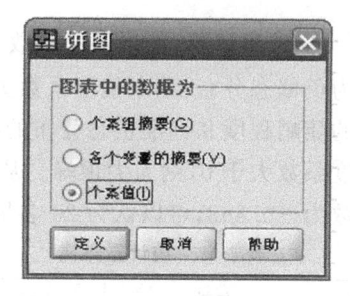

图 2-60 "饼图"对话框(步骤 3)

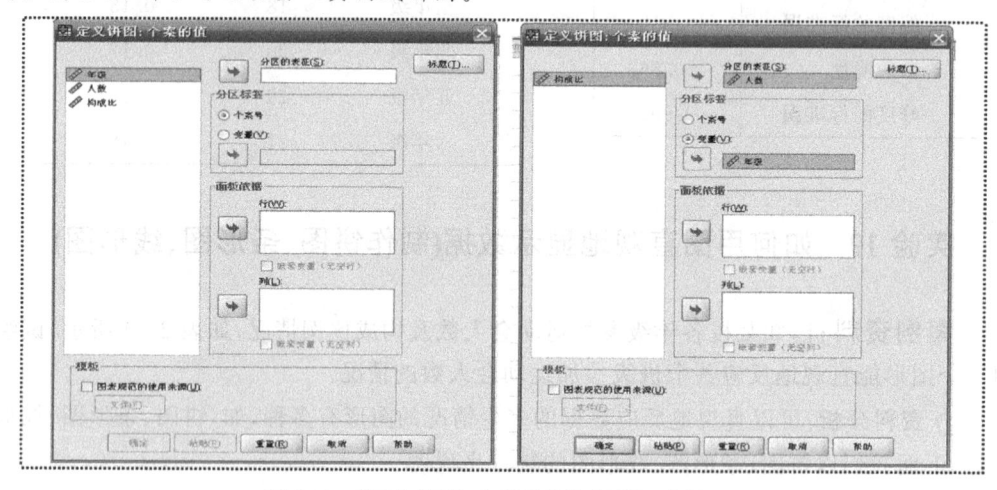

图 2-61 "定义饼图:个案的值"对话框(步骤 4)

方法二:条形图

制作条形图是将年级和人数分别作为横坐标和纵坐标,产生条形方框,通过比较图中的条形方框来的高度来比较人数的多少,本案例要用到"图形(G)"菜单中"旧对话框(L)"子菜单下的"条形图(B)"选项来实现。

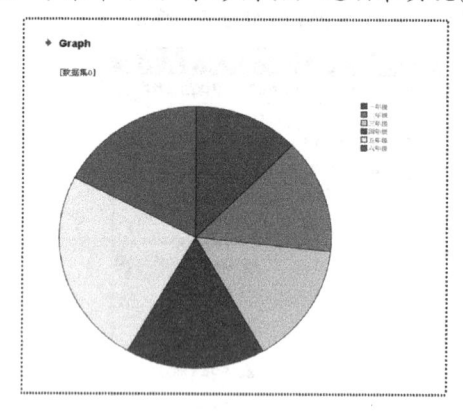

图 2-62 运动会人员构成饼图

图 2-63 输入数据(步骤 1)

	年级	人数	构成比
1	一年级	15.00	0.13
2	二年级	17.00	0.14
3	三年级	18.00	0.15
4	四年级	20.00	0.17
5	五年级	29.00	0.24
6	六年级	21.00	0.18

操作步骤:

步骤 1:在 Spss 数据视图窗口中输入案例资料原始数据,如图 2-63 所示。

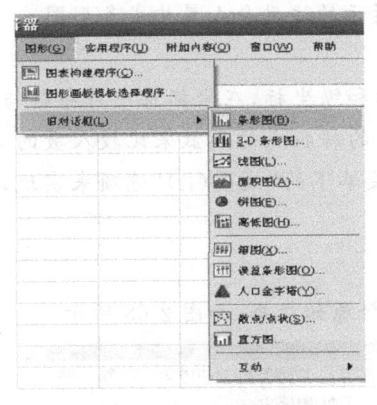

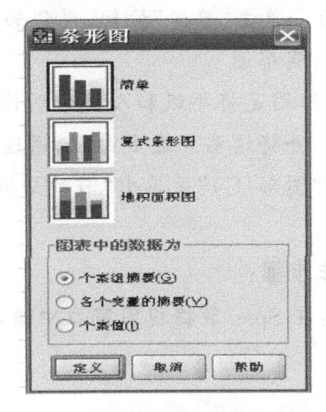

图 2-64　选择菜单(步骤 2)　　　　图 2-65　"条形图"对话框(步骤 3)

步骤 2：在"图形(G)"菜单中，选择"旧对话框(L)"子菜单下的"条形图(E)"选项，如图 2-64 所示。得到"条形图"对话框，如图 2-65 所示。

步骤 3：在"条形图"对话框中，选中"简单"和"个案组摘要"，如图 2-65 所示。单击"定义"按钮，得到如图 2-66 所示的"定义简单条形图：个案组摘要"对话框。

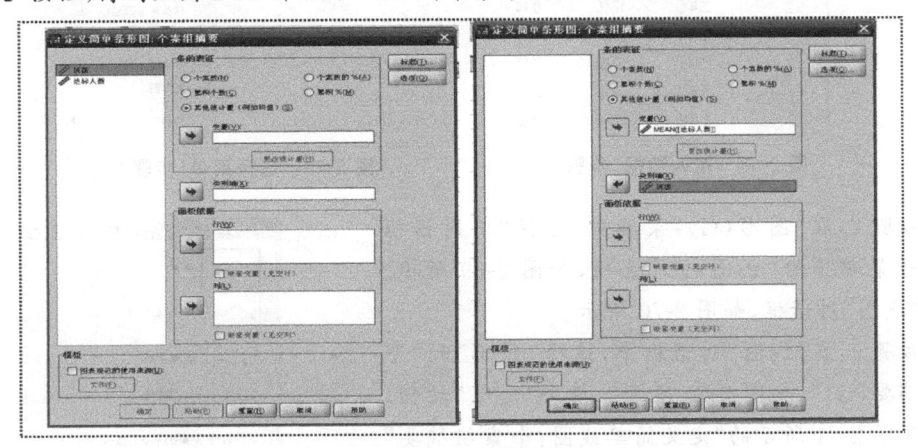

图 2-66　"定义简单条形图：个案组摘要"对话框(步骤 4)

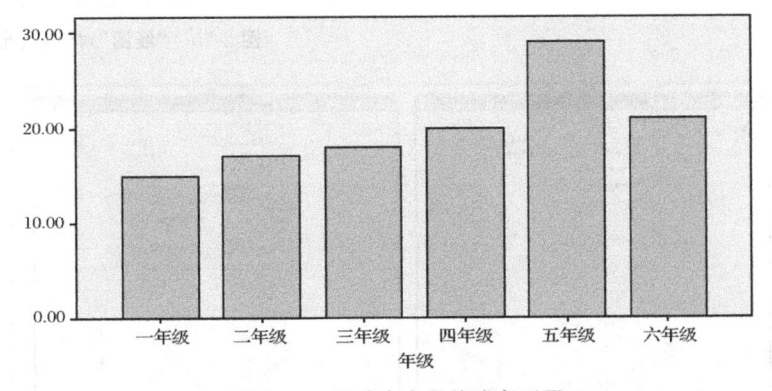

图 2-67　运动会人员构成条形图

步骤 4：在"定义条形图：个案组摘要"对话框中，选中"其他统计量(例如均值)(S)"，然后将"人数"选中(成为反显状态)，单击"箭头"状按钮，使"人数"进入"变量(V)"框中；将"年级"选中(成为反显状态)，单击"箭头"状按钮，使"年级"进入"类别轴(X)"框中，如

175

图 2-66 所示。单击"确定"按钮,得到如图 2-67 所示的运动会人员构成条形图。

方法三:线形图

制作线形图是将年级和人数分别作为横坐标和纵坐标,在坐标系中将年级与人数对应的点找出,并将这些点连成曲线,通过比较曲线的转折点的高低来比较人数的多少,本案例要用到"图形(G)"菜单中"旧对话框(L)"子菜单下的"线图(L)"选项来实现,具体操作步骤如下。

操作步骤:

步骤 1:在 Spss 数据视图窗口中输入案例资料原始数据,如图 2-68 所示。

图 2-68　输入数据(步骤 1)

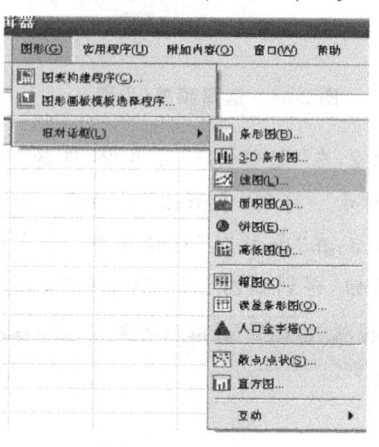

图 2-69　选择菜单(步骤 2)

步骤 2:在"图形(G)"菜单中,选择"旧对话框(L)"子菜单下的"线图(L)"选项,如图 2-69 所示。得到"线图"对话框,如图 2-70 所示。

步骤 3:在"线图"对话框中,选择"简单"和"个案组摘要(G)",如图 2-70 所示。单击"定义"按钮,得到如图 2-71 所示的"定义简单线图:个案组摘要"对话框。

图 2-70　"线图"对话框(步骤 3)

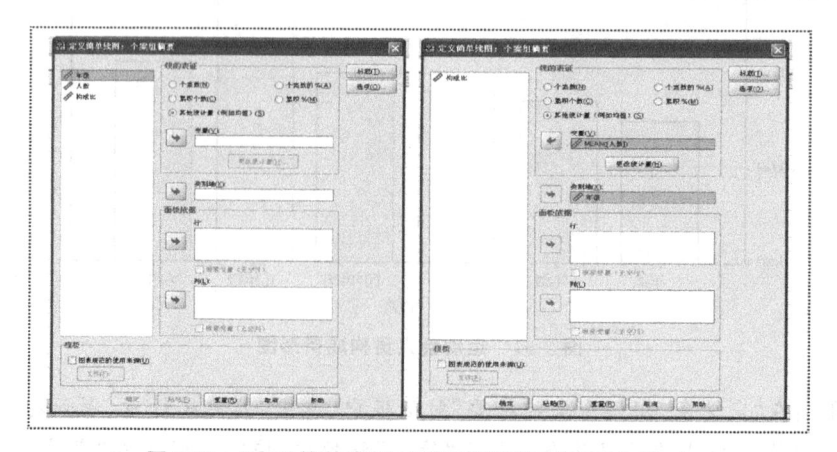

图 2-71　"定义简单线图:个案组摘要"对话框(步骤 4)

步骤 4：在"定义简单线形图：个案组摘要"对话框中，选中"其他统计量（例如均值）(S)"然后将"人数"选中（成为反显状态），单击右边"箭头"状按钮，使"人数"进入"变量(V)"框中；然后将"年级"选中（成为反显状态），单击右边"箭头"状按钮，使"年级"进入"类别轴(X)"框中，如图 2-71 所示。单击"确定"按钮，得到如图 2-72 所示的人员构成线。

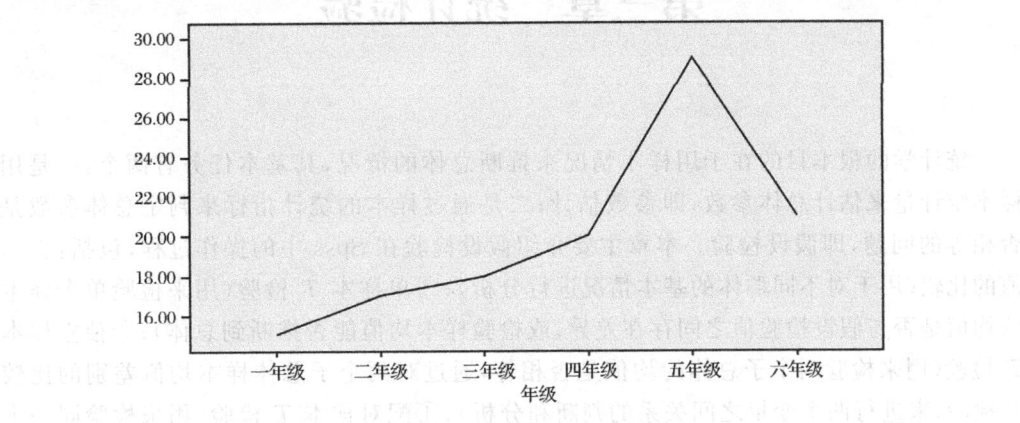

图 2-72　运动会人员构成线图

👆 **结果解释：** 从以上运动会人员构成饼图、直方图和线图中可以看出，该校参加运动会人数的分布情况，人数从多到少依次为：五年级、六年级、四年级、三年级、二年级、一年级。

第三章 统计检验

统计学的根本目的在于用样本情况来推断总体的情况,其基本任务有两个:一是用样本统计量来估计总体参数,即参数估计;二是通过样本的统计指标来判定总体参数是否相等的问题,即假设检验。本章主要介绍假设检验在 Spss 中的操作过程,包括:①均值的比较(用于对不同群体的基本情况进行分析);②单样本 T 检验(用来检验单个样本的均值是否与假设检验值之间存在差异,或检验样本均值能否推断到总体);③独立样本 T 检验(用来检验两个子总体的均值是否相等,通过对两个子总体样本均值差别的比较和检验,来进行两个变量之间关系的判断和分析);④配对样本 T 检验(用来检验同一个观察值在不同的组中,实验前后均值的变化情况)。统计检验在 Spss 软件中运用"分析"菜单中"比较均值"子菜单下的"均值(M)"、"单样本 T 检验(S)"、"独立样本 T 检验(T)"和"配对样本 T 检验(P)"四个选项可以实现。下面我们通过一些实验操作来帮助大家学习本章内容。

实验 20　如何检验抽取学生的成绩与平均成绩是否有差异

案例资料:已知某校体育学院男生立定跳远平均成绩 2.60 m,且成绩呈正态分布。现随机抽取篮球专业 20 男生立定跳远的成绩如下(单位:m):2.56、2.63、2.78、2.45、2.85、2.76、2.55、2.67、2.78、2.65、2.70、2.68、2.80、2.77、2.56、2.76、2.75、2.66、2.54、2.45,问篮球专业男生立定跳远的成绩与体育学院男生成绩有无差异?

资料分析:该题比较的是 20 名篮球专业男生立定跳远的平均成绩与整个体育学院男生立定跳远的成绩之间的差异,故该题属于两个均数的差异检验,总体成绩呈正态分布,选择参数检验中的 T 检验。又因为只有一个样本,因此选用 T 检验中的单样本 T 检验。本案例要用"分析(A)"菜单中"比较均值"子菜单下的"单个样本 T 检验(S)…"选项来实现。

操作步骤:
步骤 1:在 Spss 数据视图窗口中输入案例资料原始数据,如图 3-1 所示。
步骤 2:在"分析(A)"菜单中,选择"比较均值"子菜单下的"单个样本 T 检验(S)…"选项,如图 3-2 所示,得到如图 3-3 所示的"单个样本 T 检验"对话框。
步骤 3:在"单个样本 T 检验"对话框中,将"成绩"选中(成为反显状态),单击旁边"箭头"状按钮,使"成绩"进入"检验变量(T)"框中,在"检验值(V)"框中输入体育学院男生立定跳远平均成绩"2.60",如图 3-3 所示。

图 3-1 输入数据(步骤 1)　　　　　　　　图 3-2 选择菜单(步骤 2)

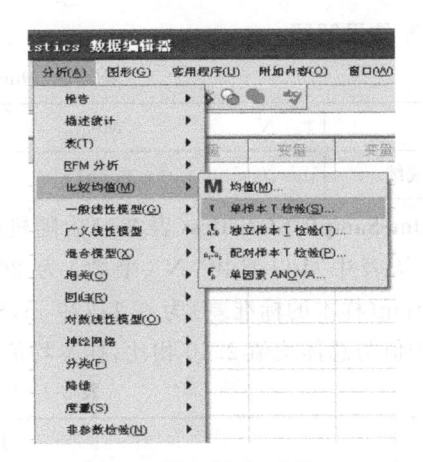

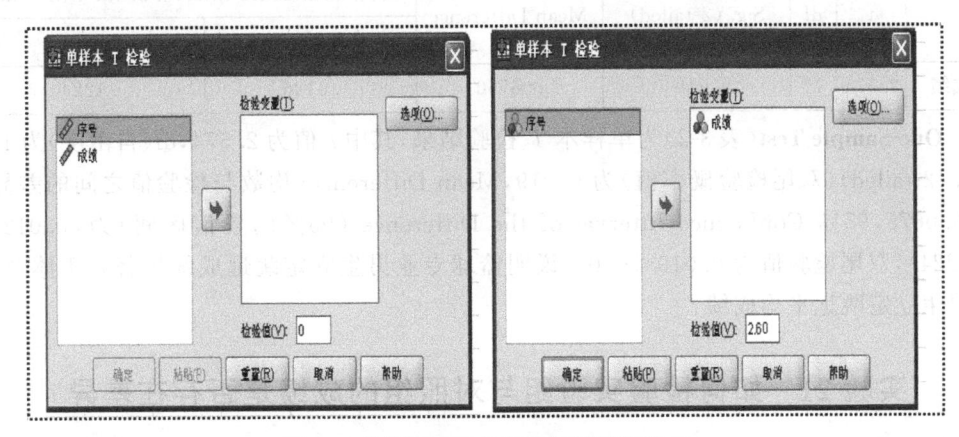

图 3-3 "单样本 T 检验"对话框(步骤 3)

步骤 4：在"单个样本 T 检验"对话框中，单击"选项(O).."按钮得到"单样本 T 检验：选项"对话框，在"单样本 T 检验：选项"对话框中，选择系统默认的置信区间"95％"，缺失值按系统默认的选项"按分析顺序排除个案(A)"，如图 3-4 所示。单击"继续"按钮，回到"单样本 T 检验"对话框，单击"确定"按钮，得到如图 3-5 所示的输出结果。

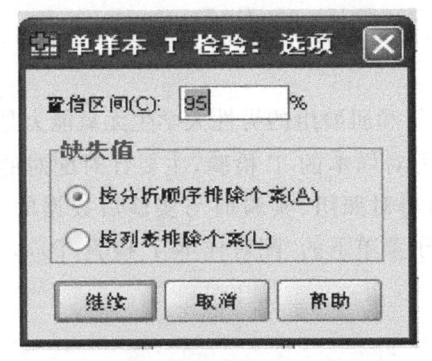

图 3-4 "单样本 T 检验：选项"对话框(步骤 4)　　　　图 3-5 结果输出图

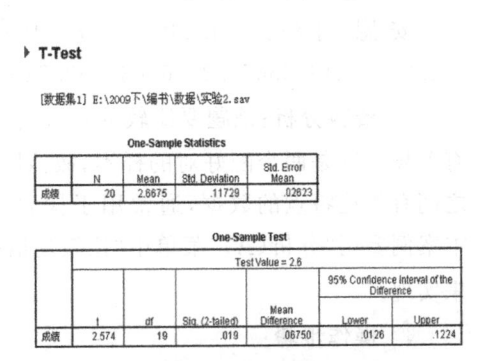

结果解释：

表 3-1　One-Sample Statistics

	N	Mean	Std. Deviation	Std. Error Mean
成绩	20	2.6675	.11729	.02623

One-Sample Statistics（表 3-1）为随机抽取篮球专业 20 名男生立定跳远成绩的描述分析，从表中可以看出：N（个数）为 20，Mean（样本的平均值）为 2.6675 m，Std. Deviation（样本的标准差）为 0.11729 m，Std. Error Mean（样本的标准误）为 0.02623。样本均值与总体均值 2.60 相比，样本均值略高。

表 3-2　One-Sample Test

	\multicolumn{6}{c}{Test Value=2.6}
	t	df	Sig. (2-tailed)	Mean Difference	\multicolumn{2}{c}{95% Confidence Interval of the Difference}
					Lower	Upper
成绩	2.574	19	.019	.06750	.0126	.1224

One-Sample Test（表 3-2）为单样本 T 检验结果，其中 t 值为 2.574，df（自由度）为 19，Sig.（2-tailed）（双尾检验概率值）为 0.019，Mean Difference（均数与检验值之间的差异）为 0.0675，95% Confidence Interval of the Difference（95%的置信区间）为（0.0126，0.1224），双尾检验值为 0.019＜0.05，说明篮球专业男生立定跳远成绩显著高于体育学院男生立定跳远平均成绩。

实验 21　如何检验实验组与对照组的成绩是否存在差异

案例资料：随机抽取 20 名健康男性大学生，采用随机的方式分成肌酸组和安慰剂组，采用双盲法进行无氧功率自行车实验。实验前两组无氧能力无显著差异，实验后无氧能力的变化值为以下数据：单位（$J \cdot kg^{-1}$），求实验前后肌酸组和安慰剂组有无差异？

肌酸组：232.7579、284.2243、267.6945、291.4061、254.7468、294.7637、252.1960、256.6824、253.1999、256.6922；

安慰剂组：214.5400、268.6420、258.6166、256.5292、255.3060、263.3555、250.2887、213.5567、229.6063、259.7208。

资料分析：该题要比较的是服用安慰剂组和肌酸组的男性大学生无氧能力是否具有差异。这是两个配好对的样本，故该题选择配对样本的 T 检验，主要针对配对的个体之间有相比特点的数据，通常用于检验实验组与对照组、实验前与实验后数据的比较。本案例要用"分析(A)"菜单中"比较均值(M)"子菜单下的"配对样本 T 检验(P)…"选项来实现。

操作步骤：

步骤 1：在 Spss 数据视图窗口中输入案例资料原始数据，如图 3-6 所示。

图 3-6 输入数据(步骤1)

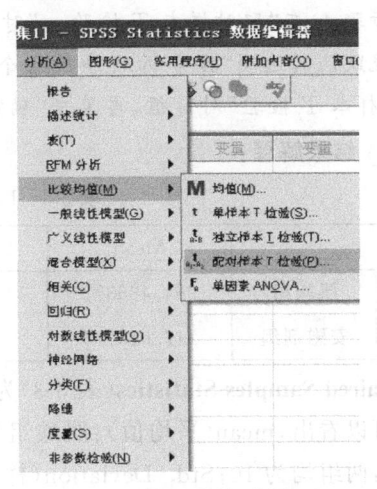

图 3-7 选择菜单(步骤2)

步骤 2：在"分析(A)"菜单中，选择"比较均值"子菜单下的"配对样本 T 检验(P)…"选项，如图 3-7 所示，得到如图 3-8 所示的"配对样本 T 检验"对话框。

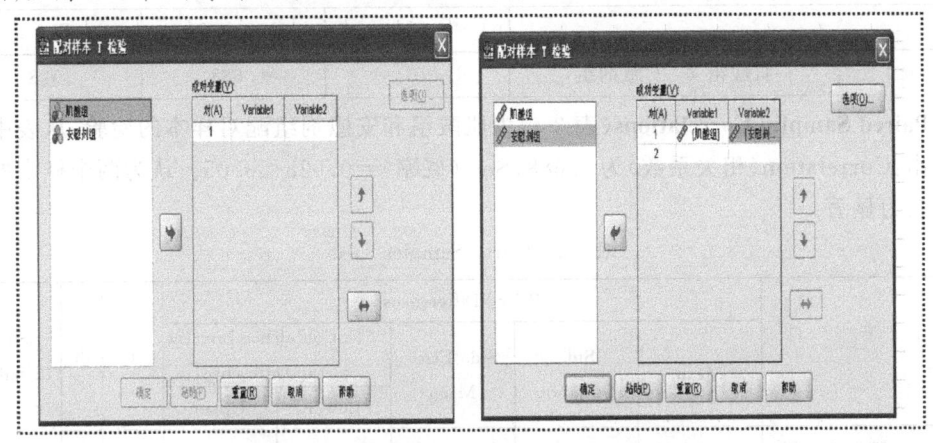

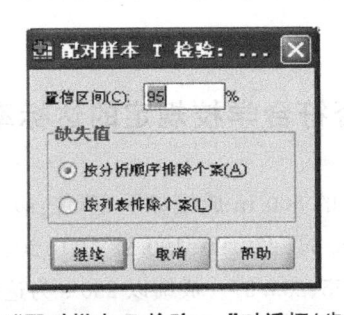

图 3-8 "配对样本 T 检验"对话框(步骤3)

步骤 3：在"配对样本 T 检验"对话框中，将"肌酸组"选中(成为反显状态)，按住"Ctrl"，再选中"安慰剂组"(成为反显状态)，单击旁边"箭头"状按钮，使"肌酸组"和"安慰剂组"均进入"成对变量(V)"方框中，如图 3-8 所示。单击"选项(O).."按钮得到"配对样本 T 检验…"对话框，如图 3-9 所示。

图 3-9 "配对样本 T 检验：…"对话框(步骤4)

图 3-10 结果输出图

步骤 4：在"配对样本 T 检验…"对话框中，选择系统默认的置信区间"95％"，缺失值按系统默认的选项"按分析顺序排除个案（A）"，如图 3-9 所示。单击"继续"按钮，回到"配对样本 T 检验"对话框，再单击"确定"按钮，得到如图 3-10 所示的数据输出结果。

结果解释：

表 3-3 Paired Samples Statistics

		Mean	N	Std. Deviation	Std. Error Mean
Pair 1	肌酸组	264.436372	10	19.8407185	6.2741861
	安慰剂组	247.016175	10	20.2152313	6.3926174

Paired Samples Statistics（表 3-3）为肌酸组和安慰剂组配对样本的描述统计数据，从表中可以看出，mean（平均值）：肌酸组为 264.436372，安慰剂组为 247.016175；N（样本个数）：两组均为 10；Std. Deviation（样本的标准差）：肌酸组为 19.8407185，安慰剂组为 20.2152313；Std. Error Mean（样本的标准误）：肌酸组为 6.2741861，安慰剂组为 6.3926174。肌酸组与安慰剂组的均值相比，肌酸组略高于安慰剂组。

表 3-4 Paired Samples Correlations

		N	Correlation	Sig.
Pair 1	肌酸组 & 安慰剂组	10	.688	.028

Paired Samples Correlations（表 3-4）为肌酸组和安慰剂组配对样本的检验，从表中可以看出：Correlation（相关系数）为 0.688，Sig.（概率）＝0.028＜0.05。认为两个样本的相关性较为显著。

表 3-5 Paired Samples Test

		Paired Differences					t	df	Sig. (2-tailed)
		Mean	Std. Deviation	Std. Error Mean	95% Confidence Interval of the Difference				
					Lower	Upper			
Pair 1	肌酸组-安慰剂组	17.4201971	15.8288050	5.0055076	6.0969522	28.7434421	3.480	9	.007

Paired Samples Test（表 3-5）为配对样本 T 检验结果表，从表中可以看出：两组均值差的 Mean（平均值）为 17.420 197 1；Std. Deviation（差值的标准差）为 15.8288050；Std. Error Mean（差值均值的标准误）为 5.0055076；95％ 的置信区间为（6.0969522, 28.7434421）；T 值 t 为 3.480；df（自由度）为 9；Sig.（2-tailed）（双尾检验概率值）为 0.007。双尾检验值＝0.007＜0.05，说明补充肌酸组和补充安慰剂组的无氧能力有显著性差异，肌酸组高于安慰剂组。

实验 22 如何检验样本的成绩是否符合学校规定的达标率

案例资料：抽取某年级 20 名非体育专业女生的 800 m 成绩如下（单位：s）：226.36、202.95、213.56、206.46、166.05、185.03、246.90、218.66、239.90、190.98、170.20、254.43、228.22、201.00、229.40、166.29、252.62、162.87、193.55、259.97。成绩以 230 s 为达标线，学校要求达标率为 90％，问根据抽取的数据看，该年级女生的达标率是否合格？

👆**资料分析**：我们需要将这 20 名非体育专业女学生的 800 m 跑成绩分为两类：高于 230 s，不达标；低于或等于 230 s，达标。因此这些数据的频数分布属于二项式分布（只有两种情况：如男生和女生、及格与不及格、达标与不达标），对于这样数据的检验，选择非参数检验中的二项式检验（要求检验的变量是数值型二元变量）。本案例要用到"分析（A）"菜单中"非参数检验（N）"子菜单下的"二项式检验（B）…"选项来实现。

👆**操作步骤**：

步骤 1：在 Spss 数据视图窗口中输入案例资料原始数据，如图 3-11 所示。

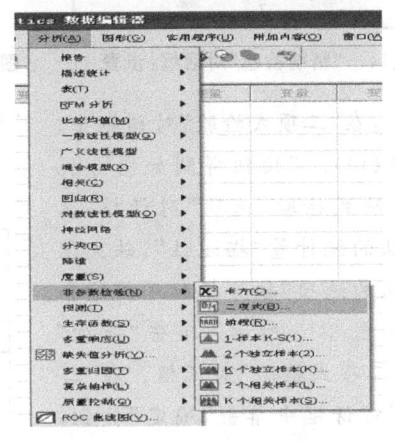

图 3-11　输入数据(步骤 1)　　　　图 3-12　选择菜单(步骤 2)

步骤 2：在"分析（A）"菜单中，选择"非参数检验（N）"子菜单下的"二项式检验（B）…"选项，如图 3-12 所示，得到如图 3-13 所示的"二项式检验"对话框。

步骤 3：在"二项式检验"对话框中，将"800 m 跑成绩"选中（成为反显状态），单击旁边"箭头"状按钮，使"800 m 跑成绩"进入"检验变量列表（T）"框中。在"定义二分法"框中选中"单选项割点（C）"，在"割点（C）"后面的框中输入达标值"230"。在"检验比例（E）"后面的方框中输入学校要求的概率值"0.1"，如图 3-13 所示。

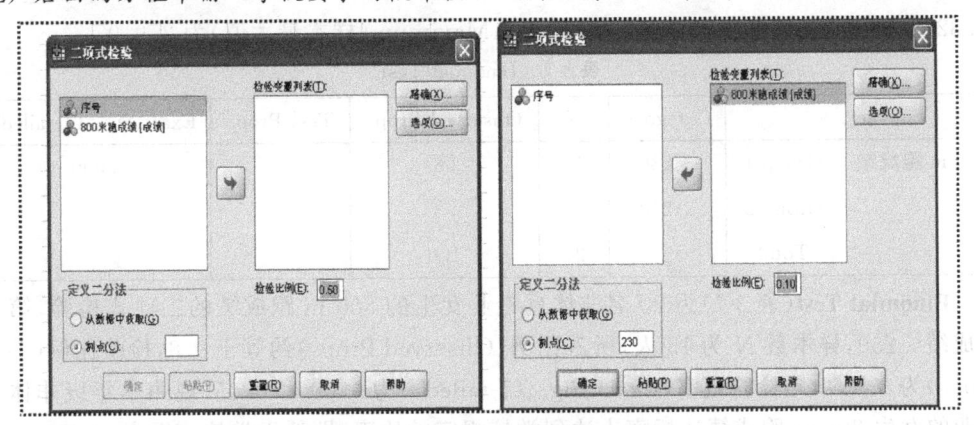

图 3-13　"二项式检验"对话框(步骤 3)

步骤 4：在"二项式检验"对话框中，单击"精确（X）"按钮得到"精确检验"对话框。在"精确检验"对话框中选中"仅渐进法（A）"选项，如图 3-14 所示。单击"继续"按钮回到"二项式检验"对话框。

183

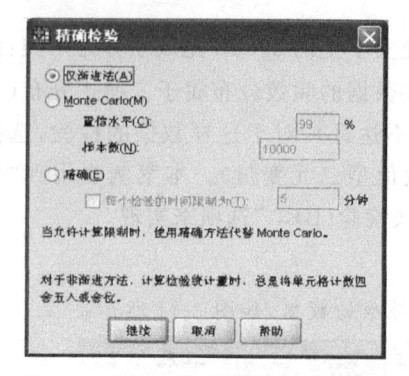

图 3-14 "精确检验"对话框(步骤4)　　图 3-15 "二项式检验:选项"对话框(步骤5)

步骤5:在"二项式检验"对话框中,单击"选项(O).."按钮得到如图3-15所示的"二项式检验:选项"对话框,选择系统默认的统计量"描述性",缺失值按系统默认的选项"按分析顺序排除个案(A)",如图3-15所示。单击"继续"按钮回到"二项式检验"对话框。在"二项式检验"对话框中单击"确定"按钮,得到结果,如图3-16所示。

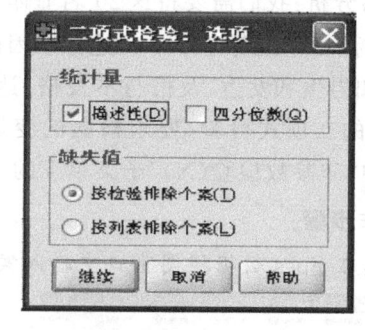

图 3-16 结果输出图

结果解释:

表 3-6　Descriptive Statistics

	N	Mean	Std. Deviation	Minimum	Maximum
800 m 跑成绩	20	210.7700	31.32280	162.87	259.97

Descriptive Statistics(表3-6)为20名非体育专业女生的800 m跑成绩的描述性统计量,N(样本个数)为20;Mean(样本均数)为210.77;Std. Deviation(样本标准差)为31.3228;Minimum(样本最小值)为162.87;Maximum(样本最大值)为259.97。

表 3-7　Binomial Test

		Category	N	Observed Prop.	Test Prop.	Exact Sig. (1-tailed)
800 m 跑成绩	Group 1	≤230	15	.8	.1	.000
	Group 2	>230	5	.3		
	Total		20	1.0		

Binomial Test(表3-7)为20名非体育专业女生的800 m跑成绩的二项式检验,第一组成绩≤230,样本数N为15人,所占比例(Observed Prop.)约等于0.8,检验比例(Test Prop.)为0.1,单尾检验概率(Exact Sig. (1-tailed))为0.000<0.05,说明本年级非体育专业的女生800 m跑成绩达标率未达到学校规定的比率,即低于学校达标率。

实验 23　如何检验抽取的样本是否具有随机性

案例资料：已知 20 名成年男性血液中的尿酸浓度为（单位：mmol/mL）：7.5、5.4、9.0、11.2、11.1、11.6、4.8、7.6、10.9、5.7、6.5、5.0、4.9、5.9、6.3、4.8、6.8、7.2、8.7、7.3。检验抽取的 20 名成年男性为样本是否为随机抽取？

资料分析：该题要检验的是这些男性的抽取是否随机，也就是先检验这 20 名男性是不是来自于同一个整体，如果来自同一个整体，假如都是在糖尿病人里面抽取的，那么尿酸的浓度就很接近，说明对这些数据抽取时就没有随机。对这种样本抽取的随机性的检验，就应该选择游程检验。该方法是用于检验一组样本的数据是否来自某一指定总体，即考察按随机顺序得到的一组样本的观测值是否表现出足够的随机性。本案例要用"分析(A)"菜单中"非参数检验(N)"子菜单下的"游程检验(R)…"选项来实现。

操作步骤：

步骤 1：在 Spss 数据视图窗口中输入案例资料原始数据，如图 3-17 所示。

步骤 2：在"分析(A)"菜单中，选择"非参数检验(N)"子菜单下的"游程检验(R)…"选项，如图 3-18 所示，得到如图 3-19 所示的"游程检验"对话框。

图 3-17　输入数据（步骤 1）　　　　图 3-18　选择菜单（步骤 2）

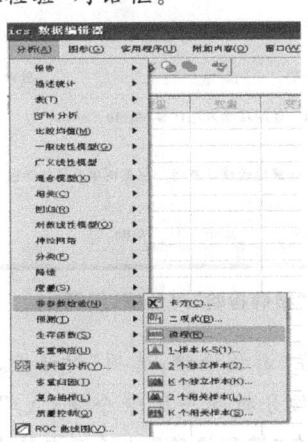

步骤 3：在"游程检验"对话框中，将"尿酸浓度"选中（成为反显状态），单击旁边"箭头"状按钮，使"尿酸浓度"进入"检验变量列表(T)"框中，在"割点"处将所有的选项选中，在"设定(C)"后面的框中输入"7.0"，如图 3-19 所示。单击"精确(X)"按钮，得到"精确检验"对话框，如图 3-20 所示。

步骤 4：在"精确检验"对话框中，选用系统默认"仅渐进法(A)"选项，如图 3-20 所示。单击"继续"按钮回到"游程检验"对话框。再单击"游程检验"对话框中的"选项(O).."按钮得到"游程检验：选项"对话框，如图 3-21 所示。

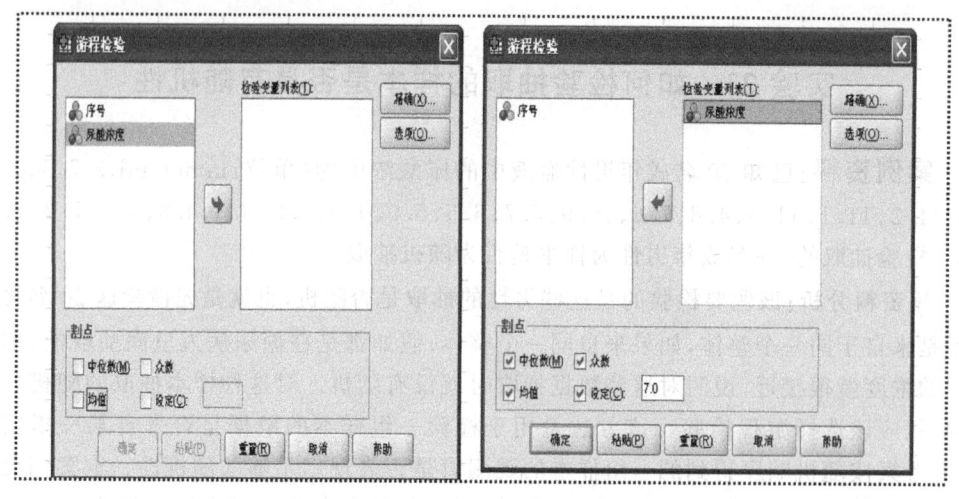

图 3-19 "游程检验"对话框(步骤 3)

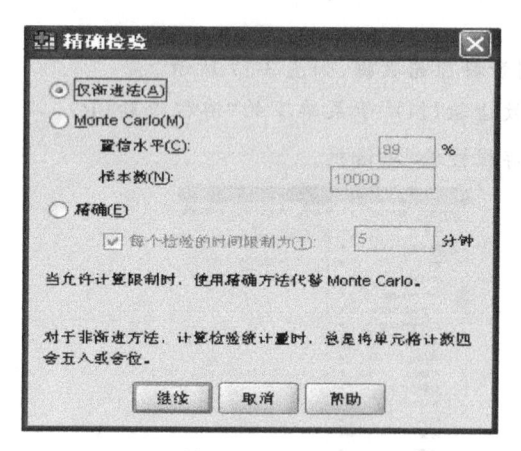

图 3-20 "精确检验"对话框(步骤 4)   图 3-21 "游程检验:选项"对话框(步骤 5)

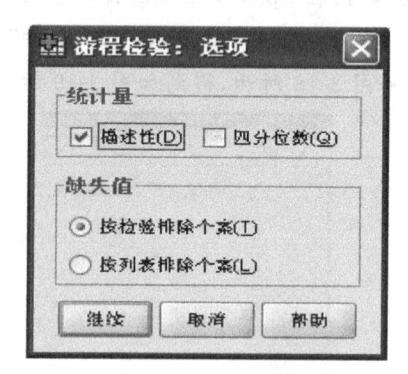

步骤 5:在"游程检验:选项"对话框,选择系统默认的统计量"描述性",缺失值按系统默认的选项"按分析顺序排除个案(A)",如图 3-21 所示,单击"继续"按钮回到"游程检验"对话框。在"游程检验"对话框中单击"确定"按钮,得到如图 3-22 所示的结果。

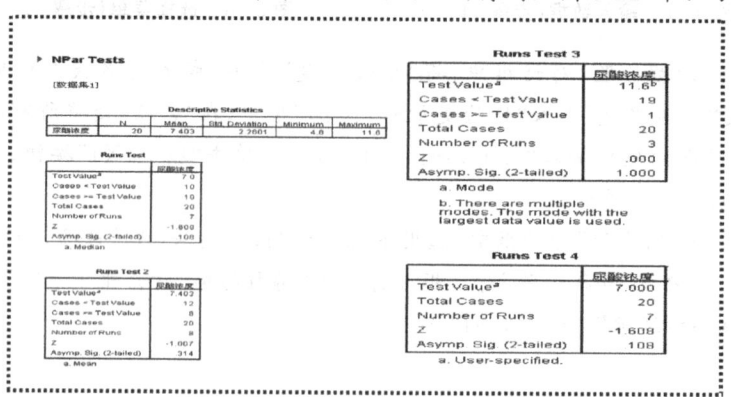

图 3-22 结果输出图

👆 **结果解释：**

表 3-8　Descriptive Statistics

	N	Mean	Std. Deviation	Minimum	Maximum
尿酸浓度	20	7.403	2.2801	4.8	11.6

Descriptive Statistics(表 3-8)为样本的抽取的 20 名成年人的尿酸浓度的描述性分析数据，从表中可以看出尿酸浓度：N(样本个数)为 20；Mean(样本的平均值)为 7.403；Std. Deviation(样本的标准差)为 2.2801；Minimum(最小值)为 4.8；Maximum(最大值)为 11.6。

Runs Test 1(表 3-9)为以抽取的 20 名成年人的尿酸浓度的中位数为割点进行的游程分析表，从表中可以看出游程检验：Test Value(检验值)为 7.0，Cases<Test Value(小于检验值)有 10 个；Cases≥Test Value(大于等于检验值)有 10 个；Total Cases(观测量的总数)为 20 个；Number of Runs(游程总数)为 7；Z 检验量为 -1.608；Asymp. Sig. (2-tailed)(渐进双尾检验概率)为 0.108。Sig. =0.108>0.05，说明抽取的样本来自同一总体，具有随机性。

表 3-9　Runs Test 1

	尿酸浓度
Test Value[a]	7.0
Cases<Test Value	10
Cases>=Test Value	10
Total Cases	20
Number of Runs	7
Z	-1.608
Asymp. Sig. (2-tailed)	.108

a. Median

表 3-10　Runs Test 2

	尿酸浓度
Test Value[a]	7.403
Cases < Test Value	12
Cases >= Test Value	8
Total Cases	20
Number of Runs	8
Z	-1.007
Asymp. Sig. (2-tailed)	.314

a. Mean

Runs Test 2(表 3-10)为以抽取的 20 名成年人的尿酸浓度的平均值为割点进行的游程分析表，从表中可以看出游程检验：Test Value(检验值)为 7.0，Cases<Test Value(小于检验值值)有 12 个；Cases ≥Test Value(大于等于检验值)有 8 个；Total Cases(观测量的总数)为 20 个；Number of Runs(游程总数)为 8；Z 检验量为 -1.007；Asymp. Sig. (2-tailed)(渐进双尾检验概率)为 0.314。Sig. (概率) = 0.314>0.05，说明抽取的样本来自同一总体，具有随机性。

Runs Test 3(表 3-11)为以抽取的 20 名成年人的尿酸浓度的众数为割点进行的游程分析表，从表中可以看出游程检验：Test Value(检验值)为 11.6，Cases<Test Value(小于检验值)有 19 个；Cases ≥Test Value(大于等于检验值)有 1 个；Total Cases(观测量的总数)为 20 个；Number of Runs(游程总数)为 3；Z 检验量为 0.000；Asymp. Sig. (2-tailed)(渐进双尾检验概率)为 1.000。Sig. = 1.000>0.05，说明抽取的样本来自同一总体，具有随机性。

表 3-11　Runs Test 3

	尿酸浓度
Test Value[a]	11.6[b]
Cases＜Test Value	19
Cases＞＝Test Value	1
Total Cases	20
Number of Runs	3
Z	.000
Asymp. Sig. (2-tailed)	1.000

a. Mode

b. There are multiple modes. The mode with the largest data value is used.

表 3-12　Runs Test 4

	尿酸浓度
Test Value[a]	7.000
Total Cases	20
Number of Runs	7
Z	－1.608
Asymp. Sig. (2-tailed)	.108

a. User－specified.

Runs Test 4（表 3-12）为以抽取的 20 名成年人的尿酸浓度的自定义 7.0 为割点进行的游程分析，从表中可以看出游程检验：Test Value（检验值）为 7.0，Cases＜Test Value（小于检验值）有 10 个；Cases≥Test Value（大于等于检验值）有 10 个；Total Cases（观测量的总数）为 20 个；Number of Runs（游程总数）为 7；Z 检验量为－1.608；Asymp. Sig.（2-tailed）（渐进双尾检验概率）为 0.108。Sig. ＝ 0.108＞0.05，说明抽取的样本来自同一总体具有随机性。

实验 24　如何检验抽取学生的成绩是否服从一定的分布

案例资料：抽取某市 20 名体育高考成绩如下（单位：分）：73.28、62.03、81.86、93.96、93.38、96.34、58.58、74.30、92.53、63.54、67.80、59.82、59.30、64.57、64.77、58.68、69.40、71.72、80.15、72.29，问该组成绩是否符合正态分布、均匀分布、泊松分布和指数分布？

☞ **资料分析**：用于检验单个样本变量是否服从某一个指定分布的检验，本检验可以将一个变量的实际频数分布与正态分布、均匀分布、泊松分布、指数分布进行比较。泊松分布是一种离散型的概率分布，正态分布是一种连续性的概率分布。本案例要用"分析（A）"菜单中"非参数检验（N）"子菜单下的"单样本的 K-S 检验（S）…"选项来实现。

☞ **操作步骤**：

步骤 1：在 Spss 数据视图窗口中输入案例资料原始数据，如图 3-23 所示。

步骤 2：在"分析（A）"菜单中，选择"非参数检验（N）"子菜单下的"单样本的 K-S 检验（1）…"选项，如图 3-24 所示，得到"单样本的 K-S 检验"对话框，如图 3-25 所示。

图 3-23 输入数据(步骤 1) 　　　　图 3-24 选择菜单(步骤 2)

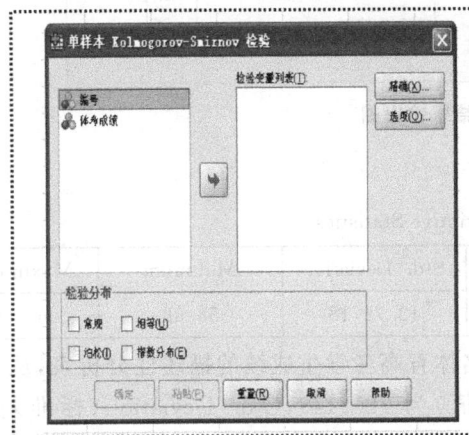

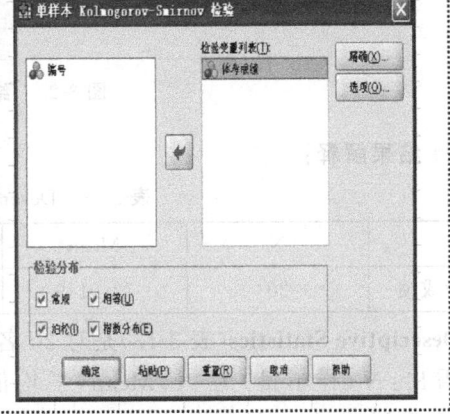

图 3-25 "单样本的 K-S 检验"对话框(步骤 3)

步骤 3：在"单样本的 K-S 检验"对话框中，将"体考成绩"选中（成为反显状态），单击旁边"箭头"状按钮，使"体考成绩"进入"检验变量列表(T)"框中。在"检验分布"框中选中四个复选框，如图 3-25 所示。

步骤 4：在"单样本的 K-S 检验"对话框中，单击"精确(X)"按钮得到"精确检验"对话框。在"精确检验"对话框中，选用系统默认"仅渐进法(A)选项"，如图 3-26 所示。单击"继续"按钮回到"单样本的 K-S 检验"对话框。

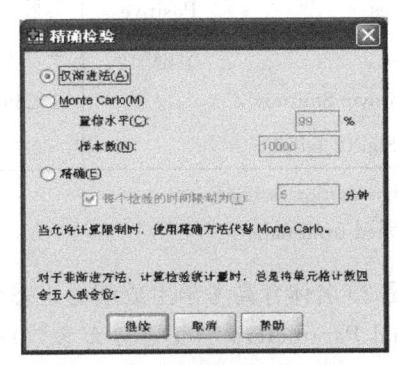

图 3-26 "精确检验"对话框(步骤 4) 　　　　图 3-27 "单样本 K-S:选项"对话框(步骤 5)

步骤5：在"单样本的 K-S 检验"对话框中，单击"选项（O）.."按钮得到"单样本的 K-S：选项"对话框，选择系统默认的统计量"描述性"，缺失值按系统默认的选项"按分析顺序排除个案（A）"，如图 3-27 所示。单击"继续"按钮回到"单样本的 K-S 检验"对话框。在"单样本的 K-S 检验"对话框中，单击"确定"按钮，得到如图 3-28 所示结果。

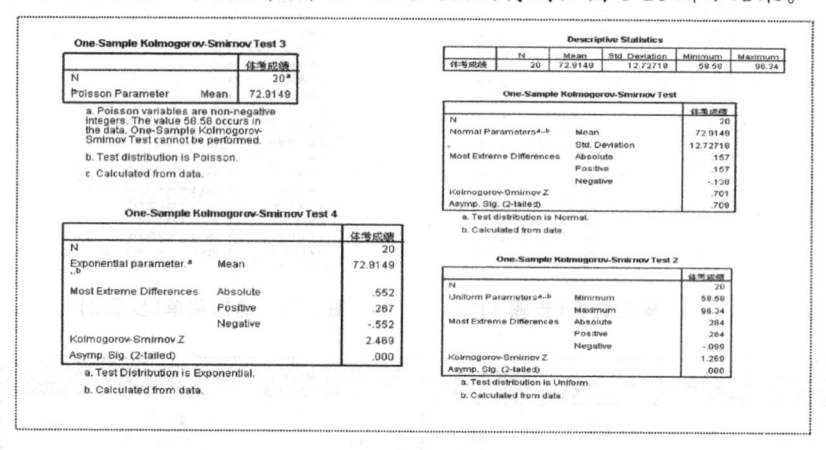

图 3-28　结果输出图

结果解释：

表 3-13　Descriptive Statistics

	N	Mean	Std. Deviation	Minimum	Maximum
体考成绩	20	72.9149	12.72718	58.58	96.34

Descriptive Statistics（表 3-13）是对 20 名体育高考学生成绩的描述性分析表，从表中可以看出：N（样本量）为 20；Mean（平均值）为 72.9149；Std. Deviation（标准差）为 12.72718；Minimum（最小值）为 58.58；Maximum（最大值）为 96.34。

表 3-14　One-Sample Kolmogorov-Smirnov Test

		体考成绩
N		20
Normal Parameters[a,b]	Mean	72.9149
	Std. Deviation	12.72718
Most Extreme Differences	Absolute	.157
	Positive	.157
	Negative	−.138
Kolmogorov-Smirnov Z		.701
Asymp. Sig. (2-tailed)		.709

a. Test distribution is Normal.
b. Calculated from data.

表 3-15　One-Sample Kolmogorov-Smirnov Test 2

		体考成绩
N		20
Uniform Parameters[a,b]	Minimum	58.58
	Maximum	96.34
Most Extreme Differences	Absolute	.284
	Positive	.284
	Negative	−.099
Kolmogorov−Smirnov Z		1.269
Asymp. Sig. (2-tailed)		.080

a. Test distribution is Uniform.
b. Calculated from data.

One-Sample Kolmogorov-Smirnov Test（表 3-14）是 20 名体育高考学生成绩的正态分布检验表，从表中可以看出：N（样本量）为 20；Normal Parameters[a,b]（正态分布参数）中 Mean（均值）为 72.9149；Std. Deviation（标准差）为 12.72718；Absolute（最大极差绝对值）为 0.157；Positive（最大正极差）为 0.157；Negative（最大负极差）为−0.138；Kolmogorov-Smirnov Z(K-S 检验统计量 Z 值)为 0.701；Asymp. Sig. (2-tailed)（双尾渐进检验概率值）为 0.709。Sig.＝0.709＞0.05,说明数据服从正态分布。

One-Sample Kolmogorov-Smirnov Test 2(表 3-15)是 20 名体育高考学生成绩的 K-S 分布检验表,从表中可以看出：N（样本量）为 20；Mean（均值）为 72.9149；Minimum（最小值）为 58.58；Maximum（最大值）为 96.34；Absolute（最大极差绝对值）为 0.284；Positive（最大正极差）为 0.284；Negative（最大负极差）为－0.099；Kolmogorov-Smirnov(K-S 检验统计量 Z 值)为 1.269；Asymp. Sig. (2-tailed)（双尾渐进检验概率值）为 0.080。Sig.（概率）为 0.080＞0.05,说明数据服从均匀分布。

表 3-16 One-Sample Kolmogorov-Smirnov Test 3

		体考成绩
N		20[a]
Poisson Parameter[b,c]	Mean	72.9149

a. Poisson variables are non-negative integers. The value 58.58 occurs in the data. One-Sample Kolmogorov-Smirnov Test cannot be performed.
b. Test distribution is Poisson.
c. Calculated from data.

表 3-17 One-Sample Kolmogorov-Smirnov Test 4

		体考成绩
N		20
Exponential parameter.[a,b]	Mean	72.9149
Most Extreme Differences	Absolute	.552
	Positive	.267
	Negative	－.552
Kolmogorov-Smirnov Z		2.469
Asymp. Sig. (2-tailed)		.000

a. Test Distribution is Exponential.
b. Calculated from data.

One-Sample Kolmogorov-Smirnov Test 3(表 3-16)是 20 名体育高考学生成绩的泊松检验表,从表中可以看出：体考成绩的 N（样本量）为 20；Mean（均值）为 72.9149；从注释"a.One-Sample Kolmogorov-Smirnov Test cannot be performed."可以看到,泊松检验不执行,说明这次数据不是离散型数据。

One-Sample Kolmogorov-Smirnov Test 4(表 3-17)是 20 名体育高考学生成绩的指数分布检验,从表中可以看出：体考成绩的 N（样本量）为 20；Exponential parameter.[a,b]（正态分布参数）中 Mean（均值）为 72.9149；Absolute（最大极差绝对值）为 0.552；Positive（最大正极差）为 0.267；Negative（最大负极差）为－0.552；Kolmogorov-Smirnov Z(K-S 检验统计量 Z 值)为 2.469；Asymp. Sig. (2-tailed)双尾渐进检验概率值为 0.000。Sig.＝0.000＜0.05,说明数据不服从指数分布。

综上所述,20 名体育高考学生的成绩服从正态分布,服从均匀分布,不服从泊松检验,不服从指数分布,不是离散型数据。

实验 25 如何检验抽取的多个样本间是否有差异

案例资料：从轻度、中度、重度糖尿病人和健康人中分别抽取 6 人的血糖浓度如下（单位：mmol/L）：轻度：7.62、7.31、7.86、8.19、8.17、8.25；中度：9.53、9.37、10.77、10.09、9.60、9.60；重度：14.43、14.35、16.11、16.24、15.22、16.24；健康：5.27、5.17、5.12、5.10、4.90、5.33。试问糖尿病的严重程度和样本的血糖浓度是否有差异？

资料分析：本案例有轻度糖尿病人、中度糖尿病人、重度糖尿病人和健康人 4 个样

191

本。由于不清楚数据的分布情况，样本又来自多个独立的总体，故该题应该选择多个独立样本的非参数检验。该检验是两个独立样本检验的发展形式，可以检验多个独立样本之间是否具有差异，并由此可以推断多个独立样本是否来自同一个整体。本案例要用"分析(A)"菜单中"非参数检验(N)"子菜单下的"K个独立样本(K)…"选项来实现。

👆 **操作步骤：**

步骤1：在 Spss 数据视图窗口中输入案例资料原始数据，如图 3-29 所示。

图 3-29　输入数据(步骤 1)　　　　　图 3-30　选择菜单(步骤 2)

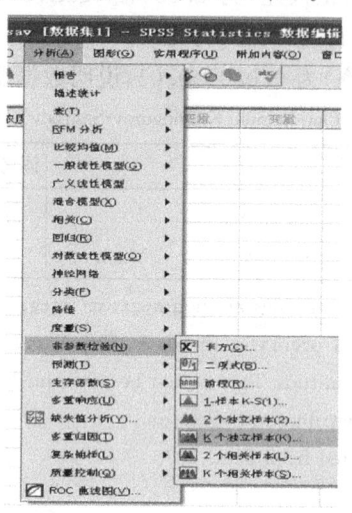

步骤2：在"分析(A)"菜单中，选择"非参数检验(N)"子菜单下的"K个独立样本(K)…"选项，如图 3-30 所示。得到如图 3-31 所示的"多个独立样本检验"对话框。

步骤3：在"多个独立样本检验"对话框中，将"血糖浓度"选中(成为反显状态)，单击旁边"箭头"状按钮，使"血糖浓度"进入"检验变量列表(T)"框中。将"组别"选中(成为反显状态)，单击旁边"箭头"状按钮，使"组别"进入"分组变量(G)"方框中。在"检验类型"框中，将三个复选框选中，如图 3-31 所示。

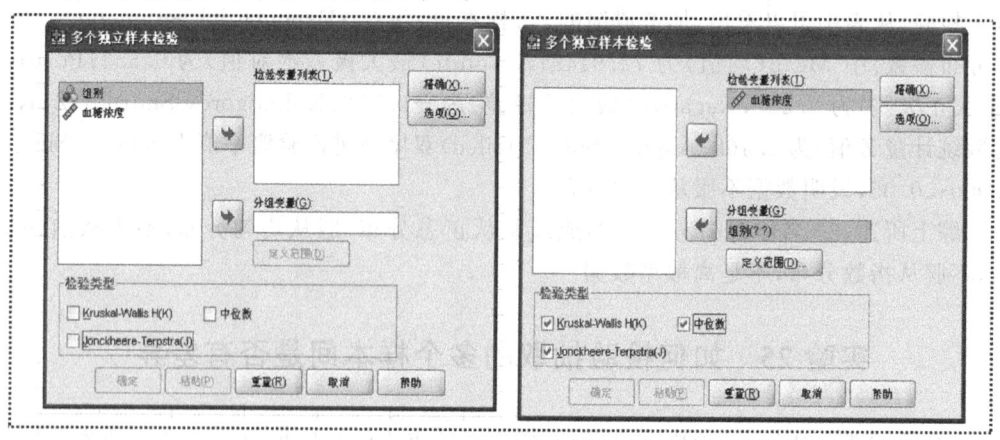

图 3-31　"多个独立样本检验"对话框(步骤 3)

步骤4：在"多个独立样本检验"对话框中，单击"定义范围(D)"按钮，得到"多个独立样本：定义范围"对话框，在最小值框中输入"1"，在最大框中输入"4"，如图 3-32 所示。单击"继续"按钮，回到"多个独立样本检验"对话框。

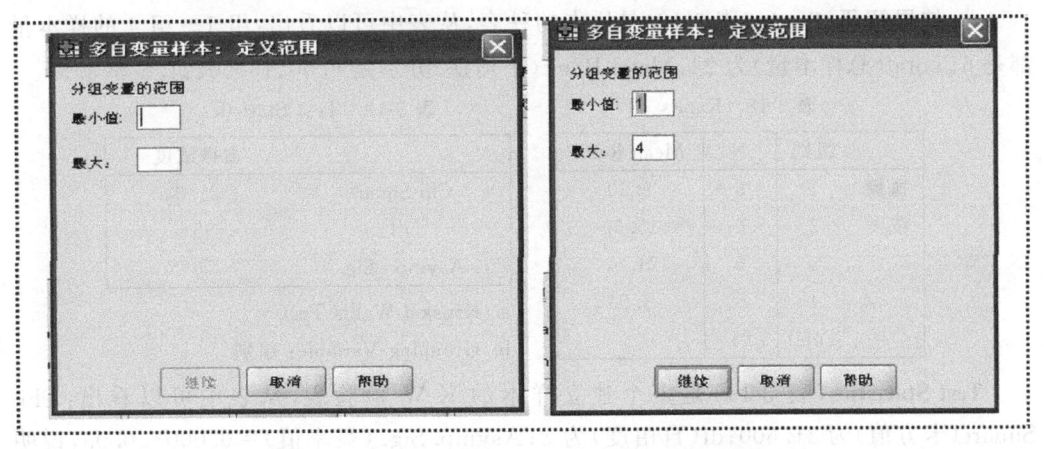

图 3-32 "多个独立样本:定义范围"对话框(步骤 4)

步骤 5:在"多个独立样本检验"对话框中,单击"精确(X)"按钮得到"精确检验"对话框。在"精确检验"对话框中,选择系统默认"仅渐进法(A)"选项,如图 3-33 所示。单击"继续"按钮回到"多个独立样本检验"对话框。

图 3-33 "精确检验"对话框(步骤 5)　　图 3-34 "选项"对话框(步骤 6)

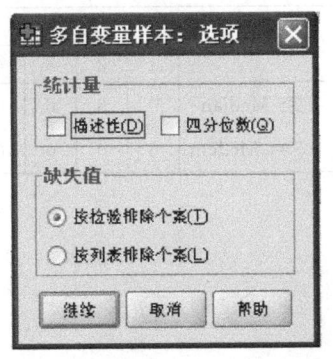

步骤 6:在"多个独立样本检验"对话框中,单击"选项(O).."按钮得到"多自变量样本:选项"对话框,"缺失值"按系统默认的选项"按分析顺序排除个案(A)",如图 3-34 所示。单击"继续"按钮回到"多个独立样本检验"对话框。在"多个独立样本检验"对话框中,单击"确定"按钮,得到如图 3-35 所示的结果。

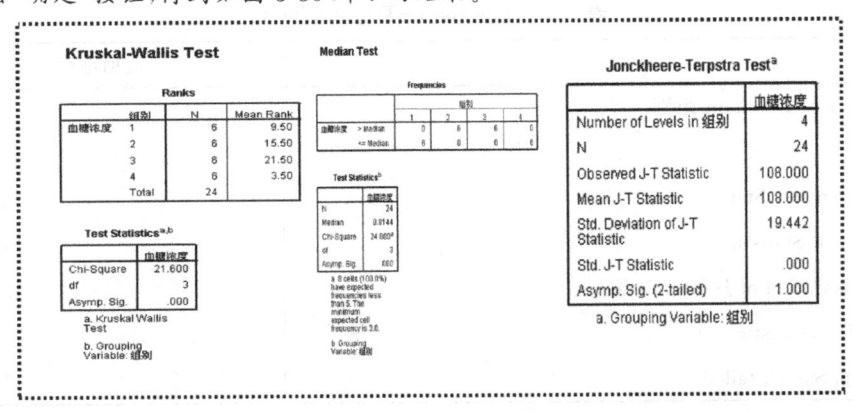

图 3-35 结果输出图

结果解释：**Ranks**(表 3-18)是样本的秩表，从表中可以看出：组 1~组 4 的样本量都是 6；Total(总样本量)为 24；Mean Rank(平均秩)分别是 9.50、15.50、21.5 和 3.50。

表 3-18 Ranks

	组别	N	Mean Rank
血糖浓度	1	6	9.50
	2	6	15.50
	3	6	21.50
	4	6	3.50
	Total	24	

表 3-19 Test Statistics[a,b]

	血糖浓度
Chi-Square	21.6
df	3
Asymp. Sig.	0

a. Kruskal Wallis Test
b. Grouping Variable：组别

Test Statistics(表 3-19)是多个独立样本的 K-W 检验表，从表中可以看出：Chi-Square(卡方值)为 21.600；df(自由度)为 3；Asymp. Sig.(概率值)=0.000<0.05，说明糖尿病严重程度的血糖浓度 K-W 检验有显著性差异。

Frequencies Test Statistics(表 3-20)是样本的中位数频数表，从表中可以看出：组 2 和组 3 的血糖浓度大于中位数，组 1 和组 4 的血糖浓度小于或等于中位数。

表 3-20 Frequencies Test Statistics[b]

		组别			
		1	2	3	4
血糖浓度	>Median	0	6	6	0
	<= Median	6	0	0	6

表 3-21 Median Test

	血糖浓度
N	24
Median	8.8144
Chi-Square	24.000[a]
df	3
Asymp. Sig.	.000

a. 8 cells (100.0%) have expected frequencies less than 5. The minimum expected cell frequency is 3.0.
b. Grouping Variable：组别

Median Test(表 3-21)是多个独立样本的中位数检验值表，从表中可以看出：N(样本量)是 24；Median(中位数)为 8.8144；Chi-Square(卡方值)为 24.000；df(自由度)为 3；symp. Sig.(概率值)=0.000<0.05，说明糖尿病严重程度的血糖浓度中位数检验有显著性差异。

表 3-22 Jonckheere-Terpstra Test[a]

	血糖浓度
Number of Levels in 组别	4
N	24
Observed J-T Statistic	108.000
Mean J-T Statistic	108.000
Std. Deviation of J-T Statistic	19.442
Std. J-T Statistic	.000
Asymp. Sig. (2-tailed)	1.000

a. Grouping Variable：组别

Jonckheere-Terpstra Test(表 3-22)是多个独立样本的 J-T 检验表，从表中可以看出：

Number of Levels in 组别(组别分的水平数)为 4;N(个数)为 24,Observed J-T Statistic(被观测的 J-T 检验数据)为 108.000;Mean J-T Statistic(J-T 检验数据的平均值)为 108.000;Std. Deviation of J-T Statistic(J-T 检验数据的标准差)为 19.442;Asymp. Sig. 2-tailed(双尾渐进检验概率值)为 1.000。Sig.＝1.000＜0.005,说明糖尿病人严重程度的血糖浓度 J-T 检验不具有差异性。

实验 26　如何检验两位教师对学生成绩评定是否有差异

案例资料:已知两位老师给某班 20 名学生的艺术体操的评分如表 3-23 所示。试问两位老师给同一个学生打分是否具有差异?

表 3-23　20 名学生的艺术体操成绩统计表

学生编号	教师 1	教师 2	学生编号	教师 1	教师 2
1	75.28	95.95	11	69.80	76.76
2	64.03	64.94	12	61.82	61.79
3	83.86	88.91	13	61.30	64.60
4	95.96	87.83	14	66.57	69.65
5	95.38	67.59	15	68.78	92.36
6	98.34	91.65	16	60.68	95.90
7	60.58	70.85	17	71.40	94.62
8	76.30	94.88	18	73.72	97.38
9	94.53	90.39	19	82.15	71.54
10	65.54	63.66	20	74.29	84.19

资料分析:两位老师给 20 名学生的艺术体操打分,亦即每名同学均有 2 个分数,现在要检验这两个分数之间是否存在差异。由于分数的分布情况不清楚,故选用非参数检验。因为两个分数是同一名同学的,所以 2 个分数间是相互关联的,故选择 2 个相关样本的非参数检验,该检验用于对同一对象身上测试两个或多个观测值的检验。本案例要用"分析(A)"菜单中"非参数检验(N)"子菜单下的"两个相关样本(L)…"选项来实现。

操作步骤:

步骤 1:在 Spss 数据视图窗口中输入案例资料原始数据,如图 3-36 所示。

步骤 2:在"分析(A)"菜单中,选择"非参数检验(N)"子菜单下的"两个相关样本(L)…"选项,如图 3-37 所示,得到如图 3-38 所示的"两个关联样本检验"对话框。

步骤 3:在"两个关联样本检验"对话框中,选中"教师 1",按住"Ctrl"再选中"教师 2"(成为反显状态),单击旁边"箭头"状按钮,使"教师 1"和"教师 2"进入"检验对"框中。在"检验类型"框中,将四个复选框选中,如图 3-38 所示。

图 3-36　输入数据(步骤 1)

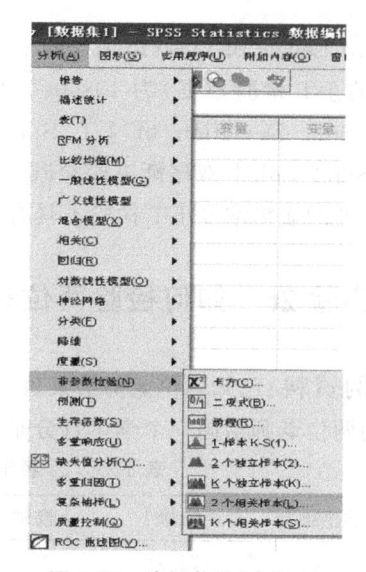

图 3-37　选择菜单(步骤 2)

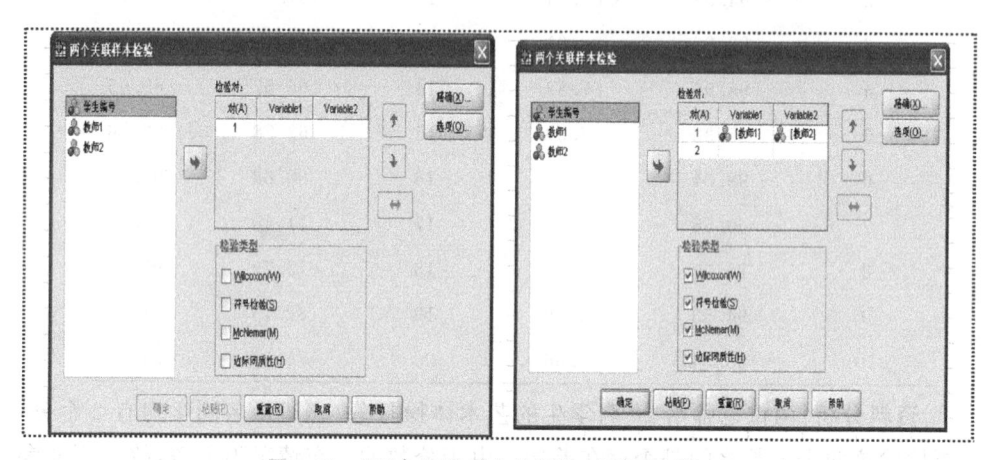

图 3-38　"两个关联样本检验"对话框(步骤 3)

步骤 4：在"两个关联样本检验"对话框中，单击"精确(X)"按钮得到"精确检验"对话框。在"精确检验"对话框中，选用系统默认"仅渐进法(A)"选项，如图 3-39 所示。单击"继续"按钮，回到"两个关联样本检验"对话框。

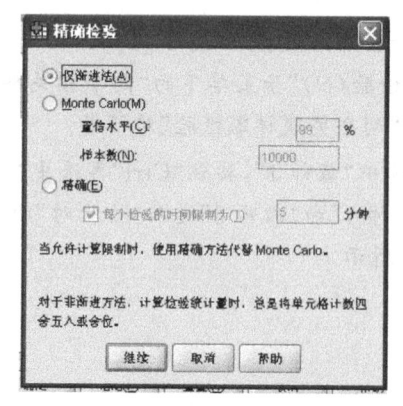

图 3-39　"精确检验"对话框(步骤 4)

图 3-40　"选项"对话框(步骤 5)

步骤5：在"两个关联样本检验"对话框中，单击"选项(O).."按钮得到"两个相关样本：选项"对话框，"缺失值"按系统默认的选项"按分析顺序排除个案(A)"，如图3-40所示。单击"继续"按钮回到"两个关联样本检验"对话框。在"两个关联样本检验"对话框中，单击"确定"按钮，得到如图3-41所示的结果。

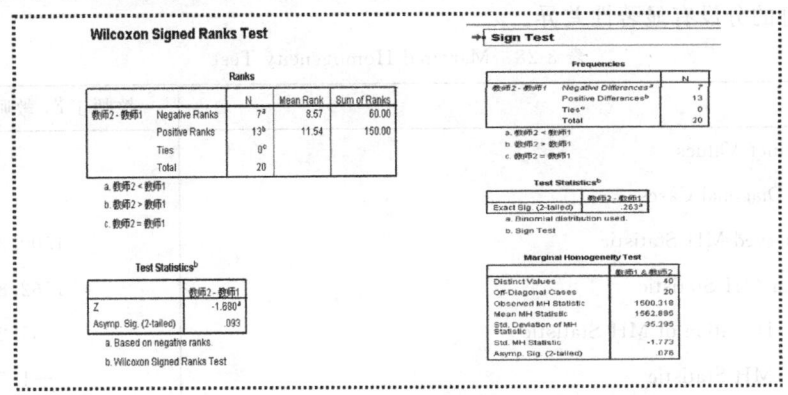

图 3-41 结果输出图

结果解释：**Ranks**(表 3-24)是样本秩的描述统计量表，从表中可以看出："教师2＜教师1"有7个；"教师2＞教师1"有13个；"教师2＝教师1"有0个；Total(总和)为20个。

表 3-24 Ranks

		N	Mean Rank	Sum of Ranks
教师2-教师1	Negative Ranks	7[a]	8.57	60.00
	Positive Ranks	13[b]	11.54	150.00
	Ties	0[c]		
	Total	20		

a. 教师2＜教师1
b. 教师2＞教师1
c. 教师2＝教师1

表 3-25 Wilcoxon Signed Ranks Test

	教师2-教师1
Z	−1.680[a]
Asymp. Sig. (2-tailed)	.093

a. Based on negative ranks.
b. Wilcoxon Signed Ranks Test

Wilcoxon Signed Ranks Test(表 3-25)是两个相关样本的符号秩的检验表，从表中可以看出：两名教师的秩和符号检验 Z 值为−1.680；Asymp. Sig. 2-tailed(双尾检验值)为0.093≥0.05。说明两名老师为同一名艺术体操学生的打分没有显著性差异。

表 3-26 Frequencies

		N
教师2-教师1	Negative Differences[a]	7
	Positive Differences[b]	13
	Ties[c]	0
	Total	20

a. 教师2＜教师1
b. 教师2＞教师1
c. 教师2＝教师1

表 3-27 Test Statistics[b]

	教师2-教师1
Exact Sig. (2-tailed)	.263[a]

a. Binomial distribution used.
b. Sign Test

Frequencies(表 3-26)为秩和检验的频数表,从表中可以看出:"教师 2 < 教师 1"有 7 个;"教师 2 > 教师 1"有 13 个;"教师 2 = 教师 1"有 0 个;Total(总和)为 20 个。

Test Statistics[b](表 3-27)是两个相关样本的符号检验表,从表中可以看出两名教师符号检验:Exact Sig. 2-tailed(双尾检验值)为 0.263≥0.05。说明两名老师为同一名艺术体操学生打的分没有显著性差异。

表 3-28 Marginal Homogeneity Test

	教师 1 & 教师 2
Distinct Values	40
Off-Diagonal Cases	20
Observed MH Statistic	1500.318
Mean MH Statistic	1562.885
Std. Deviation of MH Statistic	35.295
Std. MH Statistic	−1.773
Asymp. Sig. (2-tailed)	.076

Marginal Homogeneity Test(表 3-28)是 Mcnemar 检验从二元相应到多项式相应的一个扩展表,从表中可以看出:Asymp. Sig. 2-tailed(双尾检验值)为 0.076>0.05。说明两名老师为同一名艺术体操学生打的分没有显著性差异。

综上所述,两名老师为同一名艺术体操学生打的分没有显著性差异。

第四章 方差分析

方差分析(Analysis of Variance)又称为变异数分析,是分析实验数据的一种常用的统计方法,它常用于比较两组以上的平均值的差异分析。在方差分析中,我们通常把实验所要考察的结果称为指标,把影响指标的条件称为因素或因子,把因素在实验时所分的等级(或因素的各种状态)称为水平。使用方差分析应满足的条件有:(1)来自每个总体的样本都是随机样本;(2)不同总体的样本是相互独立的;(3)每个样本都取自正态总体;(4)每个总体的方差都相等。方差分析可以分析以下两种情况的数据问题:第一,单因素、多水平组之间的差异分析,如比较三种不同的训练方法对运动员成绩的影响;第二,多因素、多水平组之间的差异分析及相互影响的差异分析,如比较不同的教学方法在不同的场地上实施产生的结果之间的差异。在 Spss 软件中可以通过"分析(A)"菜单中"比较均值"子菜单下的"单个样本 ANOVA"选项和"一般线性模型(G)"子菜单下的"单变量(U)"、"多变量(M)"和"重复度量(R)"等选项来实现。下面我们通过一些具体案例来帮助大家对本章内容的学习。

实验 27 如何比较不同训练方法的优劣

案例资料:为了研究不同的铅球教学方法之间的差异,将某年级一班 18 名男生按照运动能力是否基本相同分成三组,分别按照三种不同教法进行教学,经过一个学期的教学后按照统一的标准测得各组成绩,如表 4-1 所示,试比较其教法是否有差异。

表 4-1 铅球成绩统计表(m)

编号	1组	2组	3组
1	6.50	8.38	5.00
2	8.72	8.25	6.30
3	6.45	8.15	5.10
4	5.55	8.98	6.40
5	7.73	7.80	5.12
6	7.20	6.88	5.50

资料分析:对铅球教学的三种训练方法优劣的比较实际上是对三组训练成绩平均值的比较(是否有差异)。两组以上平均值的比较,需要用到单因素方差分析。本案例需要用"分析(A)"菜单中"比较均值"子菜单下的"单个样本 ANOVA"选项来实现。

操作步骤:

步骤1:在 Spss 数据视图窗口中输入案例资料原始数据,如图 4-1 所示。

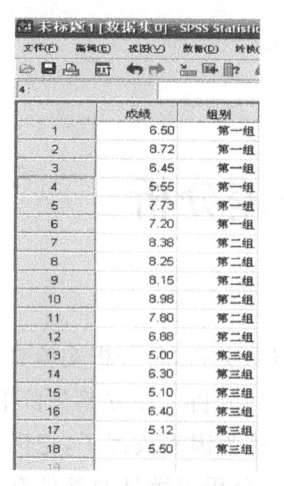

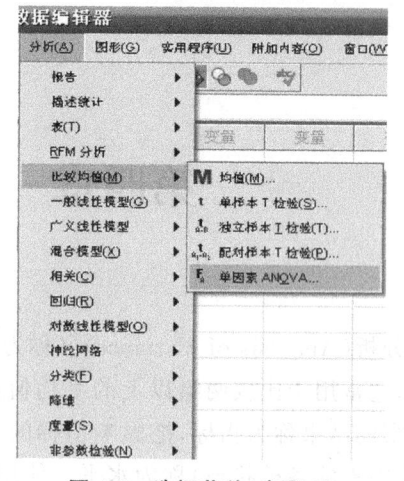

图 4-1　输入数据(步骤 1)　　　　图 4-2　选择菜单(步骤 2)

步骤 2：在"分析(A)"菜单中，选择"比较均值"子菜单下的"单个样本 ANOVA"选项，如图 4-2 所示。得到"单因素方差分析"对话框，如图 4-3 所示。

步骤 3：在"单因素方差分析"对话框中，将"成绩"和"组别"选中(成为反显状态)，单击旁边"箭头"状按钮，使"成绩"和"组别"分别进入"因变量列表(E)"和"因子(F)"框中，如图 4-3 所示。单击"两两比较(H)"按钮，得到如图 4-4 所示的"单因素方差分析：两两比较"对话框。

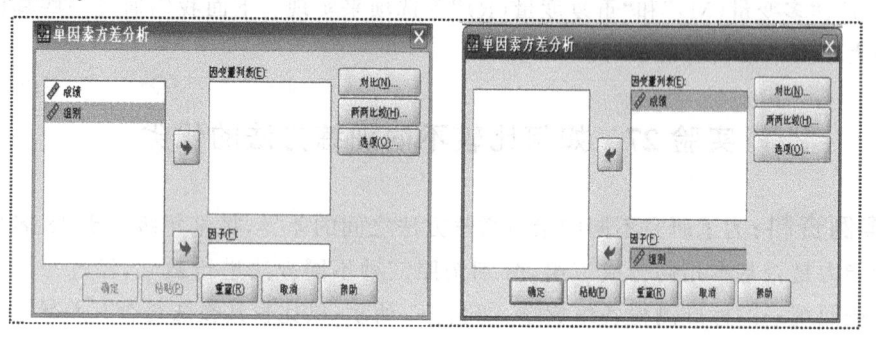

图 4-3　"单因素方差分析"对话框(步骤 3)

步骤 4：在"单因素方差分析：两两比较(H)"对话框中，选中"假定方差齐性"框下的"LSD(L)"，然后选择系统默认的"显著性水平：0.05"，如图 4-4 所示。单击"继续"按钮，回到"单因素方差分析"对话框，再单击"确定"按钮，得到如图 4-5 所示的结果输出图。

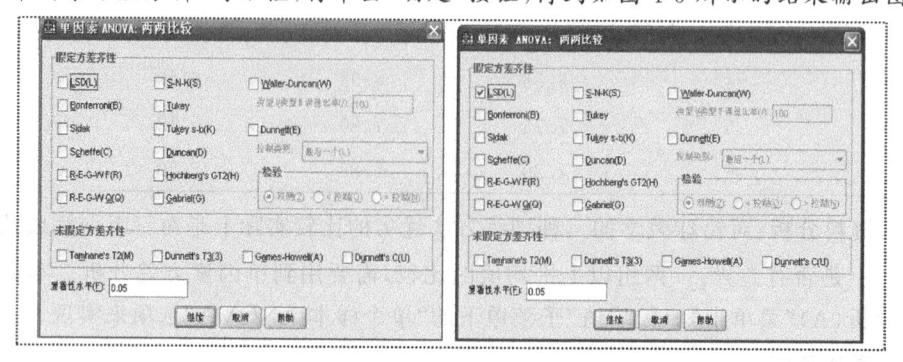

图 4-4　"单因素方差分析：两两比较"对话框(步骤 4)

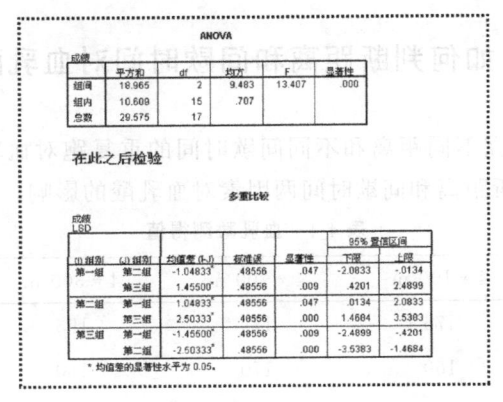

图 4-5　结果输出图

结果解释：

表 4-2　ANOVA

成绩

	平方和	df	均方	F	显著性
组间	18.965	2	9.483	13.407	.000
组内	10.609	15	.707		
总数	29.575	17			

ANOVA(表 4-2)为单因素方差分析结果表，从表中可以看出：组间离差平方和为 18.965，组内离差平方和为 10.609；总的离差平方和为 29.576；组间 df(自由度)为 2，组内 df(自由度)为 15，总的 df(总自由度)为 17；组间方差为 9.483，组内方差 0.707。F 为 13.407，显著性约为 0，即 $P<0.05$，差异显著，证明三种教学方法之间存在显著性差异。

表 4-3　多重比较

成绩 LSD

(I)组别	(J)组别	均值差(I-J)	标准误	显著性	95%置信区间	
					下限	上限
第一组	第二组	−1.04833*	.48556	.047	−2.0833	−.0134
	第三组	1.45500*	.48556	.009	.4201	2.4899
第二组	第一组	1.04833*	.48556	.047	.0134	2.0833
	第三组	2.50333*	.48556	.000	1.4684	3.5383
第三组	第一组	−1.45500*	.48556	.009	−2.4899	−.4201
	第二组	−2.50333*	.48556	.000	−3.5383	−1.4684

*. 均值差的显著性水平为 0.05。

多重比较(表 4-3)为各组的多重比较表，从表中可以看出：第一组与第二组比较时，均值差为 −1.04833，标准误为 0.48556，显著性为 0.047，95%置信区间为(−2.0833，−0.0134)。从显著性可以看出，第一组和第二组之间存在显著性差异，依此类推可以看出第一组与其他各组之间均存在显著性差异，第二组和第三组也同其他各组存在显著性差异。

实验 28　如何判断距离和间歇时间对血乳酸的影响

案例资料：为研究不同距离和不同间歇时间的重复跑对血乳酸的影响，现测得数据如表 4-4 所示，试分析距离和间歇时间两因素对血乳酸的影响。

表 4-4　血乳酸测得值

间歇时间/秒	4 * 100 m	4 * 200 m	4 * 300 m	4 * 400 m
2	176	179	193	260
3	160	170	180	250
4	152	160	175	240

资料分析：比较不同距离和不同间歇时间对血乳酸的影响，要看这两个因素作用下产生结果的差异是否显著，该分析属于双因素方差分析，由于两个因素是相互独立地作用于实验结果，这时的双因素方差分析称之为无交互作用的方差分析或无重复的（非交互）双因素方差分析。该实验的目的在于分析不同影响因素对结果的影响是否相同。该案例要用"分析(A)"菜单中"一般线性模型(G)"子菜单下的"单变量(U)"选项来实现。

操作步骤：

步骤 1：在 Spss 数据视图窗口中输入案例资料原始数据，如图 4-6 所示。

图 4-6　输入数据(步骤 1)　　　　图 4-7　选择菜单(步骤 2)

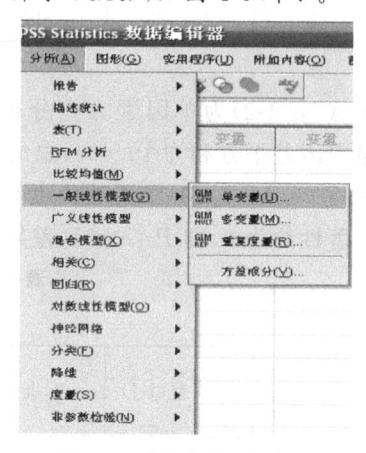

步骤 2：在"分析(A)"菜单中，选择"一般线性模型(G)"子菜单下的"单变量(U)"选项，如图 4-7 所示，出现"单变量"对话框，如图 4-8 所示。

步骤 3：在"单变量"对话框中，将"血乳酸结果"选中（成为反显状态），单击旁边"箭头"状按钮，使"血乳酸结果"进入"因变量(D)"框中，将"间歇时间"和"距离"分别选中（成为反显状态），单击旁边"箭头"状按钮，使"间歇时间"和"距离"进入"固定因子(F)"框中，如图 4-8 所示。单击"模型(M)"按钮得到如图 4-9 所示的"单因素：模型"对话框。

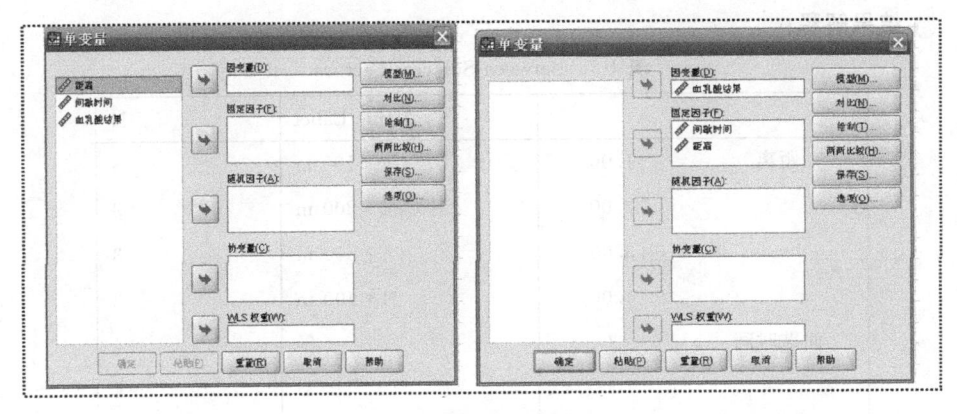

图 4-8 "单变量"对话框(步骤3)

步骤4:在"单因素:模型"对话框中,选择"设定"按钮,此时"因子与变量(F)"对话框显示为可编辑状态,在"因子与变量(F)"对话框中将"间歇时间"和"距离"选中(成为反显状态),单击旁边"箭头"状按钮,使"间歇时间"和"距离"均进入"模型(M)"框中,另外选择系统默认的"交互"模型和"在模型中包含截距(I)",如图4-9所示。单击"继续"按钮,回到"单变量"对话框。

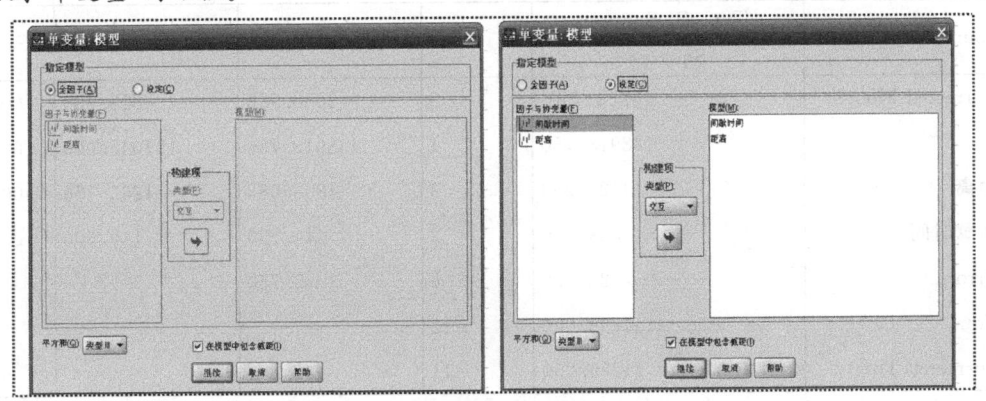

图 4-9 "单因素:模型"对话框(步骤4)

步骤5:在"单变量"对话框中,单击"确定"按钮可以得到如图4-10所示的结果。

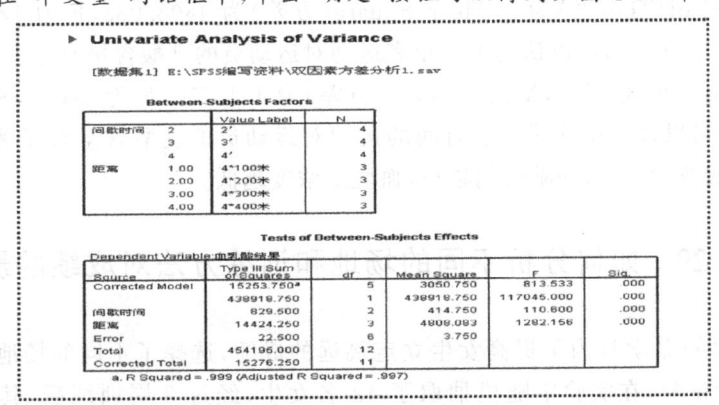

图 4-10 结果输出图

结果解释：

表 4-5　Between-Subjects Factors

		Value Label	N
距离	1.00	4*100 m	3
	2.00	4*200 m	3
	3.00	4*300 m	3
	4.00	4*400 m	3
间歇时间	2	2′	4
	3	3′	4
	4	4′	4

Between-Subjects Factors(表 4-5)为输出窗口的第一个表格，从表中可以看出间歇时间有 3 个水平，分别为 2′、3′、4′，其数据分别有 4 个；距离因素有 3 个水平，分别为 4*100 m、4*200 m、4*300 m、4*400 m，其数据分别有 3 个。

表 4-6　Tests of Between-Subjects Effects

Dependent Variable：血乳酸结果

Source	Type III Sum of Squares	df	Mean Square	F	Sig.
Corrected Model	15253.750ª	5	3050.750	813.533	.000
	438918.750	1	438918.750	117045.000	.000
距离	14424.250	3	4808.083	1282.156	.000
间歇时间	829.500	2	414.750	110.600	.000
Error	22.500	6	3.750		
Total	454195.000	12			
Corrected Total	15276.250	11			

a. R Squared＝0.999 (Adjusted R Squared＝0.997)

Tests of Between-Subjects Effects(表 4-6)为输出窗口的第 2 个表格，从表格中可以看出：距离因素的 df(自由度)为 3，Mean Square(方差)为 4808.083，F 为 1282.156，Sig.(概率)为 0.000＜0.05，可以认为不同距离运动对运动员的乳酸含量有显著性差异；间歇时间因素的 df(自由度)为 2，Mean Square(方差)为 414.750，F 为 110.6，Sig.(概率)为 0.000＜0.05，可以认为在不同间歇时间的运动对运动员的乳酸含量有显著性差异。距离越长，血乳酸浓度越高，间歇时间越长，血乳酸浓度越低。

实验 29　如何分析不同的场地和训练方法对成绩的影响

案例资料：某学校为了提高女生立定跳远的成绩，选择了不同的场地和三种不同训练方法进行试验，在实验中随机抽取了 42 名女生，经过 8 周训练后，其立定跳远的成绩如表 4-7 所示。试分析场地、训练方法及其交互作用对立定跳远的成绩是否有显著影响。

第四章　方差分析

表 4-7　不同的场地和方法下的成绩结果(m)

场地	训练方法 1	训练方法 2	训练方法 3
场地 A	2.19	2.13	2.08
场地 A	2.18	2.13	2.07
场地 A	2.15	2.11	2.07
场地 A	2.15	2.11	2.06
场地 A	2.15	2.1	2.06
场地 A	2.14	2.09	2.04
场地 A	2.14	2.09	2.04
场地 B	2.04	1.98	1.93
场地 B	2.04	1.97	1.89
场地 B	2.04	1.97	1.89
场地 B	2.04	1.95	1.87
场地 B	2.01	1.95	1.87
场地 B	2.00	1.95	1.86
场地 B	1.99	1.93	1.86

👉 **资料分析**：场地、训练方法及其交互作用对立定跳远成绩的影响分析是要分析场地、训练方法这两个变量和其交互作用共三个因素对立定跳远成绩的影响，属于双因素交叉方差分析，或称为双因素重复方差分析。由于变量间存在交互作用，因此分析过程要分析三个因素对成绩的影响，即场地变量、训练方法变量、场地与训练方法交互影响变量，目的在于求出影响大小，从而采用相应对策来提高女生立定跳远成绩。该案例要用"分析(A)"菜单中"一般线性模型(G)"子菜单下的"单变量(U)"选项来实现。

👉 **操作步骤**：

步骤 1：在 Spss 数据视图窗口中输入案例资料原始数据，如图 4-11 所示。

图 4-11　输入数据(步骤 1)　　　　图 4-12　选择菜单(步骤 2)

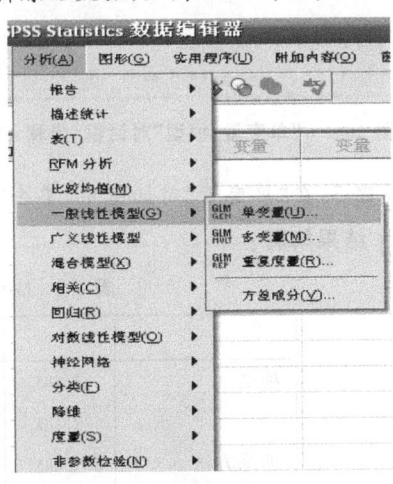

步骤 2：在"分析(A)"菜单中，选择"一般线性模型(G)"子菜单下的"单变量(U)"选项，如图 4-12 所示。得到"单变量"对话框，如图 4-13 所示。

205

图 4-13 "单变量"对话框(步骤 3)

步骤 3：在"单变量"对话框中，将"成绩"选中(成为反显状态)，单击旁边"箭头"状按钮，使"成绩"进入"因变量(D)"框中；将"场地"和"训练方法"分别选中(成为反显状态)，单击旁边"箭头"状按钮，使"场地"和"训练方法"进入"固定因子(F)"框中，如图 4-13 所示。然后单击"模型(M)"按钮，得到如图 4-14 所示的"单变量:模型"对话框。

步骤 4：在"单因素:模型"对话框中，选择系统默认的"指定模型"框下的"全因子"模型，另外选择系统默认的"交互"模型和"在模型中包含截距(I)"，单击"继续"按钮，回到主对话框。

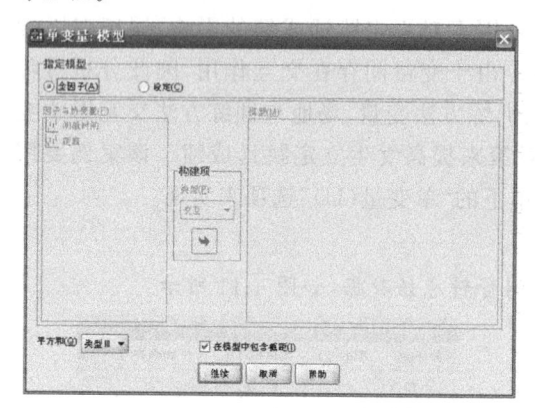

图 4-14 "单变量:模型"对话框(步骤 4)

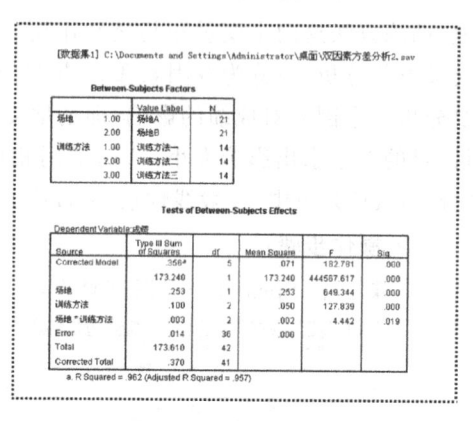

图 4-15 结果输出图

步骤 5：在"单变量"对话框中，单击"确定"按钮，即可以得到如图 4-15 所示结果。

结果解释：

表 4-8 Between-Subjects Factors

		Value Label	N
场地	1.00	场地 A	21
	2.00	场地 B	21
训练方法	1.00	训练方法一	14
	2.00	训练方法二	14
	3.00	训练方法三	14

Between-Subjects Factors(表 4-8)是输出窗口的第一个表格，是各因素的一般描述。

从表格中可以看出场地因素有两个水平:场地 A 和场地 B,它们的数据均为 21 个;训练法因素有三个水平:训练方法一、训练方法二和训练方法三,其数据均为 14 个。

表 4-9 Tests of Between-Subjects Effects

Dependent Variable:成绩

Source	Type III Sum of Squares	df	Mean Square	F	Sig.
Corrected Model	.356[a]	5	.071	182.781	.000
	173.240	1	173.240	444567.617	.000
场地	.253	1	.253	649.344	.000
训练方法	.100	2	.050	127.839	.000
场地 * 训练方法	.003	2	.002	4.442	.019
Error	.014	36	.000		
Total	173.610	42			
Corrected Total	.370	41			

a. R Squared =0.962 (Adjusted R Squared =0.957)

Tests of Between-Subjects Effects(表 4-9)是输出窗口的第二个表格,从表格中可以看出:场地因素的 df(自由度)为 1,Mean Square(方差)为 0.253,F 值为 649.34,Sig.(概率)为 0.000<0.05,场地因素对成绩的影响是显著的;训练方法因素的 df(自由度)为 2,Mean Square(方差)为 0.05,F 值为 127.839,Sig.(概率)为 0.000<0.05,训练方法对成绩的影响是显著的;场地因素与训练方法因素的交互作用的 df(自由度)为 2,Mean Square(方差)为 0.002,F 值为 4.442,Sig.(概率)为 0.019<0.05,场地因素与训练方法因素交互作用对跳远成绩的影响是显著的。因此可以得出结论:在显著水平 0.05 下,场地和训练方法这两个因素对女生立定跳远的成绩影响都是显著的,且两者的交互作用效应是显著的。场地 A 的训练效果要好于场地 B 的,训练方法一的效果要比训练方法二好,训练方法二的效果要比训练方法三好。

实验 30 如何分析不同训练方法对跳高成绩的影响

案例资料:为提高男子篮球队员的弹跳力,考察三种不同训练方法对提高篮球运动员弹跳力的影响,现选取了 30 名运动能力基本相同的篮球运动员将其随机分成 3 组,分别接受不同方法的训练,经过一个月训练后,他们的弹跳高度以及训练前的弹跳高度见表 4-10 所示,检验三种不同的训练方法对增加运动员弹跳能力有无显著性差异,并分析原来弹跳高度与训练后增长的高度有无明显关系?

表 4-10　30 名运动员的弹跳成绩(cm)

训练方法一	原来高度	80	91	85	95	72	86	84	79	65	76
	增长高度	12	16	14	19	8	12	14	11	8	10
训练方法二	原来高度	49	67	80	89	67	45	82	67	93	77
	增长高度	5	10	17	23	12	7	22	14	25	16
训练方法三	原来高度	92	47	99	85	78	55	42	72	83	74
	增长高度	16	7	15	12	10	5	2	6	15	11

👉 **资料分析**："消除原跳高因素"后检验不同训练方法对跳高的影响，其中"原跳高度"是人为不能控制的因素，要作为协同变量处理，故该题属于协方差分析。方差分析与协方差分析的不同之处在于：方差分析的各因素水平可以根据需要和实际情况加以控制，而协方差分析中某些因素的水平是不能控制或难以控制的。该案例需要用"分析(A)"菜单中"一般线性模型(G)"子菜单下的"单变量(U)"选项来实现。

👉 **操作步骤**：

步骤 1：在 Spss 数据视图窗口中输入案例资料原始数据，如图 4-16 所示。

图 4-16　输入数据(步骤 1)　　　　图 4-17　选择菜单(步骤 2)

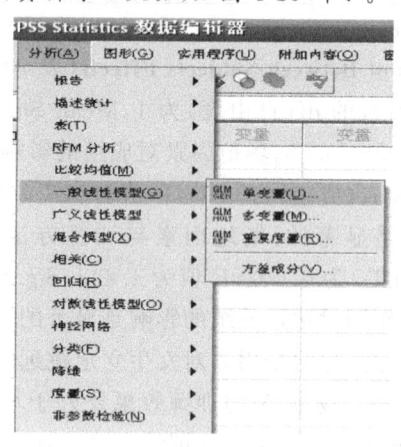

步骤 2：在"分析(A)"菜单中，选择"一般线性模型(G)"子菜单下的"单变量(U)"选项，如图 4-17 所示。得到"单变量"对话框，如图 4-18 所示。

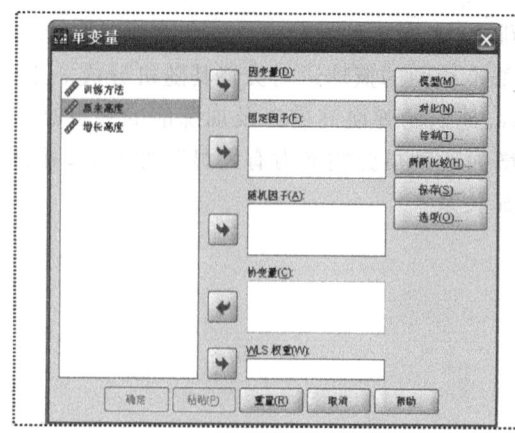

图 4-18　"单变量"对话框(步骤 3)

步骤3：在"单变量"对话框中，将"增长高度"选中（成为反显状态），单击旁边"箭头"状按钮，使"增长高度"进入"因变量(D)"框中；将"训练方法"选中（成为反显状态），单击旁边"箭头"状按钮，使"训练方法"进入"固定因子(F)"框中，将"原来高度"选中（成为反显状态），单击旁边"箭头"状按钮，使"原来高度"进入"协变量(C)"框中，如图4-18所示。然后单击"模型(M)"按钮得到如图4-19所示的"单变量：模型"对话框。

步骤4：在"单变量：模型"对话框中，选择系统默认的"指定模型"框下的"全因子"模型，并选择系统默认的"平方和(Q)"后的"类型Ⅱ"和"在模型中包含截距(I)"，然后单击"继续"按钮，回到主对话框。

步骤5：在"单变量"对话框中，单击"选项(O)"按钮，得到如图4-20所示的"单变量：选项"对话框，在对话框中，将"训练方法"选中（成为反显状态），单击旁边"箭头"状按钮，使"训练方法"进入"显示均值(M)"框中；选中"输出"框下的"描述统计(D)"，单击"继续"按钮，回到主对话框。

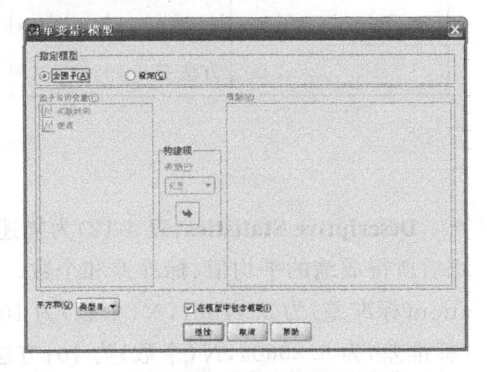

图4-19 "单变量：模型"对话框（步骤4）

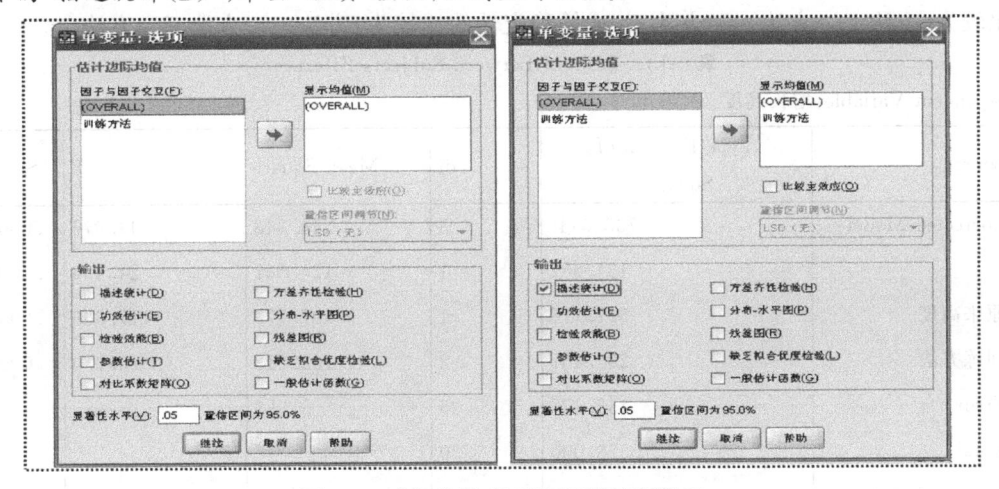

图4-20 "单变量：选项"对话框（步骤5）

步骤6：在"单变量"对话框中，单击"确定"按钮，得到如图4-21所示的结果输出图。

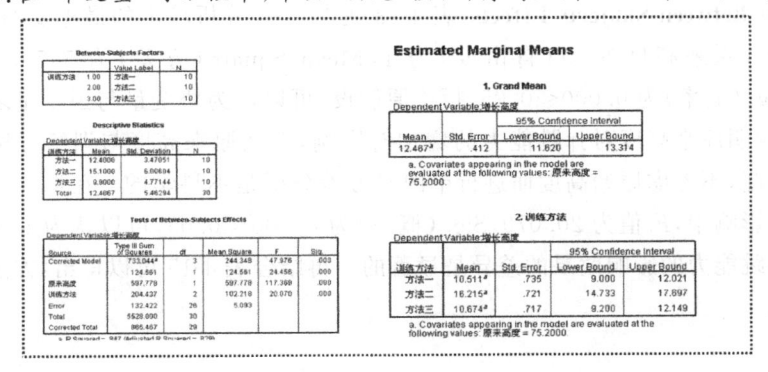

图4-21 结果输出图

结果解释：Between-Subjects Factors（表4-11）是协方差分析输出窗口的第一个数

209

据表格,是简单统计量表。从表格中可以看出训练方法有三个水平,分别是方法一、方法二和方法三,它们的数据分别有 10 个。

表 4-11 Between-Subjects Factors

		Value Label	N
训练方法	1.00	方法一	10
	2.00	方法二	10
	3.00	方法三	10

表 4-12 Descriptive Statistics

Dependent Variable:增长高度

训练方法	Mean	Std. Deviation	N
方法一	12.4000	3.47051	10
方法二	15.1000	6.80604	10
方法三	9.9000	4.77144	10
Total	12.4667	5.46294	30

Descriptive Statistics(表 4-12)为描述性统计量表,从表中可以看出经过各种方法训练后所得成绩的平均值、标准差和个数。其中方法一:Mean(平均值)为 12.4,Std. Deviation(标准差)为 3.47051,N(个数)为 10;方法二:Mean(平均值)为 15.1,Std. Deviation(标准差)为 6.80604,N(个数)为 10;方法三:Mean(平均值)为 9.9,Std. Deviation(标准差)为 4.77144,N(个数)为 10;Total(总的):Mean(平均值)为 12.4667,Std. Deviation(标准差)为 5.46294,N(个数)为 30。另外从表 4-15 中可以看出,三种方法的平均值的比较为:方法二>方法一>方法三,成绩稳定性的比较为:方法一>方法三>方法二。

表 4-13 Tests of Between-Subjects Effects

Dependent Variable:增长高度

Source	Type III Sum of Squares	df	Mean Square	F	Sig.
Corrected Model	733.044a	3	244.348	47.976	.000
	124.561	1	124.561	24.456	.000
原来高度	597.778	1	597.778	117.369	.000
训练方法	204.437	2	102.218	20.070	.000
Error	132.422	26	5.093		
Total	5528.000	30			
Corrected Total	865.467	29			

a. R Squared=0.847(Adjusted R Squared=0.829)

Tests of Between-Subjects Effects(表 4-13)是协方差分析输出的最重要的表格,从表中可以看出:原来高度的 df(自由度)为 1,Mean Square(方差)为 597.778,F 值为 117.369,Sig.(概率)为 0.000<0.05,拒绝原假设,可以认为协变量与因变量之间存在显著性关系,说明原来高度对弹跳能力的增加有影响,那么原来高度与训练方法的效应便会混合在一起,不考虑原始高度而进行单因素方差分析是不科学的。在训练方法对弹跳能力作用的影响中,F 值为 20.070,Sig.(概率)为 0.000<0.05,可以认为不同训练方法对运动员弹跳能力的影响效果的差异是显著的。再结合表 4-15 可以得出:方法一>方法二>方法三。

表 4-14　Grand Mean

Dependent Variable:增长高度

Mean	Std. Error	95% Confidence Interval	
		Lower Bound	Upper Bound
12.467ª	.412	11.620	13.314

a. Covariates appearing in the model are evaluated at the following values:原来高度 = 75.2000.

Grand Mean(表 4-14)为增长高度的简单描述统计量,从表中可以看出:增长高度的 Mean(平均值)为 12.467,Std. Error(标准差)为 0.412,95% Confidence Interval(95%的置信区间)Lower Bound(下限)为 11.620,Upper Bound(上限)为 13.314。

表 4-15　Grand Mean

Dependent Variable:增长高度

训练方法	Mean	Std. Error	95% Confidence Interval	
			Lower Bound	Upper Bound
方法一	10.511ª	.735	9.000	12.021
方法二	16.215ª	.721	14.733	17.697
方法三	10.674ª	.717	9.200	12.149

a. Covariates appearing in the model are evaluated at the following values:原来高度 = 75.2000.

Grand Mean(表 4-15)为训练方法的描述统计量,从表中可以看出增长高度中:方法一的 Mean(平均值)为 10.511,Std. Error(标准差)为 0.735,95% Confidence Interval(95%的置信区间)Lower Bound(下限)为 9.000,Upper Bound(上限)为 12.021;方法二 Mean(平均值)为 16.251,Std. Error(标准差)为 0.721,95% Confidence Interval(95%的置信区间)Lower Bound(下限)为 14.733,Upper Bound(上限)为 17.697);方法三 Mean(平均值)为 10.674,Std. Error(标准差)为 0.717,95% Confidence Interval(95%的置信区间)Lower Bound(下限)为 9.200,Upper Bound(上限)为 12.149。

实验 31　如何分析剂量、成分和种类对消除运动疲劳的差异

案例资料:为研究中草药对消除运动疲劳的作用,现取小鼠、剂量和中草药成分三个因素,分四个水平来做实验,其中小鼠分四类,用甲、乙、丙、丁代表,剂量(Mg\kg)分四个水平用 1(0.010)、2(0.030)、3(0.050)、4(0.070)表示,中草药成分分四种用 A、B、C、D 表示。实验结果数据如表 4-16 所示。

表 4-16　实验数据统计表

剂量	小鼠种类			
Mg\kg	甲	乙	丙	丁
1(0.010)	A(410)	B(395)	C(342)	D(423)
2(0.030)	B(295)	C(410)	D(365)	A(378)
3(0.050)	C(410)	D(330)	A(390)	B(398)
4(0.070)	D(330)	A(385)	B(403)	C(310)

资料分析:检验剂量、成分和种类对消除运动疲劳的作用,即是对这三个指标分别

作用于小鼠后其指标的差异性检验。其中剂量、成分和种类是三个因素,要用拉丁方设计来解决。拉丁方设计是将三个因素按水平数 r 排列成 $r*r$ 随机方阵,如 $3*3$ 拉丁方、$4*4$ 拉丁方,在同一行或同一列中任何一个因素的水平均无重复。由于这些方阵最早是用拉丁字母来排列的,故得名拉丁方设计。拉丁方要求各个因素的水平相等且无交互作用,并要尽量避免数据缺失。该案例要用"分析(A)"菜单中"一般线性模型(G)"子菜单下的"单变量(U)"选项来实现。

☞ 操作步骤:

步骤1:在 Spss 数据视图窗口中输入案例资料原始数据,如图 4-22 所示。

图 4-22　输入数据(步骤 1)　　　　图 4-23　选择菜单(步骤 2)

步骤2:在"分析(A)"菜单中,选择"一般线性模型(G)"子菜单下的"单变量(U)"选项,如图 4-23 所示。得到"单变量"对话框,如图 4-24 所示。

图 4-24　"单变量"对话框(步骤 3)

步骤3:在"单变量"对话框中,将"实验结果"选中(成为反显状态),单击旁边"箭头"状按钮,使"实验结果"进入"因变量(D)"框中;将"剂量"、"小鼠分类"和"中药成分"分别选中(成为反显状态),单击旁边"箭头"状按钮,使"剂量"、"小鼠分类"和"中药成分"进入"固定因子(F)"框中,如图 4-24 所示。单击"模型(M)"按钮,得到如图 4-25 所示的"单变量:模型"对话框。

步骤4:在"单变量:模型"对话框中,首先,在"指定模型"下选择"设定(C)",此时下面的框由不可编辑变为可编辑状态;其次,在"构建项类型(P)"中选择"主效应";再次,将"因子与协变量(F)"框下的"剂量"、"小鼠分类"和"中药成分"分别选入右面的"模型(M)"框中;最后选择系统默认的"交互"模型和"在模型中包含截距(I)"。单击"继续"按钮,回到主对话框。

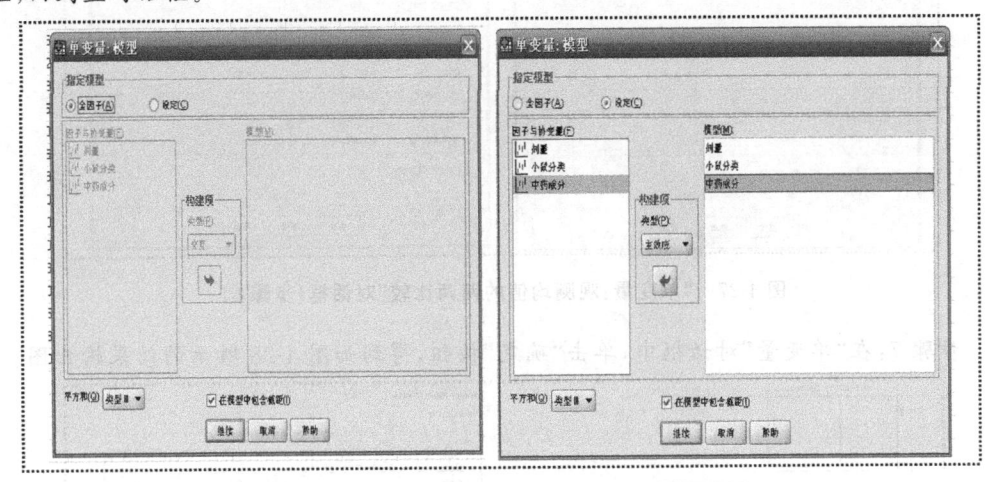

图4-25 "单变量:模型"对话框(步骤4)

步骤5:在"单变量"对话框中,单击"选项(O)"按钮,打开如图4-26所示的"单变量:选项"对话框。在"单变量:选项"对话框中的"输出"栏下,分别选中"功效估计(F)"和"检验效能(B)",然后选择系统默认的"显著性水平(V)为0.05,置信区间为95%"。单击"继续"按钮,回到主对话框。

图4-26 "单变量:选项"对话框(步骤5)

步骤6:在"单变量"对话框中,单击"两两比较(H)"按钮,得到如图4-27所示的"单变量:观测均值的两两比较"对话框。在"单变量:观测均值的两两比较"对话框中,将左边"因子(F)"框中的"剂量"、"小鼠分类"和"中药成分"分别选中移入右边的"两两比较检验(P)"框中,此时下面的"假定方差齐性"框由不可编辑变为可编辑状态。然后,单击"LSD(L)"左边的方框,使其被选中,最后单击"继续"按钮,回到主对话框。

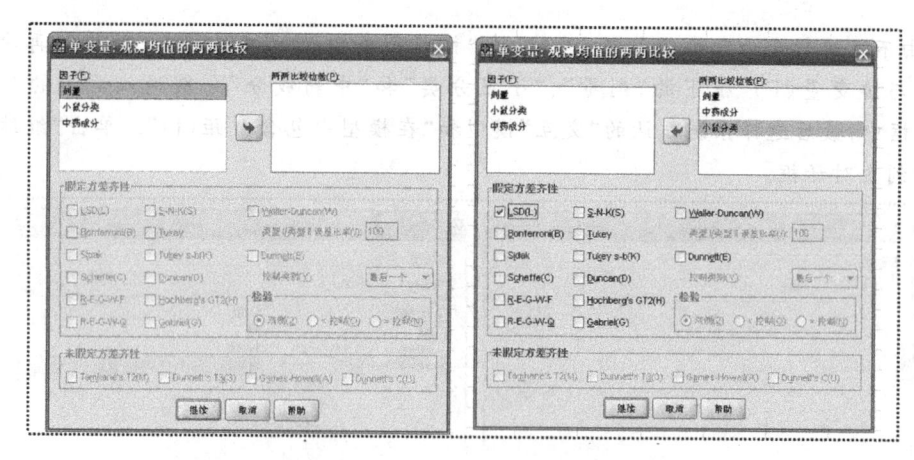

图 4-27 "单变量:观测均值的两两比较"对话框(步骤 6)

步骤 7:在"单变量"对话框中,单击"确定"按钮,得到如图 4-28 所示的结果输出图。

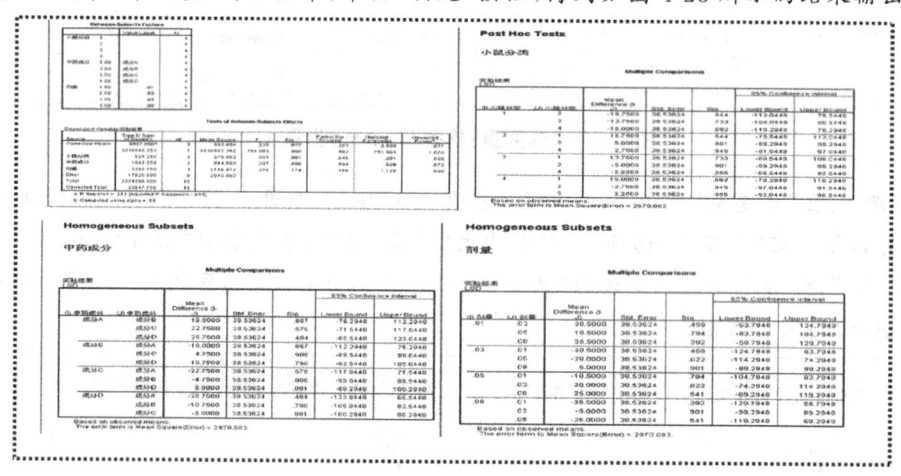

图 4-28 结果输出图

结果解释:

表 4-17 Between-Subjects Factors

		Value Label	N
小鼠分类	1		4
	2		4
	3		4
	4		4
中药成分	1.00	成分 A	4
	2.00	成分 B	4
	3.00	成分 C	4
	4.00	成分 D	4
剂量	1.00	.01	4
	2.00	.03	4
	3.00	.05	4
	4.00	.08	4

Between-Subjects Factors(表 4-17)是对各个目标频数的描述性统计表,从表中可以看出:小鼠分类因素有 4 个水平,每个水平有 4 只;中药成分因素有 4 个水平,分别为成分

A、成分 B、成分 C 和成分 D,每种成分有 4 个;剂量因素有 4 个水平,分别为 0.010、0.030、0.050 和 0.070,每种剂量有 4 个。

表 4-18　Tests of Between-Subjects Effects

Dependent Variable:实验结果

Source	Type III Sum of Squares	df	Mean Square	F	Sig.	Partial Eta Squared	Noncent. Parameter	Observed Power[b]
Corrected Model	6027.250[a]	9	669.694	.225	.977	.253	2.029	.077
Intercept	2230542.250	1	2230542.250	751.003	.000	.992	751.003	1.000
小鼠分类	834.250	3	278.083	.094	.961	.045	.281	.060
中药成分	1842.250	3	614.083	.207	.888	.094	.620	.072
剂量	3350.750	3	1116.917	.376	.774	.158	1.128	.090
Error	17820.500	6	2970.083					
Total	2254390.000	16						
Corrected Total	23847.750	15						

a. R Squared＝0.253 (Adjusted R Squared ＝－0.868)
b. Computed using alpha＝0.05

Tests of Between-Subjects Effects(表 4-18)为方差分析表。第一列:变异来源(Source),包括校正模型,截距,主效应(有小鼠分类、中药成分和剂量),Error(误差),Total(总变异),Corrected Total(校正的总变异)。对于小鼠分类因素:$F=0.094$,Sig.(概率)为 0.961＞0.05,接受假设,可以认为小鼠分类对实验结果无显著影响;同理,中药成分和剂量也对实验结果无显著影响。

表 4-19　Multiple Comparisons

实验结果　LSD

(I) 小鼠分类	(J) 小鼠分类	Mean Difference (I-J)	Std. Error	Sig.	95% Confidence Interval Lower Bound	Upper Bound
1	2	－18.7500	38.53624	.644	－113.0448	75.5448
	3	－13.7500	38.53624	.733	－108.0448	80.5448
	4	－16.0000	38.53624	.692	－110.2948	78.2948
2	1	18.7500	38.53624	.644	－75.5448	113.0448
	3	5.0000	38.53624	.901	－89.2948	99.2948
	4	2.7500	38.53624	.945	－91.5448	97.0448
3	1	13.7500	38.53624	.733	－80.5448	108.0448
	2	－5.0000	38.53624	.901	－99.2948	89.2948
	4	－2.2500	38.53624	.955	－96.5448	92.0448
4	1	16.0000	38.53624	.692	－78.2948	110.2948
	2	－2.7500	38.53624	.945	－97.0448	91.5448
	3	2.2500	38.53624	.955	－92.0448	96.5448

Based on observed means.
The error term is Mean Square(Error)＝2970.083.

Multiple Comparisons(表 4-19)为采用 LSD 法对小鼠分类的多重比较表,从表中可以看出:小鼠分类 1 与 2 之间的 Mean Difference(平均数差异)为－18.7500,Std. Error

(标准误)为 38.53624,Sig.(概率)为 0.644>0.05,说明小鼠 1 类与小鼠 2 类之间不存在差异,以此类推,每种小鼠类别间均不存在差异。

表 4-20 Multiple Comparisons

实验结果 LSD

(I)中药成分	(J)中药成分	Mean Difference (I-J)	Std. Error	Sig.	95% Confidence Interval Lower Bound	Upper Bound
成分 A	成分 B	18.0000	38.53624	.657	−76.2948	112.2948
	成分 C	22.7500	38.53624	.576	−71.5448	117.0448
	成分 D	28.7500	38.53624	.484	−65.5448	123.0448
成分 B	成分 A	−18.0000	38.53624	.657	−112.2948	76.2948
	成分 C	4.7500	38.53624	.906	−89.5448	99.0448
	成分 D	10.7500	38.53624	.790	−83.5448	105.0448
成分 C	成分 A	−22.7500	38.53624	.576	−117.0448	71.5448
	成分 B	−4.7500	38.53624	.906	−99.0448	89.5448
	成分 D	6.0000	38.53624	.881	−88.2948	100.2948
成分 D	成分 A	−28.7500	38.53624	.484	−123.0448	65.5448
	成分 B	−10.7500	38.53624	.790	−105.0448	83.5448
	成分 C	−6.0000	38.53624	.881	−100.2948	88.2948

Based on observed means.

The error term is Mean Square(Error) = 2970.083.

Multiple Comparisons(表 4-20)为采用 LSD 法对中药成分的多重比较结果表,从表中可以看出:中药成分 A 与 B 之间的 Mean Difference(平均数差异)为 18.0000,Std. Error(标准误)为 38.53624,Sig.(概率)为 0.657>0.05 说明中药成分 A 与中药成分 B 之间不存在差异。以此类推,每种中药成分间均不存在差异。

表 4-21 Multiple Comparisons

实验结果 LSD

(I)剂量	(J)剂量	Mean Difference (I-J)	Std. Error	Sig.	95% Confidence Interval Lower Bound	Upper Bound
.01	.03	30.5000	38.53624	.459	−63.7948	124.7948
	.05	10.5000	38.53624	.794	−83.7948	104.7948
	.08	35.5000	38.53624	.392	−58.7948	129.7948
.03	.01	−30.5000	38.53624	.459	−124.7948	63.7948
	.05	−20.0000	38.53624	.622	−114.2948	74.2948
	.08	5.0000	38.53624	.901	−89.2948	99.2948
.05	.01	−10.5000	38.53624	.794	−104.7948	83.7948
	.03	20.0000	38.53624	.622	−74.2948	114.2948
	.08	25.0000	38.53624	.541	−69.2948	119.2948
.08	.01	−35.5000	38.53624	.392	−129.7948	58.7948
	.03	−5.0000	38.53624	.901	−99.2948	89.2948
	.05	−25.0000	38.53624	.541	−119.2948	69.2948

Based on observed means.

The error term is Mean Square(Error) = 2970.083.

Multiple Comparisons(表 5-21)为采用 LSD 法对剂量的多重比较结果表,从表中可以看出:剂量 0.01 与剂量 0.03 之间的 Mean Difference(平均数差异)为 30.5000,Std. Error(标准误)为 38.53624,Sig.(概率)为 0.459＞0.05,说明剂量 0.01 与剂量 0.03 之间不存在差异。以此类推,每种剂量间均不存在差异。

综上所述,剂量、成分和种类对消除运动疲劳均不存在差异。

第五章　聚类分析

聚类分析（Cluster Analysis）又称群分析、点群分析、簇群分析等，它是依据研究对象的个体特征对样品或指标进行分类的一种多元统计方法，这些类并非事先给定的，而是根据数据特征而确定的。在同一类中这些对象在某种意义上趋向于彼此相似，而在不同类中趋向于不相似，因此只能建立一种能按照样品或变量的相似程度进行分类的方法。聚类分析的基本思想是认为研究的样本或指标（变量）之间存在着不同程度的相似性（亲疏关系）。聚类的过程是根据一批样本的多个观测指标，找出一些彼此之间相似程度较大的样本（或指标）聚合为一类，把另外一些彼此之间相似程度较大的样本（或指标）又聚合为另一类，关系密切的聚合到一个小的分类单位，关系疏远的聚合到一个大的分类单位，直到把所有样本（或指标）都聚合完毕，把不同的类型一一划分出来，形成一个由小到大的分类系统。最后把整个分类系统画成一张谱系图，用它把所有样本（或指标）间的亲疏关系表示出来。在 Spss 软件中可以通过"分析（A）"菜单中"分类（F）"子菜单中的"系统聚类（H）"或者"K-均值聚类（K）"选项来实现，下面我们通过一些实验操作来学习一下聚类分析。

实验 32　如何对学生按身体指标进行等级分类

案例资料： 某大学对学生的体质进行了综合评定，采用了 5 项指标，按身体各项指标的共同特点分为三个等级，从男学生中抽取 20 人，各项指标如表 5-1 所示，试对其按等级进行分类。

表 5-1　20 人 5 项指标统计表

样本	身高(cm)	体重(kg)	立定跳远(cm)	胸围(cm)	脉搏(次/s)
1	170	62	255	88	62
2	173	67	253	89	68
3	168	61	257	84	67
4	185	85	258	88	66
5	177	76	262	91	71
6	173	68	248	90	70
7	189	82	256	90	66
8	169	67	255	89	64
9	188	90	257	94	67
10	177	77	271	92	64

续表

样本	身高(cm)	体重(kg)	立定跳远(cm)	胸围(cm)	脉搏(次/s)
11	174	71	257	90	74
12	173	67	266	89	66
13	176	68	251	91	68
14	181	73	253	86	62
15	180	77	255	89	72
16	171	66	249	83	80
17	179	74	254	91	70
18	172	59	250	84	71
19	185	76	266	92	68
20	182	78	268	89	69

资料分析：该案例有20个样本，每个样本含有5个因素，要求按这5个因素的特征对20个样本进行等级分类。所以该案例属于层次聚类分析中的样本（个案）聚类（又称Q型聚类），它使具有共同特点的样本聚齐在一起，以便对不同类的样本进行分析。该案例要用"分析(A)"菜单中"分类(F)"子菜单下的"系统聚类(H)"选项来实现。

操作步骤：

步骤1：在Spss数据视图窗口中输入案例资料原始数据，如图5-1所示。

图5-1 输入数据(步骤1)　　　　图5-2 选择菜单(步骤2)

步骤2：在"分析(A)"菜单中，选择"分类(F)"子菜单下的"系统聚类(H)"选项，如图5-2所示。单击"系统聚类(H)"得到"系统聚类分析"对话框，如图5-3所示。

步骤3：在"系统聚类分析"对话框中，将"身高"、"体重"、"立定跳远"、"胸围"和"脉搏"分别选中（成为反显状态），单击旁边"箭头"状按钮，使这5个变量进入"变量"框中。再在"分群"模块中选中"个案"按钮，其他选为Spss默认，如图5-3所示。单击"变量"右侧"统计量(S)"按钮，则出现"系统聚类分析：统计量"对话框，如图5-4所示。

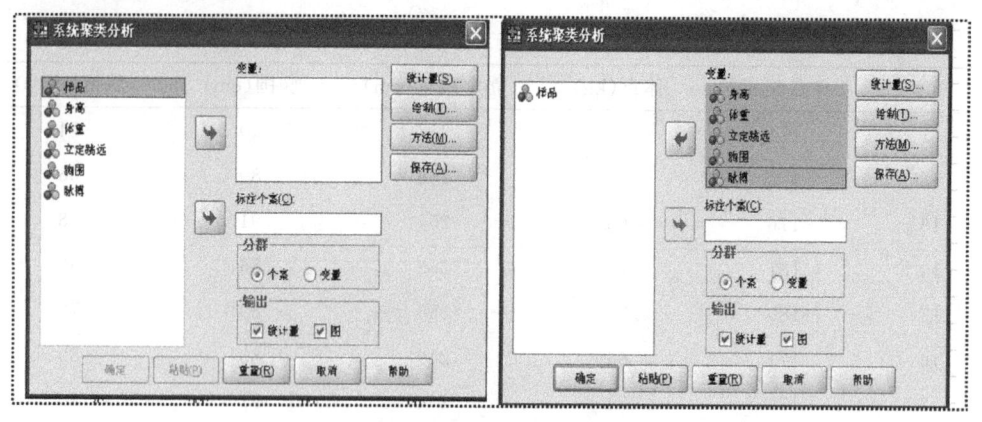

图 5-3 "系统聚类分析"对话框(步骤 3)

步骤 4：在"系统聚类分析：统计量"对话框中，在"聚类成员"中选择"单一方案(S)"，"聚类数(B)"框变成可编辑状态，在方框中输入类别数，如图 5-4 所示。单击"继续"按钮，回到"系统聚类分析"对话框。

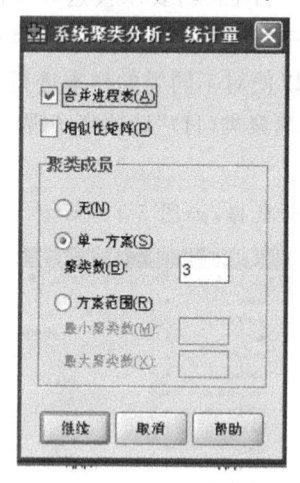

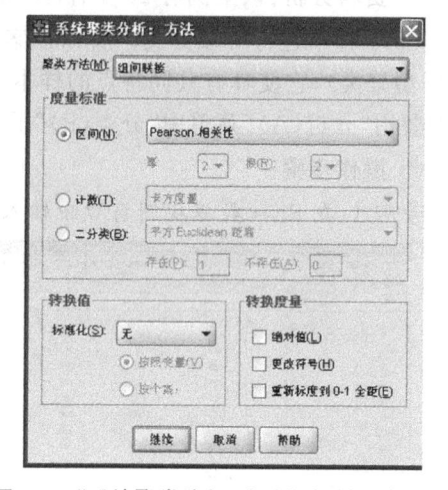

图 5-4 "系统聚类分析：统计量"对话框(步骤 4)　　图 5-5 "系统聚类分析：方法"对话框(步骤 5)

步骤 5：在"系统聚类分析"对话框中，单击"统计量(S)"按钮下方的"方法(M)"按钮，则出现"系统聚类分析：方法"对话框，在"聚类方法(M)"中选择"组间联接"，在"质量标准"模块下的"区间(N)"中选择"Pearson 相关性"，其他为默认，如图 5-5 所示。单击"继续"按钮，回到"系统聚类分析"对话框。

步骤 6：在"系统聚类分析"对话框中，单击"变量"右侧"绘制"按钮，则出现"系统聚类分析：图"对话框，选择"树状图"，其他选为 Spss 默认，如图 5-6 所示。单击"继续"按钮，回到"系统聚类分析"对话框。其他选为 Spss 默认，单击"确定"按钮，得到如图 5-7 所示的输出结果。

图 5-6 "系统聚类分析：图"对话框(步骤 6)

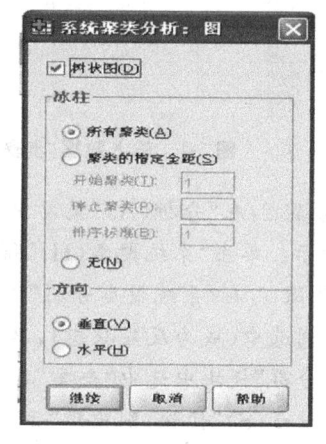

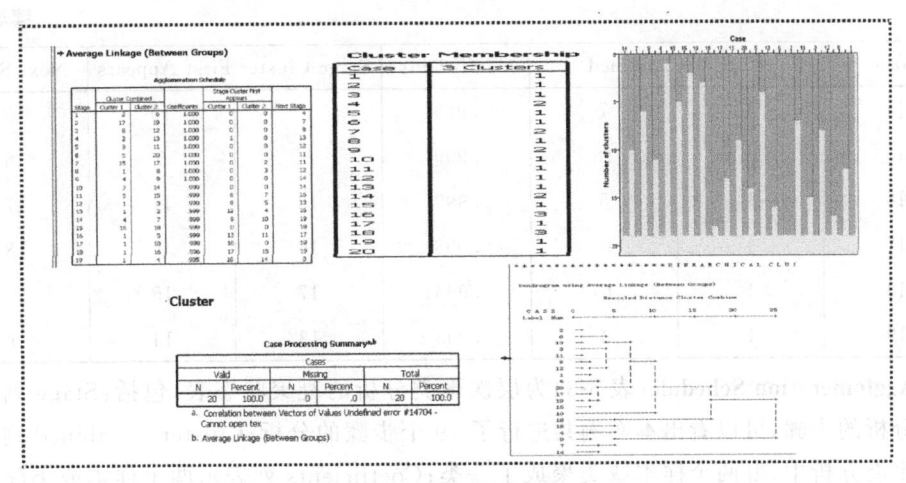

图 5-7 结果输出图

结果解释：

表 5-2 Case Processing Summary[a,b]

Cases					
Valid		Missing		Total	
N	Percent	N	Percent	N	Percent
20	100.0	0	.0	20	100.0

a Correlation between Vectors of Values Undefined error 14704-Cannot open tex
b Average Linkage (Between Groups)

Case Processing Summary(a,b)（表 5-2）是层次聚类分析的概要表，从结果中可以看出，20 个样本都进入了聚类分析。

表 5-3 Agglomeration Schedule

Stage	Cluster Combined		Coefficients	Stage Cluster First Appears		Next Stage
	Cluster 1	Cluster 2		Cluster 1	Cluster 2	
1	2	6	1.000	0	0	4
2	17	19	1.000	0	0	7
3	8	12	1.000	0	0	8
4	2	13	1.000	1	0	13
5	3	11	1.000	0	0	12
6	5	20	1.000	0	0	11
7	15	17	1.000	0	2	11
8	1	8	1.000	0	3	12
9	4	9	1.000	0	0	14
10	7	14	.999	0	0	14
11	5	15	.999	6	7	16
12	1	3	.999	8	5	13
13	1	2	.999	12	4	16

续表

Stage	Cluster Combined		Coefficients	Stage Cluster First Appears		Next Stage
14	4	7	.999	9	10	19
15	16	18	.999	0	0	18
16	1	5	.999	13	11	17
17	1	10	.998	16	0	18
18	1	16	.996	17	15	19
19	1	4	.995	18	14	0

Agglomeration Schedule(表 5-3)为层次聚类分析的凝聚状态表,包括:Stage 列表示聚类分析的步骤,可以看出本案例共进行了 19 个步骤的分析;Cluster Combined 列表示某步聚类分析中,哪两个样本或类聚成了一类;Coefficients 列表示两个样本或类间的距离,从表格中可以看出,距离小的样本之间先聚类;Stage Cluster First Appears 列表示某步聚类分析中,参与聚类的是样本还是类,0 则表示样本,数字 n(非零)表示第 n 步聚类产生的类参与了本步聚类;Next Stage 列表示本步聚类的结果在第几步中用到。

本表格的第一行表示:第 2 个样本和第 6 个样本最先进行了聚类,样本间的距离为 1.000,这个聚类的结果将在后面的第四步聚类中用到,其他行的含义和第一行的类似。可见在本例中,20 个样本聚成了一个大类,经过了 19 步聚类。

表 5-4 Cluster Membership

Case	3 Clusters	Case	3 Clusters
1	1	11	1
2	1	12	1
3	1	13	1
4	2	14	2
5	1	15	1
6	1	16	3
7	2	17	1
8	1	18	3
9	2	19	1
10	1	20	1

Cluster Membership(表 5-4)是样本层次聚类分析聚成 3 个类时样本的归属情况表,从表中可以看出,样本 1、2、3、5、6、8、10、11、12、13、15、17、19、20 为第 1 类,样本为 4、7、9、14 为第 2 类,样本 16 和 18 为第 3 类,这恰好反映了这些学生的三个不同的层次。

Vertical Icicle(图 5-8)是层次聚类分析的冰柱图,图的纵轴表示类数,冰柱图一般是从图的最下面开始观察,观察得出样本 6 和样本 2 连接在一起,表示两个样本聚成一类,其余每个样本聚为一类。继续往上看样本 6、样本 2 和样本 17 聚为一类,其余每个样本聚为一类。因此从冰柱图中可以非常清楚地看到,聚成 n 类时,各个样本的类归属情况。如聚成三个类时,样本 1、2、3、5、6、8、10、11、12、13、15、17、19、20 为第 1 类,样本为 4、7、9、14 为第 2 类,样本 16 和 18 为第 3 类。

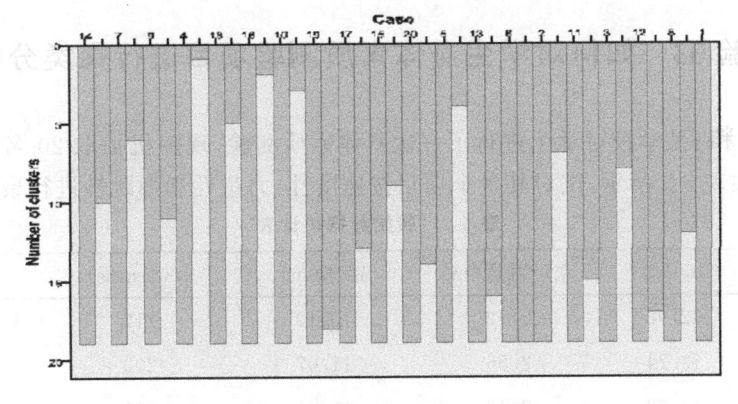

图 5-8 层次聚类分析冰柱图

Dendrogram(图 5-9)是层次聚类分析的树形图,从图中可以看出,各个类之间的距离在 25 的坐标内,各个类在距离为 15 的坐标内聚为三大类,从树形图可以直观地显示整个聚类过程。

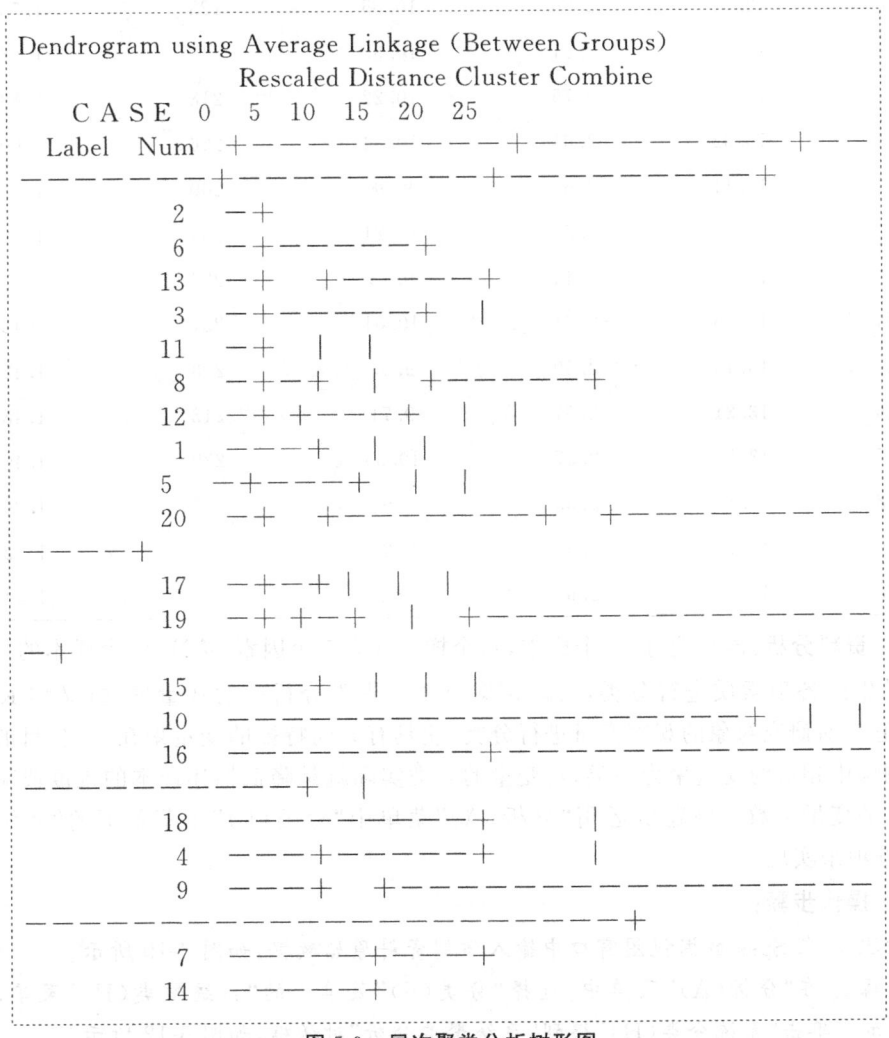

```
Dendrogram using Average Linkage (Between Groups)
              Rescaled Distance Cluster Combine
    C A S E    0    5    10    15    20    25
   Label  Num  +----+----+----+----+----+
        2     -+
        6     -+------+
       13     -+      +------+
        3     -+------+      |
       11     -+      |      |
        8     -+-+    |      +------+
       12     -+ +---+|      |      |
        1     ---+   ||      |      |
        5     -+---+  |      |      |
       20     -+   +------+  +------------+
       17     -+-+ |   |     |
       19     -+ +-+   |     +------------+
       15     ---+ |   |     |            |
       10     -----+   |     |            |
       16          +---+     |            |
                            |            |
       18     -------+       |            |
        4     ---+---+       |            |
        9     ---+   +-------+            |
                   +                      |
        7     ------+---+                 |
       14     ------+                     |
```

图 5-9 层次聚类分析树形图

实验 33　如何对学生身体素质测验项目进行聚类分析

案例资料：某学校对学生进行了一次身体素质测验，现随机抽取 20 名男学生的各项素质成绩如表 5-5 所示，试对其各个项目按速度性、力量性和弹跳性进行聚类分析。

表 5-5　原始数据统计表

样本	100(s)	立定跳远(m)	铅球(m)	1000 m(s)	跳高(m)
1	12.98	2.72	10.12	212	1.66
2	13.24	2.56	11.07	202	1.54
3	13.52	2.48	11.23	211	1.38
4	13.43	2.51	10.15	207	1.40
5	13.12	2.62	9.87	198	1.46
6	13.31	2.57	9.95	215	1.44
7	12.91	2.66	10.05	223	1.50
8	13.74	2.51	10.35	245	1.48
9	12.88	2.75	10.22	218	1.68
10	13.62	2.61	10.34	206	1.60
11	13.11	2.65	9.98	200	1.58
12	13.44	2.58	11.21	234	1.38
13	14.01	2.44	9.75	226	1.36
14	13.26	2.61	10.01	237	1.42
15	13.19	2.59	9.55	208	1.42
16	13.21	2.61	9.71	213	1.48
17	13.37	2.57	10.35	229	1.40
18	13.81	2.53	8.91	232	1.36
19	13.77	2.58	9.25	215	1.42
20	13.39	2.62	10.00	231	1.44

资料分析：该案例有 20 个样本，每个样本含有 5 个因素，按这 20 个样本的数据特征对学生的各项素质进行分类，所以该案例属于聚类分析中的变量聚类（又称 R 型聚类）。它是对研究对象的观察变量进行分类，使具有共同特征的变量聚在一起，目的是把体质测验中相似的变量聚为一类，对变量的并类实际就是降低描述样本的维度或减少描述样本的变量个数。该题要运用"分析（A）"菜单中"分类（F）"子菜单下的"系统聚类（H）"选项来实现。

操作步骤：

步骤 1：在 Spss 数据视图窗口中输入案例资料原始数据，如图 5-10 所示。

步骤 2：在"分析（A）"菜单中，选择"分类（F）"菜单下的"系统聚类（H）"菜单，如图 5-11所示。单击"系统分类（H）"得到"系统聚类分析"对话框，如图 5-12 所示。

图 5-10 输入数据(步骤1)

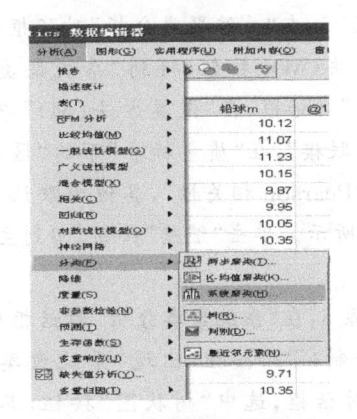

图 5-11 选择菜单(步骤2)

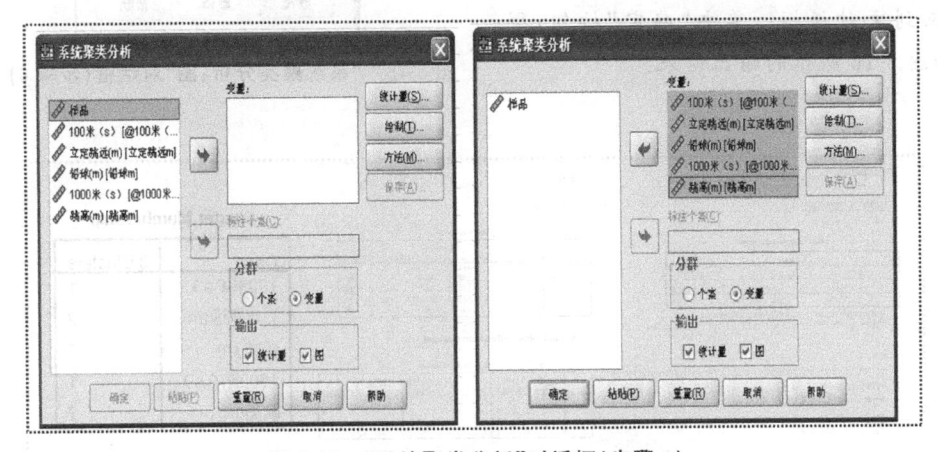

图 5-12 "系统聚类分析"对话框(步骤3)

步骤3：在"系统聚类分析"对话框中，将"100 m"、"立定跳远"、"铅球"、"1000 m"和"跳高"选中(成为反显状态)，单击旁边"箭头"状按钮，使这几个变量进入"变量"框中，再在"分群"模块中选择"变量"按钮，如图5-12所示。

步骤4：在"系统聚类分析"对话框中，单击"统计量(S)"按钮，则出现"系统聚类分析：统计量"对话框，选中"合并进程表"和"相似性矩阵"项，在"聚类成员"中选择"单一方案(S)"，聚类数(B)变为可编辑状态，在方框中输入类别数，如图5-13所示。单击"继续"按钮，回到主对话框。

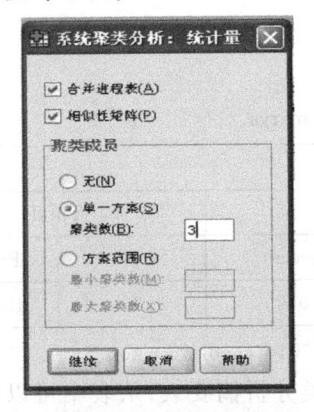

图 5-13 "系统聚类分析：统计量"对话框(步骤4)

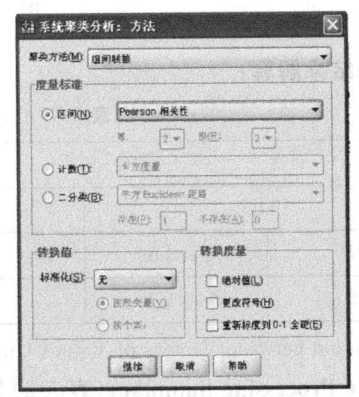

图 5-14 "系统聚类分析：方法"对话框(步骤5)

步骤5：在"系统聚类分析"对话框中，单击"方法(M)"按钮，得到"系统聚类分析：方法"对话框，在"聚类方法(M)"中选择"组间联接"，在"质量标准"下的"区间"中选择"Pearson相关性"，其他为默认，如图5-14所示。单击"继续"按钮，回到主对话框。

步骤6：在"系统聚类分析"对话框中，单击"绘制(T)"按钮，出现"系统聚类分析：图"对话框，选中"树状图"按钮，其他为默认，如图5-15所示。单击"继续"按钮，回到主对话框。单击"确定"按钮，得到如图5-16所示的输出结果。

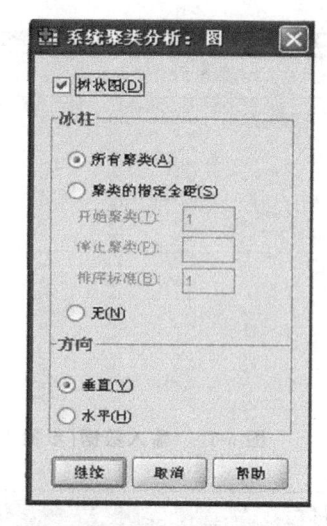

图5-15 "系统聚类分析：图"对话框(步骤6)

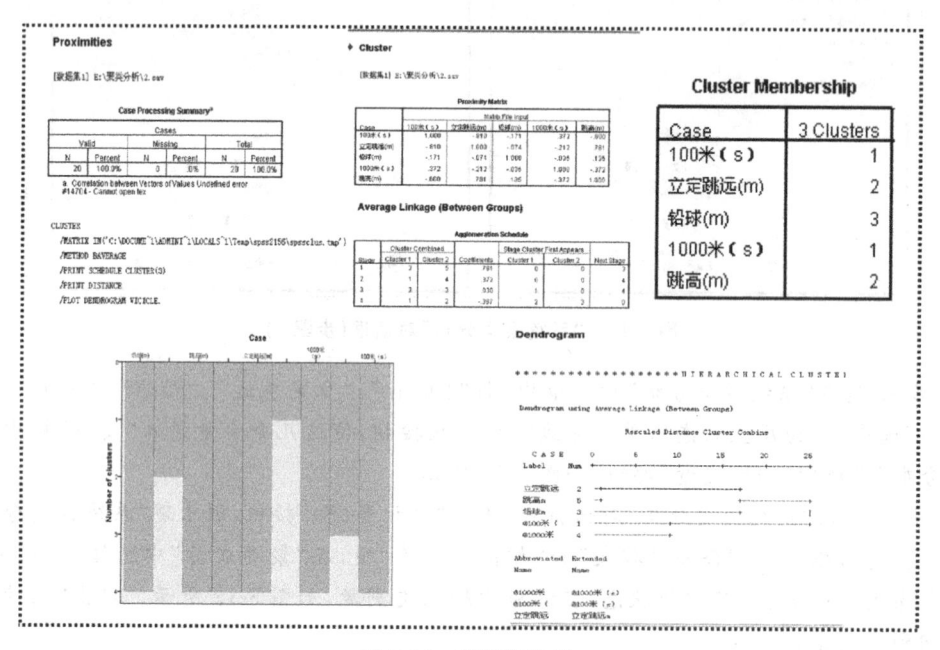

图5-16 结果输出图

结果解释：

表5-6 Case Processing Summarya

Cases					
Valid		Missing		Total	
N	Percent	N	Percent	N	Percent
20	100.0%	0	.0%	20	100.0%

a. Correlation between Vectors of Values Undefined error   14704-Cannot open tex

Case Processing Summary(表5-6)是R层次型聚类分析摘要表，从表中可以看出20个样本都进入了聚类分析。

表 5-7　Proximity Matrix

Case	Matrix File Input				
	100 m(s)	立定跳远(m)	铅球(m)	1000 m(s)	跳高(m)
100 m(s)	1.000	−.810	−.171	.372	−.600
立定跳远(m)	−.810	1.000	−.074	−.212	.781
铅球(m)	−.171	−.074	1.000	−.035	.135
1000 m(s)	.372	−.212	−.035	1.000	−.372
跳高(m)	−.600	.781	.135	−.372	1.000

Proximity Matrix(表 5-7)是层次聚类分析各变量的距离矩阵,从表中可以看出各个变量之间的距离(有正负,因为在设置样本间距离计算公式时选择了 Pearson 相关分析,相关分析有正负之分,因此在这里的距离就有正负之分)。

表 5-8　Agglomeration Schedule

Stage	Cluster Combined		Coefficients	Stage Cluster First Appears		Next Stage
	Cluster 1	Cluster 2		Cluster 1	Cluster 2	
1	2	5	.781	0	0	3
2	1	4	.372	0	0	4
3	2	3	.030	1	0	4
4	1	2	−.367	2	3	0

Agglomeration Schedule(表 5-8)是层次聚类分析的凝聚状态表。从表格中数据的第一行可以看出:第 2 个变量和第 5 变量首先进行了聚类,变量间的相关为 0.781 这个聚类结果在将在后面的第三步聚类中用到。本表格的第二行数据表示:第二步聚类中,第 1 个变量和第 4 个变量进行了聚类,变量间的相关为 0.372,这个聚类的结果将在后面的第四步聚类中用到。表格的第三行数据表示:第三步聚类中,第一步聚类形成的类和第 3 个变量进行了聚类,类间相关为 0.030,在后面的第四步聚类中用到,可以看出相关系数非常小。表格的第四行数据表示:第二步形成的类和第三步形成的类进行了聚类,相关为 −0.367。

表 5-9　Cluster Membership

Case	100 m(s)	立定跳远(m)	铅球(m)	1000 m(s)	跳高(m)
3 Clusters	1	2	3	1	2

Cluster Membership(表 5-9)是变量层次聚类分析聚成 3 个类时,变量的类归属情况表。从表中可以看出:变量 100 m 和变量 1000 m 可以归为第 1 类(速度性),变量立定跳远和变量跳高可以归为第 2 类(弹跳性),而变量铅球被归为第 3 类(力量性)。

图 5-17 表示的是层次聚类的冰柱图,该图应该从最下面观察,在最下面可以看出变量立定跳远和变量跳高是相连接的,表示两个变量首先聚成一类,其余每个变量构成一类。继续往上看可以看出变量 1000 m 和变量 100 m 聚为一类,由于本案例要求将变量聚为三类,所以变量铅球为第三类。

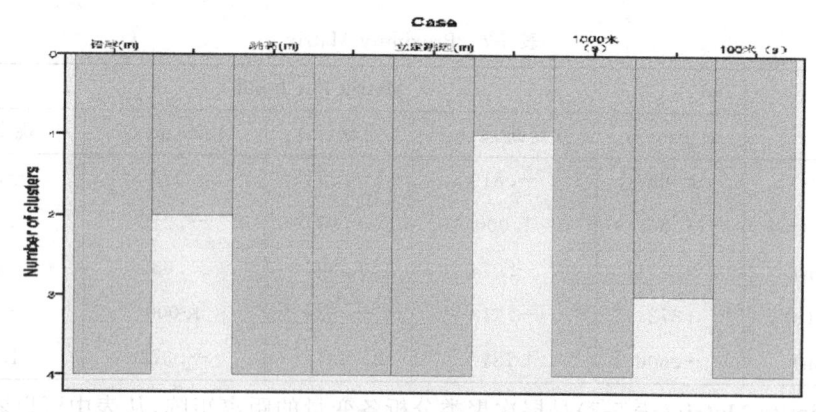

图 5-17 层次聚类分析冰柱图

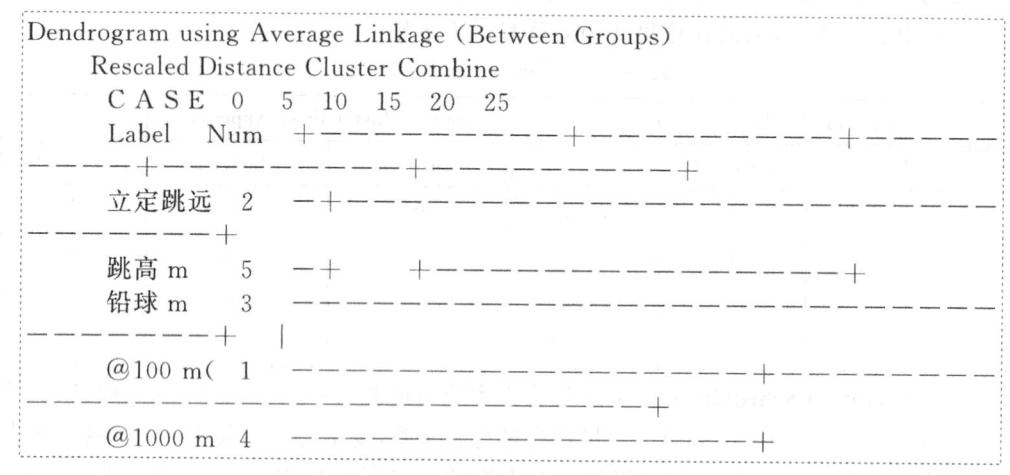

```
Dendrogram using Average Linkage (Between Groups)
      Rescaled Distance Cluster Combine
 C A S E    0    5   10   15   20   25
  Label    Num  +----------+----------+----------+----------+----------+

   立定跳远   2   —+
                  |
   跳高 m    5   —+      +------------------+
   铅球 m    3   ———————+                   |
                                            |
  @100 m(   1   ————————————————————————————+              +
                                                           |
  @1000 m   4   ——————————————————————————————————————————+
```

图 5-18 层次聚类分析树形图

从图 5-18 中可以看出,各个类之间的距离在 25 的坐标内,从树形图可以很直观地看出整个聚类的过程和结果。

实验 34 如何对不同体育协会的运作特点进行快速聚类分析

案例资料:为了研究不同协会的运作特点,调查了某大学 14 个与体育有关的协会的组织文化、组织氛围、领导角色和会员发展 4 各方面的内容,要将这 14 个协会按照其各自的特点分成 4 种类型,数据如表 5-10 所示。

表 5-10 各协会情况表

协会	组织文化	组织氛围	领导角色	会员发展
健美操协会	85.00	92.00	83.00	91.00
棋艺协会	91.00	72.00	81.00	82.00
乒乓球协会	84.00	83.00	72.00	75.00
舞美协会	80.00	83.00	64.00	71.00
电子竞技协会	78.00	88.00	83.00	90.00
羽毛球协会	83.00	87.00	80.00	77.00

续表

协会	组织文化	组织氛围	领导角色	会员发展
排球协会	81.00	83.00	71.00	75.00
篮球协会	84.00	96.00	85.00	94.00
轮滑协会	75.00	83.00	81.00	67.00
足球协会	83.00	87.00	72.00	92.00
网球协会	72.00	72.00	76.00	63.00
太极拳协会	86.00	73.00	87.00	69.00
跆拳道协会	70.00	86.00	72.00	67.00
健美协会	74.00	76.00	80.00	62.00

☞ **资料分析**：该案例属于聚类分析中的快速聚类分析，它是由用户指定类别数的大样本资料的逐步聚类分析。先对数据进行初始分类，然后逐步调整，得到最终分类。快速聚类分析的实质是 K-Mean 聚类。本案例进行聚类分析的目的是把 14 个样本分成 4 种类型的样本进行分析。因此要运用"分析(A)"菜单中的"分类(F)"子菜单下的"K-均值聚类(K)"选项来实现。

☞ **操作步骤**：

步骤1：在 Spss 数据视图窗口中输入案例资料原始数据，如图 5-19 所示。

图 5-19　输入数据（步骤 1）　　　　图 5-20　选择菜单（步骤 2）

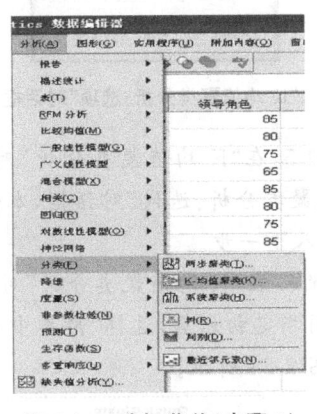

步骤2：在"分析(A)"菜单中，选择"分类(F)"子菜单下的"K-均值聚类(K)"菜单，如图 5-20 所示。单击"K-均值聚类(K)"得到"K-均值聚类分析"对话框，如图 5-21 所示。

步骤3：在"K-均值聚类分析"对话框中，将"组织文化"、"组织氛围"、"领导角色"和"会员发展"选中（成为反显状态），单击旁边"箭头"状按钮，使这几个变量进入"变量"框中，再将"协会"选中单击"个案标记依据"左边的"箭头"按钮，使之进入"个案标记依据"中，再在"聚类数 U"后面的"[ ]"中填入需要聚合的组数，本例需要将协会分成 4 类，因此在这里输入 4，如图 5-21 所示。

步骤4：在"K-均值聚类分析"对话框中，单击"变量"右侧"选项"按钮，则出现"K-均值聚类分析：选项"对话框，在"统计量"模块中选中"初始聚类中心(I)"、"ANOVA 表(A)"和"每个个案的聚类信息(C)"项，在"缺失值"模块中选择默认，如图 5-22 所示。单击"继续"按钮，进入下一步。

229

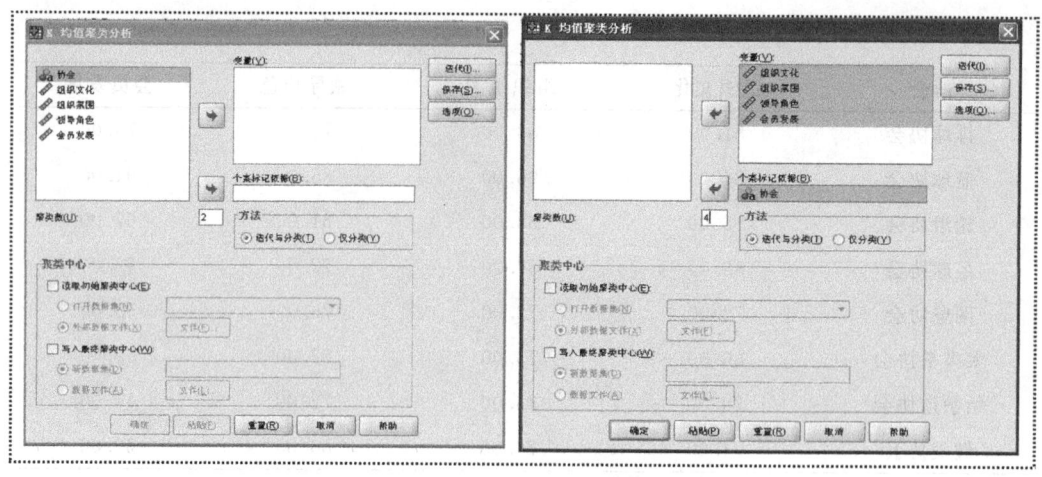

图 5-21 "K-均值聚类分析"对话框(步骤 3)

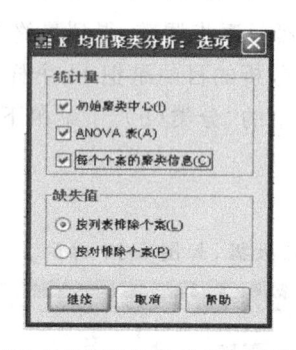

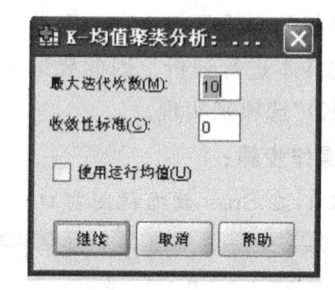

图 5-22 "K-均值聚类分析:选项"对话框(步骤 4)　　图 5-23 "K-均值聚类分析:迭代"对话框(步骤 5)

步骤 5：在"K-均值聚类分析"对话框中，单击"选项"按钮上方"迭代"按钮，则出现"K-均值聚类分析：迭代"对话框，本例各项选为 Spss 默认，如图 5-23 所示。单击"继续"按钮，进入下一步。

步骤 6：在"K-均值聚类分析"对话框，由于本例还不清楚要分析的 4 个类具体情况，因此不用指定初始类，这样"聚类中心"的模块中就选择默认，然后单击"确定"按钮，输出结果如图 5-24 所示。

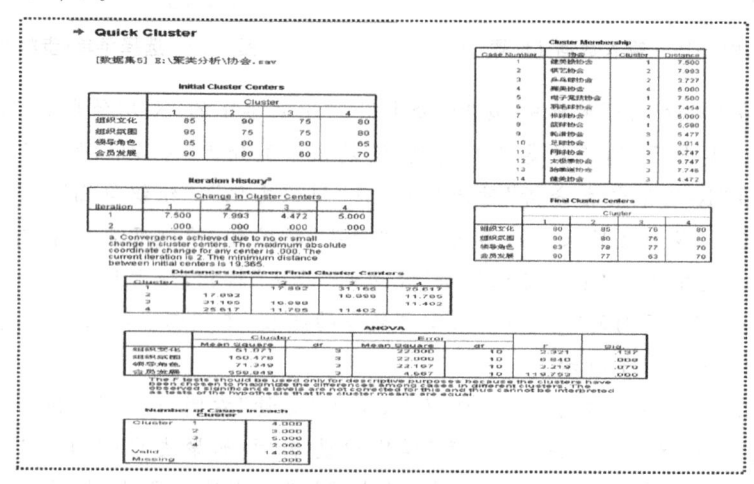

图 5-24　结果输出图

👆 结果解释:

表5-11 Initial Cluster Centers

	Cluster			
	1	2	3	4
组织文化	85	90	75	80
组织氛围	95	75	75	80
领导角色	85	80	80	65
会员发展	90	80	60	70

Initial Cluster Centers(表5-11)是Spss指定的初始类中心点。由于本例需要快速聚类成4类,因此指定了四个初始类中心点。

表5-12 Iteration History

Iteration	Change in Cluster Centers			
	1	2	3	4
1	7.500	7.993	4.472	5.000
2	.000	.000	.000	.000

a. Convergence achieved due to no or small change in cluster centers. The maximum absolute coordinate change for any center is .000. The current iteration is 2. The minimum distance between initial centers is 19.365.

Iteration History(表5-12)是快速聚类分析的迭代历史过程表,可以看出总共进行了两次迭代。第一次迭代后形成的类中心点和初始类中心点的距离分别为:7.500、7.993、4.472和5.000。第二次迭代后类中心点没有发生变化或变化很小,距离为0.000。快速聚类分析经过两次迭代即完成。表格下面的文字说明表示,迭代分析结束的原因是类中心点没有发生变化或变化很小。初始中心点之间的最小距离为19.365。

表5-13 Cluster Membership

Case Number	协会	Cluster	Distance	Case Number	协会	Cluster	Distance
1	健美操协会	1	7.5	8	篮球协会	1	5.59
2	棋艺协会	2	7.993	9	轮滑协会	3	5.477
3	乒乓球协会	2	3.727	10	足球协会	1	9.014
4	舞美协会	4	5	11	网球协会	3	9.747
5	电子竞技协会	1	7.5	12	太极拳协会	3	9.747
6	羽毛球协会	2	7.454	13	跆拳道协会	3	7.746
7	排球协会	4	5	14	健美协会	3	4.472

Cluster Membership(表5-13)是快速聚类分析后的各个类包含样本的情况。该结果表明:第1类包括健美操协会、电子竞技协会、篮球协会和足球协会。第2类包括棋艺协会、乒乓球协会和羽毛球协会。第3类包括轮滑协会、网球协会、太极拳协会、跆拳道协会和健美协会。第4类包括舞美协会和排球协会。表格的最后一列表示该样本离类中心点的距离,其中网球协会和太极拳协会离第3类的中心点距离最远。

表 5-14 Final Cluster Centers

	Cluster			
	1	2	3	4
组织文化	80	85	76	80
组织氛围	90	80	76	80
领导角色	83	78	77	70
会员发展	90	77	63	70

Final Cluster Centers(表 5-14)是快速聚类分析最终的类中心点位置,和 Spss 输出的第一个表格(表 5-15)相比中心点位置有了一些变化,表明迭代过程中,中心点位置有了转移。

表 5-15 Distances between Final Cluster Centers

Cluster	1	2	3	4
1		17.892	31.165	25.617
2	17.892		16.898	11.785
3	31.165	16.898		11.402
4	25.617	11.785	11.402	

Distances between Final Cluster Centers(表 5-15)是最终的类中心点之间的欧式距离。从中可以看出第 1 类类中心点和第 3 类类中心点之间的距离最大,为 31.165;第 3 类类中心点和第 4 类类中心点之间的距离最小,为 11.402。

表 5-16 ANOVA

	Cluster		Error		F	Sig.
	Mean Square	df	Mean Square	df		
组织文化	51.071	3	22.000	10	2.321	.137
组织氛围	150.476	3	22.000	10	6.840	.009
领导角色	71.349	3	22.167	10	3.219	.070
会员发展	558.849	3	4.667	10	119.753	.000

The F tests should be used only for descriptive purposes because the clusters have been chosen to maximize the differences among cases in different clusters. The observed significance levels are not corrected for this and thus cannot be interpreted as tests of the hypothesis that the cluster means are equal.

表 5-16 是快速聚类分析后形成的各类样本之间的单因素方差分析(ANOVA)结果。表格的第一行对应相应变量的分析结果。

首先是组织文化变量的平均组间平方和(Mean Square)为 51.071(表格的第二列),平均组内平方和为 22.000(表格第四列),F 统计量为 2.321(表格的第六列),F 统计量的相伴概率为 0.137。相伴概率大于显著性水平 0.05,因此可以认为对于组织文化变量,4 个类协会之间无显著性差异;对于组织氛围和会员发展,4 个类之间的 F 统计量的相伴概率都小于显著性水平 0.01,因此 4 个类的协会在这两个方面存在着显著地差异;对于领导角色,4 个类之间的 F 统计量的相伴概率为 0.070,大于显著性水平 0.05,可以认为在领导角色方面无显著性差异;因此从 4 个类的单因素方差分析看,将样本分成 4 类的快速聚类分析基本上成功,聚类效果比较理想。

表 5-17 Number of Cases in each Cluster

Cluster		
	1	4.000
	2	3.000
	3	5.000
	4	2.000
Valid		14.000
Missing		.000

表 5-17 Number of Cases in each Cluster 列出了 4 个类中分别包括的样本数。在表格中可以看出第 1 类包括样本有 4 个,第 2 类包括样本有 3 个,第 3 类包括样本 5 个,第 4 类包括样本最少,为 2 个。

实验 35 如何根据毕业生的工资来对其进行分类

案例资料:某学校学生就业部门对不同专业、不同性别以及不同毕业时期的本校毕业生的工资状况进行了调查,得到 637 名大学生的情况,由于要进行评价各个专业的社会竞争力,需要对数据进行一下分类后再进行分析,请对这些样本进行分类。

资料分析:该案例有 637 各样本参与分类分析,属于大样本数据文件进行聚类分析,本案例对聚类的标准没有确定,要采用两步聚类进行分析。两步聚类法是一种探索性的聚类方法,是随着人工智能的发展而发展起来的智能聚类方法的一种,本案例以自动确定最好的分析结果,来评价各专业学生在社会的就业竞争力。因此要运用"分析(A)"菜单中的"分类(F)"子菜单中的"两步聚类(T)"选项来实现。

操作步骤:

步骤 1:在 Spss 数据视图窗口中输入案例资料原始数据,如图 5-25 所示。

图 5-25 输入数据(步骤 1)　　　图 5-26 选择菜单(步骤 2)

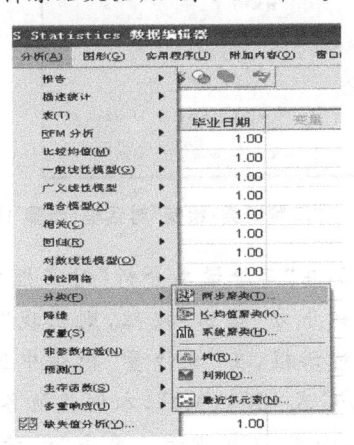

步骤 2:在"分析(A)"菜单中,选择"分类"菜单下的"两步聚类(T)"菜单,如图 5-26 所示。单击"两步聚类(T)"得到"二阶聚类分析"对话框,如图 5-27 所示。

步骤 3:在"二阶聚类分析"对话框中,将"毕业专业"、"性别"和"毕业日期"选中(成为反显状态),单击旁边"箭头"状按钮,使这几个变量进入"分类变量(V)"框中,再将"工资"选中(成反显状态)单击"连续变量(C)"左边的"箭头"按钮,使"工资"进入"连续变量"中,如图 5-27 所示。

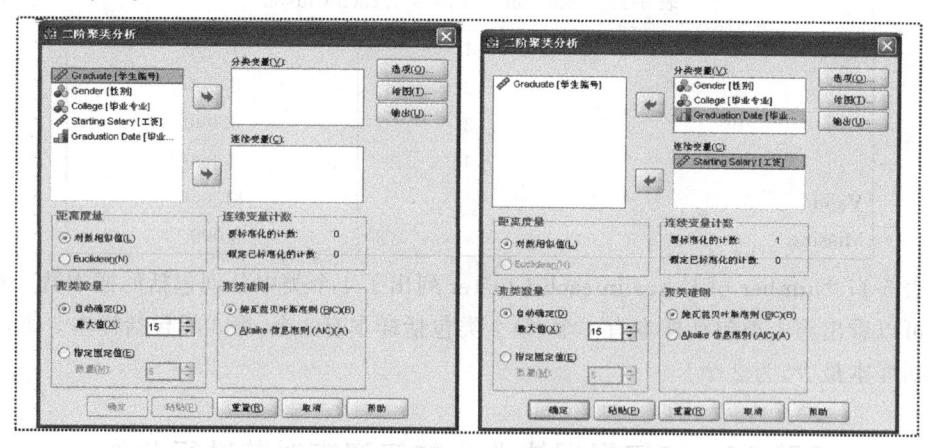

图 5-27 "二阶聚类分析"对话框(步骤 3)

步骤 4：在"二阶聚类分析"对话框中，单击"分类变量"右侧"绘图(T)"按钮，则出现"二阶聚类：绘制"对话框，选中"聚类百分比图(U)"和"聚类饼图(S)"，然后在"变量重要性绘制"模块中的选中"变量的重要性等级(R)"和"置信度(D)"项，在"限定变量等级"模块中选中"按照变量"，本例其他各项选为默认，如图 5-28 所示。单击"继续"按钮，进入下一步。

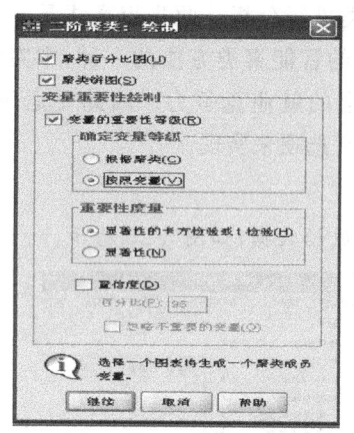

图 5-28 "二阶聚类：绘制"对话框(步骤 4)

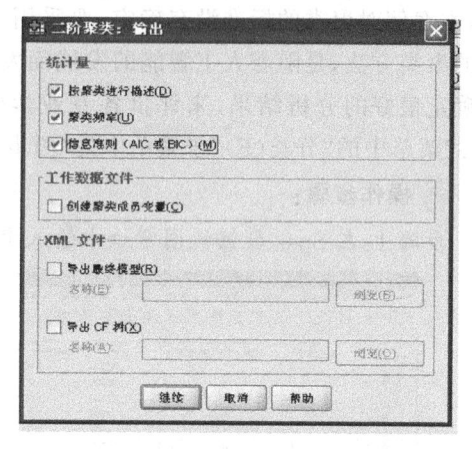

图 5-29 "二阶聚类：输出"对话框(步骤 5)

步骤 5：在"二阶聚类分析"对话框中，单击"绘图"按钮下方"输出"按钮，则出现"二阶聚类：输出"对话框，在"统计量"模块中选中"信息准则(AIC 或 BIC)(M)"，本例其他各项选为 Spss 默认，如图 5-29 所示。单击"继续"按钮，进入下一步。

步骤 6：在"二阶聚类分析"对话框中，单击"绘图"按钮上方的选项按钮，则出现"二阶聚类：选项"对话框，本例各项选为 Spss 默认，如图 5-30 所示。返回"二阶聚类分析"对话框，本例其

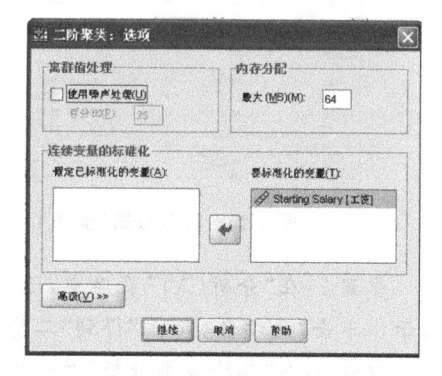

图 5-30 "二阶聚类：选项"对话框(步骤 6)

他各项选为 Spss 默认,然后单击"确定"按钮,结果输出图如 5-31 所示。

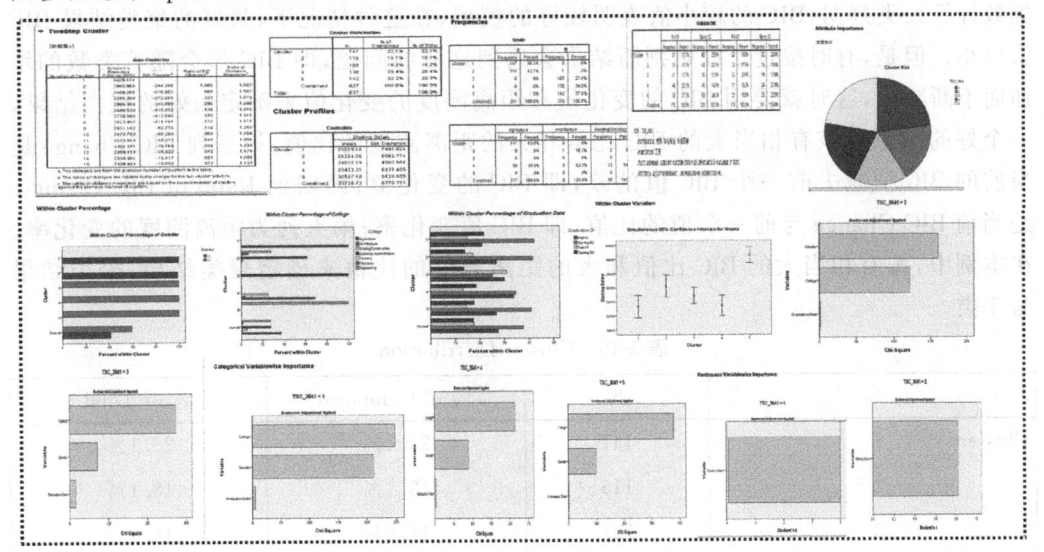

图 5-31　结果输出图

结果解释:

表 5-18　Auto-Clustering

Number of Clusters	Schwarz's Bayesian Criterion (BIC)	BIC Change[a]	Ratio of BIC Changes[b]	Ratio of Distance Measures[c]
1	4809.414			
2	3965.066	−844.348	1.000	1.663
3	3488.264	−476.802	.565	1.582
4	3215.399	−272.865	.323	1.073
5	2966.390	−249.009	.295	1.680
6	2849.538	−116.852	.138	1.016
7	2735.698	−113.840	.135	1.011
8	2623.957	−111.741	.132	1.111
9	2531.182	−92.775	.110	1.253
10	2472.783	−58.399	.069	1.164
11	2433.510	−39.273	.047	1.001
12	2394.341	−39.169	.046	1.029
13	2358.418	−35.922	.043	1.174
14	2339.301	−19.117	.023	1.002
15	2320.403	−18.898	.022	1.130

a. The changes are from the previous number of clusters in the table.
b. The ratios of changes are relative to the change for the two cluster solution.
c. The ratios of distance measures are based on the current number of clusters against the previous number of clusters.

Auto-Clustering(表 5-18)是自动聚类表,概括了按照所选择的类属聚类的过程。从左至右：第一列是系统默认的从聚类为 1 类到 15 类的运算次序号；第二列对每个可能的类数计算聚类判据，BIC 的较小值表明较好的模型，在这种情况下，最好的聚类结果 BIC 值最小。但是，有时按这个原则判断结果会遇到这样的问题，即 BIC 值会随着类数的增加而不断减少，这时就要用 BIC 的变化值和距离测度的变化值来确定最好的聚类结果，一个好的结果应该有相当大的 BIC 比值和大的距离测度的比值；第三列 BIC Change 是当前的 BIC 值减去前一个 BIC 值的差，即 BIC 的变化值；第四列 Ratio of BIC Changes 是当前 BIC Change 与前一个值的比值，即 BIC 值变化率；第五列为距离测度的变化率。在本例中，按有相当大的 BIC 比值和大的距离测度的比值来确定聚类结果，聚类结果为 5 类。

表 5-19　Cluster Distribution

		N	% of Combined	% of Total
Cluster	1	147	23.1%	23.1%
	2	115	18.1%	18.1%
	3	103	16.2%	16.2%
	4	130	20.4%	20.4%
	5	142	22.3%	22.3%
	Combined	637	100.0%	100.0%
Total		637		100.0%

Cluster Distribution（表 5-19）是类分布表，给出了每个类中的频数。观测量总数为 637 个，637 个观测量被分配到各类中，147 个分配到第一类，115 个分配到第二类，103 个分配到第三类，130 个分配到第四类，142 个分配到第五类，共分为五类。

Centroids（表 5-20）是质心表，用于输出连续变量在每个类别中的均值和标准差。

表 5-20　Centroids

	Starting Salary	
	Mean	Std. Deviation
Cluster 1	23295.24	7495.024
2	26224.35	6502.774
3	24835.19	4500.984
4	23422.31	6421.455
5	30597.18	5129.555
Combined	25726.73	6770.751

表 5-21　Gender

	女		男	
	Frequency	Percent	Frequency	Percent
Cluster 1	147	56.3%	0	.0%
2	114	43.7%	1	.3%
3	0	.0%	103	27.4%
4	0	.0%	130	34.6%
5	0	.9%	142	27.8%
Combined	261	100.0%	376	100.5%

Gender（表 5-21）是关于离散变量"性别"的各类频数分布表。在第一类中女生有 147 人，占女生总数的 56.3%，没有男生；第二类中女生有 114 人，占女生总人数的 43.7%，还有 1 个男生，占男生总数的 0.3%；第三类中没有女生，有 103 名男生，占男生总数的 27.4%；第四类中也没有女生，有 130 名男生，占男生总数的 34.6%；第五类中还是没有女生，有 142 名男生，占男生总数的 37.8%。同理，表 5-22、5-23 是关于离散变量"毕业日期"和"毕业学校"的频数分布表。

表 5-22 Graduation Date

	Fall 01 Frequency	Fall 01 Percent	Spring 02 Frequency	Spring 02 Percent	Fall 02 Frequency	Fall 02 Percent	Spring 03 Frequency	Spring 03 Percent
Cluster 1	31	17.7%	62	25.9%	22	19.6%	32	28.8%
2	31	17.7%	48	20.1%	20	17.9%	16	14.4%
3	31	17.7%	26	10.9%	32	28.6%	14	12.6%
4	44	25.1%	45	18.8%	17	15.2%	24	21.6%
5	38	21.7%	58	24.3%	21	18.8%	25	22.5%
Combined	175	100.0%	239	100.0%	112	100.0%	111	100.0%

表 5-23 College

	Agr 频数	Agr 百分比	Arc 频数	Arc 百分比	Bui 频数	Bui 百分比	Bus 频数	Bus 百分比	For 频数	For 百分比	Edu 频数	Edu 百分比	Eng 频数	Eng 百分比
Cluster 1	147	62.0%	0	.0%	0	.0%	0	.0%	0	.0%	0	.0%	0	.0%
2	0	.0%	1	16.7%	2	5.7%	71	40.8%	1	50.0%	8	88.9%	32	18.4%
3	0	.0%	0	.0%	0	.0%	103	59.2%	0	.0%	0	.0%	0	.0%
4	90	38.0%	5	83.3%	33	94.3%	0	.0%	1	50.0%	1	11.1%	0	.0%
5	0	.0%	0	.0%	0	.0%	0	.0%	0	.0%	0	.0%	142	81.6%
Combined	237	100.0%	6	100.0%	35	100.0%	174	100.0%	2	100.0%	9	100.0%	174	100.0%

图 5-32 是 Cluster Size 所分各类在总人数中所占的百分比的饼状图。各类的分布如下：第一类占总人数的 23.08%，第二类占总人数的 18.05%，第三类占总人数的 18.17%，第四类占总人数的 20.41%，第五类占总人数的 22.29%。

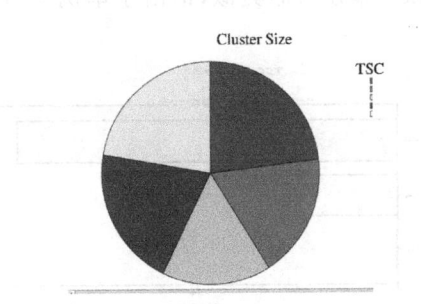

图 5-32　各类所占总人数百分比饼状图 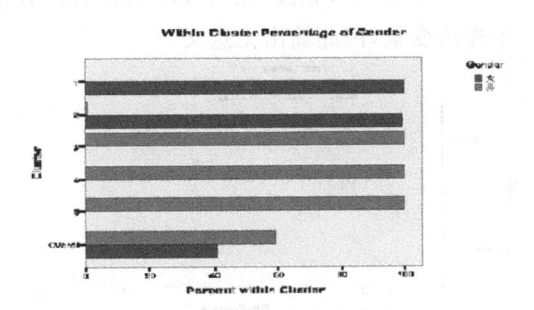　　图 5-33　变量"性别"在聚类中的比重图

图 5-33、5-34 和 5-35 分别是变量"性别"、"毕业学校"和"毕业日期"在聚类中所占的比重图，即离散变量频数表的图形表示，从中可更加直观看出结果。

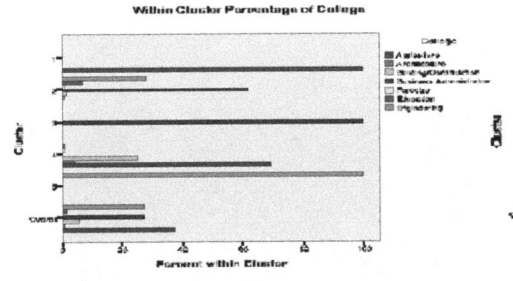

图 5-34　变量"毕业学校"在聚类中的比重图 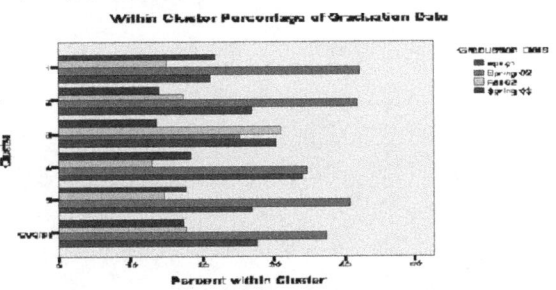　　图 5-35　变量毕业日期在聚类中比重图

图 5-36 所示为连续变量在各个类别中的误差图,它是用图形来表示均值和 95% 置信区间的范围,也是质心表的图形表示。

图 5-37、5-38、5-39、5-40 和 5-41 分别为 5 个类别中离散变量重要性图。图中用直条的长度和方向表示各个变量在每一类的重要性。

图 5-36 误差图

图 5-37 类别 1 中离散变量重要性图

图 5-38 类别 2 离散变量重要性图

图 5-39 类别 3 中离散变量重要性图

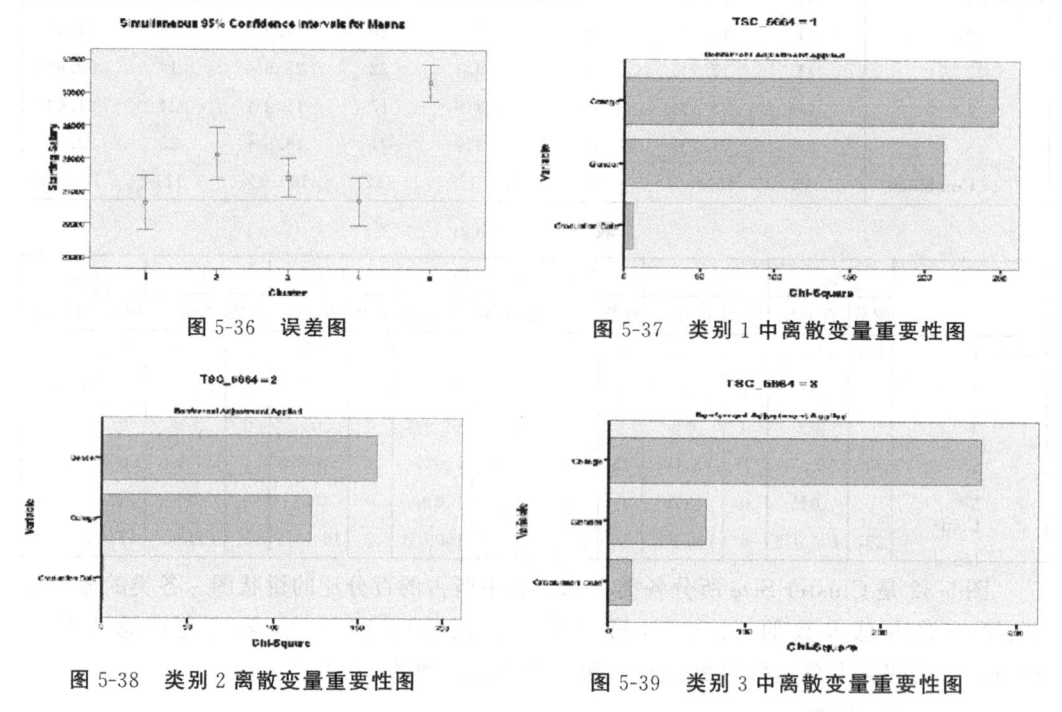

图 5-41 与 Categorical Variablewise Importance 部分图形类似,但由于本例只有一个连续变量,因此输出无意义。

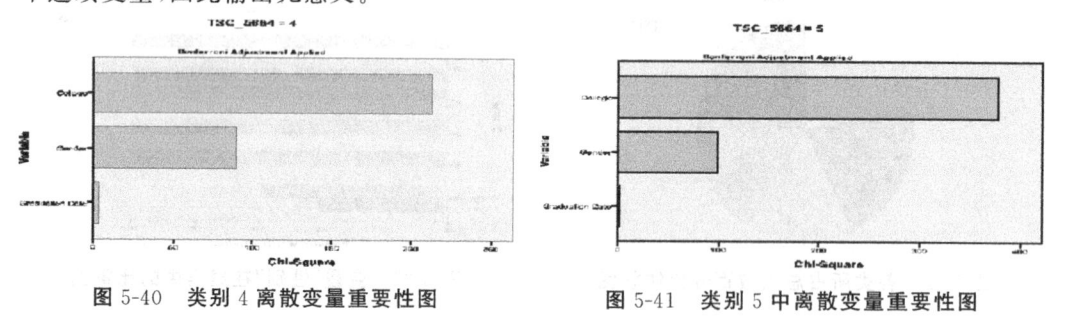

图 5-40 类别 4 离散变量重要性图

图 5-41 类别 5 中离散变量重要性图

第六章 判别分析

判别分析（Discriminant）是根据已知类别的事物性质，利用统计学建立函数式，然后对未知类别的新事物进行判断以将之归为已知的类别中。在日常的体育工作中，如在判别运动员是否还保持相关等级运动水平、通过一定指标判别运动员是否患有相关疾病等情况，通常将这两种方法结合起来使用，先利用聚类分析，确定出类别与数目，然后在此基础上进行判别分析得出结果。利用判别分析建立的函数式从已知的分类情况中总结规律，可以为以后判断新观测所属类别提供依据，快速解决问题，提高工作效率。在判别分析的众多方法中，最常用的两种判别分析方法是分类判别分析和典型判别分析，且这两种方法都用于两类判别和多类判别。在 Spss 软件中可以通过"分析（A）"菜单下的"分类（F）"子菜单中的"判别（D）"选项来实现，下面我们通过一些实验操作帮助大家来理解本章的学习。

实验 36　如何判别体操运动员的运动水平

案例资料：已知 10 名一级与 12 名二级体操运动员的直臂力量、腹肌力量、背肌力量、悬垂举腿和高杠翻上 5 项指标，统计数据如表 6-1 所示。试判别 5 项指标数据是否仍然达到一级或是二级体操运动员标准？

表 6-1　运动员 5 项指标统计数据表

级别	直臂力量	腹肌力量	背肌力量	悬垂举腿	高杠翻上	级别	直臂力量	腹肌力量	背肌力量	悬垂举腿	高杠翻上
一级	25.00	43.00	73.00	11.00	6	一级	17.00	26.00	45.00	10.00	2
一级	28.00	43.00	70.00	11.00	5	一级	21.00	25.00	55.00	10.00	1
一级	27.00	38.00	75.00	10.00	3	一级	20.00	24.00	50.00	8.00	3
一级	30.00	39.00	60.00	10.00	4	一级	21.00	24.00	68.00	10.00	2
一级	27.00	30.00	76.00	10.00	3	一级	22.00	28.00	53.00	8.00	0
二级	19.00	31.00	78.00	10.00	0	二级	20.00	22.00	68.00	5.00	0
二级	22.00	30.00	65.00	5.00	0	二级	22.00	25.00	62.00	8.00	0
二级	22.00	40.00	66.00	6.00	0	二级	23.00	24.00	54.00	7.00	0
二级	18.00	25.00	68.00	3.00	0	二级	24.00	24.00	60.00	6.00	0
二级	20.00	23.00	57.00	7.00	0	二级	25.00	26.00	48.00	5.00	0
二级	17.00	20.00	44.00	7.00	0	二级	26.00	30.00	70.00	4.00	0

☞ **资料分析**：判别此次测试的 10 名一级与 12 名二级体操运动员的直臂力量、腹肌

力量、背肌力量、悬垂举腿和高杠翻上5项指标的数据是否仍然达到一级或是二级体操运动员标准,就需要将判别的数据分别带入一级和二级数据标准进行分类判别。因此该案例属于分类判别。运用"分析(A)"菜单中"分类(F)"子菜单下的"判别(D)…"选项来实现。

操作步骤:

步骤1:在Spss数据视图窗口中输入案例资料原始数据,如图6-1所示。

图6-1 数据的输入(步骤1)　　图6-2 选择菜单(步骤2)

步骤2:在"分析(A)"菜单中,选择"分类(F)"子菜单下的"判别(D)…"选项,如图6-2所示,得到"判别分析"对话框。

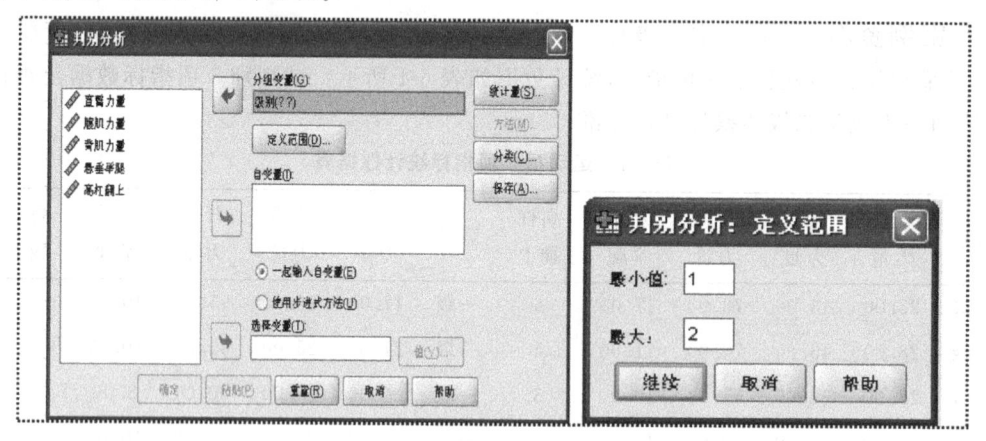

图6-3 "判别分析"对话框(步骤3)

步骤3:在"判别分析"对话框中,将"级别"选中(成为反显状态),单击旁边"箭头"状按钮,使"级别"进入"分组变量"框中。点击"定义范围(D)"按钮,得到"判别分析:定义范围"对话框,在"最小值"框中输入"1",在"最大"框中输入"2",然后点击"继续"按钮返回主对话框,如图6-3所示。

步骤4:在"判别分析"对话框中,将左边变量框中的变量全部选中,移到"自变量"对话框中,如图6-4所示。

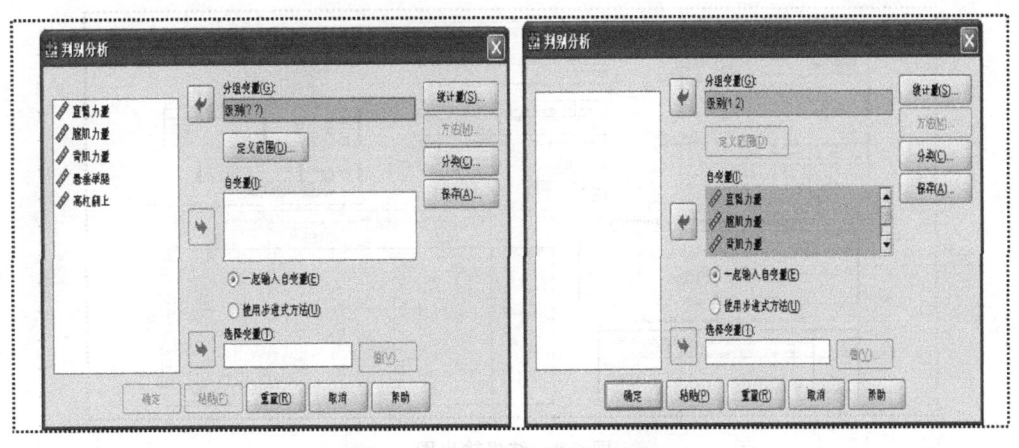

图 6-4 "判别分析"对话框(步骤 4)

步骤 5：在"判别分析"主对话框中，单击"统计量"按钮，得到"判别分析：统计量"对话框，在"描述性"框下选中"均值"，在"函数系数"框下选中"未标准化"，然后点击"继续"按钮返回主对话框，如图 6-5 所示。

步骤 6：在"判别分析"对话框中，单击"分类"按钮，得到"判别分析：分类"对话框，在"先验概率"框下选择"所有组相等（A）"，在"输出"框下选择"个案结果（E）"，点击"继续"按钮，返回主对话框，如图 6-6 所示。

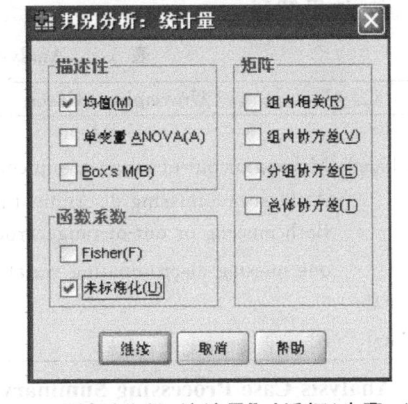

图 6-5 "判别分析：统计量"对话框(步骤 5)

步骤 7：在"判别分析"对话框中，单击"保存"按钮，打开"判别分析：保存"对话框，选择"判别得分"，如图 6-7 所示。点击"继续"按钮，再点击"确定"按钮，得到如图 6-8 所示的分析结果。

图 6-6 "判别分析：分类"对话框(步骤 6)　　　　图 6-7 "判别分析：保存"对话框(步骤 7)

241

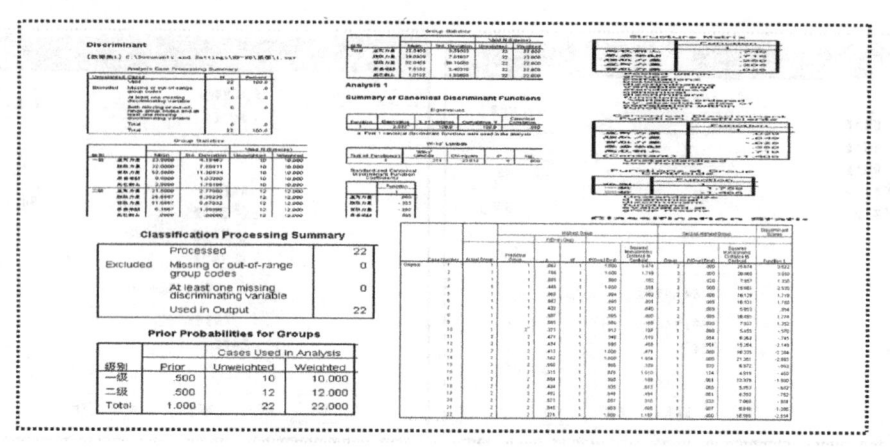

图 6-8 结果输出图

结果解释：

表 6-2 Analysis Case Processing Summary

Unweighted Cases		N	Percent
Valid		22	100.0
Excluded	Missing or out-of-range group codes	0	.0
	At least one missing discriminating variable	0	.0
	Both missing or out-of-range group codes and at least one missing discriminating variable	0	.0
Total	0		.0
Total	22		100.0

Analysis Case Processing Summary（表6-2）为数据分析过程简明表，从表中可以看出：Valid(有效数值)为22，Percent(百分比)为100.0%，Missing or out-of-range group codes(在组限外的缺失值)为0个，以此类推，可以得到其他数据。

表 6-3 Group Statistics

级别		Mean	Std. Deviation	Valid N (listwise)	
				Unweighted	Weighted
一级	直臂力量	23.8000	4.18463	10	10.000
	腹肌力量	32.0000	7.88811	10	10.000
	背肌力量	62.5000	11.30634	10	10.000
	悬垂举腿	9.8000	1.03280	10	10.000
	高杠翻上	2.9000	1.79196	10	10.000
二级	直臂力量	21.5000	2.77980	12	12.000
	腹肌力量	26.6667	5.38235	12	12.000
	背肌力量	61.6667	9.67032	12	12.000
	悬垂举腿	6.1667	1.89896	12	12.000
	高杠翻上	.0000	.00000	12	12.000
Total	直臂力量	22.5455	3.59533	22	22.000
	腹肌力量	29.0909	7.01637	22	22.000
	背肌力量	62.0455	10.19560	22	22.000
	悬垂举腿	7.8182	2.40310	22	22.000
	高杠翻上	1.3182	1.88696	22	22.000

Group Statistics（表 6-3）为显示组数据简明表，从表中可以看出一级运动员指标：直臂力量、腹肌力量、背肌力量和悬垂举腿上的 Mean（均数）分别为：23.8000、32.0000、62.5000、9.8000。Std. Deviation（标准差）分别为：4.18463、7.88811、11.30634、1.03280、1.79196；Valid N（有效个数）均为 10 个，同理可以得出二级运动员的指标。

表 6-4 典型判别函数特征值表[包括 6 个表，从(a)~(f)]

Eigenvalues (a)

Function	Eigenvalue	% of Variance	Cumulative %	Canonical Correlation
1	2.833[a]	100.0	100.0	.860

a. First 1 canonical discriminant functions were used in the analysis.

Wilks' Lambda (b)

Test of Function(s)	Wilks' Lambda	Chi-square	df	Sig.
1	.261	23.512	5	.000

Standardized Canonical Discriminant Function Coefficients (c)

	Function 1
直臂力量	.099
腹肌力量	−.323
背肌力量	−.290
悬垂举腿	.596
高杠翻上	.854

Structure Matrix (d)

	Function 1
高杠翻上	.749
悬垂举腿	.718
腹肌力量	.250
直臂力量	.205
背肌力量	.025

Canonical Discriminant Function Coefficients (e)

	Function 1
直臂力量	.028
腹肌力量	−.049
背肌力量	−.028
悬垂举腿	.380
高杠翻上	.710
(Constant)	−1.406

Functions at Group Centroids (f)

级别	Function 1
一级	1.758
二级	−1.465

典型判别函数特征值表（表 6-4）为典型的判别方程分析结果，其 Eigenvalue（特征值）组间平方和与组内平方和之比为 2.833，Canonical Correlation（典型相关系数）为 0.860，wilks 值为 0.261，经 chi—χ^2 检验，chi—χ^2=23.512，Sig=0.000＜0.05。也可以通过判别方程的标准化系数，确定各变量对结果的作用大小，如本例中高杠翻上的标准化系数为 0.860，大于其他四项的标准化指标，因而认为高杠翻上指标对体操运动员的测评有极大的效果[表(c)分别显示各项指标标准化系数，表(e)显示各项指标非标准化系数]。

逐一进行判别分析图（图 6-9）为原始数据逐一回代的判别结果和预测分类结果。从表中得出：一级组中有 1 人不符合其标准（编号为 10，打上"＊＊"者），判别到二级之中，其余的均达到了一级标准；原二级均达到了二级标准。

Casewise Statistics

Case Number	Actual Group	Predicted Group	P(D>d|G=g) p	df	P(G=g|D=d)	Squared Mahalanobis Distance to Centroid	Group	P(G=g|D=d)	Squared Mahalanobis Distance to Centroid	Function 1
Original 1	1	1	.062	1	1.000	3.474	2	.000	25.874	3.622
2	1	1	.186	1	1.000	1.749	2	.000	20.660	3.080
3	1	1	.688	1	.980	.162	2	.020	7.957	1.356
4	1	1	.446	1	1.000	.581	2	.000	15.881	2.520
5	1	1	.968	1	.994	.002	2	.006	10.129	1.718
6	1	1	.982	1	.995	.001	2	.005	10.531	1.780
7	1	1	.422	1	.931	.646	2	.069	5.853	.954
8	1	1	.987	1	.995	.000	2	.005	10.491	1.774
9	1	1	.685	1	.980	.165	2	.020	7.932	1.352
10	1	2**	.375	1	.912	.787	1	.088	5.455	-.578
11	2	2	.471	1	.946	.519	1	.054	6.263	-.745
12	2	2	.494	1	.999	.468	1	.001	15.264	-2.149
13	2	2	.413	1	1.000	.671	1	.000	16.335	-2.284
14	2	2	.162	1	1.000	1.954	1	.000	21.351	-2.883
15	2	2	.560	1	.985	.339	1	.035	6.972	-.883
16	2	2	.315	1	.876	1.010	1	.124	4.919	-.460
17	2	2	.664	1	.999	.189	1	.001	13.379	-1.900
18	2	2	.434	1	.935	.613	1	.065	5.953	-.682
19	2	2	.482	1	.949	.494	1	.051	6.352	-.762
20	2	2	.573	1	.967	.318	1	.033	7.069	-.901
21	2	2	.945	1	.993	.005	1	.007	9.946	-1.396
22	2	2	.276	1	1.000	1.187	1	.000	18.595	-2.554

图 6-9 对原始数据逐一进行判别分析

实验 37　如何通过三项指标判别(个体)是否患有糖尿病

案例资料：对影响糖尿病的三个因素指标作判别分析，从健康者中抽取 6 人（1 类），从患者中抽取 9 人（2 类）。分别对上述指标进行观测，测得数据如表 6-5 所示。

表 6-5　影响糖尿病的三个因素的指标统计表

组别	血糖浓度(mmol/L)	尿微量白蛋白(mg/mol 肌酐)	24h 尿总蛋白(mg/24h)
患者	9.53	6722.32	160.42
患者	9.37	6812.71	364.28
患者	10.77	6856.47	244.84
患者	10.09	6966.10	319.58
患者	9.60	6957.26	217.67
患者	9.60	7095.35	391.90
患者	14.43	15975.92	468.91
患者	14.35	15592.80	405.04
患者	16.11	15578.84	548.64
健康者	5.27	739.53	46.76
健康者	5.17	714.03	40.74
健康者	5.12	683.25	60.97
健康者	5.10	708.63	69.22
健康者	4.90	759.75	52.37
健康者	5.33	725.52	44.29

资料分析：该实验是根据血糖浓度、尿微量白蛋白和尿总蛋白三项指标对糖尿病

的甄别,以此判别是属于健康者还是患病者。该实验属于典型判别分析,典型判别分析是判别某样品的函数值离哪一类重心的判别函数值最近,此样品就属于哪一类。本案例要用"分析(A)"菜单中"分类(F)"子菜单下的"判别(D)…"选项来实现。

操作步骤:

步骤1:在Spss数据视图窗口中输入案例资料原始数据,如图6-10所示。

图6-10 数据的输入(步骤1)　　　　图6-11 选择菜单(步骤2)

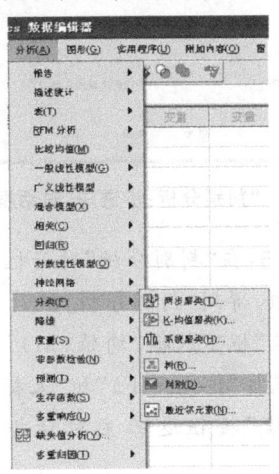

步骤2:在"分析(A)"菜单中,选择"分类(F)"子菜单下的"判别(D)…"选项,如图6-11所示,得到"判别分析"对话框。

步骤3:在"判别分析"对话框中,将"类别"选中(成为反显状态),单击旁边"箭头"状按钮,使"类别"进入"分组变量"框中,在"定义范围"方框中输入类别范围,"最小值"框中键入"1",在"最大"框中键入"2";并在左面的变量栏里选中剩余所有变量,将这些变量移动到"自变量"框中,如图6-12所示。

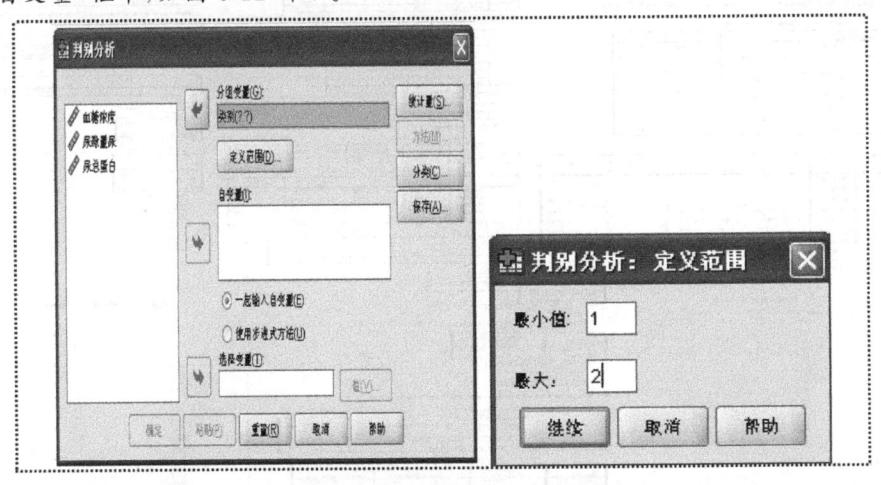

图6-12 "判别分析"对话框(步骤3)

步骤4:在"判别分析步进法"对话框中,选中"使用步进式方法",打开"判别分析:步进法"对话框。在"方法"框中选择"wilk's lambda(W)",在"标准"框中选择"使用F的概率(P)",在"输出"框中选择"步进摘要(V)",其他选项为系统默认。单击"继续"按钮,回到主对话框,如图6-13所示。

245

图 6-13 "判别分析:步进法"对话框(步骤 4)　　图 6-14 "判别分析:统计量"对话框(步骤 5)

步骤 5:在"判别分析"对话框中,单击"统计量"按钮,得到"判别分析:统计量"对话框,在"描述性"框下选择"均值(M)"、在"函数系数"框下选择"Fisher(F)"和"未标准化(U)",点击"继续"按钮返回主对话框,如图 6-14 所示。

步骤 6:在"判别分析"对话框中,单击"分类"按钮,打开"判别分析:分类"对话框,在"先验概率"框下选中"所有组相等(A)",在"输出"框下选择"摘要素(U)",在"图"框下选择"分组(S)",如图 6-15 所示。单击"继续"按钮,回到"判别分析"对话框中,再单击"确定"按钮,得到如图 6-16 所示的分析结果。

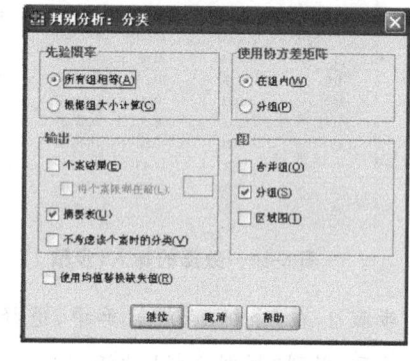

图 6-15 "判别分析:分类"对话框(步骤 6)

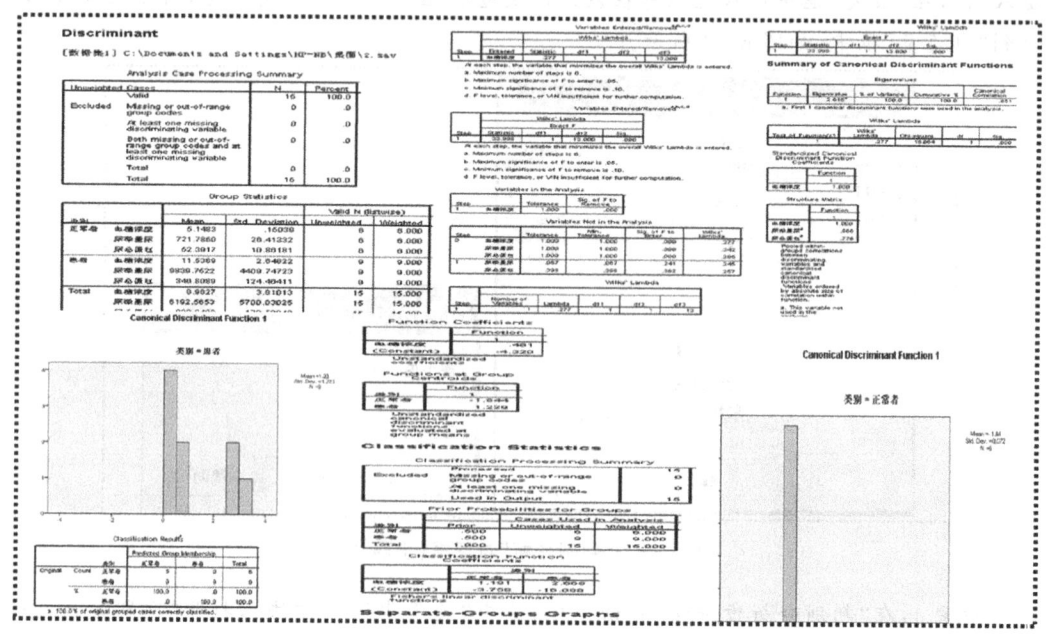

图 6-16 输出结果图

结果解释：

表 6-6　Analysis Case Processing Summary

Unweighted Cases		N	Percent
	Valid	15	100
Excluded	Missing or out-of-range group codes	0	0
	At least one missing discriminating variable	0	0
	Both missing or out-of-range group codes and at least one missing discriminating variable Total	0	0
	Total	15	100

Analysis Case Processing Summary（表 6-6）为样品处理分析摘要表，从表中可以看出：Valid（有效数值）为 15，Percent（百分比）为 100.0%，Missing or out-of-range group codes（在组限外的缺失值）为 0 个，以此类推，可以得到其他数据。

表 6-7　Group Statistics

类别		Mean	Std. Deviation	Valid N (listwise)	
				Unweighted	Weighted
正常者	血糖浓度	5.1483	0.15039	6	6
	尿微量	721.785	26.41332	6	6
	尿总蛋白	52.3917	10.86181	6	6
患者	血糖浓度	11.5389	2.64822	9	9
	尿微量	9839.7522	4409.74723	9	9
	尿总蛋白	346.8089	124.46411	9	9
Total	血糖浓度	8.9827	3.81013	15	15
	尿微量	6192.5653	5700.03025	15	15
	尿总蛋白	229.042	176.58948	15	15

Group Statistics（表 6-7）为分组数据统计表，从表中可以看出正常者指标：血糖浓度、尿微量和尿总蛋白的 Mean（均数）分别为 5.148 3、721.785、52.391 7，Std. Deviation（标准差）分别为 0.150 39、26.413 32、10.861 81，Valid N (listwise)（列举出的有效数值）均为 6 个。以此类推，可以得出患者的这些指标和总指标。

表 6-8　Variables Entered/Removed a,b,c,d

Step	Entered	Wilks' Lambda							
		Statistic	df1	df2	df3	Exact F			
						Statistic	df1	df2	Sig.
1	血糖浓度	.277	1	1	13.000	33.998	1	13.000	.000

At each step, the variable that minimizes the overall Wilks' Lambda is entered.

a. Maximum number of steps is 6.
b. Maximum significance of F to enter is .05.
c. Minimum significance of F to remove is .10.
d. F level, tolerance, or VIN insufficient for further computation.

Variables Entered/Removed[a,b,c,d]（表 6-8）为变量引入/剔除表，从表中可以看出：Step1（步骤 1）Entered（引入）血糖浓度的 Statistic（数据）为 0.277，df1（第一自由度）为 1，df2（第二自由度）为 1，df3（第三自由度）为 13.000，Exact F（剔出量）的 Statistic（数据）

为 33.998,df1(第一自由度)为 1,df2(第二自由度)为 13.000,Sig.(概率)为 0.000。

表 6-9　Variables in the Analysis

Step	Tolerance	Sig. of F to Remove
1　血糖浓度	1.000	.000

Variables in the Analysis（表 6-9）为判别分析的变量分析表,分析的血糖浓度为 1.000 ml。

表 6-10　Variables Not in the Analysis

Step		Tolerance	Min. Tolerance	Sig. of F to Enter	Wilks' Lambda
0	血糖浓度	1.000	1.000	.000	.277
	尿微量	1.000	1.000	.000	.342
	尿总蛋白	1.000	1.000	.000	.285
1	尿微量尿	.067	.067	.241	.245
	尿总蛋白	.398	.398	.362	.257

Variables Not in the Analysis（表 6-10）为未参加判别分析的变量表,血糖浓度的 Wilks' Lambda 值为 0.277,尿微量的 Wilks' Lambda 值为 0.342,尿总蛋白的 Wilks' Lambda 值为 0.285。

表 6-11　Wilks' Lambda

Step	Number of Variables	Lambda	df1	df2	df3	Exact F Statistic	df1	df2	Sig.
1	1	.277	1	1	13	33.998	1	13.000	.000

Wilks' Lambda（表 6-11）为检验结果表,是逐步判别分析的运行记录显示,其中给出了 wilk's lambda 统计量检验结果是 33.998。

表 6-12　Eigenvalues

Function	Eigenvalue	% of Variance	Cumulative %	Canonical Correlation
1	2.615[a]	100.0	100.0	.851

a. First 1 canonical discriminant functions were used in the analysis.

Eigenvalues（表 6-12）为特征值表,表中可以看出,判别函数特征值越大,表明该函数越具有区别力,EigenValue(特征数)为 2.615[a],该函数所能代表的所有原始变量的总方差百分比,即判别力为 100%。

表 6-13　Wilks' Lambda

Test of Function(s)	Wilks' Lambda	Chi-square	df	Sig.
1	.277	16.064	1	.000

Wilks' Lambda（表 6-13）为显著性检验表,是对判别函数的显著性检验,其中 wilk's lambda 值等于 0.277,Chi-square(卡方值)为 16.064,df(自由度)为 1,显著水平 Sig.(概率)为 0.000,从而认为判别函数有效。

表 6-14　标准的典型判别函数系数

	Function 1
血糖浓度	1.000

表 6-15　非标准化判别函数系数

	Function 1
血糖浓度	.481
(Constant)	−4.320

标准的典型判别函数系数表(表 6-14):据此可写出两种判别函数表达式,血糖浓度为 1.000。

非标准化判别函数系数表(表 6-15):是非标准化判别函数系数,血糖浓度为 0.481。

表 6-16 Structure Matrix

	Function
	1
血糖浓度	1.000
尿微量尿[a]	.966
尿总蛋白[a]	.776

Pooled within−groups correlations between discriminating variables and standardized canonical discriminant functions
Variables ordered by absolute size of correlation within function.
a. This variable not used in the analysis.

Structure Matrix(表 6-16)为结构矩阵表,是按照绝对值大小排列的各变量与主成分间的相关系数,表明判别变量与判别函数之间的相关性。从表中可以看出,血糖浓度为 1.000,尿微量和 0.966,尿总蛋白[a]0.776。由此可见,血糖浓度与尿微量的相关性较大一些。

表 6-17 Classification Processing Summary

	Processed	15
Excluded	Missing or out-of-range group codes	0
	At least one missing discriminating variable	0
	Used in Output	15

Classification Processing Summary(表 6-17)为分类结果概述,表中显示为无缺失值。

表 6-18 Prior Probabilities for Groups

类别	Prior	Cases Used in Analysis	
		Unweighted	Weighted
正常者	.500	6	6.000
患者	.500	9	9.000
Total	1.000	15	15.000

Prior Probabilities for Groups(表 6-18)为各类的先验概率表,按照系统默认方法,正常者与患者的先验概率都为 0.5。

表 6-19 Classification Results

		类别	Predicted Group Membership		Total
			正常者	患者	
Original	Count	正常者	6	0	6
		患者	0	9	9
	%	正常者	100.0	.0	100.0
		患者	.0	100.0	100.0

a. 100.0% of original grouped cases correctly classified.

Classification Results(表 6-19)表中可以看出所有的观测量都已经分好类,正常者有 6 人,患者有 9 人。

图 6-17 为输出结果直方图,由于本案例只生成了一个标准化判别函数,所以系统每

249

一类生成直方图,图形显示的分别归属于各类中的观测量的频数直方图。

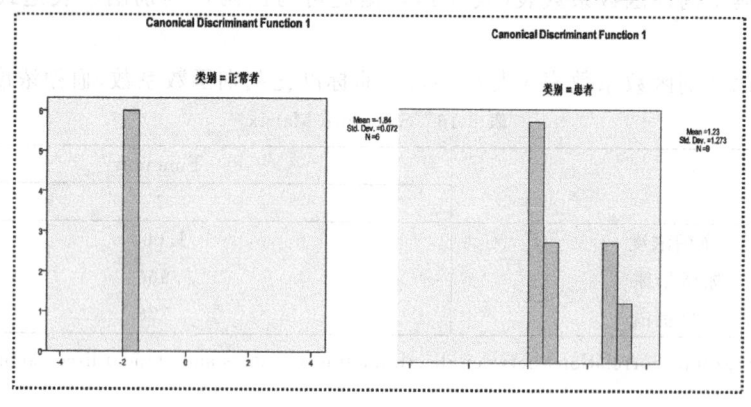

图 6-17　输出结果直方图

实验 38　如何判别运动员成绩等级是否有误判

案例资料:已知 8 名考生 100 m 与实心球及格的运动成绩和 9 名考生 100 m 与实心球不及格的运动成绩,100 m 和实心球的成绩数据如表 6-20 所示,判别此次测试的两项成绩数据是否有错判。

表 6-20　两项指标成绩统计表

等级	100 m	实心球	等级	100 m	实心球
及格	11.5	14.1	不及格	14.2	9.8
及格	12.8	13.4	不及格	13.7	9.9
及格	13.1	12.9	不及格	14.8	8.8
及格	11.9	13.3	不及格	14	6.9
及格	12	11.8	不及格	14.6	8.3
及格	12.1	14.5	不及格	15	9.5
及格	11.7	13	不及格	14.6	9.7
及格	15.5	9.8	不及格	16	6.4
不及格	12.5	13.3			

资料分析:该案例是将运动员的成绩归类(及格和不及格两类),将判别的数据分别带入及格和不及格数据标准,目的在于判别此次测试的等级指标数据是否有误判,属于分类判别。本案例要运用"分析(A)"菜单中的"分类(F)"子菜单下的"判别(D)…"选项来实现。

操作步骤:

步骤 1:在 Spss 数据视图窗口中输入案例资料原始数据,如图 6-18 所示。

步骤 2:在"分析(A)"菜单中,选择"分类(F)"子菜单下的"判别(D)…"选项,如图 6-19 所示,得到"判别分析"对话框。

第六章　判别分析

图 6-18　输入数据的(步骤 1)

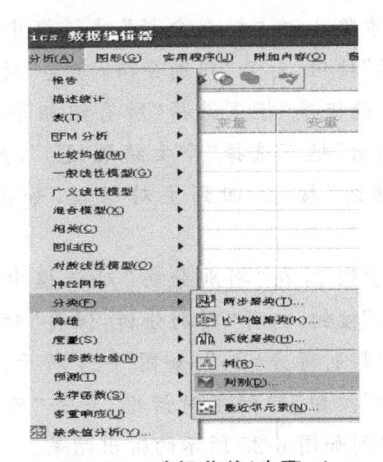

图 6-19　选择菜单(步骤 2)

步骤 3：在"判别分析"对话框中，将"级别"选中(成为反显状态)，单击旁边"箭头"状按钮，使"级别"进入"分组变量"框中，单击"定义范围"按钮，得到"判别分析：定义范围"对话框，在"最小值"框中键入"1"，在"最大"框中键入"2"，点击"继续"按钮，回到"判别分析"对话框中，如图 6-20 所示。

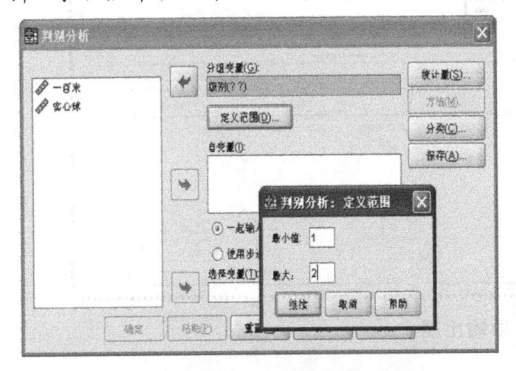

图 6-20　"判别分析"对话框(步骤 3)

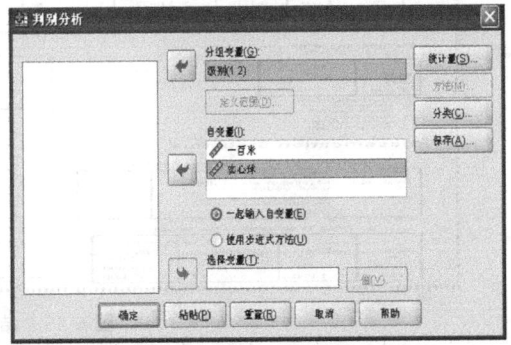

图 6-21　"判别分析"对话框(步骤 4)

步骤 4：在"判别分析"对话框中，将"一百米"和"实心球"选中，点击旁边的"箭头"状按钮，将"一百米"和"实心球"两个变量移入"自变量"框中，如图 6-21 所示。

步骤 5：在"判别分析"对话框中，单击"统计量"按钮，打开"判别分析：统计量"对话框，在"描述性"框中选择"均值(M)"，在"函数系数"框中选择"未标准化(U)"，点击"继续"按钮，回到主对话框，如图 6-22 所示。

图 6-22　"判别分析：统计量"对话框(步骤 5)

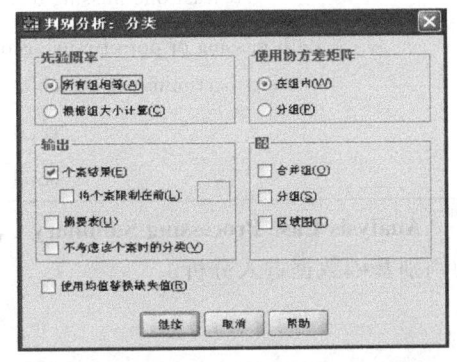

图 6-23　"判别分析：分类"对话框(步骤 6)

251

步骤 6：在"判别分析"对话框中，单击"分类"按钮，打开"判别分析：分类"对话框，在"先验概率"框下选择"所有组相等(A)"，在"输出"框下选择"个案结果(E)"，然后单击"继续"按钮，回到主对话框，如图 6-23 所示。

步骤 7：在"判别分析"对话框中，单击"保存"按钮，打开"判别分析：保存"对话框，选择"判别得分(D)"，如图 6-24 所示。单击"继续"按钮，回到主对话框，点击"确定"按钮，得到如图 6-25 所示的输出结果。

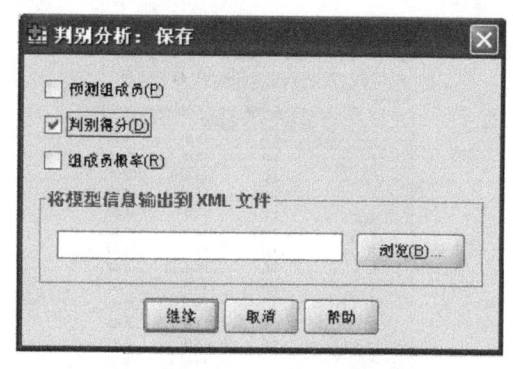

图 6-24 "判别分析：保存"对话框(步骤 7)

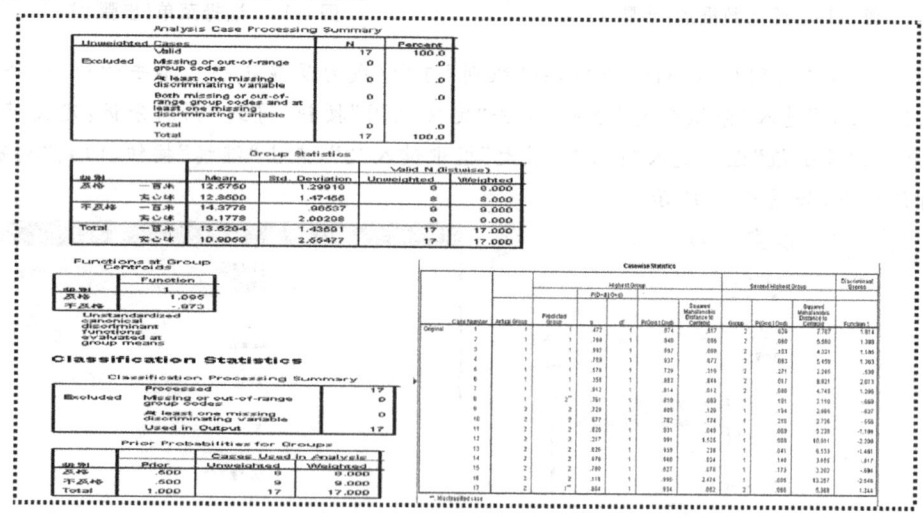

图 6-25 结果输出图

👆 **结果解释：**

表 6-21 Analysis Case Processing Summary

Unweighted Cases		N	Percent
Valid		17	100.0
Excluded	Missing or out-of-range group codes	0	.0
	At least one missing discriminating variable	0	.0
	Both missing or out-of-range group codes and at least one missing discriminating variable	0	.0
	Total	0	.0
Total		17	100.0

Analysis Case Processing Summary（表 6-21）为数据分析过程简明表，共 17 个样本作为判别基础数据进入分析。

表 6-22 Group Statistics

级别		Mean	Std. Deviation	Valid N (listwise)	
				Unweighted	Weighted
及格	100 m	12.5750	1.29918	8	8.000
	实心球	12.8500	1.47455	8	8.000
不及格	100 m	14.3778	.96537	9	9.000
	实心球	9.1778	2.00298	9	9.000
Total	100 m	13.5294	1.43691	17	17.000
	实心球	10.9059	2.55477	17	17.000

Group Statistics（表 6-22）为分组统计信息表，同时给出 100 m 成绩与实心球成绩，及格同学与不及格同学变量的 Mean(均值)和 Std. Deviation(标准差)。100 m 及格同学的均值为 12.5750，标准差为 1.29918；实心球及格同学的均值为 12.8500，标准差为 1.47455。同理可以看到不及格和总体的均值和标准差。

表 6-23 典型判别函数特征值表[包括 5 个表，从(a)～(e)]

Eigenvalues(a)

Function	Eigenvalue	% of Variance	Cumulative %	Canonical Correlation
1	1.208[a]	100.0	100.0	.740

a. First 1 canonical discriminant functions were used in the analysis.

Wilks' Lambda(b)

Test of Function(s)	Wilks' Lambda	Chi-square	df	Sig.
1	.453	11.088	2	.004

Standardized Canonical Discriminant Function Coefficients (c)

	Function 1
100 m	−.036
实心球	.972

Structure Matrix (d)

	Function 1
实心球	1.000
100 m	−.769

Functions at Group Centroids(e)

级别	Function 1
及格	1.095
不及格	−.973

典型判别函数特征值表（表 6-23）为典型的判别方程分析结果，其特征值即组间平方和与组内平方和之比为 1.208，典型相关系数为 0.740，wilks 值为 0.453，经 chi−χ^2 检验，chi−χ^2=11.888，Sig=0.004＜0.05。也可以通过判别方程的标准化系数，确定各变量对结果的作用大小，如本例中实心球的标准化系数为 0.972，大于 100 m 的标准化指标，因而认为实心球指标对考生的测评有极大的效果[表(c)显示标准化系数，表(e)显示非标准化系数]。

判别分析输出结果图（图 6-26）为原始数据逐一回代的判别结果和预测分类结果。从分析结果可得：及格组中有 1 人不符合其标准，不及格中也有 1 人不符合标准(编号为 8 和 17，打上"＊＊"者)，其余均符合标准。

Casewise Statistics

	Case Number	Actual Group	Predicted Group	Highest Group P(D>d | G=g) p	df	P(G=g | D=d)	Squared Mahalanobis Distance to Centroid	Second Highest Group Group	P(G=g | D=d)	Squared Mahalanobis Distance to Centroid	Discriminant Scores Function 1
Original	1	1	1	.472	1	.974	.517	2	.026	7.767	1.814
	2	1	1	.769	1	.940	.086	2	.060	5.580	1.389
	3	1	1	.992	1	.897	.000	2	.103	4.321	1.105
	4	1	1	.789	1	.937	.072	2	.063	5.458	1.363
	5	1	1	.578	1	.729	.310	2	.271	2.285	.538
	6	1	1	.358	1	.983	.844	2	.017	8.921	2.013
	7	1	1	.912	1	.914	.012	2	.086	4.745	1.205
	8	1	2**	.761	1	.819	.093	1	.181	3.110	-.669
	9	2	2	.729	1	.806	.120	1	.194	2.965	-.627
	10	2	2	.677	1	.782	.174	1	.218	2.726	-.556
	11	2	2	.826	1	.931	.049	1	.069	5.238	-1.194
	12	2	2	.217	1	.991	1.525	1	.009	10.911	-2.208
	13	2	2	.626	1	.959	.238	1	.041	6.533	-1.461
	14	2	2	.876	1	.860	.024	1	.140	3.655	-.817
	15	2	2	.780	1	.827	.078	1	.173	3.202	-.694
	16	2	2	.116	1	.995	2.474	1	.005	13.257	-2.546
	17	2	1**	.804	1	.934	.062	2	.066	5.368	1.344

**. Misclassified case

图 6-26 判别分析输出结果图

第七章 问卷分析

问卷调查法(Questionnaire Survey)是科学研究中广泛采用的一种方法,根据调查目的设计的调查问卷,其质量的高低对调查结果具有决定性的作用。因此为了保证问卷具有较高的可靠性和有效性,在形成正式问卷之前,应当对问卷进行测试,并对测试结果进行信度和效度的检验分析,根据分析筛选问卷题项,调整问卷结构,从而提高问卷的信度和效度。信度和效度的分析方法包括逻辑分析法和统计分析法,在本章中介绍后者。在Spss 软件中,利用"分析(A)"菜单中"相关"子菜单下的"双变量相关(B)"选项中的Pearson 相关系数法可以实现对调查问卷效度的检验;利用"分析(A)"菜单中"降维"子菜单下的"因子分析(F)"选项可以实现对调查问卷是否适合做因子分析进行检验,以及对需要进行因子旋转的调查问卷做因子分析;利用"分析(A)"菜单中"度量(S)"子菜单下的"可靠性分析(R)"选项中的 α 系数法和分半法可以实现对调查问卷信度的分析;用"转换"菜单中的"计算变量"选项可以实现对调查问卷题项的区分度分析,下面通过具体的实验操作来学习问卷的上述分析方法。

实验 39 如何检验调查问卷的效度

案例资料:已知某课题组在调查关于体育专业免费师范生职前素质结构体系构建的调查研究设计了《中小学体育教师素质结构体系构成因素问卷调查》问卷。问卷的结构与内容为:

《中小学体育教师素质结构体系构成因素问卷调查》

亲爱的同学:

您好!我们是××大学体育学院的科研人员,正在进行一个关于体育专业免费师范生职前素质结构体系构建的调查研究,现在邀请您参加,请您不要有所顾虑,您的回答无对错之分且我们会对调查结果严格保密,您的真实想法将为我们的研究提供很大的帮助,并关系到这项研究的成败,因此希望您能认真回答,不要遗漏。谢谢您的帮助与合作!

××大学体育学院课题组

第一部分:个人基本信息(请在与您相符的选项后的"□"打"√")
年龄:____ 年级:____ 性别: 男□ 女□
文化程度:硕士□ 本科□ 大专□ 大专以下□
第二部分:请您仔细阅读以下题项,并进行评分。
下面是对中小学体育教师素质结构体系构成因素的一些描述,请您对这些素质进行评分:"在非常重要(5分)、比较重要(4分)、不确定(3分)、不太重要(2分)、不重要(1分)"5个选项中选择一个您觉得最符合的分数,并在此分数上打"√"。

1	教育学知识	5	4	3	2	1
2	心理学知识	5	4	3	2	1
3	体育专业基础理论知识	5	4	3	2	1
4	专项运动理论与技术知识	5	4	3	2	1
5	生动简练的语言表达能力	5	4	3	2	1
6	准确的动作示范能力	5	4	3	2	1
7	运用教材教法的能力	5	4	3	2	1
8	制定设计教学文件的能力	5	4	3	2	1
9	运动损伤的处理能力	5	4	3	2	1
10	教学组织管理能力	5	4	3	2	1
11	培养学生体育兴趣的能力	5	4	3	2	1
12	培养学生掌握体育学习方法的能力	5	4	3	2	1
13	课堂教学的反馈能力	5	4	3	2	1
14	纠正错误和保护帮助的能力	5	4	3	2	1
15	运动场地的设计与画法能力	5	4	3	2	1
16	创新的体育教学方法	5	4	3	2	1
17	创设最佳教学情境的能力	5	4	3	2	1
18	良好的运动技术能力	5	4	3	2	1
19	体育场地规划创新能力	5	4	3	2	1
20	善于不断更新补充体育知识的能力	5	4	3	2	1
21	新颖的体育教学手段	5	4	3	2	1
22	运用现代教育技术的能力	5	4	3	2	1
23	教态形象好	5	4	3	2	1
24	师爱形象好	5	4	3	2	1
25	语言得当、仪表合体	5	4	3	2	1
26	得体的装束、外表形象好	5	4	3	2	1
27	亲和力强	5	4	3	2	1
28	良好的政治思想品德	5	4	3	2	1
29	高度的敬业精神	5	4	3	2	1
30	良好的文化素养	5	4	3	2	1
31	结识的体格,身体素质好	5	4	3	2	1
32	活泼开朗、热情奔放的外向型性格	5	4	3	2	1
33	自我意志力与抗挫折能力	5	4	3	2	1
34	与其他体育教师合作能力	5	4	3	1	
35	良好的个性心理品质	5	4	3	2	1
36	良好的职业道德	5	4	3	2	1
37	健康的世界观、人生观、价值观	5	4	3	2	1
38	勇敢顽强的精神和优良品质	5	4	3	2	1

最后,谢谢您在百忙之中抽出宝贵的时间对此问卷进行的认真的填写,在此谨代表本课题组所有人员祝你身体健康、万事如意、学业有成!

对随机抽取的 200 名学生的统计结果如表 7-1 所示(由于篇幅太长,没有将统计结果全部列举出来)。

表 7-1　200 名学生《中小学体育教师素质结构体系构成因素问卷调查》答案统计结果

编号	年龄	年级	性别	文化程度	W1	W2	W3	W4	W5	…	W39	W40
1	20	2006	1	2	5	5	3	4	5	…	3	5
2	22	2006	1	2	5	4	5	3	5	…	5	4
3	23	2006	1	2	4	3	5	5	5	…	5	5
4	21	2007	1	2	5	5	4	2	3	…	4	4
5	21	2007	1	2	5	5	5	5	5	…	5	5
6	20	2006	2	2	4	4	4	4	5	…	5	4
7	20	2006	2	1	5	5	5	3	5	…	4	5
8	20	2007	2	1	3	3	4	5	4	…	5	3
9	21	2007	2	1	5	5	5	5	4	…	3	5
10	21	2007	1	1	5	5	5	3	5	…	5	5
11	19	2007	1	2	4	5	5	5	4	…	3	4
12	20	2007	1	1	4	4	4	4	4	…	5	4
13	20	2006	2	1	5	5	5	5	5	…	5	5
14	20	2006	2	1	3	5	5	4	5	…	3	4
15	20	2006	2	1	5	5	4	5	3	…	4	5
16	22	2006	2	1	3	5	4	5	4	…	5	5
17	22	2006	2	1	4	5	3	4	4	…	4	5
18	23	2006	2	1	3	5	5	5	4	…	2	5
19	21	2006	2	1	5	3	2	2	5	…	5	5
20	21	2006	2	2	3	5	5	4	3	…	5	5
21	21	2006	1	2	4	5	1	4	4	…	5	4
22	20	2006	1	2	5	4	4	5	4	…	4	2
23	20	2006	1	1	3	5	5	4	2	…	5	5
…	…	…	…	…	…	…	…	…	…	…	…	…
199	21	2007	1	2	5	3	5	4	3	…	2	4
200	21	2007	1	2	4	5	3	5	4	…	4	5

　　资料分析:问卷的设计在结构和内容上都应符合心理学要求,即在问卷设计时应符合信度和效度的要求。本案例是需要进行效度分析,问卷的效度分析又分为内容效度、效标效度(实证效度)和构想效度。内容效度常用的评价方法为专家评价法,在这里就不做分析。效标效度评价的常用评价方法是"Pearson 相关系数法";构想效度评价的常用方法是因子分析法。本例的效标效度和构想效度我们用 Spss 的"分析"菜单中"相关"子菜单下的"双变量(B)"选项来实现。

操作步骤:

步骤1:在 Spss 中打开问卷调查结果数据文件,如图 7-1 所示。

图 7-1　输入数据(步骤 1)　　　　图 7-2　选择菜单(步骤 2)

步骤2:在"分析(A)"菜单中,选择"相关"子菜单下的"双变量相关"选项,如图 7-2 所示,得到如图 7-3 图所示的"双变量相关"对话框。

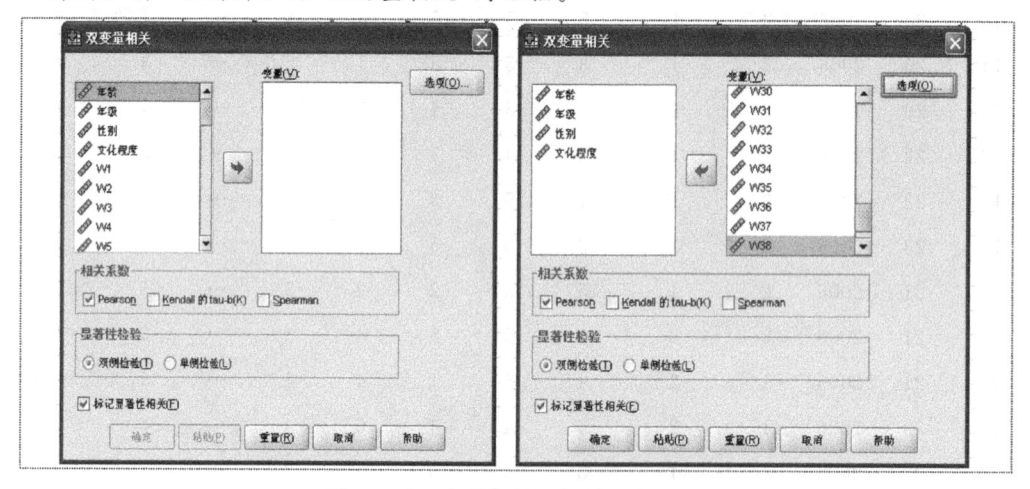

图 7-3　"双变量相关"对话框(步骤 3)

步骤3:在"双变量相关"对话框中,将左边框中"W1～W40"全部选中(成为反显状态),单击旁边"箭头"状按钮,使"W1～W40"进入"变量(V)"框中,如图 7-3 图所示。

步骤4:在"双变量相关"对话框中,"相关系数"下选择"Pearson","显著性检验"下选择"双侧检验(I)",选中"标记显著性相关(F)",其他选项为系统默认,如图 7-4 所示。单击"确定"按钮,得到如图 7-5 所示的输出结果。

第七章　问卷分析

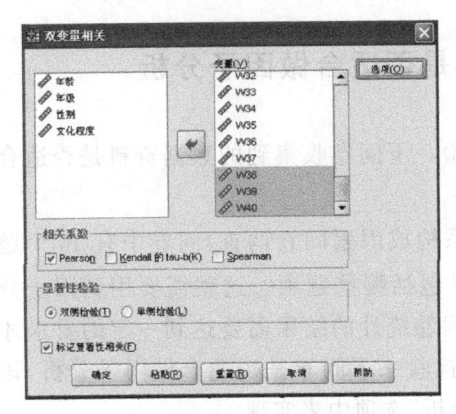

图 7-4　"双变量相关"对话框(步骤 4)

图 7-5　输出结果窗口

👉 结果解释：

表 7-2　相关性输出简表

		W1	W2	W3	W4	W5	…	W20	W21	W22
W1	Pearson 相关性	1	.095	.092	.156*	.138	…	.223**	.035	−.044
	显著性(双侧)		.181	.196	.028	.051	…	.002	.627	.535
	N	200	200	200	200	200	…	200	200	200
W2	Pearson 相关性	.095	1	.070	.232**	−.092	…	.039	.120	−.071
	显著性(双侧)	.181		.327	.001	.193	…	.582	.090	.317
	N	200	200	200	200	200	…	200	200	200
W3	Pearson 相关性	.092	.070	1	.310**	.153*	…	.166*	.202**	.012
	显著性(双侧)	.196	.327		.000	.030	…	.019	.004	.866
	N	200	200	200	200	200	…	200	200	200
…	…	…	…	…	…	…	…	…	…	…
W28	Pearson 相关性	.040	.075	.234**	.192**	.116	…	.323**	.610**	.194**
	显著性(双侧)	.571	.292	.001	.007	.103	…	.000	.000	.006
	N	200	200	200	200	200	…	200	200	200

从"相关性输出简表"(表 7-2)中可以看到每个题项之间的 Pearson 相关系数、双侧显著性概率值和观测值的个数。如"问题 1(W1)和问题 2(W2)"之间的 Pearson 相关系数为 0.095，双侧显著性概率值是 0.181，观测值是 200 个。从分析结果看，相关系数很小，说明两个题项之间几乎没有相似性，表明这两个题项是相互独立的，在问卷设计中是比较合理的。依此类推，可以看到每两个题项之间的相关系数。从整个报表中得出，每两个题项之间的 Pearson 相关系数均较小，说明该问卷的题项设计的较为合理，效标效度良好。

实验 40 如何检验调查问卷是否适合做因子分析

案例资料：资料同实验 39 的案例资料，检验一下问卷收集到的数据资料是否适合做因子分析。

资料分析：《中小学体育教师素质结构体系构成因素问卷调查》问卷中有 40 个题项，这 40 个题项可以分为几个纬度？每个纬度又包括哪些题项？这就需要用到因子分析。但是并不是所有的问卷都适合做因子分析，问卷统计的结果需要达到一定的要求才可以做因子分析，所以在进行因子分析前需要先检验一下问卷是否适合做因子分析，该例用到"分析(A)"菜单中"降维"子菜单下"因子分析"选项中来实现。

操作步骤：

步骤 1：在 Spss 中输入问卷调查结果，如实验 39 步骤 1 的图 7-1 所示。

步骤 2：在"分析(A)"菜单中，选择"降维"子菜单下的"因子分析"选项，如图 7-6 所示，得到如图 7-7 所示的"因子分析"对话框。

步骤 3：在"因子分析"对话框中，将"W1～W40"全部选中（成为反显状态），单击旁边"箭头"状按钮，使"W1～W40"进入"变量"框中，如图 7-7 所示。

步骤 4：在"因子分析"对话框中，单击右上角的"描述(D)"按钮，打开"因子分析：描述统计"对话框，"统计量"框下选中"原始分析结果"；"相关矩阵"框下选中"KMO 和 Bartlett 的球形度检验(K)"，用于检验变量是否适合做因子分析，如图 7-8 所示。单击"继续"按钮回到"因子分析"主对话框。

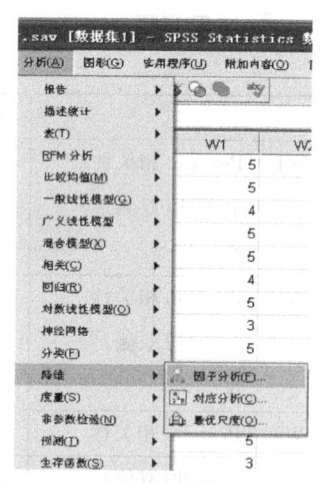

图 7-6 选择菜单（步骤 2）

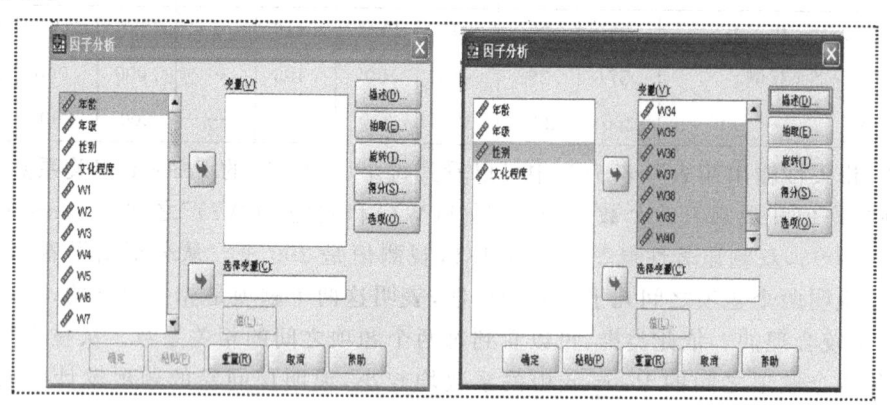

图 7-7 "因子分析"对话框（步骤 3）

步骤 5：在"因子分析"对话框中，单击"确定"按钮，得到如图 7-9 所示的分析结果。

图 7-8 "因子分析:描述统计"对话框(步骤 4)　　图 7-9　因子分析输出结果图

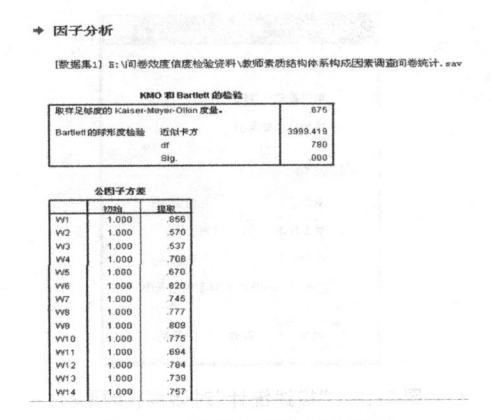

结果解释:

表 7-3　KMO 和 Bartlett 的检验

取样足够度的 Kaiser—Meyer-Olkin 度量。		.675
Bartlett 的球形度检验	近似卡方	3999.419
	df	780
	Sig.	.000

KMO(Kaiser—Meyer—Olkin)的取值范围是 0~1,越接近 1,越适合做因子分析, 0.5 以下为无法接受,0.6 以上为尚可,0.7 以上为中度,0.8 以上为有价值,而 0.9 以上表示极佳。从表 7-3 所示 KMO 和 Bartlett 检验结果可以看到:取样足够度的 Kaiser-Meyer-Olkin 度量值为 0.675,基本符合因子分析的要求。Bartlett 的球形度检验的结果是:近似卡方值是 3999.419,df(自由度)是 780,Sig.(显著性水平)是 0.000<0.01,达到了非常显著性的水平。以上检验结果说明通过问卷收集到的数据资料是适合做因子分析的。

实验 41　如何对不需要进行因子旋转的调查问卷做因子分析

案例资料:仍以《中小学体育教师素质结构体系构成因素问卷调查》问卷收集的数据资料为实验案例,对问卷做不进行因子旋转的因子分析。

资料分析:因子分析的主要目的是浓缩数据,它用几个较少的假想的因子来反映众多观测变量所代表的信息。理想情况下,不进行因子旋转就可以得到适合的公因子。该实验案例中 40 个题项可以分成几个公因子? 先对收集的数据资料进行未旋转前的因子分析,该例用"分析(A)"菜单中"降维"子菜单下的"因子分析"选项来实现。

操作步骤:

步骤 1、步骤 2 同上实验 40 的操作步骤 1、步骤 2。

步骤 3:在"因子分析"对话框中,将左边框中的"W1~W40"全部选中(成为反显状态),单击旁边"箭头"状按钮,使"W1~W40"进入"变量"框中。再单击"描述性统计"按钮,打开因子分析"描述性统计"对话框,"统计量"框下选择"原始分析结果","相关矩阵"框下选择"系数(C)"和"显著性水平(S)",如图 7-10 所示。单击"继续"按钮,回到主对话框。

图7-10 "描述统计"对话框(步骤3) 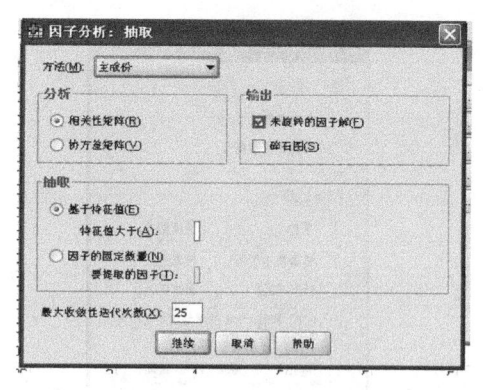　　　图7-11 "因子分析:抽取"对话框(步骤4)

步骤4：在"因子分析"对话框中，单击"抽取"按钮，打开"因子分析:抽取"对话框。"方法(M)"框下选择"主成分"分析法，"分析"框下选择"相关性矩阵(A)"，"输出"框中选择"未旋转的因子解(F)"，其他选项为系统默认，如图7-11所示。单击"继续"按钮，回到主对话框。

步骤5：在"因子分析"对话框中，单击"旋转"按钮，打开"因子分析:旋转"对话框。在"方法"框下选择"无"，"输出"框下选择"载荷图(L)"，其他选项为系统默认，如图7-12所示。单击"继续"按钮，回到主对话框。

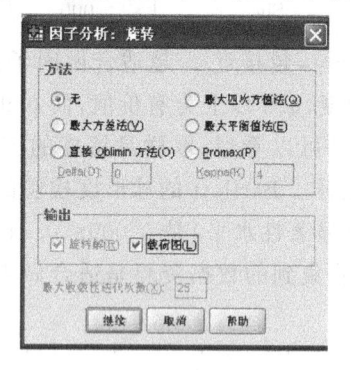

图7-12 "因子分析:旋转"对话框(步骤5) 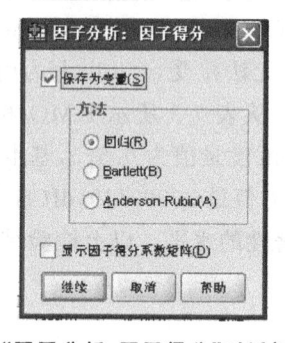　　　图7-13 "因子分析:因子得分"对话框(步骤6)

步骤6：在"因子分析"对话框中，单击"因子得分"按钮，打开"因子分析:因子得分"对话框。选择"保存为变量"，"方法"框下选择系统默认的"回归"，如图7-13所示。单击"继续"按钮，回到"因子分析"主对话框。在"因子分析"主对话框中，将"性别"选入到选择变量框中，"值"设置为"1"，单击"确定"按钮，得到如图7-14所示因子分析结果。

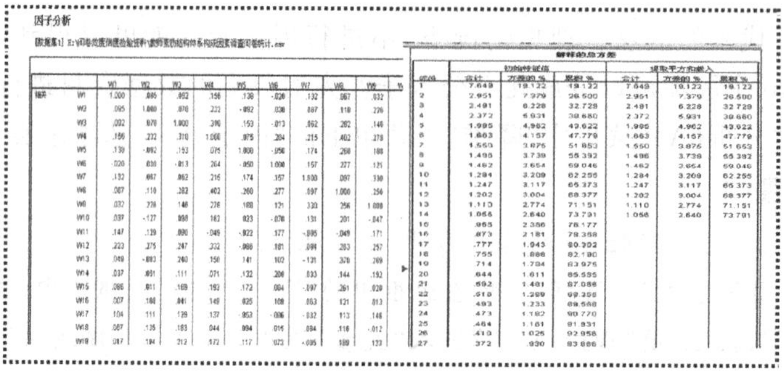

图7-14 因子分析结果图

☞ 结果解释：

表 7-4　相关系数矩阵

		W1	W2	W3	W4	⋯	W39	W40
相关	W1	1.000	.095	.092	.156	⋯	−.035	.203
	W2	.095	1.000	.070	.232	⋯	−.033	.044
	W3	.092	.070	1.000	.310	⋯	.064	.275
	W4	.156	.232	.310	1.000	⋯	.016	.051
	W5	.138	−.092	.153	.075	⋯	.183	.178
	⋯	⋯	⋯	⋯	⋯	⋯	⋯	⋯
	W38	−.020	−.044	.196	.121	⋯	.189	.155
	W39	−.035	−.033	.064	.016	⋯	1.000	.226
	W40	.203	.044	.275	.051	⋯	.226	1.000
Sig.（单侧）	W1		.091	.098	.014	⋯	.314	.002
	W2	.091		.164	.000	⋯	.322	.270
	W3	.098	.164		.000	⋯	.185	.000
	W4	.014	.000	.000		⋯	.409	.235
	W5	.026	.097	.015	.147	⋯	.005	.006
	⋯	⋯	⋯	⋯	⋯	⋯	⋯	⋯
	W38	.388	.270	.003	.045	⋯	.004	.014
	W39	.314	.322	.185	.409	⋯		.001
	W40	.002	.270	.000	.235	⋯	.001	

从"相关系数矩阵"（表 7-4）中可以看到，该问卷中各个题项之间的相关系数以及单侧显著性水平。如 W1 和 W2 间的相关系数是 0.095，显著性水平 Sig.（单侧）值为 0.091，说明这两个题项之间的相关性很低，即题项间的独立性很强，不存在重复。依此类推，可以看到该问卷各个题项间的相关性都很低，调查问卷中题项设置的比较合理。

表 7-5　解释的总方差

成分	初始特征值			提取平方和载入		
	合计	方差的 %	累积 %	合计	方差的 %	累积 %
1	7.649	19.122	19.122	7.649	19.122	19.122
2	2.951	7.379	26.500	2.951	7.379	26.500
3	2.491	6.228	32.729	2.491	6.228	32.729
4	2.372	5.931	38.660	2.372	5.931	38.660
5	1.985	4.962	43.622	1.985	4.962	43.622
6	1.663	4.157	47.779	1.663	4.157	47.779
7	1.550	3.875	51.653	1.550	3.875	51.653
8	1.496	3.739	55.392	1.496	3.739	55.392
9	1.462	3.654	59.046	1.462	3.654	59.046

续表

成分	初始特征值			提取平方和载入		
	合计	方差的%	累积%	合计	方差的%	累积%
10	1.284	3.209	62.255	1.284	3.209	62.255
11	1.247	3.117	65.373	1.247	3.117	65.373
12	1.202	3.004	68.377	1.202	3.004	68.377
13	1.110	2.774	71.151	1.110	2.774	71.151
14	1.056	2.640	73.791	1.056	2.640	73.791
15	.955	2.386	76.177			
16	.873	2.181	78.358			
…	…	…	…			
40	.079	.196	100.000			

提取方法：主成分分析。

从"解释的总方差"(表 7-5)中可以看到,在未进行因子旋转的情况下,系统利用主成分分析法从 40 个因子中提取出 14 个虚拟公因子来,这 14 个公因子的累积特征值达到了73.791%,即系统利用主成分分析法提取出的 14 个公因子可以解释整个问卷信息的73.791%,解释的信息量较大,而且避免了用繁琐的题项来反映问卷信息的缺点。

实验 42　如何对需要进行因子旋转的调查问卷做因子分析

案例资料：仍以《中小学体育教师素质结构体系构成因素问卷调查》问卷收集的数据资料为例,对问卷进行因子旋转后的因子分析。

☝ **资料分析**：在因子未旋转的情况下得到的因子分析结果如果不理想,可以再进行因子旋转后的因子分析。因子旋转的目的是通过坐标变换使因子解的实际意义更容易理解,因子旋转不改变模型对数据的拟合程度,也不改变每个变量的公因子方差。对实验案例中 40 个题项进行因子旋转,然后进行因子分析。该例要用"分析(A)"菜单中"降维"子菜单下的"因子分析"选项来实现。

☝ **操作步骤**：

步骤 1、步骤 2 和步骤 3 同上实验 41 的操作步骤 1、步骤 2 和步骤 3。

步骤 4：在"因子分析"对话框中,单击"旋转"按钮,打开"因子分析:旋转"对话框。"方法"框下选择"最大方差法(V)","输出"框下选择"旋转解(R)",其他选项为系统默认,如图 7-15 所示。单击"继续"按钮,回到主对话框。

步骤 5：在"因子分析"对话框中,单击"因子得分"按钮,打开"因子分析:因子得分"对话框,在"因子分析:因子得分"对话框中,选择"保存为变量(S)","方法"框下选择系统默认的"回归",如图 7-16 所示。单击"继续"按钮,回到主对话框。单击"确定"按钮,得到如图 7-17 所示因子分析输出结果。

第七章 问卷分析

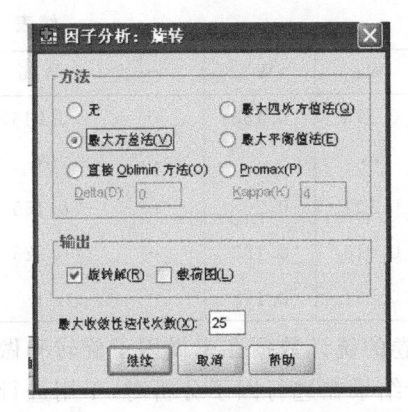

图 7-15 "因子分析:旋转"对话框(步骤 4)　　图 7-16 "因子分析:因子得分"对话框(步骤 5)

图 7-17 输出结果图

👉 结果解释:

表 7-6 相关矩阵

		W1	W2	W3	W4	W5	⋯	W40
相关	W1	1	0.095	0.092	0.156	0.138	⋯	0.203
	W2	0.095	1	0.07	0.232	−0.092	⋯	0.044
	W3	0.092	0.07	1	0.31	0.153	⋯	0.275
	W4	0.156	0.232	0.31	1	0.075	⋯	0.051
	W5	0.138	−0.092	0.153	0.075	1	⋯	0.178
	W6	−0.02	0.03	−0.013	0.204	−0.05	⋯	0.082
	W7	0.132	0.067	0.062	0.215	0.174	⋯	0.036
	W8	0.067	0.11	0.282	0.402	0.26	⋯	0.26

265

续表

	W1	W2	W3	W4	W5	...	W40
W9	0.032	0.226	0.146	0.278	0.188	...	0.246
...	...	...	...	...	...	...	...
W38	−0.02	−0.044	0.196	0.121	0.208	...	0.155
W39	−0.035	−0.033	0.064	0.016	0.183	...	0.226
W40	0.203	0.044	0.275	0.051	0.178	...	1

从"相关矩阵"(表 7-6)中可以看到,该调查问卷的统计数据在未做因子旋转和做因子旋转后的分析结果是一样的,说明该问卷的统计结果在进行因子分析时,不用进行因子旋转就可以提取出具有代表性很强的公因子来。如表 7-6 分析结果,该问卷中 W1 和 W2 间的相关系数为 0.095,相关性很低。同理,可得出其他各个题项间的相关性也很低,仍然得出问卷中设计的各个题项较为合理。

表 7-7 旋转成分矩阵

	1	2	3	4	5	...	14
W1	−.012	.007	−.008	−.048	.035	...	.912
W2	.126	−.065	.022	.115	.009	...	.000
W3	.227	.208	.194	−.113	.432	...	.110
W4	−.005	.072	.117	−.184	.479	...	.078
W5	.174	.075	.094	.140	.141	...	.190
W6	−.104	.146	−.039	−.188	.491	...	−.155
W7	−.033	.134	.348	−.086	.007	...	.168
W8	−.035	.035	.184	.219	.723	...	−.033
W9	−.028	.086	−.108	.393	.181	...	−.053
...	...	...	...	...	...	...	.032
W38	.090	.664	.060	.235	.103	...	−.005
W39	−.020	.591	−.041	−.064	.179	...	−.175
W40	−.078	.276	.073	.078	.259	...	.203

从"旋转成分矩阵"(表 7-7)中可以看到公因子与各个题项间的相关系数,能得出 14 个公因子中每个公因子包含了哪些题项。例如,第一个公因子与题项 W18、W19、W29、W30 和 W31 的相关性较高,所以第一个公因子包含了 W18、W19、W29、W30 和 W31。同理,可以找到其他公因子所包含的调查问卷中的题项,这样就可以得出 14 个假想的公因子中每个公因子包含了 40 个因子中的哪些因子。

表 7-8 解释的总方差

成分	旋转平方和载入		
	合计	方差的%	累积%
1	3.329	8.322	8.322
2	2.935	7.336	15.659
3	2.910	7.275	22.934

续表

成分	旋转平方和载入		
	合计	方差的%	累积%
4	2.380	5.950	28.883
5	2.292	5.729	34.613
6	2.235	5.588	40.201
7	2.039	5.098	45.298
8	1.956	4.890	50.188
9	1.803	4.507	54.696
10	1.757	4.392	59.087
11	1.559	3.897	62.985
12	1.530	3.824	66.809
13	1.478	3.695	70.503
14	1.315	3.287	73.791

提取方法：主成分分析。

从“解释的总方差”(表 7-8)中，可以看到经过旋转后，通过主成分分析法系统提取的 14 个公因子同样能解释整个问卷信息量的 73.791%。

从下面 Spss 数据窗口截图中可以看出，在操作时选定的“因子得分作为新变量保存到文件中”的 40 个因子的得分已作为新变量保存到数据窗口中，如图 7-18 所示。例如，第一个被试的第一个因子得分是 0.57447，第二个因子得分是－0.26743，其他因子得分和其他被试的因子得分同理。因子得分越高，说明该因子对被试总体的贡献率越大，带“—”则说明贡献的作用为反方向。

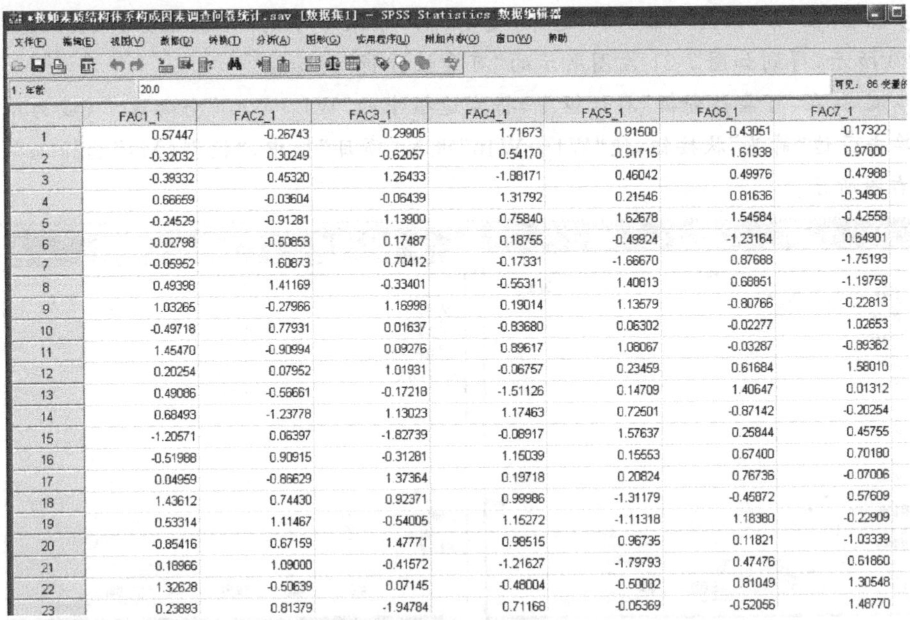

	FAC1_1	FAC2_1	FAC3_1	FAC4_1	FAC5_1	FAC6_1	FAC7_1
1	0.57447	-0.26743	0.29905	1.71673	0.91500	-0.43051	-0.17322
2	-0.32032	0.30249	-0.62057	0.54170	0.91715	1.61938	0.97000
3	-0.39332	0.45320	1.26433	-1.88171	0.46042	0.49976	0.47988
4	0.66659	-0.03604	-0.06439	1.31792	0.21546	0.81636	-0.34905
5	-0.24529	-0.91281	1.13900	0.75840	1.62678	1.54584	-0.42558
6	-0.02798	-0.50853	0.17487	0.18755	-0.49924	-1.23164	0.64901
7	-0.05952	1.60873	0.70412	-0.17331	-1.66670	0.87688	-1.75193
8	0.49398	1.41169	-0.33401	-0.55311	1.40813	0.68851	-1.19759
9	1.03265	-0.27966	1.16998	0.19014	1.13579	-0.80766	-0.22813
10	-0.49718	0.77931	0.01637	-0.83680	0.06302	-0.02277	1.02653
11	1.45470	-0.90994	0.09276	0.89617	1.08067	-0.03287	-0.89362
12	0.20254	0.07952	1.01931	-0.06757	0.23459	0.61684	1.58010
13	0.49086	-0.56661	-0.17218	-1.51126	0.14709	1.40647	0.01312
14	0.68493	-1.23778	1.13023	1.17463	0.72501	-0.87142	-0.20254
15	-1.20571	0.06397	-1.82739	-0.08917	1.57637	0.25844	0.45755
16	-0.51988	0.90915	-0.31281	1.15039	0.15553	0.67400	0.70180
17	0.04959	-0.86629	1.37364	0.19718	0.20824	0.76736	-0.07006
18	1.43612	0.74430	0.92371	0.99986	-1.31179	-0.45872	0.57609
19	0.53314	1.11467	-0.54005	1.15272	-1.11318	1.18380	-0.22909
20	-0.85416	0.67159	1.47771	0.98515	0.96735	0.11821	-1.03339
21	0.18966	1.09000	-0.41572	-1.21627	-1.79793	0.47476	0.61860
22	1.32628	-0.50639	0.07145	-0.48004	-0.50002	0.81049	1.30548
23	0.23893	0.81379	-1.94784	0.71168	-0.05369	-0.52056	1.48770

图 7-18 新生成的因子得分变量

实验 43　如何用 α 系数信度分析法对调查问卷进行信度分析

案例资料：实验数据资料还是以《中小学体育教师素质结构体系构成因素问卷调查》选项统计结果为例，利用 α 系数法对问卷统计的数据结果进行信度分析。

资料分析：实验案例中对问卷 40 个题项，200 个被试所统计得到的数据资料的可靠性程度进行检验，用到信度分析法，常用的信度分析方法是 α 系数法。本案例要用"分析(A)"菜单中"度量(S)"子菜单下的"可靠性分析(R)"选项来实现。

操作步骤：

步骤 1：在 Spss 中输入案例资料中问卷统计的数据，如图 7-19 所示。

图 7-19　输入数据(步骤 1)　　　　图 7-20　选择菜单(步骤 2)

步骤 2：在"分析(A)"菜单中，选择"度量(S)"子菜单下的"可靠性分析(R)"选项，如图 7-20 所示，得到如图 7-21 左图所示的"可靠性分析"对话框。

步骤 3：在"可靠性分析"对话框中，将左边框中的"W1～W40"全部选中(成为反显状态)，单击旁边"箭头"状按钮，使"W1～W40"进入"项目"框中，"模型(M)"选择"α"，如图 7-21 右图所示。

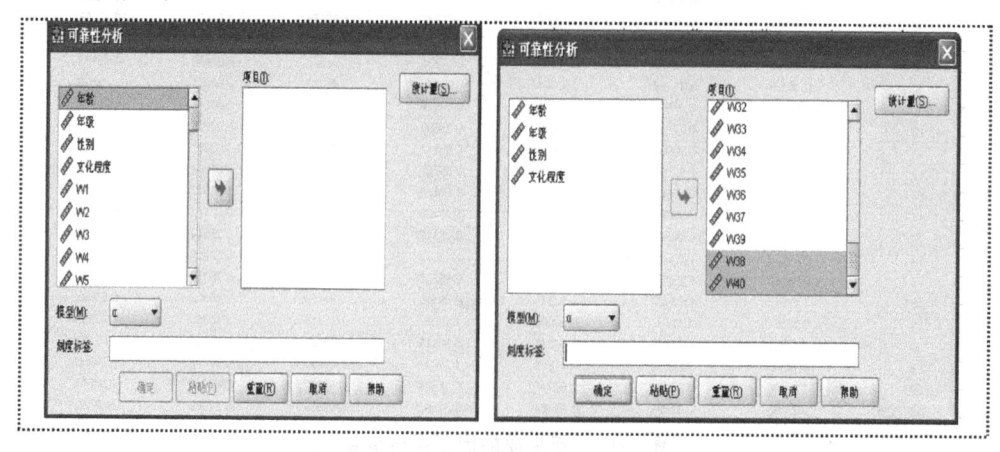

图 7-21　"可靠性分析"对话框(步骤 3)

步骤4：在"可靠性分析"对话框中，单击"统计量"按钮，打开"可靠性分析：统计量"对话框，如图7-22左图所示，在"描述性"框下选择"如果项已删除则进行度量(A)"，"ANOVA表"中选择"无"，其他选项为系统默认，如图7-22右图所示，单击"继续"按钮，回到主对话框。单击"确定"按钮，弹出α系数信度分析的输出结果，如图7-23所示。

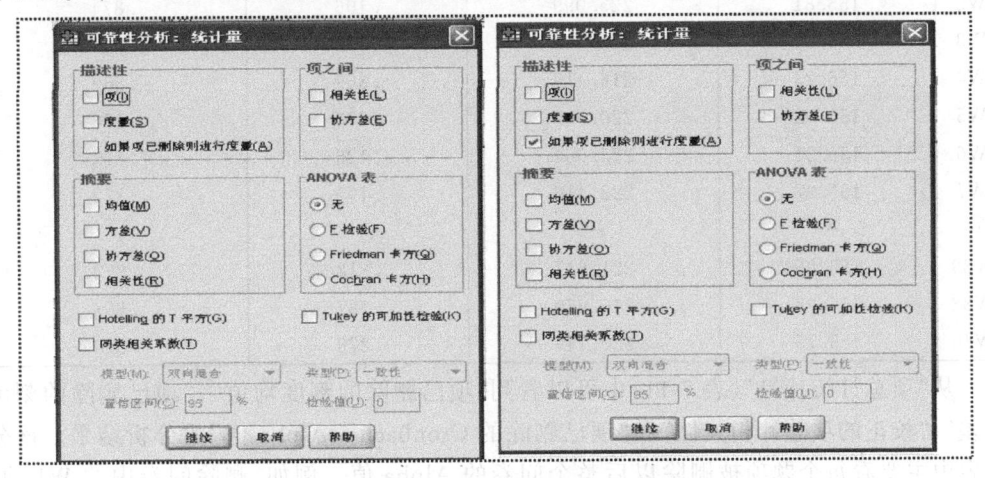

图 7-22　"可靠性分析：统计量"对话框(步骤4)

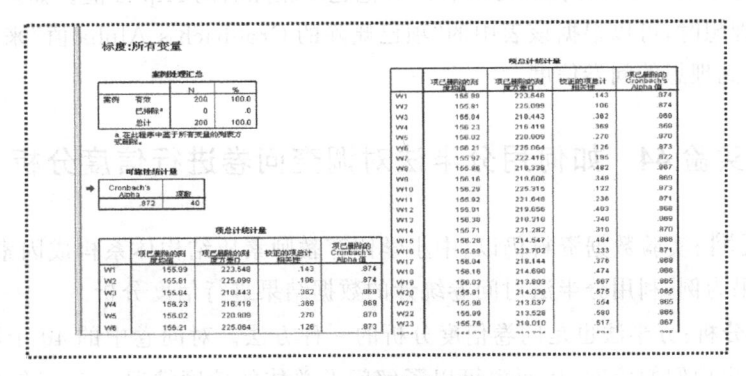

图 7-23　输出结果图

结果解释：

表 7-9　案例处理汇总

		N	%
案例	有效	200	100.0
	已排除[a]	0	.0
	总计	200	100.0

表 7-10　可靠性统计量

Cronbach's Alpha	项数
.872	40

从"案例处理汇总"(表7-9)中可以看到：统计的有效案例数为200个。从"可靠性统计量"(表7-10)中可以看到α系数值为0.872，说明该调查问卷的信度较高，统计项数为40项(问卷中的40个题项)。

表 7-11 项总计统计量

	项已删除的刻度均值	项已删除的刻度方差 v	校正的项总计相关性	项已删除的 Cronbach's Alpha 值
W1	155.99	223.548	.143	.874
W2	155.81	225.099	.106	.874
W3	155.84	218.443	.362	.869
W4	156.23	216.419	.369	.869
W5	156.02	220.909	.270	.870
W6	156.21	225.064	.126	.873
W7	155.97	222.416	.195	.872
...	...	...	...	...
W39	155.96	221.647	.218	.872
W38	155.98	216.970	.387	.868
W40	155.75	220.749	.278	.870

从"项总计统计量"(表 7-11)中可以看到"项已删除的刻度均值"、"项已删除的刻度方差"、"校正的项总计相关性"和"项已删除的 Cronbach's Alpha 值"的分析结果。该分析表中主要看每个题项被删除以后整个问卷的 Alpha 值。例如,删除问卷中的 W1 项,问卷的 Alpha 值为 0.874,同理,可以看出其他题项删除后的 Alpha 值。如果问卷的信度分析结果不理想时,可以根据该表中的"项已删除的 Cronbach's Alpha 值"来对问卷进行调整,从而得到理想的问卷信度。

实验 44 如何用分半法对调查问卷进行信度分析

案例资料: 实验数据资料仍以《中小学体育教师素质结构体系构成因素问卷调查》选项统计结果为例,利用分半法对问卷统计的数据结果进行信度分析。

资料分析: 分半法也是问卷信度分析的一种方法。对问卷中的 40 个题项分成两半,分别分析出他们的信度,从而也可以了解问卷总体的信度情况。Spss 软件中系统将 W1~W20 分为一部分,W21~W40 分为一部分,分别分析出他们的信度情况。本案例要用"分析(A)"菜单中"度量(S)"子菜单下的"可靠性分析(R)"选项来实现。

操作步骤:

步骤 1、步骤 2 的操作同实验 43 的操作步骤 1、步骤 2。

步骤 3:在"可靠性分析"对话框中,将左边框中的"W1~W40"全部选中(成为反显状态),单击旁边"箭头"状按钮,使"W1~W40"进入"项目"框中,模型(M)框下选择"半分",如图 7-24 所示。

步骤 4:在"可靠性分析"对话框中,单击"统计量"按钮,打开"可靠性分析:统计量"对话框,如图 7-25 所示,在"描述性"框下选择"如果项已删除则进行度量(A)","项之间"框下选择"相关性(L)","摘要"框中选择"相关性(R)",

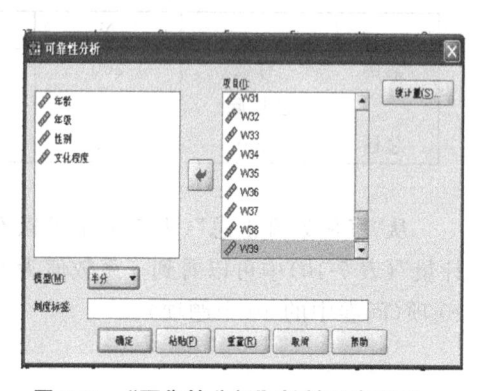

图 7-24 "可靠性分析"对话框(步骤 3)

"ANOVA 表"框中选择"无",其他选项为系统默认,如 7-25 右图所示,单击"继续"按钮,回到主对话框。单击"确定"按钮,弹出如图 7-26 所示的分半法信度分析的输出结果。

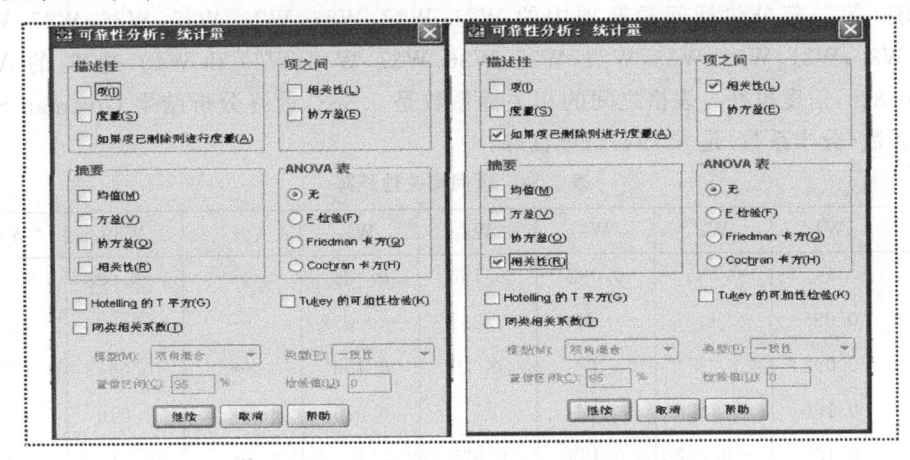

图 7-25 "可靠性分析:统计量"对话框(步骤 4)

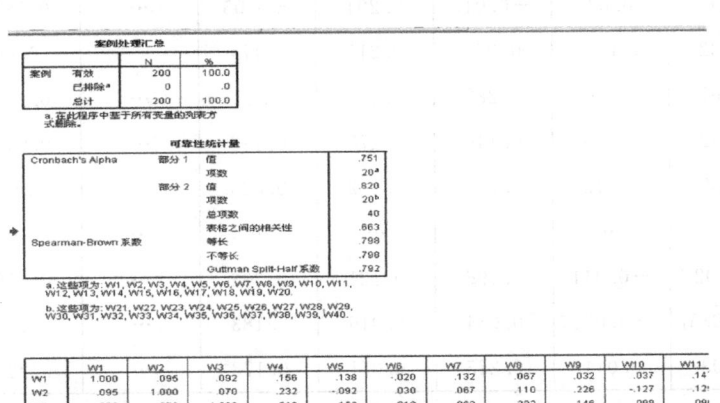

图 7-26 输出结果图

结果解释:

表 7-12 可靠性统计量

Cronbach's Alpha	部分 1	值	.751
		项数	20a
	部分 2	值	.820
		项数	20b
		总项数	40
		表格之间的相关性	.663
Spearman-Brown 系数		等长	.798
		不等长	.798
		Guttman Split-Half 系数	.792

a. 这些项为:W1,W2,W3,W4,W5,W6,W7,W8,W9,W10,W11,W12,W13,W14,W15,W16,W17,W18,W19,W20。

b. 这些项为:W21,W22,W23,W24,W25,W26,W27,W28,W29,W30,W31,W32,W33,W34,W35,W36,W37,W38,W39,W40。

从"可靠性统计量"(表 7-12)中可以看出一整份问卷被分成两部分的具体情况:第一

部分包括问卷题项中的 W1,W2,W3,W4,W5,W6,W7,W8,W9,W10,W11,W12,W13,W14,W15,W16,W17,W18,W19 和 W20,这 20 项的 Alpha 值是 0.751,即第一部分的信度良好。第二部分包括问卷题项中的 W21,W22,W23,W24,W25,W26,W27,W28,W29,W30,W31,W32,W33,W34,W35,W36,W37,W38,W39 和 W40,这 20 的 Alpha 值是 0.820,信度也好。表格之间的相关性系数是 0.663,最终分析结果 Guttman Split-Half 系数(分半系数)是 0.792,信度良好。

表 7-13　项间相关性矩阵

	W1	W2	W3	W4	W5	…	W39	W40
W1	1	0.095	0.092	0.156	0.138	…	−0.035	0.203
W2	0.095	1	0.07	0.232	−0.092	…	−0.033	0.044
W3	0.092	0.07	1	0.31	0.153	…	0.064	0.275
W4	0.156	0.232	0.31	1	0.075	…	0.016	0.051
W5	0.138	−0.092	0.153	0.075	1	…	0.183	0.178
W6	−0.02	0.03	−0.013	0.204	−0.05	…	0.181	0.082
W7	0.132	0.067	0.062	0.215	0.174	…	−0.003	0.036
W8	0.067	0.11	0.282	0.402	0.26	…	0.204	0.26
W9	0.032	0.226	0.146	0.278	0.188	…	0.045	0.246
W10	0.037	−0.127	0.098	0.182	0.023	…	0.14	0.105
…	…	…	…	…	…	…	…	…
W38	−0.02	−0.044	0.196	0.121	0.208	…	0.189	0.155
W39	−0.035	−0.033	0.064	0.016	0.183	…	1	0.226
W40	0.203	0.044	0.275	0.051	0.178	…	0.226	1

从"项间相关性矩阵"(表 7-13)中可以清楚地看到每两个题项之间的相关性。比如 W1 与 W2 间的相关系数是 0.095,相关性很低,说明这两个题项之间的独立性很好,在问卷中设计的较合理。其他题项间的相关性都可以从表 7-13 所示的相关系数矩阵中的得到:各个题项间的相关系数均较小,即相关性很低。

实验 45　如何检验设计的调查问卷的题项是否具有区分度

案例资料:仍以《中小学体育教师素质结构体系构成因素问卷调查》问卷收集的数据资料为例,对问卷中设置的 40 个题项的区分度进行分析。

👉 **资料分析**:一份好的调查问卷就像一份好的试卷一样,设置好合理的题项,很好地把被试区分开,才能达到预期的调查结果。该题中《中小学体育教师素质结构体系构成因素问卷调查》问卷中的 40 个题项的区分度如何,可以用"转换(T)"菜单中的"计算变量(C)"选项,"转换"菜单中"重新编码为不同变量(R)"选项和"分析(A)"菜单中"比较均值(M)"子菜单下的"独立样本 T 检验"三个选项来实现。

操作步骤：

步骤1：输入案例资料中的问卷数据，如图7-27所示。

图7-27 输入数据（步骤1）　　　　图7-28 选择菜单（步骤2）

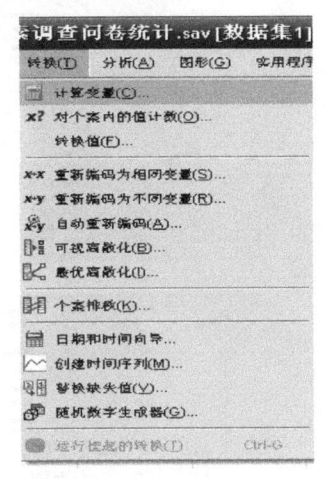

步骤2：在"转换（T）"菜单中，选择"计算变量（C）"选项，如图7-28所示，弹出如图7-29所示的"计算变量"对话框（该问卷中的选项均是正向计分，所以在本问卷的项目分析中不用进行反向计分，该步骤中直接计算问卷统计数据的总得分）。

步骤3：在"计算变量"对话框中，在"目标变量（T）"框中输入"total"名称，"函数组（G）"框中双击"统计量"选项，在"函数和特殊变量（F）"中双击"Sum"函数，"Sum(?,?)"函数就会在"数字表达式（E）"中出现，将"类型与标签（L）"框中的"W1～W40"全部选中到Sum函数中，如图7-29左图所示。单击"确定"按钮，200个被试的40个题项的总得分便以"total"为变量名保存到Spss数据窗口中，如图7-29右图所示。

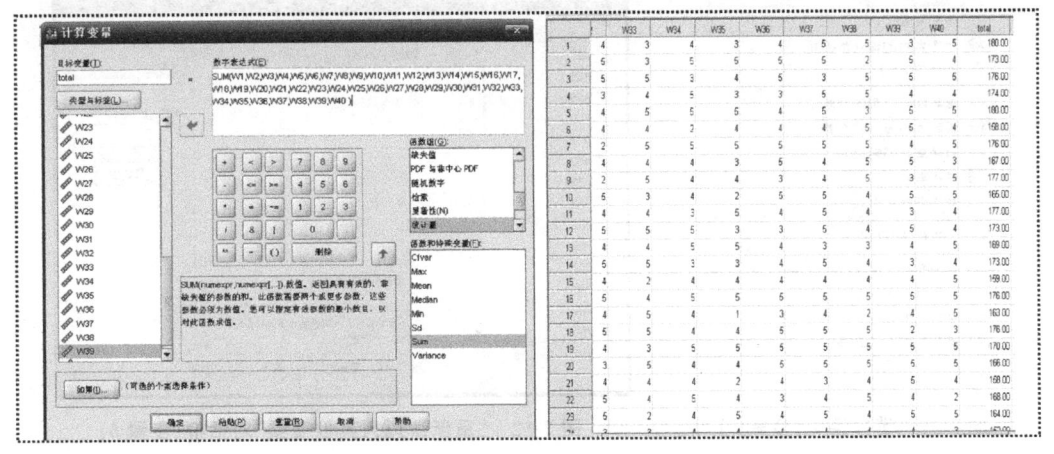

图7-29 "计算变量"对话框与计算结果（步骤3）

步骤4：将"total"变量值降序与升序排列。选中"total"变量，单击右键，选择"降序排列"，如图7-30（a）图所示。"total"变量中的观测值便以降序的形式排列，如图7-30（b）图所示。从排列中可以找到高分组排在前27%位的分数为172分（该例中共有200名被试，所以排在54位的即为高分组排名27%的得分）。同理，将"total"变量中的观测值按"升序排列"，结果如图7-30（c）、7-30（d）所示，得到低分组排位在27%的得分为154分。

273

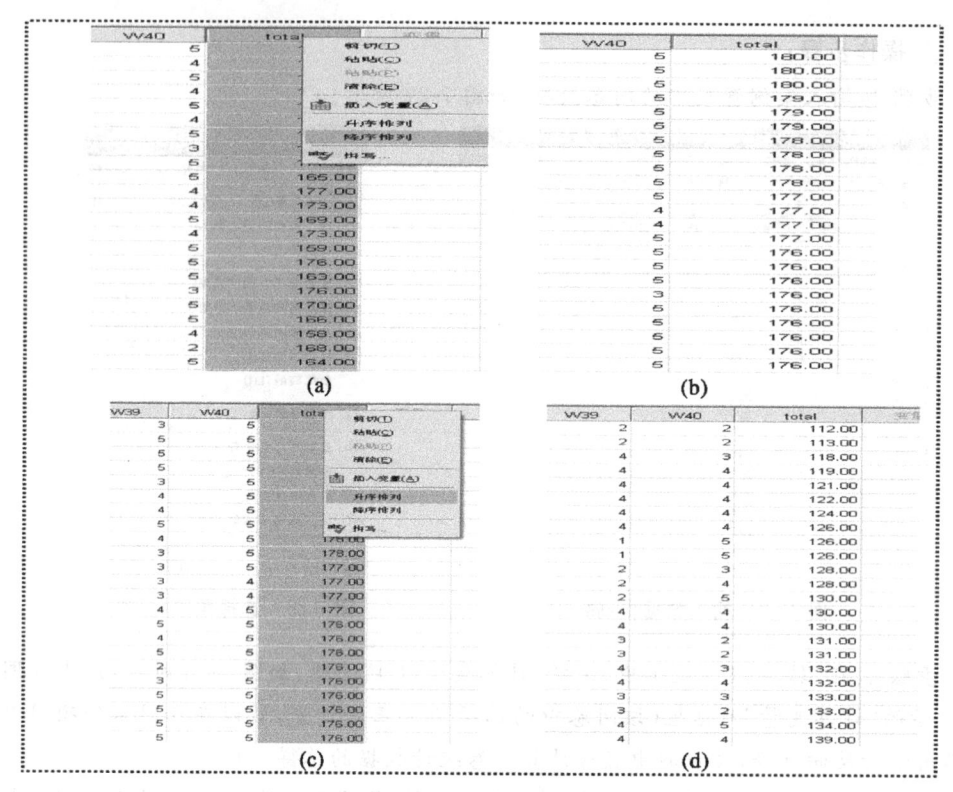

图 7-30　将"total"变量值按降序与升序排列图(步骤 4)

步骤 5：在"转换"菜单中，选择"重新编码为不同变量(R)"选项，如图 7-31 所示，出现"重新编码为其他变量"对话框，如图 7-32 所示。

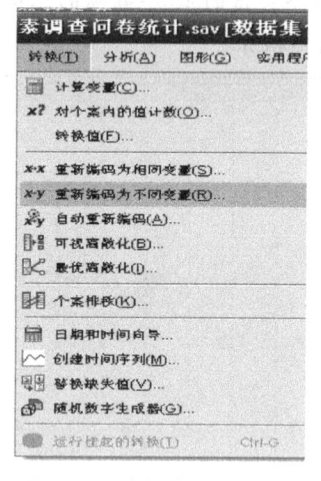

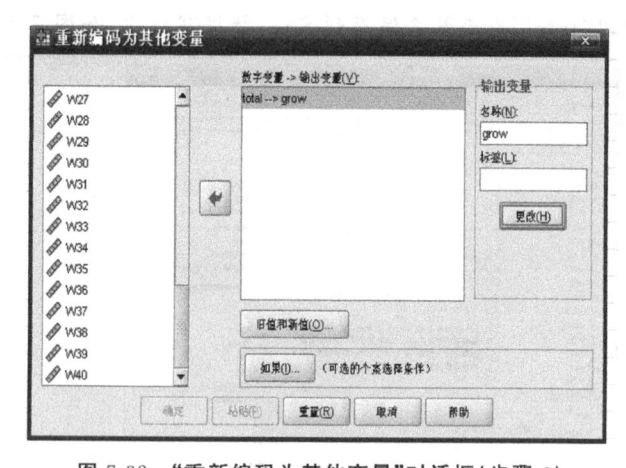

图 7-31　选择菜单(步骤 5)　　　　图 7-32　"重新编码为其他变量"对话框(步骤 6)

步骤 6：在"重新编码为其他变量"对话框中，将"total"变量选入到"数字变量—输出变量(V)"框中，在"输出变量"下"名称(N)"框中输入"grow"，单击"更改(H)"，在"数字变量—输出变量(V)"框中出现"total—grow"，如图 7-32 所示。单击"旧值和新值(O)"按钮，弹出"重新编码相同变量：旧值和新值"对话框，如图 7-33 左图所示。

步骤 7：在"重新编码相同变量：旧值和新值"对话框中，选择"范围：从最低到值(G)"，在空白框中输入"154"，在"新值"中的"值(V)"中输入"1"，单击"添加"按钮，添加

274

到"旧→新"框中。同理,单选"范围:从值到最高(E)",输入"172","新值"下"值(V)"中输入"2",单击"添加"添加到"旧→新"框中,如图7-33左图所示,单击"继续"按钮返回到主对话框,再单击"确定"按钮,得到如图7-33右图所示的分组变量结果。

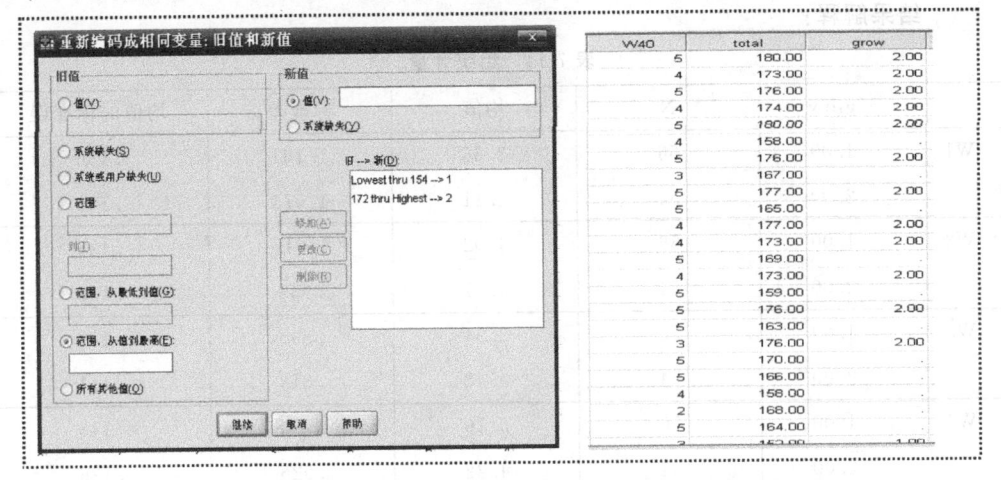

图 7-33 "重新编码相同变量:旧值和新值"对话框与分组变量结果(步骤 7)

步骤 8:在"分析(A)"菜单中选择"比较均值(M)"下的"独立样本 T 检验(T)"选项,如图 7-34 所示,得到如图 7-35 左图所示"独立样本 T 检验"对话框。

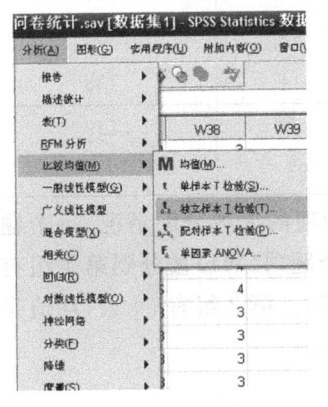

图 7-34 选择菜单(步骤 8)　　图 7-35 "独立样本 T 检验"对话框(步骤 9)

图 7-36 输出结果图

步骤 9:在"独立样本 T 检验"对话框中,把左边框中的"W1~W40"全部选入到"检

275

验变量(T)"框中,把"grow"选入到"分组变量(G)"框中,如图 7-35 右图所示。单击"定义组(D)"按钮,将"组1"、"组2"分别定义为"1"、"2",单击"继续"按钮回到主对话框,单击"确定"按钮,弹出如图 7-36 所示的输出结果。

🖐 结果解释:

表 7-14 组统计量

	grow	N	均值	标准差	均值的标准误
W1	1.00	56	3.66	1.164	.156
	2.00	54	4.11	1.076	.146
W2	1.00	56	4.02	1.018	.136
	2.00	54	4.37	.938	.128
W3	1.00	56	3.54	.830	.111
	2.00	54	4.48	.818	.111
W4	1.00	56	3.16	1.108	.148
	2.00	54	4.22	.925	.126
…	…	…	…	…	…
W38	1.00	56	3.43	1.006	.134
	2.00	54	4.33	.890	.121
W39	1.00	56	3.66	1.149	.153
	2.00	54	4.09	1.014	.138
W40	1.00	56	3.79	.967	.129
	2.00	54	4.52	.693	.094

从"组统计量"(表 7-14)中可以看到"W1～W40"每个题项的人数分配情况、每个题项得分的均值、标准差和均值的标准误。例如,问卷中第 1 个题项(W1)被分到第 1 组有 56 个人,均值是 3.66,标准差是 1.164,均值的标准误是 0.156。第 2 组有 54 人,均值是 4.11,标准差是 1.076,均值的标准误是 0.146,其他题项同理。

表 7-15 独立样本检验

		方差方程的 Levene 检验		均值方程的 t 检验						
									差分的 95% 置信区间	
		F	Sig.	t	df	Sig.（双侧）	均值差值	标准误差值	下限	上限
W1	假设方差相等	.920	.340	−2.105	108	.038	−.450	.214	−.874	−.026
	假设方差不相等			−2.108	107.807	.037	−.450	.214	−.874	−.027
W2	假设方差相等	.048	.827	−1.887	108	.062	−.353	.187	−.723	.018
	假设方差不相等			−1.890	107.778	.061	−.353	.186	−.722	.017
W3	假设方差相等	.293	.589	−6.015	108	.000	−.946	.157	−1.257	−.634
	假设方差不相等			−6.016	107.948	.000	−.946	.157	−1.257	−.634

续表

		方差方程的 Levene 检验		均值方程的 t 检验						
									差分的 95% 置信区间	
		F	Sig.	t	df	Sig.（双侧）	均值差值	标准误差值	下限	上限
W4	假设方差相等	1.287	.259	−5.444	108	.000	−1.062	.195	−1.448	−.675
	假设方差不相等			−5.462	105.841	.000	−1.062	.194	−1.447	−.676
W5	假设方差相等	5.189	.025	−4.239	108	.000	−.724	.171	−1.063	−.386
	假设方差不相等			−4.263	99.981	.000	−.724	.170	−1.061	−.387
W6	假设方差相等	.045	.832	−1.639	108	.104	−.265	.161	−.585	.055
	假设方差不相等			−1.637	106.874	.105	−.265	.162	−.585	.056
W7	假设方差相等	25.95	.000	−2.523	108	.013	−.472	.187	−.842	−.101
	假设方差不相等			−2.546	87.978	.013	−.472	.185	−.840	−.104
W8	假设方差相等	5.917	.017	−7.705	108	.000	−1.115	.145	−1.402	−.828
	假设方差不相等			−7.731	105.703	.000	−1.115	.144	−1.401	−.829
W9	假设方差相等	2.731	.101	−6.035	108	.000	−.942	.156	−1.251	−.632
	假设方差不相等			−4.499	100.611	.000	−.729	.162	−1.050	−.407
…	…	…	…	…	…	…	…	…	…	…
W38	假设方差相等	.551	.459	−4.987	108	.000	−.905	.181	−1.264	−.545
	假设方差不相等			−4.998	107.213	.000	−.905	.181	−1.264	−.546
W39	假设方差相等	.077	.782	−2.087	108	.039	−.432	.207	−.842	−.022
	假设方差不相等			−2.092	107.186	.039	−.432	.206	−.841	−.023
W40	假设方差相等	6.230	.014	−4.553	108	.000	−.733	.161	−1.052	−.414
	假设方差不相等			−4.580	99.835	.000	−.733	.160	−1.050	−.415

从"独立样本检验"（表 7-15）中可以看到，统计结果包括方差齐性检验（F 值、齐性检验的 Sig. 值。如果 Sig.＜0.05，说明方差不齐性，如 W5 对应的齐性检验的 Sig.＝0.025＜0.05，说明方差不齐性，所以双侧检验的显著性概率 Sig 值要看方差不相等时对应的 Sig 值）、双侧检验的显著性概率值 Sig.、t 值、自由度（df）、双侧检验的显著性概率值 Sig.、均值差值、标准误差以及 95% 的置信区间。在该分析结果中主要看显著性水平检验的 Sig 值。在 40 个题项中，可以看到 W2、W6、W10 和 W35 的双侧显著性概率值 Sig（P）＞0.05，说明该 4 个题项的区分度没有达到显著性水平，在问卷中设计的不科学，可以考虑删除这 4 个题项，使调查问卷具有更好的实用价值。其余各个题项的区分度达到了显著性的水平。

第八章 相关分析

自然界中一切事物的存在都不是孤立的,而是相互联系、相互影响、相互制约的。例如,身高与体重、运动训练时间与训练效果、年龄与血压等都存在着一定的联系。当变量间存在着影响和制约关系时可将其分为两类,即函数关系和相关关系。函数关系反映事物间的严格依存性,它们可以用一个数学公式来表示。如:面积对于其半径的依存关系可以写成公式 $S=Jlr^2$,只要知道其中一个变量的数值,就可以通过函数式精确地求出另一个变量的数值。相关关系是两变量间存在着相互联系、相互制约的关系,其中一个变量的变化就会影响另一个变量发生某种程度的变化,但又无法以自变量的值去精确地求得因变量的值,我们称这类变量之间的关系为相关关系。如:身高和体重的关系,身高越高,体重也越重,这是一种关系趋势,但身高相同的人,体重不一定相同;同一身高对应的体重有大有小的人,但从总的趋势看,某一身高水平有一个体重的区间与之对应。事物间的这种关系在体育中是大量存在的,如跳高与跳远、短跑与跳远等等。相关(Correlations)分析是研究变量间密切程度的一种常用统计方法,可以分为两变量相关分析(Bivariate)、偏相关分析(Partial)和距离分析(Distances)。在 Spss 软件中可以通过"分析(A)"菜单下的"相关"子菜单下的三个选项:"双变量(B)"、"偏相关(R)"和"距离分析(D)"来实现,下面我们通过一些实验操作帮助大家来理解本章的学习。

实验 46 如何计算短跑 100 m 成绩与跳远成绩的相关度

案例资料:随机抽取某学校 10 名男生 100 m 跑的成绩和跳远成绩,100 m 跑成绩(单位:s):12.15、12.30、12.50、12.10、12.45、11.90、11.80、12.05、11.85、11.50,跳远成绩(单位:m):5.86、5.78、5.66、5.98、5.89、6.01、5.96、6.10、6.05、6.25,问该 10 名男生 100 m 跑成绩与跳远成绩有没有相关性,相关程度有多大?

资料分析:该题要比较这 10 名男生 100 m 跑成绩与跳远成绩有无相关性,相关程度有多大。看两个变量之间是否其中一个变量的变化影响着另一个变量发生变化,因此选择双变量相关。该题要运用"分析(A)"菜单中的"相关"子菜单下的"双变量(B)"选项来实现。

操作步骤:

步骤 1:在 Spss 数据窗口中输入案例资料原始数据,如图 8-1 所示。

步骤 2:在"分析(A)"菜单中,选择"相关(C)"子菜单下的"双变量(B)"选项,如图 8-2 所示。得到"双变量相关"的对话框,如图 8-3(左图)所示。

图 8-1 输入数据(步骤 1)

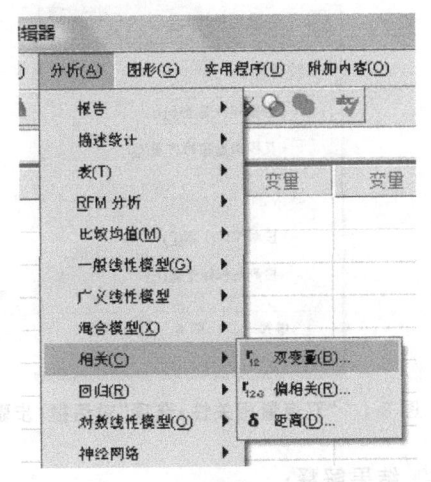

图 8-2 选择菜单(步骤 2)

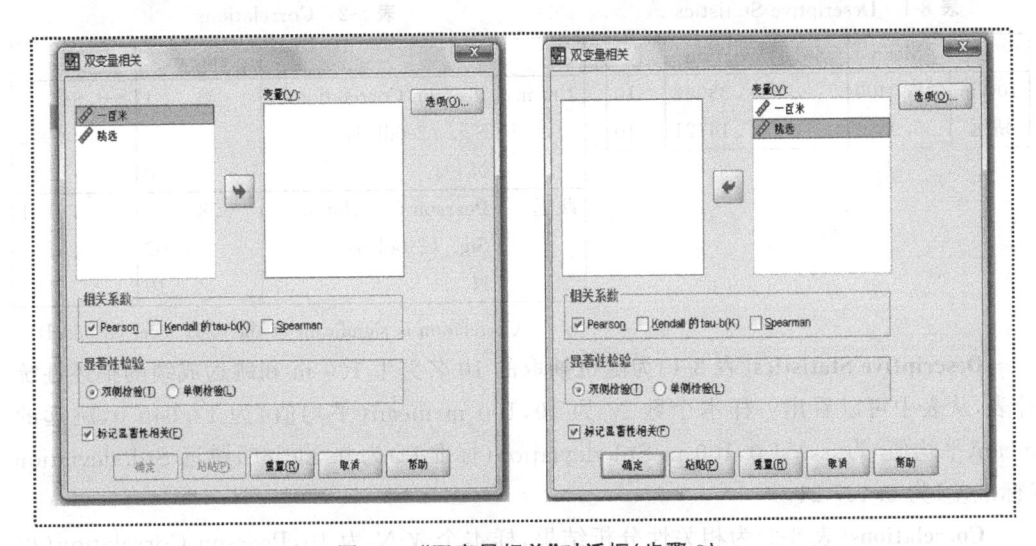

图 8-3 "双变量相关"对话框(步骤 3)

步骤 3：在"双变量相关"的对话框中，将"一百米"、"跳远"选中(成为反显状态)，单击旁边"箭头"按钮，将两变量移入"变量(V)"中，在"相关系数"框中选择"皮尔逊相关系数"。"显著性检验"框中选取"双侧检验"，如图 8-3(右图)所示。单击"选项(O)"按钮，得到"双变量相关性：选项"对话框，如图 8-4 所示。

步骤 4：在"双变量相关性：选项"对话框中，"统计量"模块下选择"均值和标准差(M)"。缺失值按系统默认的选项"按对排除个案(P)"。单击"继续"按钮，返回"双变量相关"对话框，然后再单击"确定"按钮，得到如图 8-5 所示的结果。

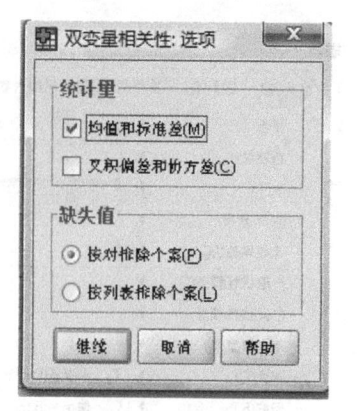

图 8-4 "双变量相关性：选项"对话框(步骤 4)

图 8-5 结果输出图

👆 结果解释：

表 8-1 Descriptive Statistics

	Mean	Std. Deviation	N
100 m	12.0400	.33066	10
跳远	5.9540	.16721	10

表 8-2 Correlations

		100 m	跳远
100 m	Pearson Correlation	1	−.845**
	Sig. (2-tailed)		.002
	N	10	10
跳远	Pearson Correlation	−.845**	1
	Sig. (2-tailed)	.002	
	N	10	10

**. Correlation is significant at the 0.01 level (2-tailed).

Descriptive Statistics(表 8-1)为随机抽取的 10 名男生 100 m 和跳远成绩的描述性统计表,从表中可以看出。样本个数 N 为 10,100 m mean(平均值)为 12.040 0,跳远的 mean(平均值)为 5.954 0,100 m Std. deviation(标准差)为 0.330 66,跳远 Std. deviation(标准差)为 0.167 21。

Correlations(表 8-2)为相关性分析结果,样本个数 N 为 10,Pearson Correlation(皮尔逊相关系数)为 −0.845,双尾检验概率值 Sig.(2-tailed)为 0.002<0.05,说明 100 m 和跳远有较高的线性相关关系,即 100 m 成绩越好,跳远的成绩也越好。

实验 47 如何检验身高、体重和肺活量之间的关联度

案例资料：随机抽取某学校 10 名男生的身高(cm)、体重(kg)和肺活量数据(mL),数据如图 8-6 所示。问它们之间是不是存在相关关系？

👆 **资料分析**：已知某学校 10 名男生的身高、体重和肺活量,比较这 3 个指标之间是不是存在相关关系。该题是要分析身高、体重、肺活量之间的相关关系。若用皮尔逊相关可以得出它们之间存在较强的线性相关性,但对于体重相同的人是否身高越高,肺活量就越大呢？因此我们可以剔除第三个变量的影响只分析两个变量间的相关程度,选择偏相关进行分析。该题要运用"分析(A)"菜单中的"相关"子菜单中的"偏相关(R)"选项来实现。

👆 **操作步骤**：

步骤 1：在 Spss 数据窗口中输入案例资料原始数据,如图 8-6 所示。

第八章 相关分析

图 8-6 输入数据(步骤 1)

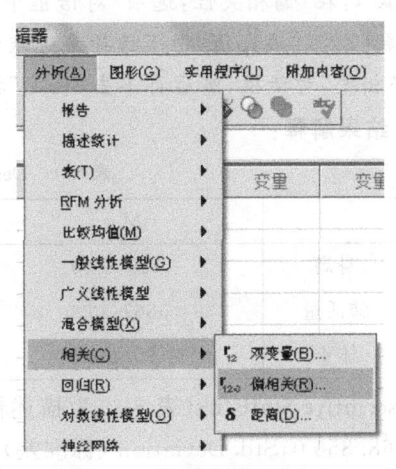

图 8-7 选择菜单(步骤 2)

步骤 2：在"分析(A)"菜单中，选择"相关(C)"子菜单下的"偏相关(R)"菜单，如图 8-7 所示。得到"偏相关"对话框，如图 8-8(左图)所示。

步骤 3：在"偏相关"对话框中，选中"身高"和"肺活量"，单击旁边的"箭头"状按钮，使"身高"和"肺活量"移入"变量(V)"框中，将"体重"选中，单击旁边的"箭头"状按钮，使"体重"移入"控制(C)"框中，在"显著性检验"中选择"双侧检验(T)"，如图 8-8(右图)所示。单击"选项(O)"按钮，得到"偏相关性：选项"对话框，如图 8-9 所示。

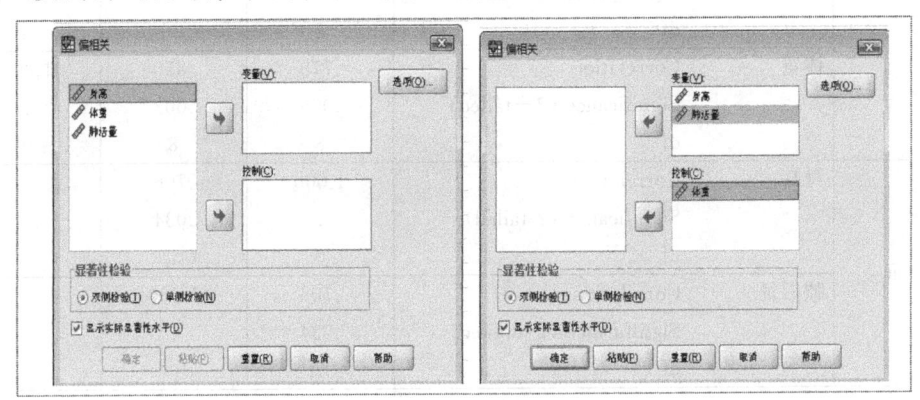

图 8-8 "偏相关"对话框(步骤 3)

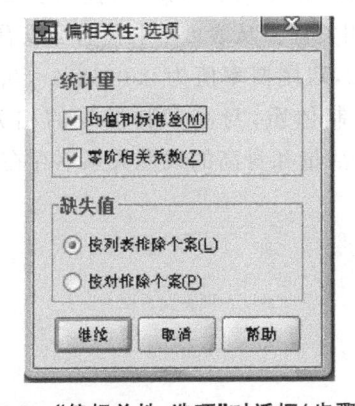

图 8-9 "偏相关性：选项"对话框(步骤 4)

图 8-10 结果输出图

281

步骤 4：在"偏相关性：选项"对话框中，"统计量"框下选择"均值和标准差(M)"与"零相关系数(Z)"，"缺失值"框下选择系统默认的"按列表排除个案(L)"，单击"继续"按钮，返回"偏相关"对话框，然后再单击"确定"按钮就得到如图 8-10 所示的结果。

结果解释：

表 8-3　Descriptive Statistics

	Mean	Std. Deviation	N
身高	168.8500	5.68160	10
肺活量	3367.5000	276.45825	10
体重	60.4200	2.87974	10

Descriptive Statistics（表 8-3）为描述性统计表，从表中可以看出：身高的 Mean（均值）为 168.850 0，Std. Deviation（标准差）为 5.681 60，N（样本个数）为 10，同理可以看出其他变量的描述性统计结果。

表 8-4　Correlations

Control Variables			身高	肺活量	体重
—none—a	身高	Correlation	1.000	.892	.770
		Significance (2—tailed)	.	.001	.009
		df	0	8	8
	肺活量	Correlation	.892	1.000	.850
		Significance (2—tailed)	.001	.	.002
		df	8	0	8
	体重	Correlation	.770	.850	1.000
		Significance (2—tailed)	.009	.002	.
		df	8	8	0
体重	身高	Correlation	1.000	.706	
		Significance (2-tailed)	.	.034	
		df	0	7	
	肺活量	Correlation	.706	1.000	
		Significance (2—tailed)	.034	.	
		df	7	0	

a. Cells contain zero—order (Pearson) correlations.

Correlations（表 8-4）为相关性分析结果报表，Control variables 为控制变量，Significance (2-tailed)df 为双尾概率值，Correlation 为相关性。从表 8-4 中我们可以看出：①假如不控制体重，身高和肺活量的相关系数是 0.892，双尾概率值为 0.0018％＜0.05，这就说明肺活量和身高的线性关系显著。②假如控制体重，身高和肺活量的相关系数是 0.706，双尾概率值为 0.034 7＞0.05，这就说明肺活量和身高的线性关系不存在。

实验 48　如何描述一变量与多个变量之间的相似程度

案例资料：抽取我国五个城市某一年的日照数数据(单位：h)，数据如图 8-11 所示。问这五个城市的日照数是否相似？

资料分析：已知五个城市某一年的日照数，现在要比较的是这五个城市的日照数是否相似。该题需要用相似度来描述观测值或变量间的相似程度，因此选择距离分析。该题要运用"分析(A)"菜单中的"相关(C)"子菜单下的"距离(D)"选项来实现。

操作步骤：

步骤 1：在 Spss 数据窗口中输入案例资料原始数据，如图 8-11 所示。

图 8-11　输入数据(步骤 1)　　　图 8-12　选择菜单(步骤 2)

步骤 2：在"分析(A)"菜单中，选择"相关(C)"子菜单下的"距离分析(D)"，如图 8-12 所示。得到"距离"对话框，如图 8-13(左图)所示。

步骤 3：在"距离"对话框中，将左侧的变量列表中五个城市变量移入"变量(V)"框中，在"计算距离"框中选中"变量间(B)"，在"度量标准"框中选中"不相似性(D)"，如图 8-13(右图)所示。单击"度量(M)"按钮，得到"距离：非相似性度量"对话框，如图 8-14 所示。

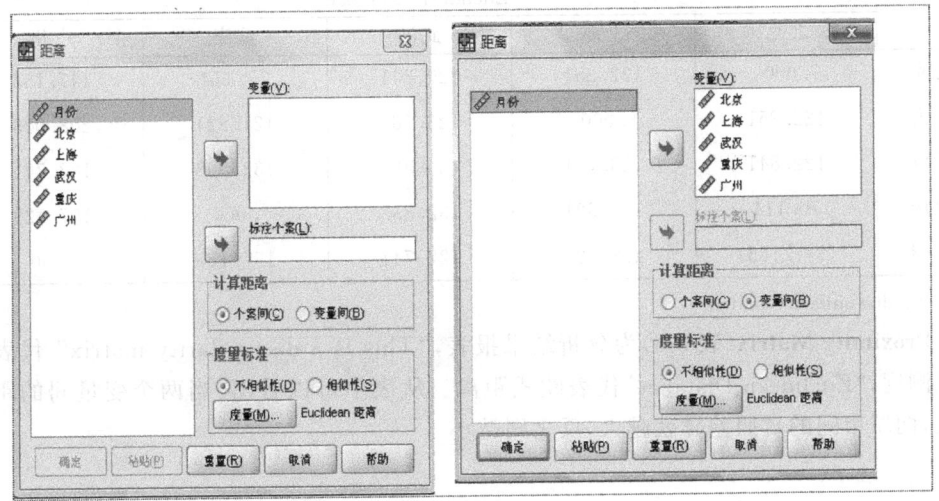

图 8-13　"距离"对话框(步骤 3)

步骤4：在"距离：非相似性度量"对话框中，单击"度量(M)"按钮，在"质量标准"框中，选中"区间"弹出"距离分析"对话框，选择"Euclidean 距离"即计算变量间的欧式距离，如图8-14所示。然后单击"继续"按钮，回到"距离"对话框，单击"确定"按钮，得到如图8-15所示的结果。

图 8-14 "距离：非相似度量"对话框（步骤 4）　　图 8-15 结果输出图

结果解释：

表 8-5　Case Processing Summary

Cases					
Valid		Missing		Total	
N	Percent	N	Percent	N	Percent
12	100.0%	0	.0%	12	100.0%

Case processing summary（表 8-5）为观测值摘要表，从表中可以看出：Valid（有效变量）中 N（样本个数）为 12 个，Percent（占总体的百分比）为 100.0%，Missing（缺失值）的 N（样本个数）为 0 个，Percent（占总体的百分比）为 0.0%，Total（总的案例）中 N（样本个数）为 12 个，Percent（占总体的百分比）为 100.0%。

表 8-6　Proximity Matrix

	Euclidean Distance				
	北京	上海	武汉	重庆	广州
北京	.000	122.251	122.841	70.114	147.183
上海	122.251	.000	126.781	121.821	208.025
武汉	122.841	126.781	.000	132.838	122.741
重庆	70.114	121.821	132.838	.000	157.129
广州	147.183	208.025	122.741	157.129	.000

This is a dissimilarity matrix

Proximity Matrix（表 8-6）为分析结果报表，"This is a dissimilarity matrix"代表不相似测度，"Euclidean Distance"代表欧式距离。从表中可以看出：当两个变量间的距离越大，两城市间的日照差异就越大，反之则越小。

第九章 回归分析

回归分析(Regression Analysis)是确定两种或两种以上变数间相互依赖的定量关系的一种统计分析方法。回归是由英国著名生物学家兼统计学家高尔顿(Galton)在研究人类遗传问题时提出来的。回归分析的条件是:两个变量之间存在显著性相关关系。回归分析是在掌握大量观察数据的基础上,利用数理统计方法建立因变量与自变量之间相关关系的函数表达式(称回归方程式)。回归分析中,当研究的因果关系只涉及因变量和一个自变量时,叫做一元回归分析;当研究的因果关系涉及因变量和两个或两个以上自变量时,叫做多元回归分析。此外,回归分析中,又依据描述自变量与因变量之间因果关系的函数表达式是线性的还是非线性的,分为线性回归分析和非线性回归分析。非线性回归方程一般可以通过数学方法对线性回归方程进行处理。在 Spss 软件中可以通过"分析(A)"菜单中"回归(R)"子菜单下的六个选项:"线性回归(L)"、"曲线估计(C)"、"二元 logistic…"、"非线性(N)"、"probit…"和"多元 logistic…"来实现,下面我们通过一些实验操作帮助大家来理解本章的学习。

实验 49　如何描述一个变量和一个或多个变量的线性关系

案例资料:抽取 10 名学生血液中血红蛋白与钙、铁、镁、锰、铜的含量数据,问钙、镁、铁、锰、铜对血红蛋白是否有显著性作用?

👆**资料分析**:该例分析血液中血红蛋白与钙、铁、镁、锰、铜的含量的关系,实际上是分析钙、镁、铁、锰、铜与血红蛋白是否有显著性作用,哪些组成成分对血红蛋白的显著性作用更大,因此属于对因素的回归分析。本案例要用到"分析"菜单中"回归(R)"子菜单下的"线性(L)"选项来实现。

👆**操作步骤**:

步骤 1:在 Spss 数据视图窗口中输入案例资料原始数据,如图 9-1 所示。

步骤 2:在"分析(A)"菜单中,选择"回归(R)"子菜单下的"线性回归(L)"选项,如图 9-2 所示。得到"线性回归"对话框,如图 9-3 所示。

步骤 3:在"线性回归"对话框中,单击旁边箭头状按钮,将"血红蛋白"移入"因变量(D)"框中,"钙"、"铁"、"镁"、"锰"、"铜"移入"自变量(I)"框中,如图 9-3 所示。点击"统计量(S)"按钮,出现"统计量"对话框,如图 9-4 所示。

图 9-1 输入资料(步骤 1)

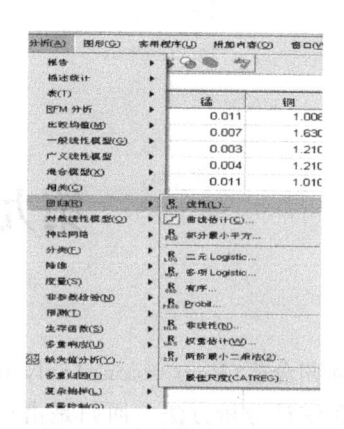

图 9-2 选择菜单(步骤 2)

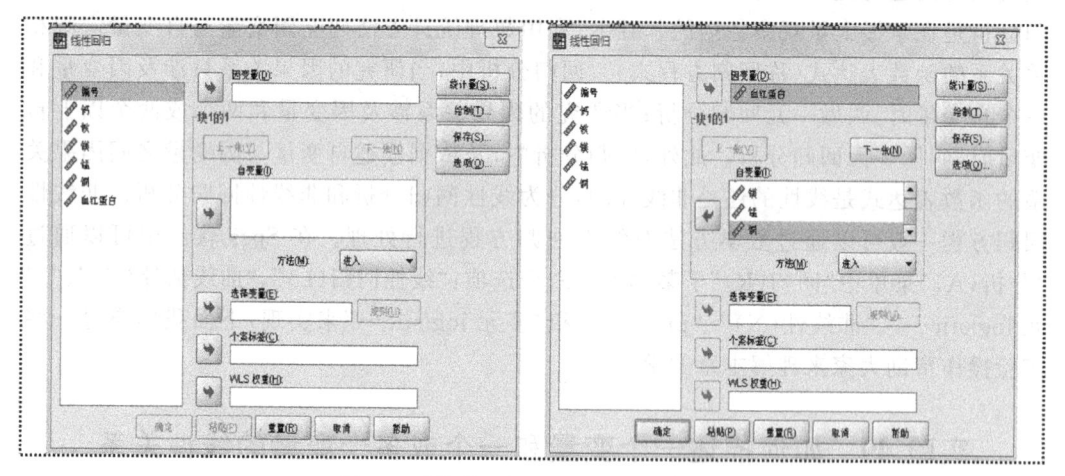

图 9-3 "线性回归"对话方框(步骤 3)

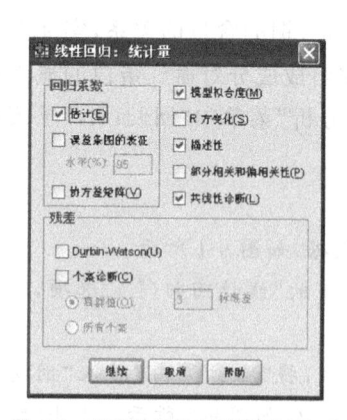

图 9-4 "统计量"对话框(步骤 4)

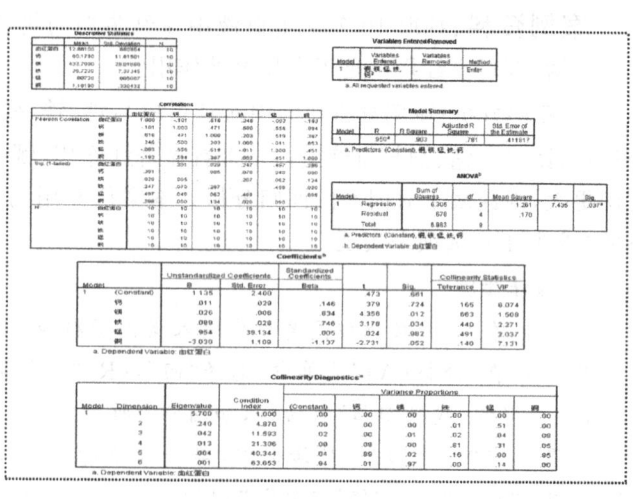

图 9-5 结果输出图

步骤 4：在"统计量"对话框中，选中"估计(E)"、"模型拟合度(M)"、"描述性"和"共线性诊断(L)"复选框，如图 9-4 所示。点击"继续"按钮，回到"线性回归"对话框，其他为系统默认值，点击"确定"按钮，得到如图 9-5 所示的结果输出图。

👆 **结果解释：**

表 9-1 Descriptive Statistics

	mean	Std. Deviation	N
血红蛋白	12.86100	.880864	10
钙	60.1790	11.81501	10
铁	433.6090	28.13023	10
镁	36.7230	7.37345	10
锰	.00720	.005007	10
铜	1.18190	.330432	10

Descriptive Statistics(表 9-1)为描述性统计量，mean 为均数，Std. Deviation 为标准偏差，N 为样本总数。

表 9-2 Correlations

		血红蛋白	钙	铁	镁	锰	铜
Pearson correlation	血红蛋白	1.000	−.101	.620	.246	−.003	−.193
	钙	−.101	1.000	.471	.500	.556	.894
	铁	.620	.471	1.000	.204	.517	.385
	镁	.246	.500	.204	1.000	−.011	.653
	锰	−.003	.556	.517	−.011	1.000	.451
	铜	−.193	.894	.385	.653	.451	1.000
Sig. (1-tailed)	血红蛋白	.	.391	.028	.247	.497	.296
	钙	.391	.	.085	.070	.048	.000
	铁	.028	.085	.	.286	.063	.136
	镁	.247	.070	.286	.	.488	.020
	锰	.497	.048	.063	.488	.	.095
	铜	.296	.000	.136	.020	.095	.
N	血红蛋白	10	10	10	10	10	10
	钙	10	10	10	10	10	10
	铁	10	10	10	10	10	10
	镁	10	10	10	10	10	10
	锰	10	10	10	10	10	10
	铜	10	10	10	10	10	10

Correlations(表 9-2)为相关性系数，Pearson Correlation 为皮尔逊相关，Sig.（1−tailed）为单侧检验，N 为样本总数。从表中可以看出因变量和 5 个自变量相互之间的皮尔逊相关系数和单侧检验的显著水平。

表 9-3 Variables entered/Removed

Model	Variables Entered	Variables Removed	Method
1	铜，铁，锰，镁，钙[a]	.	Enter

a. All requested variables entered。

Variable Entered/Removed(表 9-3)为输入/移去的变量,Model 为模型,Method 为方法,All requested variables entered 为已输入所有请求的变量。

表 9-4 Model Summary

Model	R	R Square	Adjusted R Square	Std. Error of the Estimate
1	.949ª	.902	.778	.414644

a. Predictors:(Constant),铜,铁,锰,镁,钙。

Model Summary(表 9-4)为模型汇总,R Square 为 R 方,Adjusted R Square 为调整 R 方,Std. Error of the Estimate 为标准估计的误差,Predictors 为预测变量,Constant 为常量。复相关系数 R=0.949,判断系数 R 方(R Square)=0.902,调整判定系数(Ad……)=0.778,标准估计的误差(Std……)=0.414644,即剩余标准差,可以判断回归方程的精确程度。

表 9-5 Anovaᵇ

Model		Sum of squares	df	Mean Square	F	Sig.
1	Regression	6.296	5	1.259	7.323	.038ª
	Residual	.688	4	.172		
	Total	6.983	9			

a. predictors:(Constant),铜,铁,锰,镁,钙。
b. Dependent Variable:血红蛋白。

Anovaᵇ(表 9-5)是回归方程方差分析表,Sum of squares 为平方和,Mean Square 为均方,Regression 为回归,Residual 为残差,Total 为总计。统计量 F=7.323,P=0.038<0.05,这就说明回归方程具有显著性,即因变量和自变量之间有线性回归关系。

表 9-6 Coefficientsa

Model		Understandardized Coefficients		Standardized Coefficients	t	Sig.	Collinearity Statistics	
		B	Std. Error	Beta			Tolerance	VIF
1	(Constant)	1.224	2.401		.510	.637		
	钙	.010	.029	.131	.338	.752	.164	6.094
	铁	.026	.006	.833	4.322	.012	.663	1.509
	镁	.089	.028	.741	3.131	.035	.440	2.275
	锰	1.263	39.384	.007	.032	.976	.491	2.035
	铜	−2.981	1.118	−1.118	−2.665	.056	.140	7.150

a. Dependent Variable:血红蛋白

Coefficients(表 9-6)为回归系数,Understandardized Coefficients 为非标准化系数,Standardized Coefficients 为标准系数,Std. Error 为标准误差,Beta 为试用版,Collinearity Statistics 为共线性统计量,Tolerance 为容差,VIF 为方差膨胀率。表 9-6 给出了非标准化系数的系数值、标准误差和标准系数值,而且对回归系数进行了 T 检验,给出了显著水平。拟合结果是:Y=1.224+0.10×钙+0.026×铁+0.089×镁+1.263×锰−2.981×铜。

对于多元线性回归模型,通常还要检验自变量之间是否存在共线性问题,Spss 对于共线性问题的检验有 4 个指标:

a. 容差——某自变量容差小于0.1,就存在共线性问题。
b. 方差膨胀率(VIF)——容差的倒数,膨胀率越大共线性问题越严重。
c. 特征根(Eigenvalue)——多个维度的特征根等于0,就可能存在共线性问题。
d. 条件指数(Condition Index)——某个维度条件指数大于30,就可能存在共线性问题。

表9-7 Collinearity Diagnostics

Model	Dimension	Eigenvalue	Condition Index	Variance Proportions					
				(Constant)	钙	铁	镁	锰	铜
1	1	5.700	1.000	.00	.00	.00	.00	.00	.00
	2	.240	4.870	.00	.00	.00	.01	.51	.00
	3	.042	11.591	.02	.00	.01	.02	.04	.09
	4	.013	21.308	.00	.09	.00	.81	.31	.05
	5	.003	40.396	.05	.89	.01	.16	.00	.85
	6	.001	63.327	.93	.01	.97	.00	.14	.00

Collinearity Diagnostics(表9-7)为共线性诊断,Dimension为维数,Eigenvalue为特征根,Condition Index为条件指数,Variance Proportions为方差比例。给出了模型1的共线性诊断结果。表9-7中容差都大于0.1,说明模型1不存在共线性问题。

实验50 如何用身高、肌肉质量、脂肪质量和专业推断体重

案例资料:已知网球、篮球专业女生各10名的身高、体重、肌肉质量和脂肪质量统计数据如表9-8所示。试求专业、身高、肌肉质量和脂肪质量与体重之间的线性关系?

表9-8 身高、体重、肌肉质量、脂肪质量统计表

专业	身高/cm	体重/kg	肌肉/kg	脂肪/kg	专业	身高/cm	体重/kg	肌肉/kg	脂肪/kg
网球	167	56.7	43.5	10.1	篮球	168	56.6	41.5	12.2
网球	162	47.3	36.9	7.7	篮球	168	53.5	43.4	7.0
网球	167	56.6	41.8	11.9	篮球	171	56.1	43.6	9.4
网球	164	55.9	43.4	9.5	篮球	168	64.6	42.1	19.5
网球	158	55.5	37.1	15.7	篮球	170	61.3	41.1	17.3
网球	168	52.9	38.8	11.3	篮球	181	70.5	48.7	18.4
网球	171	54.8	43.1	8.7	篮球	168	55.7	41.2	11.6
网球	166	53.5	41.9	8.6	篮球	174	62.4	47.1	12.0
网球	165	47.0	36.5	7.7	篮球	171	66.3	43.7	19.5
网球	163	58.4	43.9	11.4	篮球	173	63.3	42.3	18.0

资料分析:已知网球、篮球专业女生各10名的身高、体重、肌肉质量和脂肪质量数据,要求建立四个因素与体重之间的线性函数。常理所知在一定的范围内,专业、身高、肌肉质量和脂肪质量限制着个体的体重。本案例想寻找的是四个因素与体重之间的关系,故为多元线性回归。本案例要用到"分析(A)"菜单中"回归(R)"子菜单下的"线性(L)"选项来实现。

操作步骤：

步骤1：在Spss数据视图窗口中输入案例资料原始数据，如图9-6所示。

图9-6 输入数据（步骤1）　　　　图9-7 选择菜单（步骤2）

步骤2：在"分析（A）"菜单中，选择"回归（R）"菜单下的"线性（L）…"选项，如图9-7所示，弹出"线性回归"对话框，如图9-8所示。

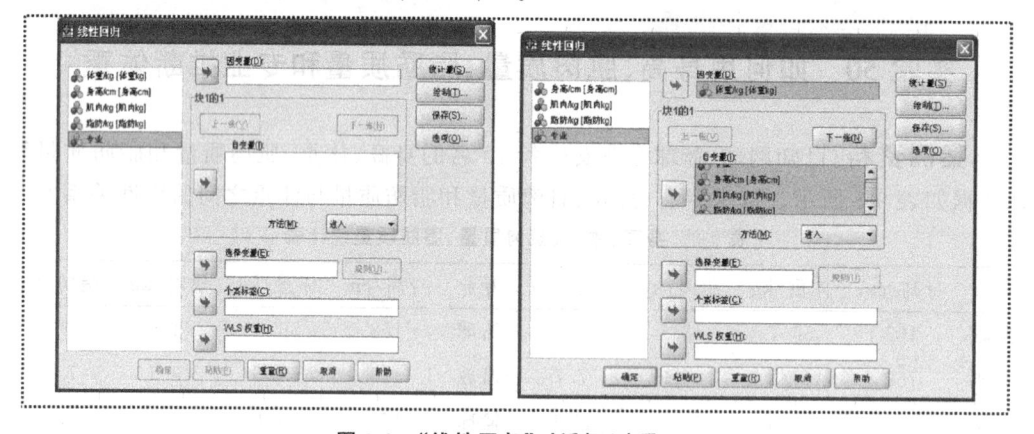

图9-8 "线性回归"对话框（步骤3）

步骤3：在"线性回归"对话框中，将"体重"选中（成为反显状态），单击旁边箭头状按钮，使"体重"进入"因变量（D）"框中，将"身高、肌肉、脂肪"选中（成为反显状态），单击旁边箭头状按钮，使"身高、脂肪、肌肉"进入"自变量（I）"框中，如图9-8所示。

步骤4：在"线性回归"对话框中，单击"统计量（S）"按钮，得到"线性回归：统计量"对话框，在"线性回归：统计量"对话框中，选择系统默认值："回归系数"方框选中"估计（E）"，在右边的复选框中选中"模型拟合度（M）"，在"残差"方框中选中"Durbin-Watson（U）"，如图9-9所示。

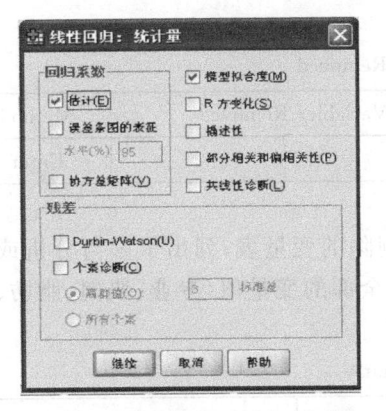

图 9-9 "统计量(S)"对话框(步骤4) 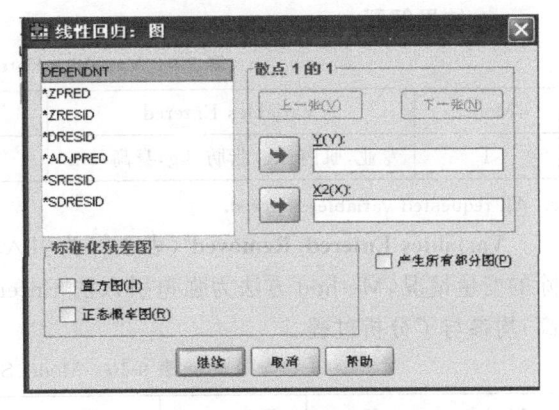　　图 9-10 "线性回归:绘制(T)"对话框(步骤5)

步骤5:在"线性回归"对话框中,单击"绘制(T)…"按钮得到"线性回归:图"对话框,其中有很多图形可以根据需要选择。本案例根据系统默认不选择,如图9-10所示。

步骤6:在"线性回归"对话框中,单击"保存(S)…"按钮得到"线性回归:保存"对话框,其中有些选项可以根据需要选择。本案例根据系统默认不选择,如图9-11所示,单击"继续"按钮,回到"线性回归"对话框。

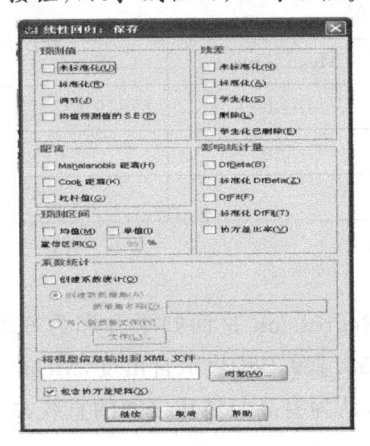

图 9-11 "线性回归:保存(S)"对话框(步骤6) 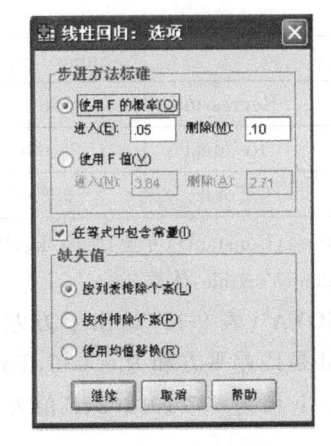　　图 9-12 "线性回归:选项"对话框(步骤7)

步骤7:在"线性回归"对话框中,单击"选项(O)…"按钮得到"线性回归:选项"对话框,有"步进方法标准"和"缺失值"两个方框可以根据需要选择,这里选择系统默认值,如图9-12所示。单击"继续"按钮,回到"线性回归"对话框,单击"确定"按钮,得到结果输出图,如图9-13所示。

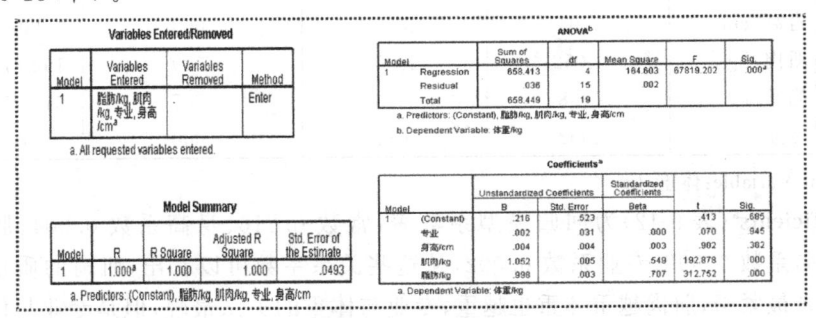

图 9-13 结果输出图

结果解释：

表 9-9 Variables Entered/Removed

Model	Variables Entered	Variables Removed	Method
1	专业,肌肉/kg,脂肪/kg,身高/cm[a]	.	Enter

a. All requested variables entered.

Variables Entered/Removed[b]（表 9-9）为引入或剔除的变量表,列出了参与分析或剔除的变量情况,Method 方法为强迫引入法 Enter,即全部的变量值（专业、肌肉、脂肪、身高）均参与了分析过程。

表 9-10 Model Summary

Model	R	R Square	Adjusted R Square	Std. Error of the Estimate
1	1.000[a]	1.000	1.000	.0493

a. Predictors:(Constant),专业,肌肉/kg,脂肪/kg,身高/cm

Model Summary[b]（表 9-10）为模型摘要表,其中 R 相关系数为 1,R Square 是 R 平方判定系数为 1,Adjusted R Square 是调整的 R 平方判定系数为 1,Std. Error of the Estimate 是估计值的标准误差为 0.0493。

表 9-11 ANOVA[b]

Model		Sum of Squares	df	Mean Square	F	Sig.
1	Regression	658.413	4	164.603	67819.202	.000[a]
	Residual	.036	15	.002		
	Total	658.449	19			

a. Predictors:(Constant),专业,肌肉/kg,脂肪/kg,身高/cm
b. Dependent Variable:体重/kg

ANOVA[b]（表 9-11）给出了方差分析的结果,Regression 是回归平方和为 658.413,Residual 是残差平方和为 0.036,Total 是总和为 658.449。df 表示自由度,Mean Square 为均方。F 值为 67819.202,P 值为 0.000[a]≤0.01,认为身高与体重之间的直线关系非常有意义。

表 9-12 Coefficients[a]

Model		Unstandardized Coefficients B	Std. Error	Standardized Coefficients Beta	t	Sig.
1	(Constant)	.216	.523		.413	.685
	身高/cm	.004	.004	.003	.902	.382
	肌肉/kg	1.052	.005	.549	192.878	.000
	脂肪/kg	.998	.003	.707	312.752	.000
	专业	.002	.031	.000	.070	.945

a. Dependent Variable:体重/kg

Coefficients[a]（表 9-12）为回归模型系数表,常数 0.216、身高系数 0.004、肌肉系数 1.052、脂肪系数 0.998、专业系数 0.002,从这些关系系数可以看出,肌肉的质量与体重之间的关系最紧密,肌肉越重体重也越重,专业与体重的关系最轻,但是专业与体重之间仍旧存在正相关关系。Std. Error 为标准误,Standardized Coefficients 为标准化系数,总

体 t 值为 0.413,从 Sig. 看出,身高和专业与体重之间没有显著地关系。得出回归方程:
$y=0.004x_1+1.052x_2+0.998x_3+0.002x_4+0.216$。

实验 51　如何计算 100 m 跑成绩和身高、年龄之间的关系

案例资料:已知某体工队男子 100 m 跑成绩及其相对应的身高和年龄统计如表 9-13 所示,试计算 100 m 跑与身高或年龄之间的关系。

表 9-13　成绩、身高、年龄统计表

成绩/s	身高/cm	年龄/y	成绩/s	身高/cm	年龄/y
12.45	168	14	11.71	173.6	18
12.3	170	15	11.56	174	19
12.04	172	16	11.32	177	20
11.88	172.5	17	11.09	177.5	21

资料分析:已知某体工队的 100 m 跑成绩及其相对应的身高和年龄,要去预测某一年龄和身高的成绩,首先求出上面数据分布关系。这两个相关变量之间的关系的可以采用很多的方法求得,从简单的直线模型到复杂的时间序列模型,但是均不能马上确立一个合适的模型,在这种情况下,可以采用曲线估计在众多的回归模型中来建立一个比较简单适用的模型。曲线估计第一步是要对已有数据绘制成为散点图,观察数据的分布情况,并根据曲线的分别特征选择模型。采用曲线估计可以方便地进行线性拟合、二次拟合、三次拟合、指数拟合和对数拟合等。本案例要用到"分析(A)"菜单中"回归(R)"子菜单下的"曲线估计(C)"选项来实现。

操作步骤:

步骤 1:在 Spss 数据视图窗口中输入案例资料原始数据,如图 9-14 所示。

图 9-14　输入数据(步骤 1)　　　　图 9-15　选择菜单(步骤 2)

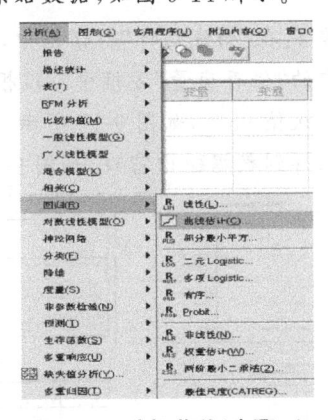

步骤 2:在"分析(A)"菜单中选择"回归"子菜单下的"曲线估计(C)…"选项,如图 9-15示,弹出"曲线估计"对话框,如图 9-16 所示。

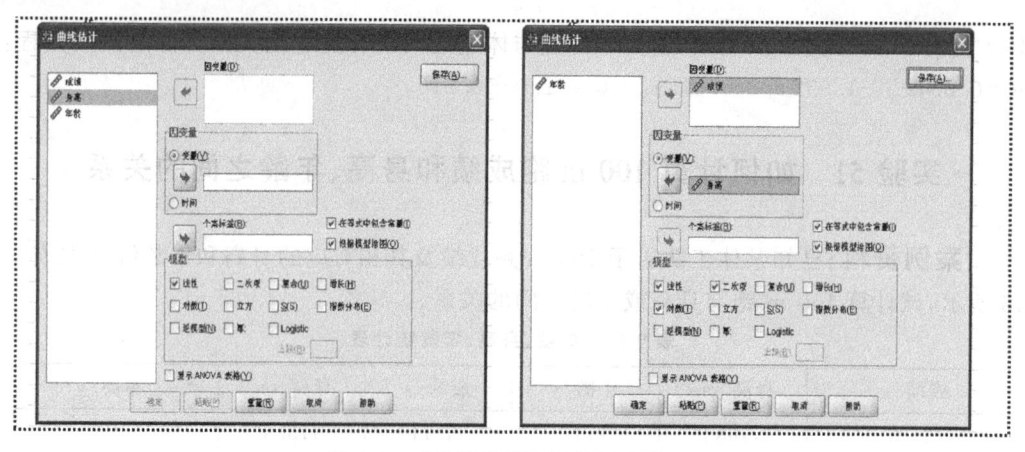

图 9-16 "曲线估计"对话框(步骤 3)

步骤 3：在"曲线估计"对话框中，将"成绩"选中（成为反显状态），单击旁边箭头状按钮，使"成绩"进入"因变量(D)"框中，将"身高"选中（成为反显状态），单击旁边箭头状按钮，使"身高"进入"自变量(V)"框中，如图 9-16 所示。

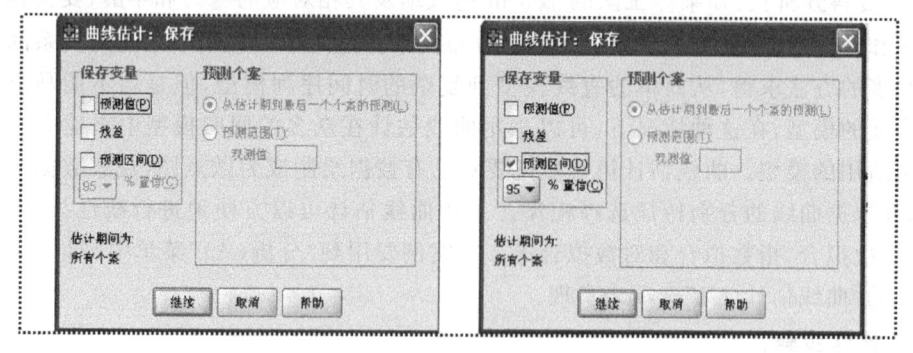

图 9-17 "曲线估计：保存(A)"对话框(步骤 4)

步骤 4：在"曲线估计"对话框中，单击"保存"按钮，得到"曲线估计：保存"对话框，在对话框中的"保存变量"方框中可以根据需要保存内容，在这里选择"预测区间(D)"，并采用系统默认值 95%，如图 9-17 所示。单击"继续"按钮，回到"曲线估计"对话框，单击"确定"按钮，得到数据输出窗口，如图 9-18 所示。

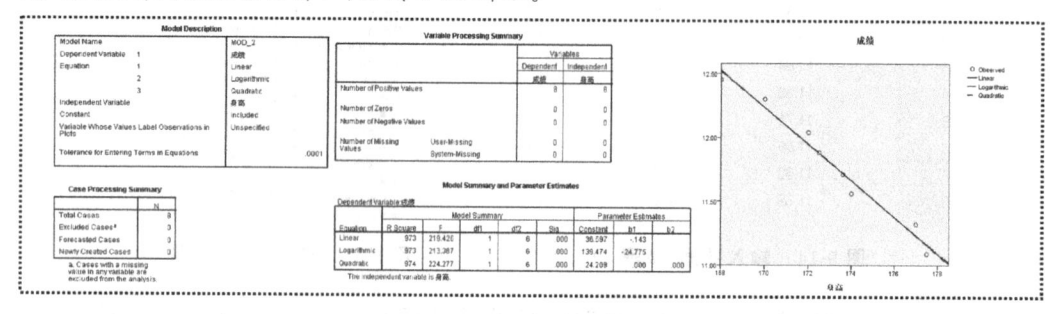

图 9-18 数据输出窗口

步骤 5：计算年龄与成绩的关系，在第三步时，在因变量单选框中选择"时间"，并选中年龄序列即可，得到结果输出图，如图 9-19 所示。

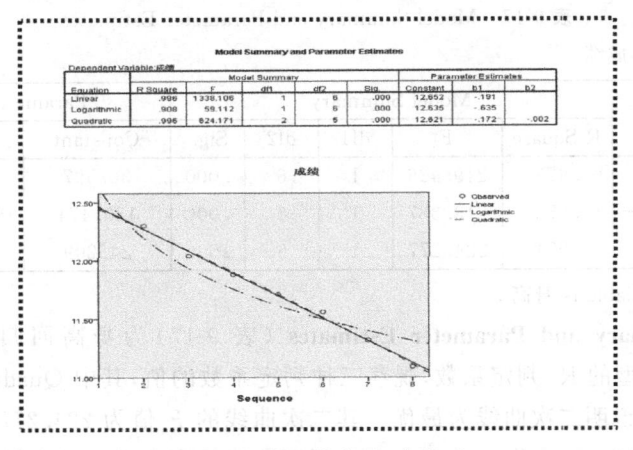

图 9-19　结果输出图(步骤 5)

💡 **结果解释：**

表 9-14　Model Description

Model Name		MOD_2
Dependent Variable	1	成绩
Equation	1	Linear
	2	Logarithmic
	3	Quadratic
Independent Variable		身高
Constant		Included
Variable Whose Values Label Observations in Plots		Unspecified
Tolerance for Entering Terms in Equations		.0001

Model Description(表 9-14)为模型的简单描述。自变量 Dependent Variable 为成绩,因变量 Independent Variable 为身高,Equation 对应的是选择的三种模型,Linear 为直线、Logarithmic 对数曲线、Quadratic 为二次曲线。

表 9-15　Case Processing Summary

	N
Total Cases	8
Excluded Cases[a]	0
Forecasted Cases	0
Newly Created Cases	0

a. Cases with a missing value in any variable are excluded from the analysis.

表 9-16　Variable Processing Summary

		Variables	
		Dependent	Independent
		成绩	身高
Number of Positive Values		8	8
Number of Zeros		0	0
Number of Negative Values		0	0
Number of Missing Values	User-Missing	0	0
	System-Missing	0	0

Case Processing Summary(表 9-15)为观测值摘要,Total Cases 总的案例为 8 个。

Variable Processing Summary(表 9-16)为变量摘要,自变量 Dependent 成绩为 8 个,因变量 Independent 身高为 8 个。

表 9-17　Model Summary and Parameter Estimates

Dependent Variable：成绩

Equation	Model Summary					Parameter Estimates		
	R Square	F	df1	df2	Sig.	Constant	b1	b2
Linear	.973	219.426	1	6	.000	36.597	−.143	
Logarithmic	.973	213.387	1	6	.000	139.474	−24.775	
Quadratic	.974	224.277	1	6	.000	24.209	.000	.000

The independent variable is 身高.

Model Summary and Parameter Estimates（表 9-17）为身高回归模型的系数，R Square 为三种模型的 R^2 判定系数，观察三种判定系数的值，其中 Quadratic 二次曲线的值最大为 0.974，说明二次曲线为最优。其二次曲线的 F 值为 224.277，df1（自由度）为 1，df2（自由度）为 6。Sig. 为 $0.000 \leqslant 0.05$，说明曲线具有意义。因为保留的小数位数只有 3 位，所以表格中的数据显示为 0.000，在表中可以看到其身高与成绩的最优曲线为：

$$y = 24.20891847303495 + 0 \times x - 0.0004143353573872613 \times x^2$$

从图 9-20 所示为身高回归曲线，回归曲线中可以看到三种模型。从直观上来看差异不是很明显，均与实际的观测值符合较好。

Model Summary and Parameter Estimates（表 9-18）为年龄回归模型的系数，在这里列出来让读者自己分析。其最优曲线为：

$$y = 12.62125 - 0.1720833333333326 \times x - 0.00208333333333339 \times x^2 。$$

表 9-18　Model Summary and Parameter Estimates

Dependent Variable：成绩

Equation	Model Summary					Parameter Estimates		
	R Square	F	df1	df2	Sig.	Constant	b1	b2
Linear	.996	1338.106	1	6	.000	12.652	−.191	
Logarithmic	.908	59.112	1	6	.000	12.635	−.635	
Quadratic	.996	624.171	2	5	.000	12.621	−.172	−.002

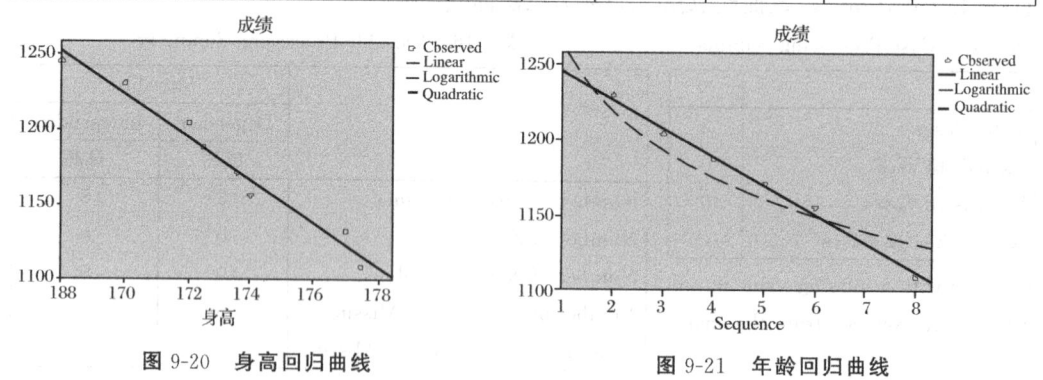

图 9-20　身高回归曲线

图 9-21　年龄回归曲线

从图 9-21 年龄回归曲线上看，直线和二次回归差异不明显，与实际的观测值符合较好，而对数曲线与观测值曲线相差悬殊，说明其曲线模型不适合本例使用。

实验 52 如何进行二元 logistic 分析

案例资料:已知某高校某班大一 23 名女生体能测试成绩如表 9-19 所示(单位:分)。结果要分为达标与不达标两类,其中"达标"要求单科成绩不低于 55 分,总分不低于 240 分,否则定为"不达标",要求根据这些数据建立一个回归方程。

表 9-19 23 名女生体能测试成绩统计表

单位:分

学号	800 m	立定跳远	实心球	60 m 跑	总分	通过
1	74	79	64	65	282	1
2	96	68	95	53	311	0
3	83	86	93	96	359	1
4	72	86	57	79	294	1
5	72	98	91	60	321	1
6	95	73	96	52	317	0
7	96	54	65	100	314	0
8	84	54	85	68	292	0
9	65	83	87	69	305	1
10	69	83	85	73	309	1
11	67	99	60	87	313	1
12	56	83	79	92	311	1
13	85	74	87	81	327	1
14	62	64	78	83	289	1
15	83	51	93	61	288	0
16	92	71	70	78	311	1
17	90	79	65	67	301	1
18	82	60	80	95	318	1
19	94	87	84	59	324	1
20	95	66	89	99	350	1
21	94	84	70	81	328	1
22	74	90	58	72	294	1
23	52	90	87	57	286	0

资料分析:已知某高校某班大一 23 名女生体能测试成绩,结果分为达标与不达标两类,其中"达标"要求单科成绩不低于 55 分,总分不低于 240 分,否则定为"不达标"。1 表示达标,0 表示不达标。该题属于二级计分或二级评定类型,应该选择二元 logistic。其二元 logistic 分析的因变量取值为 0 和 1,代表二级计分或二级评定,自变量可以是分类变量,也可以是连续变量。如果因变量超过两类,可以利用判别分析来确定变量分组情况,如果因变量是连续的,可以利用回归过程从一组自变量来预测因变量的值,本案例

要用到"分析(A)"菜单中"回归(R)"子菜单下的"二元 logistic…"选项来实现。

操作步骤：

步骤1：在 Spss 数据视图窗口中输入案例资料原始数据，如图 9-22 所示。

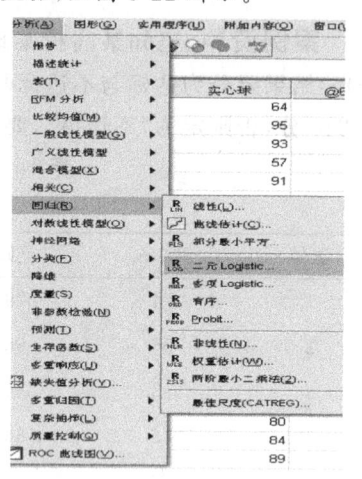

图 9-22　输入数据(步骤 1)　　　　　图 9-23　选择菜单(步骤 2)

步骤2：在"分析(A)"菜单中选择"回归"子菜单下的"二元 logistic…"选项，如图 9-23 所示，弹出"logistic 回归"对话框，如 9-24 左图所示。

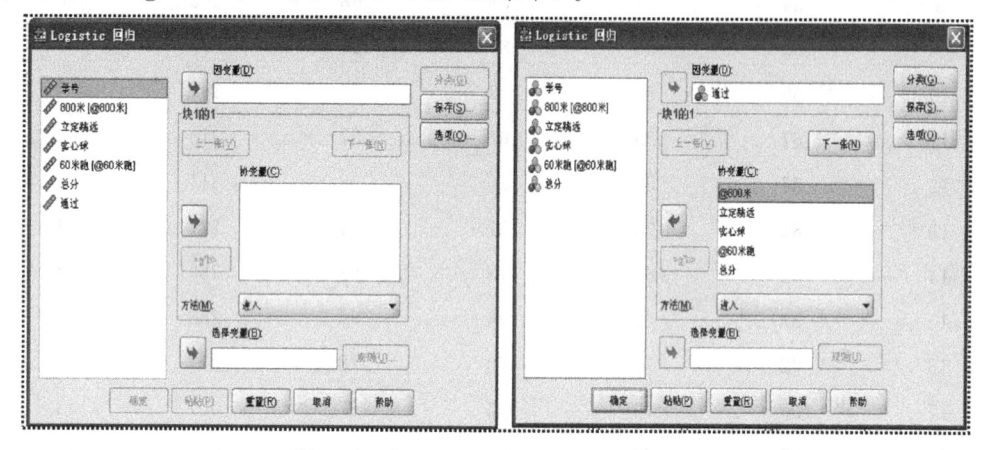

图 9-24　"logistic 回归"对话框(步骤 3)

步骤3：在"logistic 回归"对话框中，将"通过"选中(成为反显状态)，单击旁边箭头按钮，使"通过"进入"因变量(D)"框中，将"800 米"、"立定跳远"、"60 米跑"和"总分"选中(成为反显状态)，单击旁边箭头按钮，使"800 米"、"立定跳远"、"实心球"、"60 米跑"和"总分"进入"协变量(C)"框中。方法(M)处选择系统默认的"进入"，表示所有的变量都将强制进入回归方程。在选择变量(B)处可以选择参加计算的变量，在这里全部数据均参加，故不选择，如图 9-24 所示。

步骤4：在"logistic 回归"对话框中，单击"分类"按钮，得到"回归：定义分类变量"对话框，将"协变量(C)"方框中的所有变量选中，单击旁边的箭头按钮，使其进入"分类协变量(T)"方框中，在"更改与对比"方框下的"对比(N)"中选择对比方式，单击"更改"确定。在"参考类别"中选择参考的类别，在这里均选择系统默认值，如图 9-25(右图)所示，单击"继续"按钮回到"logistic 回归"对话框。

298

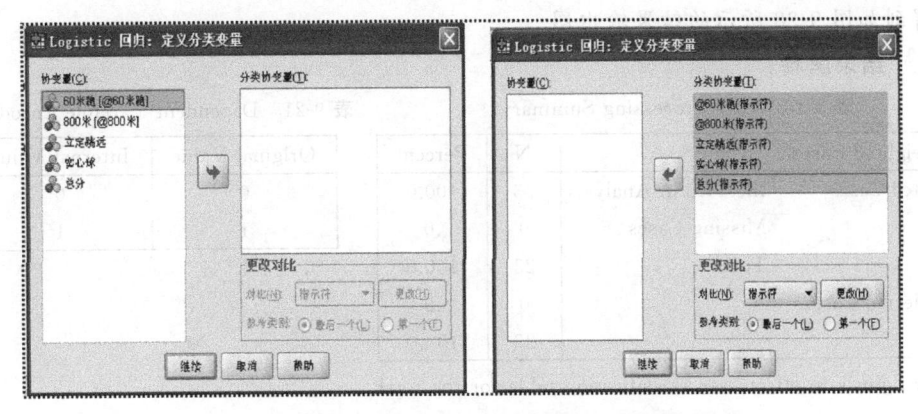

图 9-25 "logistic 回归:定义分类变量"对话框(步骤 4)

步骤 5:在"logistic 回归"对话框中,单击"保存"按钮,得到"回归:保存"对话框,有"预测值"、"残差"和"影响"三个方框中的内容可供读者选择。还可以在"将模型信息输出到 XML 文件"处,选择保存的位置。在这里选择系统默认值,如图 9-26 所示。单击"继续"按钮,回到"logistic 回归"对话框。

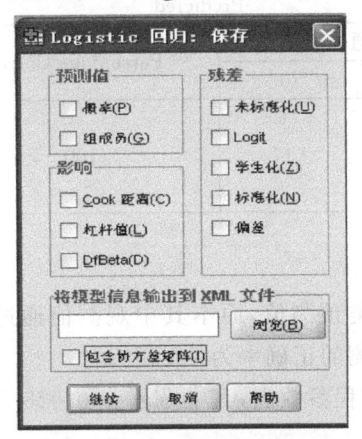

图 9-26 "logistic 回归:保存"对话框(步骤 5) 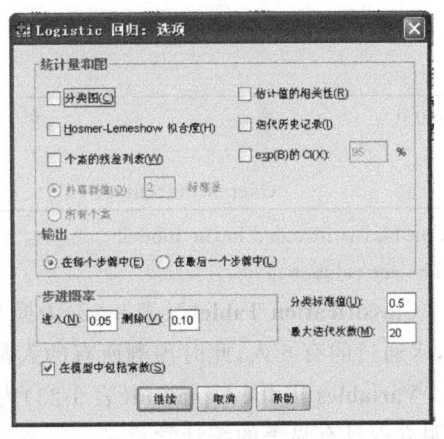　　图 9-27 "logistic 回归:选项"对话框(步骤 6)

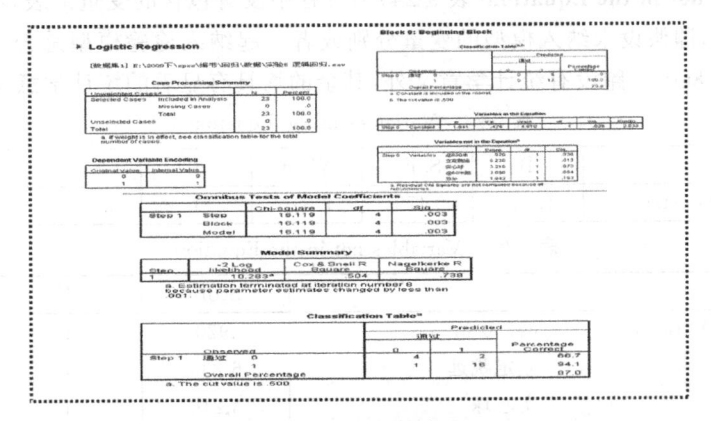

图 9-28 结果输出图

步骤 6:在"logistic 回归"对话框中,单击"选项"按钮,得到"回归:选项"对话框,有"统计量图形"、"输出"和"进步概率"三个方框中的内容可供读者选择。在这里选择系统默认值,如图 9-27 所示。单击"继续"按钮,回到"logistic 回归"对话框。单击"确定"按

299

钮,得到如图 9-28 所示的结果输出图。

👉 **结果解释:**

表 9-20　Case Processing Summary

Unweighted Cases[a]		N	Percent
Selected Cases	Included in Analysis	23	100.0
	Missing Cases	0	.0
	Total	23	100.0
Unselected Cases		0	.0
Total		23	100.0

表 9-21　Dependent Variable Encoding

Original Value	Internal Value
0	0
1	1

a. If weight is in effect, see classification table for the total number of cases.

Case Processing Summary(表 9-20)是观测值摘要表,Included in Analysis 分析数据 23 个,Missing Cases 缺失值为 0,Total 为 23 个。

Dependent Variable Encoding(表 9-21)为变量代码表,其变量代码为 0 和 1。

表 9-22　Classification Table[a,b]

	Observed		Predicted		
			通过		Percentage Correct
			0	1	
Step 0	通过	0	0	6	.0
		1	0	17	100.0
	Overall Percentage				73.9

a. Constant is included in the model.
b. The cut value is .500

Classification Table[a,b](表 9-22)为模型初始分类预测值,原本其中观测值通过有 17 人,未通过的有 6 人,此时预测所有的人都通过,预测的正确率为 73.9%。

Variables in the Equation(表 9-23)为 Step 0 方程参数表,其中 Sig.=0.028≤0.05,说明方程具有显著的统计学意义。

Variables not in the Equation(表 9-24)为方程中没有包含的变量值表,本步骤是一个预分析的过程,即假设未纳入模型的变量分别或者一起纳入检验模型是否具有统计学意义。除总分和 800 m 跑没有统计学意义外,其余的均具有显著的统计学意义。

表 9-23　Variables in the Equation

		B	S. E.	Wald	df	Sig.	Exp(B)
Step 0	Constant	1.041	.475	4.810	1	.028	2.833

表 9-24　Variables not in the Equation[a]

			Score	df	Sig.
Step 0	Variables	@800 m	.920	1	.338
		立定跳远	6.236	1	.013
		实心球	3.216	1	.073
		@60 m 跑	3.698	1	.054
		总分	1.943	1	.163

a. Residual Chi-Squares are not computed because of redundancies.

Omnibus Tests of Model Coefficients(表 9-25)为模型全局检验结果表,Step 1(步骤

1)用了 Step、Block 和 Model 三种方法,Sig.＝4＞0.05,说明模型具有统计学意义。

表 9-25　Omnibus Tests of Model Coefficients

		Chi-square	df	Sig.
Step 1	Step	16.119	4	4
	Block	16.119	4	4
	Model	16.119	4	4

Model Summary(表 9-26)为模型情况摘要表,-2 Log likelihood 为 10.283^a,Cox & Snell R Square 决定系数为 0.504。从数据上看,模型的拟合度较差。

表 9-26　Model Summary

Step	-2 Log likelihood	Cox & Snell R Square	Nagelkerke R Square
1	10.283^a	.504	.738

a. Estimation terminated at iteration number 8 because parameter estimates changed by less than .001.

Classification Table[a](表 9-27)为模型分类预测值表,其中预测 0＝未通过的正确率为 66.7%,预测 1＝通过的正确率为 94.1%,总的正确率为 87.0%。

表 9-27　Classification Table[a]

Observed			Predicted 通过 0	Predicted 通过 1	Percentage Correct
Step 1	通过	0	4	2	66.7
		1	1	16	94.1
	Overall Percentage	1	1	16	87.0

Variables in the Equation(表 9-28)为最终模型参数表,分别给出常数项的系数 B,标准误差 S.E.,Wald 卡方值,df 自由度,Sig. 值和 Exp(B)。

其方程式为:$p=\dfrac{e^{-32.762+0.033x_1+0.28x_2-0.038x_3+0.185x_4}}{1+e^{-32.762+0.033x_1+0.28x_2-0.038x_3+0.185x_4}}$,若 $p<0.5$,即 $y=0$,表明该生未通过测试;若 p 在 0.5～1 之间,即 $y=1$,表明该生通过测试。

表 9-28　Variables in the Equation

		B	S.E.	Wald	df	Sig.	Exp(B)
Step 1[a]	@800 m	.033	.062	.277	1	.599	1.033
	立定跳远	.280	.167	2.797	1	.094	1.323
	实心球	$-.038$	.094	.167	1	.683	.962
	@60 m 跑	.185	.126	2.161	1	.142	1.203
	Constant	-32.762	23.248	1.986	1	.159	.000

a. Variable(s) entered on step 1:@800 m,立定跳远,实心球,@60 m 跑。

实验 53　如何进行非线性回归分析

案例资料: 已知某体育学院排球专业 21 名男生的身高、体重和脂肪质量的数据资料如表 9-29 所示。试计算体重与身高和脂肪质量之间的关系方程式。

表 9-29　21 名男生身高、体重和脂肪质量统计表

体重	身高	脂肪	体重	身高	脂肪	体重	身高	脂肪
82.6	187	8.2	77	182	13.5	63	173	6.4
66.2	175	8.7	67.2	175	9.7	77.5	175	11.7
61.7	170	8.2	73.4	178	12.1	71.7	186	7.6
74.1	178	11.3	66.5	180	8.1	73.1	173	14.8
69.6	180	13	69.3	166	11.1	91.7	185	17.9
75.9	175	11.2	69.8	178	10.8	85.1	192	16.6
61.8	177	7.1	64	169	9.4	71.5	189	7.9

资料分析: 已知某体育学院排球专业 21 名男生的身高、体重和脂肪质量的数据资料,要计算体重与身高和脂肪质量之间的关系方程式。先利用数据作出 3-D 散点图,图形表明线性关系不明显,如图 9-30 所示。在这种情况下,可以采用非线性回归。在进行非线性回归分析操作时要注意:1. 确定函数的类型。主要依靠专业知识,从理论上或根据实际经验加以确定,或者根据散点图的分布趋势的形状与已知的初等函数的图形相比较来进行选择。2. 确定该类型过程中未知参数的估计。本案例要用到"分析(A)"菜单中"回归(R)"子菜单下的"非线性(N)"选项来实现。

操作步骤:

步骤 1:在 Spss 数据视图窗口中输入案例资料原始数据,如图 9-29 所示。

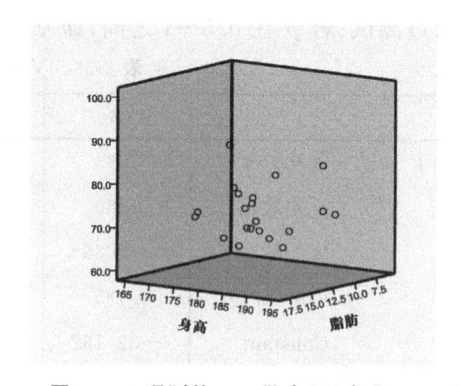

图 9-29　输入数据(步骤 1)　　　　图 9-30　观测值 3-D 散点图(步骤 2)

步骤 2:在"图形"菜单中,选择"散点图"中的"3-D",得到 3-D 散点图,如图 9-30 所示。从图可以观察到,变量间的线性关系不是很明显。因此,为了区分体重受身高的影响,故而拟定以下形式的回归方程:$\hat{y}=b_0+b_1x_1+b_2x_2^n$。

步骤 3:为求初始值,采用消元法,取 $n=3$,和三组实际观测值,带入 $\hat{y}=b_0+b_1x_1+$

$b_2x_2{}^n$。得到方程式：

$$\begin{cases} 82.6 = b_0 + 187b_1 + b_2(8.2)^3 \\ 66.2 = b_0 + 175b_1 + b_2(8.7)^3 \\ 62.7 = b_0 + 170b_1 + b_2(11.3)^3 \end{cases}$$

根据方程式得到初始值为：$b_0 = -179.972, b_1 = 1.395, b_2 = 0.003$。

步骤4：在"分析(A)"菜单中，选择"回归(R)"子菜单下的"非线性(N)"选项，如图9-31示，弹出"非线性回归"对话框。

步骤5：在"非线性回归"对话框中，将"体重"选中(成为反显状态)，单击旁边"箭头"状按钮，使"体重"进入"因变量(D)"框中，将公式"b0+(b1*脂肪)+b2*(身高)**3"输入"模型表达式(M)"框中，如图9-32所示。

步骤6：在"非线性回归"对话框中，单击"参数(A)"，得到"非线性回归：参数"，在"名称(N)"中输入"b0"，在"初始值(S)"中输入"-179.972"，单击"添加"。继续定义"b1"，"b2"的值，如图9-33(右图)所示。

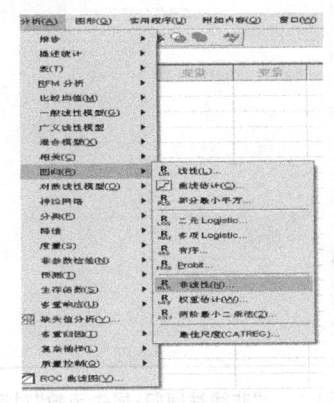

图9-31 选择菜单(步骤4)

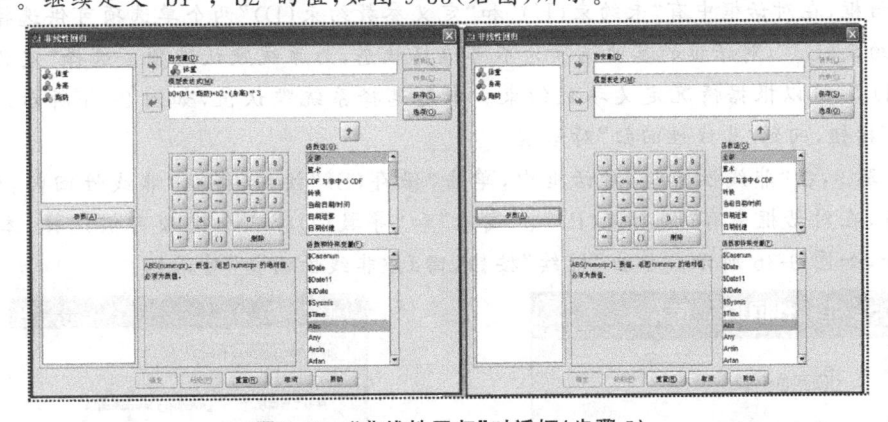

图9-32 "非线性回归"对话框(步骤5)

图9-33 "非线性回归：参数"对话框(步骤6)

步骤7：在"非线性回归"对话框中，单击"损失(L)"按钮，得到"非线性回归：损失函数"对话框,在对话框中有"残差平方和(S)"和"用户定义的损失函数(U)"两个单选项可供选择。选择"残差平方和(S)",对话框的其他选项为不可编辑状态,为系统默认选项。选择"用户定义的损失函数(U)",可以根据情况定义损失函数。本题选择系统默认值,如图9-34所示。单击"继续"按钮,回到"非线性回归"对话框。

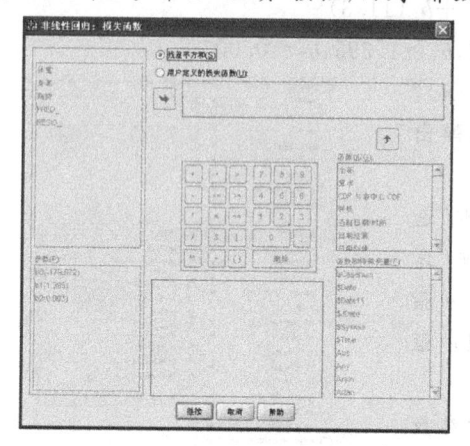

图9-34 "非线性回归:损失函数"对话框(步骤7) 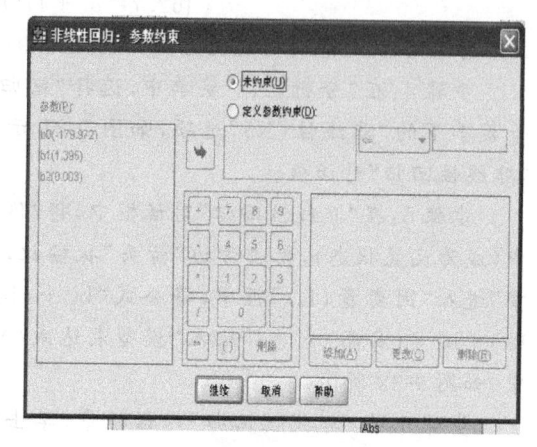　　图9-35 "非线性回归:参数约束"对话框(步骤8)

步骤8:在"非线性回归"对话框中,单击"约束(C)"按钮,得到"非线性回归:参数约束"对话框,在对话框中有"未约束(U)"和"定义参数约束(D)"两个单选项可供选择。选择"未约束(U)",对话框的其他选项为不可编辑状态,为系统默认选项。选择"定义参数约束(D)",可以根据情况定义参数约束。本题选择系统默认值,如图9-35所示。单击"继续"按钮,回到"非线性回归"对话框。

步骤9:在"非线性回归"对话框中,单击"保存(S)"按钮,得到"非线性回归:保存"对话框,在对话框中有"预测值(P)"、"残差"和"导数(D)"三个选项可供选择,本题不作选择,如图9-36所示。单击"继续"按钮,回到"非线性回归"对话框。

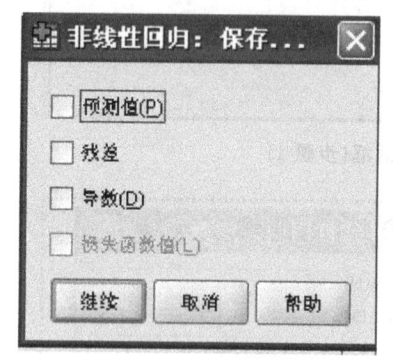

图9-36 "非线性回归:保存"对话框(步骤9) 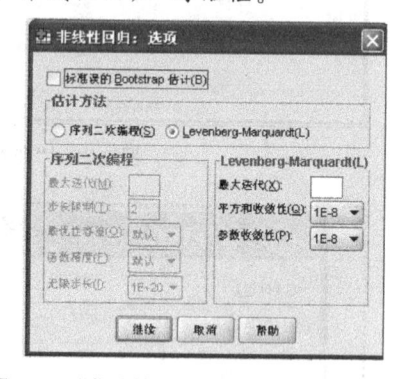　　图9-37 "非线性回归:选项"对话框(步骤10)

步骤10:在"非线性回归"对话框中,单击"选项(O)"按钮,得到"非线性回归:选项"对话框,在对话框中有"估计方法"、"序列二次编程(S)"和"Levenberg—Marquardt(L)"三个方框,以及"标准误的Bootstrap估计(B)"复选项可供选择,本题选择系统默认值,如图9-37所示。单击"继续"按钮,回到"非线性回归"对话框,单击"确定"按钮,得到如图9-38所示的结果输出图。

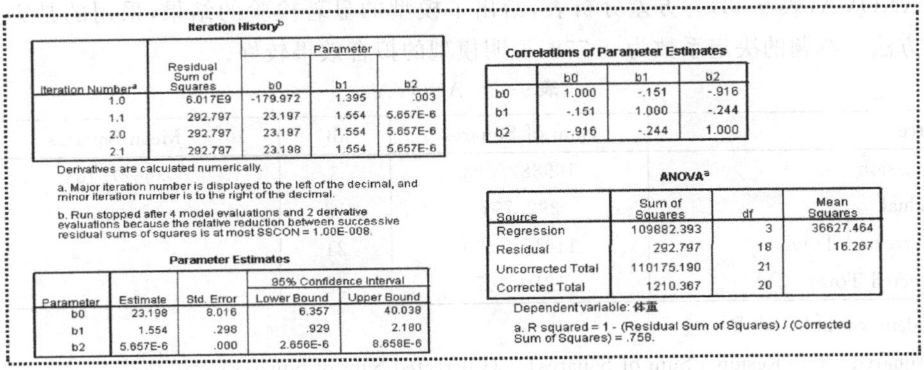

图 9-38　结果输出图

结果解释：

表 9-30　Iteration History[b]

Iteration Number[a]	Residual Sum of Squares	Parameter		
		b0	b1	b2
1.0	6.017E9	−179.972	1.395	.003
1.1	292.797	23.197	1.554	5.657E-6
2.0	292.797	23.197	1.554	5.657E-6
2.1	292.797	23.198	1.554	5.657E-6

a. Major iteration number is displayed to the left of the decimal, and minor iteration number is to the right of the decimal.
b. Run stopped after 4 model evaluations and 2 derivative evaluations because the relative reduction between successive residual sums of squares is at most SSCON = 1.00E-008.

Iteration History[b]（表 9-30）为参数拟合的迭代过程表，在表中给出模拟中参数在每一步骤迭代过程中的取值，分析下面的注解得知：本题共迭代了 4 次，损失值的差值小于 1.00E-008，从此停止迭代。

表 9-31　Parameter Estimates

Parameter	Estimate	Std. Error	95% Confidence Interval	
			Lower Bound	Upper Bound
b0	23.198	8.016	6.357	40.038
b1	1.554	.298	.929	2.180
b2	5.657E-6	.000	2.656E-6	8.658E-6

Parameter Estimates（表 9-31）为参数估计值表，给出参数估计值 Estimate，以及在 95％ 的区间，95％ Confidence Interval 内的最低值 Lower Bound 和最高值 Upper Bound。由此表可以得到方程为：$\hat{y} = 23.198 + 1.554x_1 + 0.00000657x_2^n$。

表 9-32　Correlations of Parameter Estimates

	b0	b1	b2
b0	1.000	−.151	−.916
b1	−.151	1.000	−.244
b2	−.916	−.244	1.000

Correlations of Parameter Estimates（表 9-32）为参数相关系数矩阵表，列出了各个参数之间的相关关系。系数值越大，相关关系越紧密，负值说明的是参数之间的关系为负相关。

ANOVA(表 9-33)为方差分析表,给出了模型的显著检验的结果,采用的是方差分析的方法。本题的决定系数为 0.758,说明模型的拟合效果较好。

表 9-33 ANOVA[a]

Source	Sum of Squares	df	Mean Squares
Regression	109882.393	3	36627.464
Residual	292.797	18	16.267
Uncorrected Total	110175.190	21	
Corrected Total	1210.367	20	

Dependent variable:体重

a. R squared=1－(Residual Sum of Squares)/(Corrected Sum of Squares)=0.758.

实验 54 如何进行概率分析回归

案例资料:研究某药物对患病大白鼠的药性,现有统计数据如表 9-34 所示,试计算药物对大白鼠的半数治愈剂量。

表 9-34 某药物剂量与治愈动物数量统计表

剂量/mg·kg^{-1}	患病动物/只	治愈动物/只	剂量/mg·kg^{-1}	患病动物/只	治愈动物/只
3	10	0	7	10	8
4	10	2	8	10	10
5	10	4	9	10	7
6	10	6	10	10	5

资料分析:由上面的数据可以看到,按照药物的用量来分成了 8 组,每组的患病大白鼠都是 10 只,但是治愈大白鼠的数量根据剂量的不同而不同,这是一组刺激强度与反应比例的关系的数据,要计算该数据的半数治愈剂量,对这种数据的分析,一般采用概率分析回归。该分析是用来检验反应比例与刺激强度之间的关系,对每一个刺激水平,数据必须是包括全部的实验数据和对刺激作出反应的数据的总和。如果反应量具有两分属性,但是缺少几组带有相同值的自变量的研究对象时应该使用逻辑回归过程,本案例要用到"分析(A)"菜单中"回归"子菜单下的"probit…"选项来实现。

操作步骤:

步骤 1:在 Spss 数据视图窗口中输入案例资料原始数据,如图 9-47 所示。

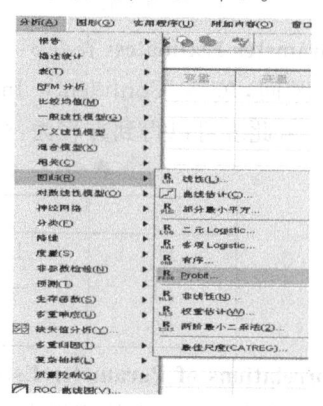

图 9-39 输入数据(步骤 1)   图 9-40 选择菜单(步骤 2)

步骤2：在"分析(A)"菜单中，选择"回归"子菜单下的"Probit…"选项，如图9-40所示，弹出"Probit 分析"对话框。

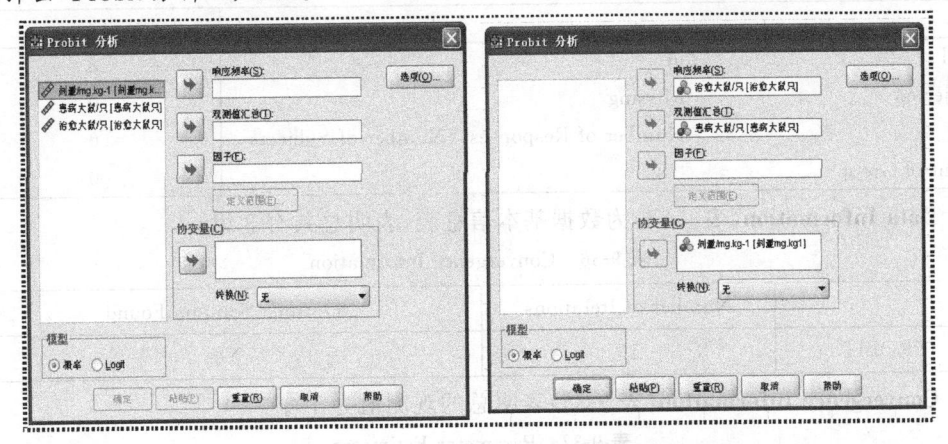

图9-41 "Probit 分析"对话框(步骤3)

步骤3：在"Probit 分析"对话框中，将"治愈大鼠只数"选中(成为反显状态)，单击旁边"箭头"按钮，使之进入"响应概率(S)"框中；将"患病大鼠只数"选中(成为反显状态)，单击旁边"箭头"按钮，使之进入"观测值汇总(T)"框中；将"剂量"选中(成为反显状态)，单击旁边"箭头"按钮，使之进入"协变量(C)"框中，如图9-41所示。

步骤4：在"Probit 分析"对话框中，单击"选项(O)"按钮，得到"非线性回归：选项"对话框，在对话框中有"统计量"、"自然响应频率"和"标准"三个方框。可以根据自己的需要选择，本题选择系统默认值，如图9-42所示。单击"继续"按钮，回到"非线性回归"对话框。单击"确定"按钮，得到如图9-43所示的结果输出图。

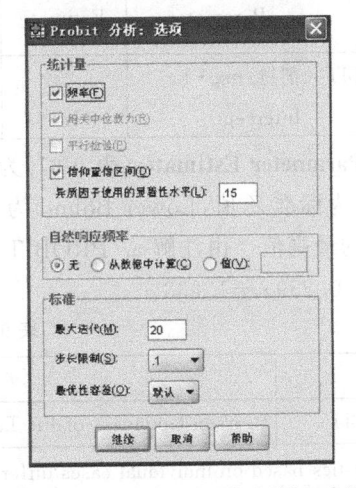

图9-42 "Pprobit 分析：选项"对话框(步骤4)

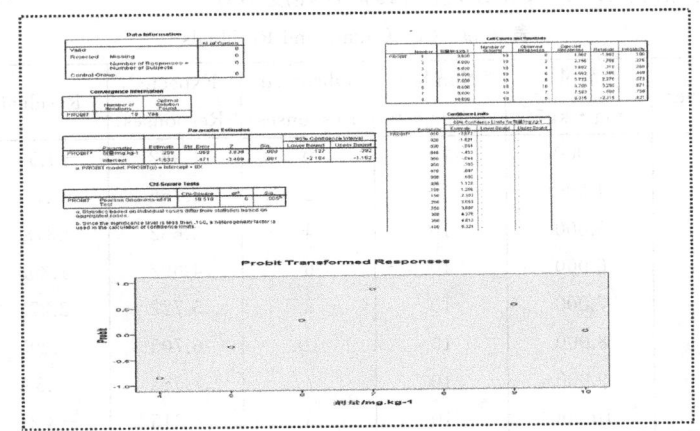

图9-43 结果输出图

> 结果解释：

表 9-35 Data Information

		N of Cases
Val	id	8
Rejected	Missing	0
	Number of Responses>Number of Subjects	0
Control Group		0

Data Information(表 9-35)为数据基本信息表,表明总共有 8 组。

表 9-36 Convergence Information

	Number of Iterations	Optimal Solution Found
PROBIT	10	Yes

Convergence Information(表 9-36)表明总的观测值为 10。

表 9-37 Parameter Estimates

	Parameter	Estimate	Std. Error	Z	Sig.	95% Confidence Interval	
						Lower Bound	Upper Bound
PROBIT[a]	剂量/mg·kg^{-1}	.259	.068	3.839	.000	.127	.392
	Intercept	−1.633	.471	−3.469	.001	−2.104	−1.162

Parameter Estimates(表 9-37)为参数估计表,Estimate 为估计值,Std. Error 为标准误,Z 为标准 Z 值,Lower Bound 为 95% 置信区间的最低值,Upper Bound 为 95% 置信区间的最高值。由注解 a. PROBIT model：PROBIT(p)＝Intercept＋BX 得知,模型的为 $y=0.259x-1.633$。

表 9-38 Chi-Square Tests

		Chi-Square	df[a]	Sig.
PROBIT	Pearson Goodness-of-Fit Test	18.518	6	.005[b]

a. Statistics based on individual cases differ from statistics based on aggregated cases.
b. Since the significance level is less than .150, a heterogeneity factor is used in the calculation of confidence limits.

Chi-Square Tests(表 9-38)为卡方检验表,Chi-Square 卡方值为 18.518,df 自由度为 6,Sig. 渐近拟合值为 0.005＜0.05,说明其拟合程度不好。

表 9-39 Cell Counts and Residuals

	Number	剂量/mg·kg^{-1}	Number of Subjects	Observed Responses	Expected Responses	Residual	Probability
PROBIT	1	3.000	10	0	1.962	−1.962	.196
	2	4.000	10	2	2.756	−.756	.276
	3	5.000	10	4	3.682	.318	.368
	4	6.000	10	6	4.692	1.308	.469
	5	7.000	10	8	5.722	2.278	.572
	6	8.000	10	10	6.705	3.295	.671
	7	9.000	10	7	7.583	−.583	.758
	8	10.000	10	5	8.315	−3.315	.831

Cell Counts and Residuals(表 9-39)为观测与期望频数表,Number of Subjects 为每

组的观测数,Observed Responses 为剂量的对数值,Observed Responses 为动物反应数,Expected Responses 为预期反应数,Residual 为残差,Probability 为效应的概率数。

Confidence Limits(表 9-40)为 95% 置信区间的估计值表,某药物的半数治愈剂量 p = 0.5 为 6.298。

表 9-40 Confidence Limits

	Probability	95% Confidence Limits for 剂量/mg·kg^{-1}		
		Estimate	Lower Bound	Upper Bound
PROBIT[a]	.010	−2.672	·	·
	.020	−1.621	·	·
	.030	−.954	·	·
	.040	−.453	·	·
	.050	−.044	·	·
	.060	.303	·	·
	.070	.607	·	·
	.080	.880	·	·
	.090	1.128	·	·
	.100	1.356	·	·
	.150	2.302	·	·
	.200	3.053	·	·
	.250	3.697	·	·
	.300	4.276	·	·
	.350	4.812	·	·
	.400	5.321	·	·
	.450	5.813	·	·
	.500	6.298	·	·
	.550	6.783	·	·
	.600	7.275	·	·
	.650	7.784	·	·
	.700	8.320	·	·
	.750	8.899	·	·
	.800	9.543	·	·
	.850	10.294	·	·
	.900	11.240	·	·
	.910	11.468	·	·
	.920	11.716	·	·
	.930	11.989	·	·
	.940	12.293	·	·
	.950	12.641	·	·
	.960	13.049	·	·
	.970	13.550	·	·
	.980	14.217	·	·
	.990	15.268	·	·

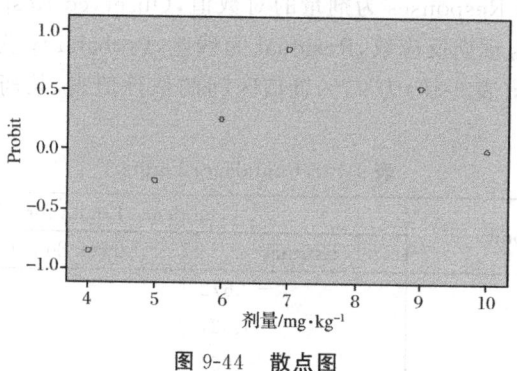

Probit Transformed Responses

图 9-44　散点图

图 9-44 散点图是系统输出了以剂量对数值为自变量,以概率单位为因变量的回归直线散点图。从图 9-44 所知,对数剂量值与概率单位之间的回归直线拟合度不满意。

实验 55　如何进行多元逻辑回归分析

案例资料：研究重庆市不同地区和不同训练方法对学生 100 m 成绩的影响,抽取沙坪坝区、北碚区和永川区各 6 名成绩相当的学生,通过不同方法的训练后,得到如表 9-41 所示的成绩,试进行 logistic 回归分析,并建立三者的关系模型。

表 9-41　训练后成绩结果表

地区	训练方法	成绩(分)	地区	训练方法	成绩(分)
沙坪坝区	传统方法	88	北碚区	新方法	83
沙坪坝区	传统方法	82	北碚区	新方法	85
沙坪坝区	传统方法	92	北碚区	新方法	81
沙坪坝区	新方法	98	永川区	传统方法	81
沙坪坝区	新方法	98	永川区	传统方法	83
沙坪坝区	新方法	99	永川区	传统方法	84
北碚区	传统方法	80	永川区	新方法	80
北碚区	传统方法	88	永川区	新方法	86
北碚区	传统方法	97	永川区	新方法	87

资料分析：从该案例中可以看出,因变量为成绩,自变量为地区和训练方法,求因变量成绩与两个自变量地区和训练方法之间的定量关系的问题。这要用到多元逻辑回归,组建三者的关系模型,本案例要用到"分析(A)"菜单中"回归"子菜单下的"多元 logistic…"选项来实现。

操作步骤：

步骤 1：在 Spss 数据视图窗口中输入案例资料原始数据,如图 9-45 所示。

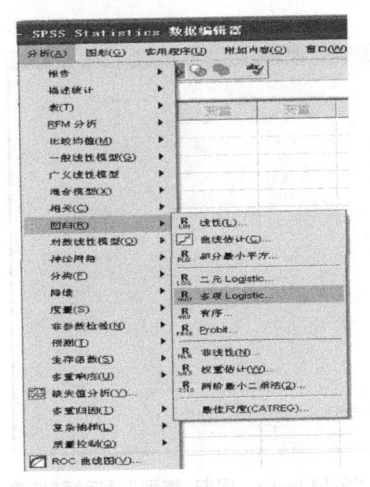

图 9-45　输入数据(步骤 1)　　　　图 9-46　选择菜单(步骤 2)

步骤 2：在"分析(A)"菜单中，选择"回归"子菜单下的"多元 logistic…"选项，如图 9-46 所示。得到"多项 logistic 回归"对话框，如图 9-47(左图)所示。

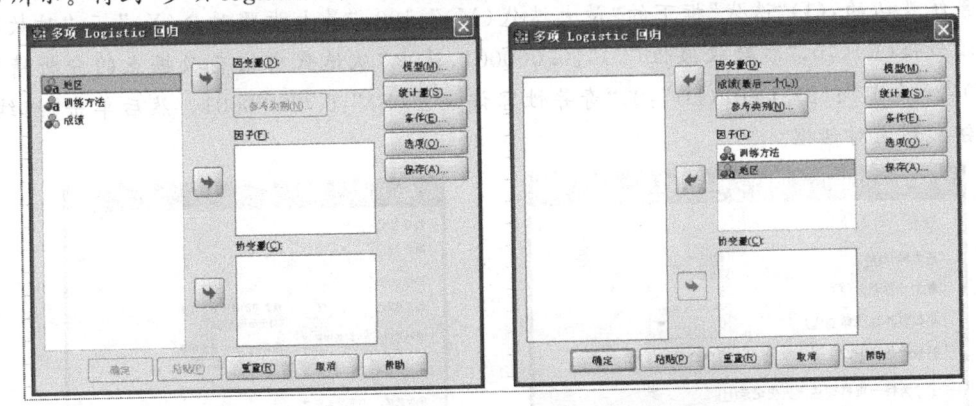

图 9-47　"多项 logistic 回归"对话框(步骤 3)

步骤 3：在"多项 logistic 回归"对话框中，将"成绩"选中(成为反显状态)，单击旁边箭头按钮，使"成绩"进入"因变量(D)"框中，将"训练方法"和"地区"分别选中(成为反显状态)，单击旁边箭头按钮，使"训练方法"和"地区"进入"因子(F)"框中，如图 9-47(右图)所示。

步骤 4：在"多项 logistic 回归"对话框中，单击"模型(M)"按钮，得到"多项 logistic 回归：模型"对话框，如图 9-48 所示。在"指定模型"框下选择系统默认的主效应模型，然后单击"继续"按钮回到主对话框。

步骤 5：在"多项 logistic 回归"对话框中，单击"统计量(S)"按钮，得到"多项 logistic 回归：统计量"对话框，如图 9-49 所示。在"多项 logistic 回归：统计量"对话框中选择系统默认的：(1)"个案处理摘要(S)"；(2)"模型"框下"伪 R 方(P)"、"步骤摘要(M)"和"模型拟合度信息(D)"；(3)"参数"框下"估计(E)"、"似然比检验(L)"和"95％置信区间"；(4)"定义子总体"框下"由因子和协变量定义的协变量模型(F)"。然后单击"继续"按钮回到主对话框。

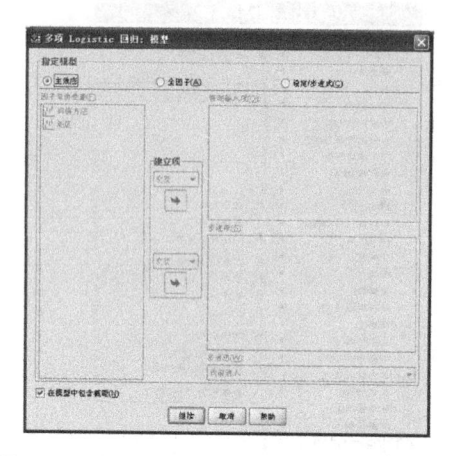

图 9-48 "多项 logistic 回归:模型"对话框(步骤 4) 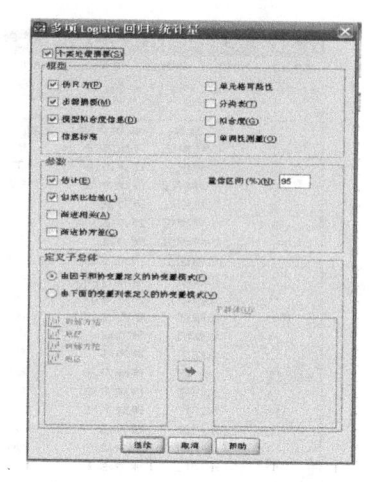　　图 9-49 "多项 logistic 回归:统计量"对话框(步骤 5)

步骤 6:在"多项 logistic 回归"对话框中,单击"条件(E)"按钮,得到"多项 logistic 回归:收敛性准则"对话框,如图 9-50 所示。在"多项 logistic 回归:收敛性准则"对话框中选择系统默认的:(1)"迭代"框下的"最大迭代(M)":100,"最大步骤对分(X)":5,"对数似然收敛性(L)":0,"参数收敛性(P)":0.000001,选中"从迭代中检查数据点的分离情况(C):20 向前";(2)"Delta(D)":0,"奇异性容许误差(S)":0.00000001。然后单击"继续"按钮回到主对话框。

图 9-50 "收敛性准则"对话框(步骤 6) 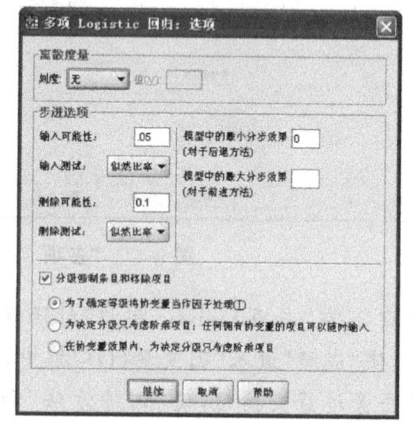　　图 9-51 "多项 logistic 回归:选项"对话框(步骤 7)

步骤 7:再在"多项 logistic 回归"对话框中,单击"选项(O)"按钮,得到"多项 logistic 回归:选项"对话框,如图 9-51 所示。在"多项 logistic 回归:选项"对话框中选择系统默认的各个数值。然后单击"继续"按钮回到主对话框。

步骤 8:在"多项 logistic 回归"对话框中,单击"确定"按钮,得到结果,如图 9-52 所示。

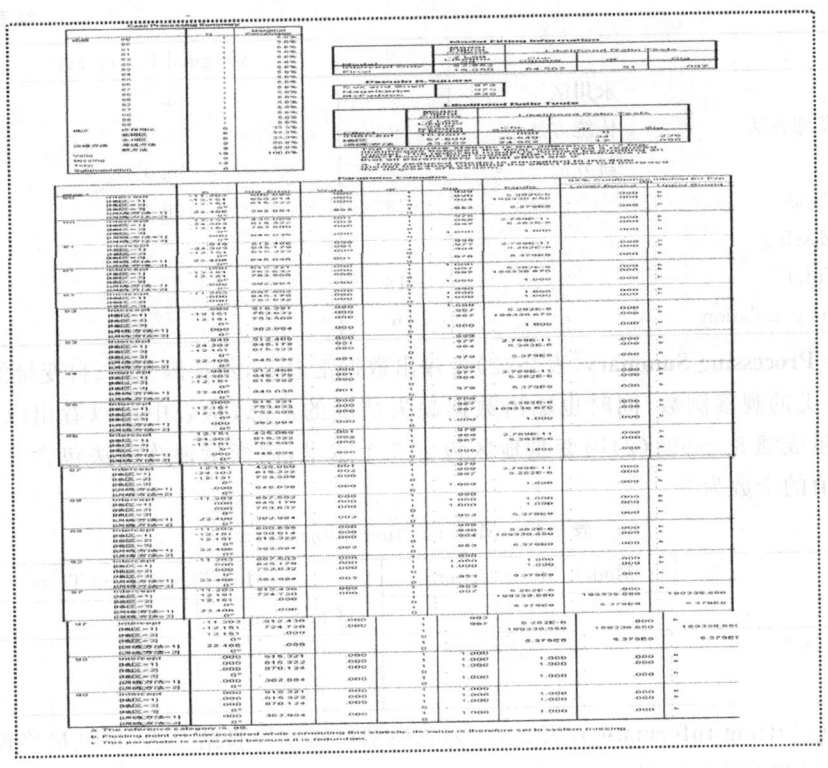

图 9-52　结果输出图(步骤 8)

结果解释：

表 9-42　Case Processing Summary

		N	Marginal Percentage
成绩	80	1	5.6%
	80	1	5.6%
	81	1	5.6%
	82	1	5.6%
	83	1	5.6%
	83	1	5.6%
	84	1	5.6%
	85	1	5.6%
	86	1	5.6%
	87	1	5.6%
	88	1	5.6%
	88	1	5.6%
	92	1	5.6%
	97	1	5.6%
	98	1	5.6%
	98	1	5.6%
	99	1	5.6%
地区	沙坪坝区	6	33.3%
	北碚区	6	33.3%

313

续表

		N	Marginal Percentage
训练方法	永川区	6	33.3%
	传统方法	9	50.0%
	新方法	9	50.0%
Valid		18	100.0%
Missing		0	
Total		18	
Subpopulation		6	

Case Processing Summary(表 9-42)为输出数据汇总表,包括因变量、自变量的分类情况及每一类的观察例数,同时也输出数据缺失情况的汇总,从表中可以看出以下情况:(1)自变量成绩 80～99;(2)因变量地区包含 3 个水平,因变量训练方法包含 2 个水平;(3)缺失值的个数为 0。

表 9-43　Model Fitting Information

Model	Model Fitting Criteria	Likelihood Ratio Tests		
	－2 Log Likelihood	Chi-Square	df	Sig.
Intercept Only	82.552			
Final	18.050	64.502	51	.097

Model Fitting Information(表 9-43)为总模型似然比检验结果表,可见最终模型和只含有常数项的无效模型相比:－2 Log Likelihood 从 82.552 下降到了 18.050,似然比卡方检验结果 $P>0.01$,说明模型无意义。

表 9-44　Pseudo R-Square

Cox and Snell	.972
Nagelkerke	.975
McFadden	.620

Pseudo R-Square(表 9-44)为伪决定系数结果表。因为此处只有分类变量,所以三个决定系数都非常低。

表 9-45　Likelihood Ratio Tests

Effect	Model Fitting Criteria	Likelihood Ratio Tests		
	－2 Log Likelihood of Reduced Model	Chi-Square	df	Sig.
Intercept	18.050[a]	.000	0	.
地区	57.599	39.549	34	.236
训练方法	43.002	24.952	17	.096

The Chi-square statistic is the difference in －2 log－likelihoods between the final model and a reduced model. The reduced model is formed by omitting an effect from the final model. The null hypothesis is that all parameters of that effect are 0.

a. This reduced model is equivalent to the final model because omitting the effect does not increase the degrees of freedom.

Likelihood Ratio Tests(表 9-45)为各个自变量似然比检验表,从表中可以看出:自变量地区的自由度为 34,$P=0.236>0.05$,显示该变量对模型的作用是没有统计学意义的,即不同地区对学生的 100 m 成绩无显著性影响。同理训练方法对 100 m 成绩也没有显著性影响。

表 9-46 Parameter Estimates

成绩[a]		B	Std. Error	Wald	df	Sig.	Exp(B)	95% Confidence Interval for Exp(B)	
								Lower Bound	Upper Bound
80	Intercept	−11.203	800.695	.000	1	.989			
	[地区=1]	−12.151	950.614	.000	1	.990	5.282E−6	.000	.[b]
	[地区=2]	12.151	615.322	.000	1	.984	189338.65	.000	.[b]
	[地区=3]	0c	.	.	0	.	.	.	.
	[训练方法=1]	22.406	382.984	.003	1	.953	5.379E9	.000	.[b]
	[训练方法=2]	0c	.	.	0	.	.	.	.
80	Intercept	12.151	435.069	.001	1	.978			
	[地区=1]	−24.303	615.322	.002	1	.968	2.789E−11	.000	.[b]
	[地区=2]	−12.151	753.509	.000	1	.987	5.282E−6	.000	.[b]
	[地区=3]	0c	.	.	0	.	.	.	.
	[训练方法=1]	.000	845.035	.000	1	1.000	1.000	.000	.[b]
	[训练方法=2]	0c	.	.	0	.	.	.	.
81	Intercept	.948	512.466	.000	1	.999			
	[地区=1]	−24.303	845.179	.001	1	.977	2.789E−11	.000	.[b]
	[地区=2]	−12.151	615.322	.000	1	.984	5.282E−6	.000	.[b]
	[地区=3]	0c	.	.	0	.	.	.	.
	[训练方法=1]	22.406	845.035	.001	1	.979	5.379E9	.000	.[b]
	[训练方法=2]	0c	.	.	0	.	.	.	.
	[训练方法=2]	0c	.	.	0	.	.	.	.
88	Intercept	−11.203	887.502	.000	1	.990			
	[地区=1]	.000	845.179	.000	1	1.000	1.000	.000	.[b]
	[地区=2]	.000	753.632	.000	1	1.000	1.000	.000	.[b]
	[地区=3]	0c	.	.	0	.	.	.	.
...	...	...	...	...	...	...	...	...	...
98	Intercept	.000	615.321	.000	1	1.000			
	[地区=1]	.000	615.322	.000	1	1.000	1.000	.000	.[b]
	[地区=2]	.000	870.124	.000	1	1.000	1.000	.000	.[b]
	[地区=3]	0c	.	.	0	.	.	.	.
	[训练方法=1]	.000	382.984	.000	1	1.000	1.000	.000	.[b]
	[训练方法=2]	0c	.	.	0	.	.	.	.

a. The reference category is: 99.
b. Floating point overflow occurred while computing this statistic. Its value is therefore set to system missing.

Parameter Estimates(表 9-46)为参数估计结果,从表 9-44 和表 9-45 中均可以看出两个自变量地区和训练方法均与成绩不存在逻辑线性关系,故本表格不存在实际意义,不予分析。

参考文献

[1] 黄海,罗友峰. Spss10.0 for windows 统计分析[M]. 北京:人民邮电出版社,2001
[2] 陈平雁,黄浙明. Spss10.0 统计软件应用教程[M]. 北京:人民军医出版社,2001
[3] 林杰斌,林川雄. Spss12 统计建模与应用实务[M]. 北京:中国铁道出版社,2005
[4] 贾恩志,王海燕. Spss10.0 for windows 科研统计应用[M]. 江苏:东南大学出版社,2001
[5] 郝黎,樊元. Spss 实用统计分析[M]. 北京:中国水利水电出版社,2003
[6] 施丽影. 体育统计[M]. 武汉:武汉体育学院教务处,1983
[7] 罗炳,郑兵. Spss 统计分析与决策[M]. 北京:原子能出版社,2009
[8] 王路德. 体育统计方法(修订本)[M]. 湖北:湖北省体育科学研究所,1985
[9] 高隆东. 实用体育统计[M]. 成都:成都体育学院教务处,1985
[10] 丛湖平,孙庆祝. 体育统计[M]. 北京:高等教育出版社,1998
[11] 体育统计编写组. 体育统计[M]. 北京:高等教育出版社,1987
[12] 丛湖平,余群英. 体育统计[M]. 江苏:江苏体育科学研究所,1992
[13] 戎家增. 现场体育统计方法[M]. 江苏:人民体育出版社,1998
[14] 梁荣辉,张杰. 体育统计学[M]. 河北:河北教育出版社,1989
[15] 何于琦. 统计分析软件包 Spss[M]. 北京:航空工业出版社,1993
[16] 张明立. 多元统计分析方法及程序[M]. 北京:北京体育学院出版社,1991
[17] 黄正南. 医用多因素分析及计算机程序[M]. 长沙:湖南科学技术出版社,1986
[18] 施丽影. 体育统计[M]. 湖北:武汉教育出版社,1986
[19] 张明立. 常用体育统计方法[M]. 北京:北京体育学院出版社,1990
[20] 赵树原. 线性代数[M]. 北京:中国人民大学出版社,1988
[21] 祁国鹰. 体育用多元分析[M]. 北京:北京体育大学出版社,1998
[22] 程致屏. 体育统计学[M]. 西安:西北大学出版社,1999
[23] 李志伟. 统计分析概论[M]. 北京:对外贸易教育出版社,1984
[24] 贾怀勤. 应用统计[M]. 北京:对外经济贸易大学出版社,1998
[25] 何晓群. 现代统计方法与应用[M]. 北京:中国人民大学出版社,1998
[26] 郭志刚. 社会统计分析方法[M]. 北京:中国人民大学出版社,1999
[27] 李沛良. 社会研究的统计应用[M]. 北京:社会科学文献出版社,2001
[28] David Freedman(美)著.《统计学》[M]. 魏宗舒译.北京:中国统计出版社,1999
[29] 卢纹岱. Spss for windows 统计分析[M]. 北京:电子工业出版社,2000
[30] 黄良文. 统计学原理[M]. 北京:中国统计出版社,2000
[31] Morris Hamburg. Basic Statistics[M]. Harcourt Brace Jovanouch, Publishers,1985
[32] 陈社育,柳夕浪. 教育实验方法[M]. 杭州:浙江教育出版社,1991

[33]郭强.调查实战指南问卷设计手册[M].北京:中国时代经济出版社,2009
[34]舒华.心理与教育研究中的多因素实验设计[M].北京:北京师范大学出版社,1994
[35]威兼.维尔斯曼(美)著.教育研究方法导论[M].袁振国译.北京:教育科学出版社,1997
[36]张一中.心理学的研究方法与应用[M].上海:复旦大学出版社,1998
[37]张文彤.Spss11.0统计分析教程[M].北京:北京希望电子出版社,2002
[38]余建英,何旭宏.数据统计分析与Spss应用[M].北京:人民邮电出版社,2003
[39]Spss Advanced Models 10.0.SPSS Inc.[M].1999
[40]Spss Base 10.0 Users Guide.SPSS Inc.[M].1999
[41]茆诗松.统计学基础[M].上海:华东师范大学出版社,2002
[42]李茂年,周兆麟.数理统计学[M].天津:天津人民出版社,1983
[43]楼沓.实用学校教育统计[M].北京:北京师范大学出版社,1989
[44]丛湖平.体育统计学[M].北京:高等教育出版社,2007
[45]卢纹岱,金水禹.SAS/PC统计分析实用技术[M].北京:国防工业出版社,1996
[46]吴明隆.Spss系统应用务实[M].北京:北京铁道出版社,2000
[47]风笑天.社会调查中的问卷设计[M].天津:天津人民出版社,2002
[48]孙尚拱.实比多变量统计方法[M].北京:中国医科大学与中国协和医科大学联合出版社,1990
[49]吴国富.实用数据分析方法方法[M].北京:中国统计出版社
[50]袁淑君.数据统计分析—Spss/PC原理及其应用[M].北京:北京师范大学出版社,1995
[51]李志辉,罗平.Spss for Windows统计分析教程[M].北京:电子工业出版社,2005
[52]胡学锋.统计学[M].广州:中山大学出版社,1999
[53]阮桂海,荣建琼,朱志海,等.统计分析应用教程[M].北京:清华大学出版社,2003
[54]杨善朝,张军舰.Spss统计软件应用基础[M].桂林:广西师范大学出版社,2001
[55]杨晓明.Spss在教育统计中的应用[M].北京:高等教育出版社,2004
[56]子秀林,任雪松.多元统计分析[M].北京:中国统计出版社,2003
[57]林杰斌,刘明德.Spss10.0与统计模式建构[M].北京:科学出版社,2002
[58]吴喜之,王兆军.非参数统计方法[M].北京:高等教育出版社,1996
[59]马春庭.掌握和精通Spss10.0[M].北京:机械工业出版社,2001
[60]阮桂海.Spss实用教程[M].北京:电子工业出版社,2000
[61]罗应婷,杨钰娟.Spss统计分析从基础到实践[M].北京:电子工业出版社,2008
[62]王路德.体育统计方法及程序[M].北京:人民体育出版社,1990
[63]薛薇.Spss统计分析方法及应用[M].北京:电子工业出版社,2009
[64]朱建平,殷瑞飞.Spss在统计分析中的应用[M].北京:清华大学出版社,2007
[65]蔡建琼,于惠芳,朱志洪.Spss统计分析实例精选[M].北京:清华大学出版社,2006
[66]杨小平.统计分析方法与Spss应用教程[M].北京:清华大学出版社,2008
[67]胡咏梅.教育统计学与Spss软件应用[M].北京:北京师范大学出版社,2002